Stefan Aust

HITLERS ERSTER FEIND

Der Kampf des Konrad Heiden

Rowohlt

1. Auflage Oktober 2016
Copyright © 2016 by Rowohlt Verlag GmbH,
Reinbek bei Hamburg
Lektorat Reinhard Mohr und Uwe Naumann
Satz aus der Kepler, InDesign
Gesamtherstellung
CPI books GmbH, Leck, Germany
ISBN 978 3 498 00090 5

Inhalt

Vorbemerkungen

Er war Journalist, und er hatte nur ein Thema: Adolf Hitler.

Konrad Heiden, geboren 1901, studierte zu Beginn der zwanziger Jahre in München, als der zwölf Jahre ältere gescheiterte Kunstmaler aus Braunau am Inn seine verhängnisvolle politische Karriere begann. Der junge Student erkannte sofort, dass sich hier eine gefährliche Bewegung aus dem Heer der Verlierer des gerade zu Ende gegangenen Weltkrieges entwickelte.

Heiden beschloss, Reporter zu werden, Berichterstatter, Chronist der laufenden Ereignisse. Er begann als Hilfsredakteur im Münchner Büro der bürgerlich-liberalen *Frankfurter Zeitung* und schrieb bald täglich Berichte über das politische Chaos der Nachkriegszeit, aus dem Hitler seine Bewegung formte.

Heiden hatte Informanten im Umfeld des «Führers», wollte genau wissen, wie das System Hitler innerhalb der Partei funktionierte. Er beobachtete die frühen Parteiveranstaltungen und beschrieb präzise und nicht selten mit einem bitteren sarkastischen Unterton die Wirkungsweise Hitler'scher Redekunst. Das trug ihm sogar den Vorwurf ein, er habe «in der Gemeinheit noch die Größe» gesehen, wo allein «Abscheu und Empörung» am Platze gewesen wären. Tatsächlich beschrieb Heiden – heute würde man sagen «cool» –, was sich vor seinen Augen und seinem Schreibblock abspielte; manche Einzelheiten und Dialoge klingen so authentisch, weil er häufig mitstenographierte, was in seinem Beisein an Reden, Diskussionen oder Dialogen stattfand. Kaum ein Reporter der damaligen Zeit beschrieb aus so distanzierter Nähe den Beginn des Desasters, das Hitler über Deutschland und die Welt brachte.

Später schrieb er rückblickend über jene Zeit: «Ich habe Hitler in den Jahren seines Aufstiegs viele Dutzend Male aus nächster Nähe zugehört, ihn auch gelegentlich im privaten Zirkel aus geringer Entfernung beobachten können. Aber wenn dabei für mein damaliges Gefühl etwas Faszinierendes war, so war es das Publikum. Über die Reden selbst stand mein frühreifes Urteil fest, noch bevor ich sie gehört hatte: alles Unsinn, alles gelogen, und zwar dumm gelogen, und überhaupt alles so lächerlich, dass jeder, so meinte ich, das doch sofort einsehen müsse. Stattdessen saßen die Zuhörer wie gebannt, und manchem stand eine Seligkeit auf dem Gesicht geschrieben, die mit dem Inhalt der Rede schon gar nichts mehr zu tun hatte, sondern das tiefe Wohlbehagen einer durch und durch umgewühlten und geschüttelten Seele widerspiegelte. Mein jugendliches Urteil über Hitler hat das nicht erschüttert; wohl aber begann ich, bestürzt, etwas über Menschen zu lernen.»

Anfang der dreißiger Jahre wurde es beruflich eng für unabhängige Journalisten, und so beschloss Konrad Heiden, seine Aufzeichnungen zu einem Buch zu verarbeiten. Es erschien im Dezember 1932 unter dem Titel «Geschichte des Nationalsozialismus. Die Karriere einer Idee» im Rowohlt Verlag und wurde nach der Machtergreifung umgehend verboten. Heiden musste aus Deutschland fliehen, erst in die Schweiz, dann ging er ins Saargebiet, das damals noch unter dem Schutz des Völkerbundes stand. Dort gründete er zusammen mit anderen Journalisten die Tageszeitung *Deutsche Freiheit* und schrieb einen zweiten Band über Hitlers Machtergreifung mit dem Titel «Geburt des Dritten Reiches». 1936 schließlich kam im Schweizer Europa Verlag seine, die erste Hitler-Biographie heraus, ein sehr erfolgreiches Buch, das in mehrere Sprachen übersetzt wurde – und heute praktisch vergessen ist –, obwohl der literarische Agent Lars Schultze-Kossack, der nur wegen des Heiden-Buches den Europa Verlag gekauft hatte, 2011 ein Neuauflage herausbrachte.

Mein Kollege Michael Kloft von «Spiegel TV», mit dem ich viele Sendungen über das Dritte Reich gemacht habe, schenkte mir die Originalausgabe von 1936 zum sechzigsten Geburtstag. Irgendwann eines Abends fand ich das alte Buch in meinem Schrank, begann es zu lesen und hörte bis zum frühen Morgen nicht mehr auf.

So aus nächster Nähe beobachtet und beschrieben hatte ich den Aufstieg Hitlers noch nie gelesen. Es entstand die Idee eines Filmes und die Idee eines Buches. Wer war dieser Konrad Heiden, von dessen Büchern die meisten späteren Hitler-Biographen profitiert haben? Manche, wie etwa Joachim Fest, erwähnten ihn, weil er die «erste bedeutende Hitler-Biographie» verfasst hatte. Der amerikanische Historiker John Lukacs schrieb 1997 in seinem Buch «Hitler. Geschichte und Geschichtsschreibung»:

«In Deutschland ist Konrad Heiden praktisch vergessen. Nur wenige wissen, wie dieser junge Journalist unerschrocken protokollierte und kommentierte, was sich vor seinen Augen abspielte – und sich dabei in erhebliche Gefahr begab. Und man fragt sich bei der Lektüre seiner Artikel und Bücher, warum er Dinge sah und erkannte, die andere nicht sahen oder nicht sehen wollten.»

Das Buch- und Filmprojekt trug von Anfang an den Arbeitstitel «Hitlers erster Feind». Erst später stieß ich darauf, dass Elsbeth Weichmann, die Frau des nachmaligen Hamburger Bürgermeisters Herbert Weichmann, in ihren Memoiren beschrieb, wie sie Konrad Heiden, den «Verfasser des mutigen Hitler-Buches von 1932, das ihn für die Nazis zum Feind Nr. 1 gemacht hatte», auf der Flucht in Lissabon traf.

So wie sie und andere Nazi-Gegner konnte auch Heiden nach Amerika entkommen. Dort schrieb er 1944 eine neue Variante seines Hitler-Buches mit dem Titel «Der Fuehrer». Das Buch wurde ein gewaltiger Erfolg.

Am 28. Februar 1944 wurde es von keinem Geringeren als Thomas Mann in dessen BBC-Radiokolumne «Deutsche Hörer!» rezensiert:

«Die Welt schämt sich. Sie liest ein Buch, das gerade in Boston erschienen ist und dem die Übernahme durch den ‹Book of the Month Club›, die große amerikanische Leservereinigung, eine Auflage von Hunderttausenden von Exemplaren sichert. Es ist von Konrad Heiden, einem emigrierten deutschen Schriftsteller, der früher schon eine lehrreiche Geschichte des Nationalsozialismus geschrieben hat und der nun (...), unter Benutzung neu zugänglich gewordenen Materials, sein Bildnis des übelsten Abenteurers der politischen Geschichte der Welt noch einmal in Lebensgröße und voller Anschaulichkeit vor Augen führt. Es ist ein Dokument ersten Ranges. Es wird bleiben und noch späten Geschichtsforschern und Moralisten zum Studium des Unfasslichen dienen, das im zweiten Drittel des zwanzigsten Jahrhunderts auf Erden möglich war. Jetzt liest es die Welt, die ihr eigenes Erlebnis darin geschildert und zergliedert findet, liest es auf Englisch, auf Spanisch, Französisch und Deutsch – und die Schamröte steigt ihr in die Wangen.»

Es sei eine Strafe und Pein, die Geschichte dieses «mörderischen Narren und Schmierenschauspielers» wieder nachzulesen; nachzulesen, wie der Nationalsozialismus, «ein Hintertreppen-Islam», sich Deutschlands bemächtigte, um es zum Verbrechen abzurichten, es zum «Instrument seiner maßlosen und idiotischen Verbrechen zu machen».

Thomas Mann kannte Konrad Heiden – der ihn 1923 zu einem Vortrag beim «Republikanischen Studentenbund» in München eingeladen hatte.

Die Lektüre vor allem der ersten Bücher Heidens ist eine Zeitreise besonderer Art. Konrad Heiden konnte ja in den zwanziger Jahren nicht wissen, was aus Hitlers Bewegung werden würde. Er beschrieb, was er sah – und nicht das, was spätere Historiker aus dem Ablauf der Geschichte bereits wussten. Das macht seine Beobachtungen, Beschreibungen und Analysen so faszinierend – und so weitsichtig.

Er sah den Aufstieg Hitlers zur Macht – als viele diesen nur als hetzende Eintagsfliege betrachteten.

Er sah den Massenmord durch Giftgas an den Juden schon voraus, als dieser noch gar nicht begonnen hatte.

Er sah als einzige Zukunft der Deutschen und der Europäer nur eine europäische Einheit.

Er war kein Politiker. Nur ein Journalist.

Das wirkte sich auf seine Texte aus. Der Historiker Lukacs war der Ansicht, die Tatsache, dass Heiden Journalist war, habe sich in seinem Fall «wegen des leserlichen und und klaren Stils» als Vorteil und nicht als Nachteil ausgewirkt. «Gleichzeitig ist das Werk seriös zu nennen.» Heidens Darstellung von Hitlers Leben und Aufstieg bis Juni / Juli 1934 sei «gespickt mit Details und oft bemerkenswert genau».

John Lukacs schätzte Heidens «aufschlußreiche und persönliche Kommentare zu politischen Persönlichkeiten und zur politischen Atmosphäre der Zeit». Zugleich sei er objektiv gewesen und habe auch Legenden und Anekdoten einer genauen Prüfung unterzogen, um sie dann gegebenenfalls zu verwerfen. Dass ihm dabei auch Fehler unterliefen, die sogar in die Werke späterer Autoren einflossen, liegt auf der Hand.

Heiden selbst bemühte sich immer wieder, Fehleinschätzungen seiner Hitler-Bücher in den späteren Ausgaben zu korrigieren. Seine Grundthese aber, so schrieb Lukacs, «gilt heute noch genauso wie vor über sechzig Jahren: Hitler wurde unterschätzt, gefährlich unterschätzt, und zwar von seinen Gegnern genauso wie von seinen zeitweiligen Verbündeten».

Im Zeitraum von fünfzehn Jahren nach Heidens Arbeit und fünf Jahren nach Hitlers Selbstmord seien trotz der unfassbaren Flut von Büchern über Deutschland und den Nationalsozialismus im Zweiten Weltkrieg keine weiteren nennenswerten Studien oder Biographien über Hitler erschienen. Die späteren dürften alle – jedenfalls was Hitlers Aufstieg zur Macht anbetrifft – von Heiden profitiert haben.

Auch der Hitler-Biograph Joachim Fest («Hitler. Eine Karriere», 1973) schrieb, er habe sich Heiden in mancher Hinsicht verpflichtet gefühlt. Seine «früheste historische Bemühung» sei «durch die Kühnheit der Fragestellung und die Freiheit des Urteils noch heute beispielhaft».

Heiden war nicht unumstritten, auch nicht unter Nazi-Gegnern. So reimte der Theaterkritiker Alfred Kerr in einem Spottgedicht höchst unfair, wie die Lektüre dieses Buches deutlich machen wird:

«Herr Konrad Heiden knickt gebührend
vor Schicklgruber in die Knie:
den blutigen Fatzke nennt er, rührend,
ein weltgeschichtliches Genie.
So, wenn er ihm gehorsam huldigt,
ist auch das deutsche Volk entschuldigt.»

Offenbar hatte Kerr nicht verstehen wollen, dass Heiden selbst keinesfalls ein Bewunderer Hitlers war, wenn er dessen Faszination auf die Massen detailliert beschrieb und etwa in dem ihm eigenen Sarkasmus sagte, Hitler sei «ein Teufel, allerdings ein großartiger Teufel».

Eine Veröffentlichung dieses Gedichts ist nicht nachgewiesen,

aber der Schriftsteller Richard Friedenthal muss es gelesen haben,
denn er schrieb Kerr dazu am 13. April 1946:

«Zur Frage der ungehemmten und unbehinderten Äußerung
nur noch am Rande: muss man wirklich mit aller Wucht gegen
Konrad Heiden, dessen Hitler-Biographie in einer damals noch
sehr schwankenden Welt zum ersten Mal im Ausland ein Bild des
Diktators vermittelte und gerade durch den stillen Ton Eindruck
machte, anrennen?» Ihm persönlich sei nicht wohl bei einem solchen Neo-Katholizismus: «Gerecht ist es nicht.»

Über sich selbst hat Konrad Heiden wenig geschrieben. So gut
wie nichts in den zwanziger und dreißiger Jahren. Nur einiges
wenige später. Vereinzelte Briefe und Notizen sind erhalten, einige
davon auf Englisch aus der frühen Nachkriegszeit. Es war mühsam, sein Leben zu rekonstruieren. Dabei kommt das Hauptver-
dienst meiner Mitarbeiterin Charlotte Krüger zu, die über Jahre
alles zusammengetragen hat, was Konrad Heiden freiwillig oder
unfreiwillig hinterließ.

Mein Dank geht auch an Reinhard Mohr, der das – viel zu lange – Rohmanuskript redigiert und gekürzt hat. Ich war oft so fasziniert von Heidens Texten, dass sie in diesem Buch jeden Rahmen
gesprengt hätten. Die wichtigsten und eindrucksvollsten Passagen
sind dennoch, in einigen Fällen auch über mehrere Seiten, erhalten
geblieben. Es geht in dem Buch ja vor allem darum zu zeigen, wie
ein junger Reporter den Aufstieg Hitlers erlebte und beschrieb, zu
einer Zeit, als man zwar erahnen, aber nicht wissen konnte, in welchem Inferno Hitlers Griff zur Macht und zur Weltmacht enden
würde.

Heiden selbst betrachtete seinen Kampf mit einer gewissen stolzen
Bescheidenheit. Als er Anfang der sechziger Jahre, schwer krank
und mittellos, von Amerika aus in Deutschland einen Wiedergutmachungsantrag stellte, schrieb er darin:

«Ich habe dem privaten Tort, den die Nazis mir persönlich angetan haben, bisher selten Beachtung geschenkt. Mir genügte das Bewusstsein, es ihnen in Wort, Schrift und Tat nach Kräften vergolten zu haben, obwohl persönliche Vergeltung als Motiv dabei keine Rolle spielte.»

Verdrängung aus dem Beruf, Vertreibung aus der Heimat und die Entziehung der Staatsangehörigkeit habe er als Wechselfälle in einem Kampf betrachtet, in dem es auch ihm vergönnt war, den Gegner bisweilen empfindlich zu treffen. Bei alledem habe ihm seine Überzeugung geholfen, dass er lediglich von seinen staatsbürgerlichen Rechten Gebrauch gemacht habe. «Ich hatte die Genugtuung, mit dieser Überzeugung in guter Gesellschaft zu sein. Eine Anzahl ausgezeichneter deutscher Menschen hat von den genannten Rechten gleichfalls und in gleicher Weise Gebrauch gemacht, teils früh, teils – leider – erst später, viele unter Leistung des höchsten Einsatzes.»

Dieses Buch ist auch ein Buch über Journalismus, über einen Reporter, der aufschrieb, was er sah, der sich niemals damit rühmte, ein «investigativer Journalist» zu sein, bescheiden war, nur aufklären wollte, mit Worten, nicht mehr, aber auch nicht weniger. Der eine Haltung hatte, diese aber nicht mit Sendungsbewusstsein überfrachtete. Nicht seine Meinung war für ihn das Wichtige, sondern die Geschichte, die er erzählte. Und zugleich war er ein Teil der Historie.

Das ist die Geschichte, die ich erzählen möchte. Mit meinen Worten – vor allem aber mit denen Konrad Heidens.

Stefan Aust

Rückkehr nach Deutschland

DIE VIERMOTORIGE PROPELLERMASCHINE vom Typ Constellation war am Abend in New York in Richtung Hamburg gestartet. Unter den etwa hundert Passagieren an Bord waren auch Konrad Heiden und seine Lebensgefährtin Margarethe van Weert. Der Schriftsteller kehrte zum ersten Mal nach dem Krieg zurück in seine Heimat. Es war Dezember 1951. Er machte sich Notizen, in der Sprache, die nun seit fast zwei Jahrzehnten die seine war. Doch sein Englisch war immer noch eine Übersetzung aus dem Deutschen, und auch sein Denken war ziemlich deutsch geblieben.

Plötzlich wurde einem Mann auf der anderen Seite des Ganges übel. Die anderen Passagiere machten sich über ihn lustig. Die ganze Nacht über war er fröhlich und ausgelassen gewesen, als sie den dunklen Ozean überquerten. Seine Stimme übertönte die Motorengeräusche; es war eine Art rostiges Krächzen. Er war viel herumgelaufen in der Maschine und hatte endlos mit einer Gruppe junger Norweger gezecht und herumgealbert, weißblonden, robusten Burschen, die auf dem Mittelgang mit zwei drallen skandinavischen Frauen getanzt hatten. Jetzt ging es ihm schlecht, und die trinkfesten Kerle zogen ihn auf, ohne jedes Mitleid.

«Meistens geht es mir beim Fliegen gut», murmelte er mit einem heftigen deutschen Akzent und rückte an den Rand seines Sitzplatzes gegenüber von Konrad Heiden.

«Ich bin nach dem Krieg viermal zurückgekehrt», sagte er. «Es macht mich jedes Mal ganz krank, wenn ich nach Deutschland komme.»

Er schien ausgesprochen stolz darauf zu sein, dass sein Unterbewusstsein ihm diesen Streich spielte, zumindest tat er so. Er stammte aus Hannover. Seine beiden Eltern waren in einem Konzentrationslager ums Leben gekommen. Nur in Bruchstücken halblauter Sätze bröckelten diese Informationen aus ihm heraus, und immer wieder blickte er zu den Norwegern hinüber, als wollte er ihnen sagen: «Was wißt Ihr Hohlköpfe schon über unseren Schmerz.»

Er hatte Konrad Heiden auf den ersten Blick als jemanden erkannt, dem er Vertrauen schenken konnte, eine verständnisvolle Seele, einen von der gleichen Art. Heiden fragte sich allerdings, ob das Unterbewusstsein jemanden auch dazu bringen konnte, falsche Geschichten zu erzählen. Der kleine Mann trug seine grauenvollen Erinnerungen wie eine Monstranz vor sich her. Wahrscheinlich war die schlichte Wahrheit, dass achtzehn Stunden Flug, acht trockene Martini und seine begeisterte Teilnahme an der Party zu viel für ihn gewesen waren.

Warum war er nun zum fünften Mal zurückgekehrt, wenn er das Land so hasste? Das fragte sich Heiden. Und warum war er selbst bisher nicht ein einziges Mal zurück nach Deutschland gekommen?

«Es war wirklich meine erste Heimkehr nach neunzehn Jahren», kritzelte Heiden in sein Notizbuch, «und dafür nehme ich es recht leicht, um nicht zu sagen gleichmütig.»

Er hatte sich vorgenommen, mit offenen Augen zu kommen und einer kühlen Neugier, alle möglichen Gefühle fest verschnürt. Er würde hinsehen, Punkt. Alles beobachten, was auf ihn zukam. «Ich hatte schon fast vergessen, obwohl ich es besser wußte, daß man nur etwas sehen kann, wenn man es wirklich sehen will.»

Die Sonne war auf der linken Seite aufgegangen und «füllte die Welt mit Raum». Die Maschine tauchte ein in das fließende Licht unter ihnen, flog durch die Wolken – und da lag Deutschland. «Es war, was ich hätte erwarten können», notierte Konrad Heiden, während die Maschine langsam an Höhe verlor. «Wie unerkennbar du bist, Vaterland!»

Aus der immer noch großen Flughöhe sah man aber kein Land, sondern nur geometrische Formen, ein Meer aus großen grünen und gelben Flächen, Rechtecken bis zum Horizont, Äckern und halb gefrorenen Wiesen; langgestreckte Grenzlinien, vielleicht Zäune oder Gräben. Kleine rote Kästen, wahrscheinlich Häuser. «Man konnte nicht erkennen, ob es Paläste waren oder Hütten.» In einiger Entfernung war ein Gewässer zu sehen, lang, gerade, dünn und glitzernd wie eine Nähnadel, vermutlich ein Kanal. Dunkle Flächen, die Städte sein konnten oder Wälder.

«Verwirrend und akkurat zugleich» erschien das Vaterland. «Ja, so ist Deutschland. Wie sauber, rief Heinrich Heine, der Dichter, als er nach 13 Jahren Exil zurückkehrte. Das war vor 110 Jahren. Er sagte es halb verächtlich.»

Konrad Heiden war zu dieser Zeit 50 Jahre alt, seine Lebensgefährtin Margarethe van Weert, eine kleine quirlige Person, genannt «Spatzi», fünf Jahre älter.

Heidens Gedanken wanderten in die Vergangenheit. Er hatte Deutschland vor fast zwanzig Jahren verlassen, «in den stürmischen Tagen von ebenso amateurhaften wie begeisterten Widerstandsplänen gegen die Nazis, die gerade an die Macht gekommen waren».

In eher schlichten Verstecken hatte er nach der Machtergreifung Hitlers «vor dessen noch nicht sehr effizienten Schlächtern» Zuflucht gesucht. Eine neue Generation war damals in Deutschland ans Ruder gekommen: «Neue Gesichter, neue Anführer, neue Überzeugungen; es gab nicht nur neue Herrscher, sondern auch neue Widerstandskämpfer; ein neuer Stil der Unterdrückung und ein neuer Typ von Unterdrückten.»

Es schienen, wie Heiden sarkastisch formulierte, «großartige Tage» zu werden. «Aber am Ende hatten zwei Herren vom Hauptquartier der Gestapo meinen Unterschlupf entdeckt und suchten meine Gesellschaft. Glücklicherweise, als ich gerade anderswo war. Ich harrte noch eine Weile aus, aber schließlich blieb mir keine andere Wahl, als das Land zu verlassen.»

Seitdem war er nicht zurückgekehrt. «Aus bitteren Gründen, nicht aus Hass oder Rachsucht. Aber wie es eben ist, wenn eine alte Liebe zu einem zurückkommt, nur weil der andere Typ eine Enttäuschung war. Dann bist du derjenige, der sich klein fühlt.»

Die Maschine ging langsam in den Sinkflug über. Die Dinge wurden allmählich dreidimensional und bekamen Namen. Sie überflogen eine Zusammenballung reich aussehender Häuser auf einer Hügelkette – den noblen Elbvorort Blankenese, ein Muster von roten und weißen Bauwerken mit Türmen und Steintreppen, Gärten und Terrassen, die sich wie Kaskaden den Hang hinunterzogen; samtene Rasenflächen, von dichten Büschen umgeben.

«Wie mußten die Menschen auf diesen luxuriösen Hügeln sich mit Schuld beladen haben?», fragte Heiden sich in diesem Augenblick. Er war schon nicht mehr in Deutschland gewesen, als die Nazis vollends triumphierten. Er hatte die späteren Ereignisse in den Zeitungen verfolgt und aus spärlichen Briefen, die ihn über zwölf Jahre erreichten. Nach Kriegsende schickte er Lebensmittelpakete an alte, fast vergessene Freunde. Nun war er hier und mit Deutschland noch nicht im Reinen: «Die Träume der Menschen, die Gewalt im Namen der Gerechtigkeit. Der erschreckende Untergang am Ende, die gewaltige Herabsetzung meines Landes – ich konnte das alles nicht so einfach abschütteln.»

Deutschland war für ihn eine sehr persönliche Angelegenheit, nicht viel anders als einst für Heinrich Heine: «Eine Geschichte erschütterten Stolzes, schuldbewußter Schwäche, allgemeinen Schreckens und persönlichen Elends. Deutschland hätte ein Vorreiter der Menschheit sein können – und wie hatte meine Generation das vermasselt.» Auf Englisch klagte er:

«Call it the megalomania of defeat, but Germany had been my fight. I had lost it.»

«Nennt es ruhig den Größenwahn der Niederlage, aber Deutschland, das war mein Kampf. Ich habe ihn verloren.»

Konrad Heiden kehrte nicht nur als Emigrant in seine alte, verlorene Heimat zurück, sondern auch als Journalist. Die weltberühmte amerikanische Illustrierte *Life* hatte ihm den Auftrag für eine Reportage über Nachkriegsdeutschland erteilt.

Im Mai 1933, kurz nach der Machtergreifung der Nationalsozialisten, hatte er Deutschland verlassen. Sein erstes Buch «Geschichte des Nationalsozialismus. Die Karriere einer Idee», war noch vor dem Desaster vom 30. Januar 1933 erschienen – im Dezember 1932. Wenige Wochen später setzten es die Nazis auf die Liste der verbotenen Bücher. Heiden floh, zunächst in die Schweiz, dann ins Saargebiet, von wo aus er nach der Saar-Abstimmung am 13. Januar 1935 schon wieder fliehen musste – nach Frankreich. Eine große Mehrheit der Saarländer hatte sich für den Anschluss an Hitler-Deutschland ausgesprochen.

Es war ein Leben auf der Flucht.

Heiden war besonders gefährdet. Seine Artikel und Bücher in den zwanziger und dreißiger Jahren hatten die Nazis bis zur Weißglut gereizt. Er kannte die Nationalsozialisten fast alle aus den frühen Tagen der Bewegung in München, vielleicht zu gut. Er war tatsächlich ein alter Bekannter des «Führers» Adolf Hitler, sein kritischer, oftmals spöttischer, unerbittlicher Begleiter und Beobachter seit Jahrzehnten, ein Chronist des Aufstiegs zur Macht, ein intimer Kenner der Ränkespiele, der Freundschaften und Feindschaften, der Rivalitäten und Intrigen innerhalb der «Nationalsozialistischen Deutschen Arbeiterpartei» (NSDAP).

Jetzt, bei der Landung in Hamburg, erinnerte sich Heiden an seine eigenen Erlebnisse Jahre zuvor in der Hansestadt: «Einst war Hamburg die Hauptstadt des Wohlstandes und der Sünde gewesen, wo diejenigen, die ihn sich leisten konnten, den besten Kaviar diesseits der russischen Grenze bekamen.» Im Zentrum der Stadt umgaben «drei Reihen von Palästen einen silbernen See», die Alster. Am Hafen, glitzernd und herausfordernd, lag Deutschlands größtes Rotlichtviertel, St. Pauli, in dem halbnackte Mädchen in den Hauseingängen standen. «Eines von ihnen zeigte mir, als ich noch ein halber Junge war, den Trick, den man damals Pariser Christbaum nannte», notierte Heiden. «Sie steckte ein halbes Dutzend Zündhölzer in einen delikaten Teil ihres Körpers, zündete sie an und löschte sie mit einem Schwung Wein. Spezialpreis für die kleine Schau von goldener Obszönität: fünfundzwanzig Pfennig.»
Diese Art von Leben, Laszivität zu Hungerlöhnen, so sah Heiden voraus, würde in der Stadt auch zwischen Ruinen weiterblühen. Mehr als die Hälfte von Hamburg war in einem Feuersturm hinweggefegt worden. «Darüber unter anderem sollte ich schreiben. Für mich eine Geschichte wie ein Stich ins Herz!»

Eine ohrenbetäubende Ansage aus dem Lautsprecher der Pilotenkabine teilte den Passagieren mit, dass sie ihre Sitzgurte schließen sollten. «Wir kamen an. In ein paar Minuten würde ich meinen

Fuß auf deutschen Boden setzen, zum ersten Mal nach neunzehn Jahren.»

Mehr als die Hälfte seines Lebens hatte Heiden sich mit einem einzigen Thema beschäftigt: Adolf Hitler. Er hatte dessen Aufstieg zur Macht begleitet und in den ersten Jahren aus nächster Nähe beobachtet, in Gasthäusern und Sälen, bei Kundgebungen und Aufmärschen, als Kläger oder Angeklagter vor Gericht. In München ging das Gerücht um, in den zwanziger Jahren hätte Hitler auf kleineren Parteiveranstaltungen häufig erst angefangen zu reden, wenn Konrad Heiden im Saal war. Auch kritische Berichterstattung in linken und liberalen bürgerlichen Zeitungen war für ihn wirkungsvolle Propaganda.

Heiden hatte viele Männer aus Hitlers engstem Umfeld getroffen und von manchem interne Informationen aus der Partei erhalten. Er las die Propagandaschriften, hörte sich unendlich lange Reden an und nahm jeden Hinweis von den Männern aus Hitlers Umgebung auf, deren Verschwiegenheit oft nur von ihrer Wichtigtuerei übertroffen wurde. Heiden ahnte, wohin das führen würde. So wurde er gleichsam ein Seismograph, der das zukünftige Erdbeben prognostizierte.

Heiden hatte seinen Kugelschreiber im Spalt zwischen seinem Sitz und der Kabinenwand verloren. Er war besorgt, ob er in der deutschen Nachkriegswüste, wo die Leute angeblich noch in Höhlen wohnten, ein brauchbares Schreibwerkzeug finden würde, und ertappte sich bei dem Gedanken, dass er so den Schock des Wiedererkennens seiner alten Heimat verdrängte, der langsam durch seine Nervenbahnen kroch.

Inzwischen kam der Boden näher, die Räder setzten auf und rollten langsam aus: «Überall um uns herum war jetzt Deutschland.» Ein sehr ungewohntes Gefühl. Doch sogleich nahm er sein

Pathos wieder zurück. «Um uns herum war in Wirklichkeit nur ein Flugfeld, eines wie überall in der Welt.» Es war furchtbar still, als sie die Maschine verließen, «eine majestätische, glänzende Leere, das Ganze wie eine hohle Muschelschale». Keine Ruinen, keine Wüste, aber auch keine Flugzeuge. Die schweren Glastüren und polierten Messingteile des Empfangsgebäudes glänzten in der milden Dezembersonne.

Und dann tauchten die ersten Deutschen auf. Es waren die höflichsten, am wenigsten kriegerischen Zoll- und Grenzbeamten, die Heiden seit langer Zeit gesehen hatte. «Hauptsächlich junge Männer mit schmalen, angestrengten Gesichtern, offenbar abgefüllt mit Lektionen über Gastlichkeit, Freundlichkeit und den Geist des Willkommens, das ein neues Deutschland an seinen Grenzen zeigen sollte.» Er konnte keine Spur «teutonischer Schwerfälligkeit und Rechthaberei», keine Anzeichen von Aggression und Machtbesessenheit erkennen, die ihn zwanzig Jahre zuvor außer Landes getrieben hatten.

Nach der Landung auf dem Hamburger Flughafen stand der kleine Mann aus der Maschine neben Konrad Heiden. «Winkt Ihnen diese entzückende Dame dort zu?», fragte er. In der Menge der Wartenden in der Empfangshalle sprang wild gestikulierend «etwas Blondes» herum, offenbar um Aufmerksamkeit zu erregen. Heiden dämmerte, dass jemand in New York an irgendjemanden in Hamburg etwas über seine Ankunft geschrieben haben musste.

Die blonde Frau wartete tatsächlich auf ihn. Heiden hatte sie nie zuvor gesehen. Er beschloss, genau hinzusehen: «Hör dir das erste Wort an. Glaube nichts davon!»

«Little day!», kreischte die blonde Frau. «Little day und willkommen in Deutschland! Sie sind also unser aller Konrad! Sind Sie endlich gekommen! Das wurde aber auch Zeit, würde ich sagen.»

Wieder rief sie «Little day!» und richtete die merkwürdigen Begrüßungsworte auch an den kleinen Mann, der sie mit großen Augen anstarrte. Vielleicht meinte sie, dass «little day» so etwas wie «guten Morgen» hieß, kleiner Tag. Das hatte sie wohl irgendwo gelesen.

«Sie war tatsächlich wunderschön, wenn auch nicht mehr ganz jung», schrieb Heiden später. «Little day sagen sie heutzutage vielleicht statt Heil Hitler.»

Die Frau war eine Freundin von Freunden von Freunden und wollte nun von Heiden wissen, was mit ihm los sei und warum er nicht längst zuvor nach Deutschland gekommen war. Sie schien Flüchtlinge abzulehnen, die sich nach dem Ende des Krieges nicht beeilten, nach Hause zurückzukehren.

Ihr Name war Frau Lilo. Das Lachen in ihrer Stimme steckte an, und Heidens Vorname sprang ihr von den Lippen, als habe sie ihn seit Jahren gekannt. Sie bot Gastfreundschaft an, angenehmen Weitertransport und eine Liste von Leuten, die sich schier umbringen würden, um Heiden zu treffen. Offenbar konnte sie nicht damit leben, dass irgendjemand anderer Meinung war als sie.

«Wie war die Reise?», fragte sie. Sie hasste es zu fliegen – «Sie auch?»

«Ich? Nein.»

«Nun, Sie sind ja hier, Gott sei Dank. Und Sie werden wohl nicht so einen Unsinn über Deutschland schreiben wie die meisten? Gott sei Dank sind Sie ja nicht so verblendet, weil, Konrad, ehrlich gesagt, ich habe von Ihnen noch nie gehört, aber das nehmen Sie mir nicht übel, oder?»

Ein offenbar besser informierter Ehegatte namens Günther, «unser aller Günther», sandte seine Grüße, die sie erweiterte auf ein herzliches Willkommen in Deutschland und ein Angebot zur Unterstützung auch von Mister ... Mister?

Ihr strahlendes Lächeln war auf den kleinen Mann gerichtet.

Heiden wusste seinen Namen auch nicht. Sie zuckte kaum, als herauskam, dass er sich irgendwie nach Fischelowitz anhörte.

«Das alles war perfekt», erinnerte Heiden sich später. «Damit hatte meine Ankunft die richtige Würze und Herausforderung. Hier war Deutschland, neu, fremd, verführerisch, unfaßbar und ein wenig konspirativ. Ganz sicher war Frau Lilo wohl nichts anderes als eine charmante Wichtigtuerin, die es vorgezogen hatte, mal kurz zum Flughafen zu brausen, statt den Vormittag mit Shoppen oder am Telefon beim Klatsch zuzubringen. Aber als erster Eindruck deutscher Atmosphäre war sie erstklassig.»

Es war nicht die Person Hitlers allein gewesen, nicht nur die Motive seiner Anhänger, die er damals versucht hatte, zu beschreiben und zu ergründen. Es ging ihm um die historische Situation, die den Aufstieg des Führers ermöglicht hatte.

«Die geistige Herrschaft Hitlers über Millionen und Abermillionen ist oft mit Hypnose verglichen worden», schrieb er nach dem Krieg im Vorwort zu einem Buch, in dem Himmlers Masseur seine Erlebnisse mit dem SS-Führer schilderte. «Als Vergleich mag das gelten», so Heiden, «denn es gehört auf jeden Fall eine innere Bereitschaft dazu, sich hypnotisieren zu lassen, wenn auch noch so verborgen.»

Einmal, viele Jahre zuvor, hatte ein journalistischer Kollege bei einer privaten Einladung, bei der Hitler auftreten sollte, neben ihm gesessen. Fast ein Freund, von dem er bis dahin zu wissen glaubte, dass er politisch ungefähr so dachte wie er selbst. Nach einer schwer ertragenen Stunde Hitler'scher Beredsamkeit raunte ihm Heiden ganz unbefangen zu: «Wir haben jetzt genug gehört und könnten eigentlich gehen; der Unfug ist ja nicht auszuhalten!» Der Kollege aber stieß Heiden wütend in die Seite und zischte: «Schweigen Sie, schweigen Sie, der Mann spricht ja wundervoll.»

Heiden hatte sich oft gefragt, wie es sein konnte, dass dem Mann, «der heute wohl der berühmteste Mensch auf Erden ist, bis zu seinem 30. Lebensjahr auch nicht der bescheidenste Erfolg geglückt» war. «In gesünderen Zeiten wäre ein Hitler vielleicht Sektengründer, Hypnotiseur oder Goldmacher geworden.»

Voller Gedanken über die Vergangenheit trat Heiden hinaus auf das, was für ihn seine erste deutsche Straße seit 19 Jahren war. Er schaute sich um, ob er irgendetwas wiedererkannte, einen Briefkasten vielleicht, eine Straßenlaterne. Er sog die warme, milde Luft ein, um etwas Vertrautes zu riechen. «Aber da war nichts als eine gesichtslose, geruchlose, brandneue Sache, genannt Straße, eine stille fröstelnde Warnung gegen falsche Erinnerungen. Paß gut auf!»

Dieses Land war nicht mehr dasselbe, das er 1933 verlassen hatte. «Nein, ich war nicht nach Hause gekommen. Ich mußte viel lernen. Das Schicksal hatte mich in ein Land verschlagen, das roh war, frisch aus der Asche auferstanden und nicht länger meines. Aus dem Krieg, aus der Erniedrigung, und mit schmerzhafter Lebenskraft erhob sich ein neues Deutschland, immer noch halb betäubt, aber auf eine verzeihliche Art zukunftsorientiert.»

Draußen wartete ein niedliches kleines Auto. Heiden dachte sich: gerade so groß, dass er es zusammengefaltet in seinem großen Koffer hätte unterbringen können. Ein kleiner uniformierter Chauffeur riss die Tür auf, und los ging es, in einer Geschwindigkeit, die in New York ein halbes Dutzend Polizisten dazu veranlasst hätte, hinter ihnen herzuhetzen. Heiden entdeckte keine Ruinen, aber alles wirkte ein bisschen schäbig, nur ein wenig schlimmer, als er es in Erinnerung hatte.

«Ich hatte erwartet, daß die zur Hälfte zerbombte Stadt Hamburg aussehen würde wie ein versteinerter Wald von schwarzen Hauswänden mit offenen Fensterhöhlen», sagte er.

Der Chauffeur antwortete schnell: «Auf dem Weg sehen Sie nur

wenige Ruinen. Das liegt an der De-Ruinierung. Alles weg. Sie sollten die neuen Appartementhäuser sehen. Dick wie Pilze.»

«Glauben Sie kein Wort davon, Konrad», fuhr Frau Lilo dazwischen, «es gibt noch genug Ruinen, sogar mit Leichen darunter.»

«Nicht da, wo Sie leben», sagte der Chauffeur.

«Gestern waren die Deutschen die am meisten vergessene Nation auf der Erde», schrieb Heiden, «gerade noch ein Teil der Geo-
graphie, mit sprachlosen, ratlosen Menschen. Heute wirkten sie
wie eine Art Barometer auf mich – und morgen? Wo Deutschland
hingeht, dorthin geht auch die Welt, wer weiß? Vielleicht ist der
flotte, sich artig verbeugende und dennoch offensichtlich wider-
spenstige Chauffeur die Zukunft.»

An einer nackten Hauswand prangte ein gewaltiges Plakat,
Werbung für ein bekanntes Waschmittel. Eine tiefsitzende Kind-
heitserinnerung, Heiden bekam feuchte Augen.

«So, Sie haben immer noch Persil», sagte er laut.

«Darauf können Sie wetten», antwortete Frau Lilo. «Wir haben
es niemals mehr gebraucht als heute; einige Leute jedenfalls.»

Sie spuckte die Worte geradezu aus. Der Chauffeur sagte nichts.
Das merkwürdige Gespräch zielte auf ehemalige Nazis, die einer
Verurteilung in den Entnazifizierungs-Verfahren entgangen wa-
ren. Die begehrten Entlastungspapiere wurden überall scherzhaft
«Persilscheine» genannt, frei nach dem berühmten Werbeslogan
«Reinigt alles, sogar die schlimmsten Flecken».

Frau Lilos Bitterkeit und das Schweigen des Chauffeurs sagten
alles.

«Sie haben Ihre Probleme in Deutschland», bemerkte Heiden.
«Jede Epoche hat ihren eigenen Stil dafür. Als ich zum letzten Mal
hier war, aktiv im Untergrund, lernte ich, wie man mit Reiswasser
unsichtbare Briefe schreibt. Man machte sie dadurch lesbar, daß
man sie in unverdünntes Jod tauchte. In Verstecken und geheimen

Treffen warteten wir darauf, daß Sabotageeinheiten an der Ruhr
die Kohlegruben unter Wasser setzten, was niemals geschah.»

Heiden war damals verzweifelt durch das alte, großartige Nürn-
berg gelaufen. Die Stadt kam ihm plötzlich vor wie eine einzige
Zusammenrottung von Flaggen und Fanfaren in einem braunen
Meer von SA-Männern mit ihren gelbbraunen Uniformen.

An diesem Dezembertag des Jahres 1951 stiegen Konrad Heiden
und Marga van Weert in einem Hotel in der Hamburger Innenstadt ab, mit livriertem Empfangspersonal und allem Komfort.
Heiden hatte das Gefühl, die Ordnung sei in ein ernsthaftes und
zugleich resigniertes Deutschland zurückgekehrt.

Die meisten Straßen, das fiel ihm gleich auf, waren um Mitternacht sicherer als manche Ecken seiner neuen Heimat New York
gegen Mittag: «Deutsche Straßen waren sauberer. Man konnte in
großen Hotels nicht immer ein Zimmer mit Bad bekommen, aber
wie sie den ganzen Tag lang jeden Flecken scheuerten, säuberten
und polierten! Es gab einen – häufig unwirtschaftlichen – Eifer in
jeder Angelegenheit. Die Verbeugungen der Lift-Boys, ihr Lächeln
und ihre Entschuldigungen, wenn sie die Fahrstuhltüren öffneten;
der Dank der Kellner oder Taxifahrer für das kleinste Trinkgeld
– eine ehrwürdige Höflichkeit ohne Lächeln – verriet den Wunsch,
es unter allen Umständen richtig zu machen.»

Man konnte, wenn man wollte, eine Menge Armut sehen, aber man
konnte sie nicht riechen – nicht einmal in den monströsen Anti-
quitäten, die man Taxis nannte. Sogar die Ruinen hatten eine Art,
arm, aber sauber zu wirken. Der schnelle und schwere Straßen-
verkehr machte das Leben für die Fußgänger beschwerlich, und
die Innenstadt von Hamburg, Deutschlands großartigem Schau-
fenster, hatte die gleichen Parkplatzprobleme wie downtown New
York.

Die Mitte der Stadt war von dem dynamischen sozialdemokratischen Bürgermeister Max Brauer nach dem Motto «Weg mit den Ruinen» aufgeräumt worden. Der ehemalige amerikanische Staatsbürger schaffte es, die Stadt beinahe so aussehen zu lassen, als hätte es nie einen Krieg gegeben. Brauer war genauso wie Heiden vor Hitler in die USA geflohen, aber zurückgekehrt, um seine Heimat wiederaufzubauen.

«Gibt es hier irgend jemanden ohne ein Dach über dem Kopf?», überfiel der Beauftragte des hanseatischen Stadtstaates Konrad Heiden mit stolzem Gesichtsausdruck. «Nein, so etwas gibt es in Deutschland nicht mehr!»

Hamburg, das musste Heiden einräumen, hatte sich an den eigenen Schnürsenkeln aus dem Morast gezogen, bevor es überhaupt Stiefel hatte.

Konrad Heidens Lebensgefährtin Marga, mit der er damals in einem schmucken grauen Holzhaus in Orleans auf der Halbinsel Cape Cod lebte, hatte Verwandtschaft in Hamburg. Ihr Bruder Adolf, ehemaliger Marineoffizier und nicht unbedingt ein Feind der Nazis, lebte hier. Die erste Begegnung mit ihm verlief denn auch etwas spröde. In der Dachgeschosswohnung waren aber noch zwei Gäste eingeladen, die Konrad Heiden aus der Zeit seines Kampfes gegen die Nationalsozialisten kannte: die Sozialdemokraten Elsbeth und Herbert Weichmann. Der spätere Erste Bürgermeister der Freien und Hansestadt Hamburg hatte wie Heiden eine Zeitlang als Journalist für die *Frankfurter* und die *Vossische Zeitung* gearbeitet. Er und seine Frau waren wie Heiden aus Deutschland nach Paris geflohen. Nach dem Einmarsch der deutschen Truppen in Frankreich gelang es ihnen, sich über Marseille nach Spanien und schließlich nach Lissabon abzusetzen.

So saßen sie also zusammen, Anfang 1952, sieben Jahre nach Kriegsende, in einer Dachstube in Hamburg, und sprachen über die alten und die neuen Zeiten. In ihren Memoiren schrieb Elsbeth Weichmann später über den letzten Teil ihrer Flucht, als sie am 1. November 1940 auf dem Küstendampfer Genua die Fahrt Richtung New York antraten: «Die Mehrzahl der Passagiere stand am Bug des Schiffes und schaute einer neuen Heimat und einer neuen Zukunft entgegen. Wir blickten zurück auf unsere verlorene Heimat Europa und auf unsere zerstörte Zukunft dort, die sich immer weiter von uns entfernte.» In Lissabon hatten Elsbeth und Herbert Weichmann zufällig Konrad Heiden getroffen, der damals noch auf seine Papiere für die Einschiffung nach New York wartete.

Heiden und Hitler – Kinder ihrer Zeit

ALS KONRAD HEIDEN am 7. August 1901 in München zur Welt kam, war der Mann, mit dem er sich sein Leben lang beschäftigen würde, 12 Jahre alt. Adolf Hitler ging in Linz auf die Realschule und musste die 5. Klasse wegen schlechter Leistungen in Mathe und Physik wiederholen. Er hatte gerade, zur großen Verbitterung seines Vaters, beschlossen, Kunstmaler zu werden. Alois Schicklgruber wollte, dass sein Junge wie er selbst Beamter würde, doch Adolf sträubte sich. «Ein früh Gescheiterter» überschrieb Heiden später sein Kapitel über Hitlers Jugend. Aus den Schulzeugnissen blicke «ein gewecktes Kind mit lebhafter Phantasie und wenig Disziplin heraus, das sich für die bunten und leicht faßlichen Fächer interessierte und die anstrengenden vernachlässigte».

Unter Einfluss seines Lehrers Pötsch sei Hitler bereits als Schuljunge ein junger Nationalist geworden, der «mit heißem Kopf» vom siegreichen Kampf Deutschlands gegen Napoleon gelesen habe.

Konrad Heiden hingegen kam in einem Elternhaus zur Welt, das alles andere als national gesinnt war. Seine Mutter war eine Sozialistin und Kämpferin für Frauenrechte, die mit Clara Zetkin befreundet war, einer Ikone der linken Friedens- und Frauenbewegung.

Lina Deutschmann stammte aus einer jüdischen Familie, war in Berlin geboren und in München aufgewachsen, wo sie

die Mädchenhandelsschule besuchte. Ihr Vater Moritz Deutschmann arbeitete als Schuhmacher. Lina war 23 Jahre alt, als sie den
Rechtsanwaltsgehilfen Johannes Heiden kennenlernte. Er war der
uneheliche Sohn des Bürgermeisters eines kleinen pommerschen
Städtchens namens Demmin, bei dem seine Mutter als Haushälterin arbeitete.

Der Bürgermeister verweigerte seinem illegitimen Sohn jegliche finanzielle Unterstützung. Johannes Heiden war wegen einer
Lungenkrankheit schon als Knabe schwächlich. Die «freudlose
Jugend» prägte ihn und verlieh ihm «herbe Züge», wie es später in
einem Nachruf hieß. Mit 13 Jahren war er bereits Waise und lebte
auf sich allein gestellt in Hamburg. Durch harte Arbeit und Selbst-
studium ackerte sich Johannes Heiden zur Schreibkraft hoch und
trat in die SPD ein. Er besuchte Bildungseinrichtungen der Stadt
und der Partei, arbeitete bei Rechtsanwälten als Assistent und bei
einer Hamburger Bierversandgesellschaft als «Correspondent und
Cassierer». 1899 fand er in München eine Stellung als «Buchhalter
und Bürochef» bei einem Anwalt.

In München lernte er Lina Deutschmann kennen. Rasch wurde
sie schwanger, und am 24. Dezember 1900 heirateten die beiden.
Am 8. August 1901, laut Geburtsurkunde vormittags um «zwölf
ein viertel», wurde in der Reichenbachstraße 29 der gemeinsame
Sohn geboren: Konrad Ruben Heiden.

Das Paar zog mit dem Kind nach Frankfurt in die Hohenzollern-
straße 20. Johannes Heiden leitete dort inzwischen ein Gewerk-
schafts-Sekretariat. Er beriet Arbeiter in Rechtsfragen und schrieb
gelegentlich für die *Sozialistischen Monatshefte*. Männer kamen
zu Johannes Heiden ins Büro, weil sie Ärger mit dem Vermieter
hatten oder weil sie mit dem Strafrecht in Konflikt geraten waren.
Frauen suchten nach Rat, weil ihre Ehemänner überschuldet wa-

ren und sie sich gegen die Pfändung ihres Besitzes wehren wollten. Arbeiter brauchten Hilfe bei Schadensersatzklagen oder in Erbangelegenheiten. Die Anlaufstellen wurden nicht von ausgebildeten Juristen geführt, sondern von Autodidakten wie Johannes Heiden, der sich mit viel Fleiß in juristische Fragen eingearbeitet hatte.

Die Ehe zwischen Lina und Johannes Heiden kriselte schon früh. Johannes Heiden warf seiner Frau vor, ihren Pflichten als Ehefrau und Mutter nicht ausreichend nachzukommen. Lina Heiden war eine frühe Feministin. In der *Neuen Zeit* kritisierte sie 1906 das Frauenbild, nach dem «des Weibes Stätte das Haus» sei: «Man sieht, die Dunkelmänner sind mit allen Kräften bestrebt, die ihnen noch unterworfenen Frauen festzuhalten, einzuschließen in der Kirche Nacht, sie durch die Sorge um das Heil ihrer Seele fernzuhalten und abwendig zu machen von dem großen, weltbewegenden Kampfe der Arbeiterklasse um die Eroberung einer neuen, gerechteren Gesellschaftsordnung, der sozialistischen, die schon auf Erden das Heil der Seele und des Leibes verbürgt.»

In Frankfurt war Lina Heiden mit der Frauenrechtlerin und SPD-Politikerin Henriette Fürth befreundet, die 1901 in Frankfurt den Verein «Weibliche Fürsorge» gegründet hatte. «Gleichberechtigt wollen wir unseren Platz neben dem Manne einnehmen und behaupten», schrieb Henriette Fürth. «Sein guter Kamerad – wenn er will; sein ebenbürtiger Gegner – wenn's ihm so lieber ist. Nicht aber seine Sklavin und nicht seine Puppe. Und in Zeiten der Not? Ja, da wollen wir mehr und anderes; oder nein: da wollen wir alles zugleich sein. Eine ganze Kraft setzen wir ein: zu trösten, zu lieben, zu hoffen und zu arbeiten! Zu arbeiten!»

Auch Lina Heiden wollte beides, arbeiten und eine liebende Mutter sein, die ihrem Kinde «neben einer sachgemäßen und vernünftigen Körperpflege alle Segnung eines reichen Fühlens, aber auch klaren Denkens» mitteilen sollte, wie Henriette Fürth es ausdrückte. Lina Heiden engagierte sich in der Frauenbildung und arbeitete als Vertrauensperson in einem Fürsorgebüro für Proletarierinnen. Sie schrieb für den sozialdemokratischen *Vorwärts*, für Clara Zetkins *Neue Zeit* und für die Zeitung *Gleichheit* Artikel und Buchrezensionen. Immer wieder betonte sie, dass die Freiheit der Frau erst in der sozialistischen Gesellschaft erreicht werden könne.

Lina Heiden wurde der Mehrfachbelastung als Hausfrau, Mutter und politischer Aktivistin aus der Sicht ihres Mannes offenbar nicht gerecht. Sie ging morgens um 7.45 Uhr aus dem Haus und kehrte erst um 16 Uhr nachmittags zurück. Das Kochen übernahm eine Haushälterin. Dreimal die Woche verließ sie nachmittags erneut die Wohnung, um an Fortbildungsmaßnahmen teilzunehmen. Dann kehrte sie nach 20 Uhr zurück, manchmal auch erst spätnachts.

Im November 1903, Sohn Konrad war gerade zwei Jahre alt, kam es zum ernsthaften Zerwürfnis zwischen den Eheleuten. Johannes Heiden wollte den Streit schlichten und schrieb an seine Schwägerin Hanna Deutschmann, eine Trennung wäre ein «Verbrechen an dem Kinde». Er fuhr fort: «Gatten, die kein Kind haben, mögen sich vielleicht aus Gründen so nichtiger Art trennen, wie wir es vorhaben, Eltern aber dürfen es nicht. Das alles steht mir jede Minute vor der Seele, seitdem ich am Sonntag gesehen habe, wie das Kind vor Freude hüpfte, als es mich erblickte. Ich habe laut weinen müssen.»

Lina Heiden zog mit ihrem Sohn Konrad für eine Weile nach Stuttgart zu ihrer «Genossin Z.», vermutlich Clara Zetkin, kehrte nach kurzer Zeit aber zurück zu ihrem Mann. An ihre Freundin «Z.» schrieb sie: «Jetzt lebe ich wieder schlecht und recht mit meinem Mann zusammen, und ich habe im großen Ganzen betrachtet, keinen Anlaß zu klagen.» Ihr Mann werde sich nicht mehr ändern, und sie wolle jetzt alles möglichst leichtnehmen. Schließlich habe sie ihren «Bubi», der «eine Quelle unerschöpflicher reinster Herzensfreude» sei. «Er entwickelt sich körperlich und geistig so prächtig, er ist ein solch lieber, artiger, doch liebender Junge, daß ich mich sehr hüten muß, hier viel von ihm zu schreiben, sonst könnte ich Ihnen seitenlang von ihm schwärmen, und dazu fehlt mir wohl das Recht.»

Die Eheleute versuchten es noch ein weiteres Jahr, doch das Zusammenleben funktionierte nicht mehr. Lina Heiden war kreuzunglücklich in der «Frankfurter Sippschaft», wie sie es in einem Brief an ihren Mann ausdrückte. Ständig hätten dort «100 Augen» ihre Schritte begleitet und «50 Mäuler» ihre Worte und Taten kritisiert. Man habe sie als «schmutzig, schlampig» und als «schlechte Hausfrau» bezeichnet, sodass sie schließlich in Frankfurt nicht mehr habe atmen können. Ein Jahr nach dem letzten bitteren Zerwürfnis, wieder kurz nach dem Hochzeitstag im Dezember 1904, packte Lina Heiden ihre Sachen und fuhr Hals über Kopf mit Sohn Konrad zu ihrer Mutter nach München. Ihr Entschluss stand fest, sie wollte nicht zurück. Im Mai 1905 wurde die Ehe geschieden. Das Gericht schrieb die Schuld der Mutter zu, da sie «ihre Pflichten als Gattin und Hausfrau» vernachlässigt habe. Sie musste auch die Prozesskosten tragen.

Johannes Heiden überließ seiner Frau das Recht, das Kind bei sich zu behalten, verlangte jedoch, dass sie ihm «zweimal monatlich über das Befinden des Kindes Bericht erstattet». Am 8. Februar 1905 schrieb sie ihm aus München und ließ den Vater von «Bubi» vielmals grüßen. «Es geht ihm recht gut, er hat schöne rote dicke Bäckchen, ist vergnügt und freut sich seines süßen Lebens. Im allgemeinen ist er sehr lieb und artig, folgt brav und ißt und schläft ordentlich.» Jeden Sonntag wolle er nun zur Parade an der Feldherrnhalle. «Wenn er Musik hört, ist er ganz bezaubert.»

Die Familie Heiden

Um sich und den Sohn zu ernähren, nahm Lina Heiden vorübergehend eine Stellung in Berlin an. «Ich kämpfe einen schweren
Kampf wegen Konrad», schrieb sie an ihren Mann. Solle sie ihn
wegen zwei oder drei Monaten in eine fremde Umgebung bringen?
Sie entschloss sich, ihren Sohn nicht mitzunehmen. Vermutlich
ließ sie ihn bei ihrer Mutter und ihrer Schwester Hanna, zu der
Konrad ein inniges Verhältnis hatte. Johannes Heiden beschwerte
sich später in einem Brief bitter darüber. Die Erinnerung an das
Frühjahr 1905, als dem dreijährigen Kind «auf einen Schlag Mutter
und Vater geraubt wurden, es vier Monate lang ohne die Überwachung seiner Mutter sein mußte», lasse ihn noch immer «erzit-
tern» und er wolle das am liebsten vergessen.

Er selbst war während dieser Zeit wegen einer Lungenerkran-
kung zur Kur im badischen Schwarzwald.

Lina Heiden blieb mit Konrad in München bei ihrer Mutter und
fand im Herbst 1905 auch wieder eine ordentlich bezahlte Stellung.
In einem Brief an Henriette Fürth berichtete sie, Konrad sei inzwischen einen Meter groß und so kräftig, dass die Leute ihn auf fünf
Jahre schätzten, obwohl er erst vier war. Er sei «lieb und brav trotz
des lebhaften Temperaments, das der kleine Kerl zu meiner inni-
gen Freude an den Tag legt». In dem Brief berichtet Lina Heiden
auch, der Scheidungskrieg habe viele Nerven und Kräfte gekostet
und im Sommer sei sie mehrfach krank gewesen.

Am 29. September 1906, kurz nach Konrads fünftem Geburtstag,
starb Lina Heiden-Deutschmann in München. Eine Todesursache
ist auf der Sterbeurkunde nicht verzeichnet. Sie wurde 29 Jahre alt.

«Genossin Heiden zählte zu den fähigsten, geschultesten und
charaktervollsten jungen Vertreterinnen der proletarischen
Frauenbewegung», schrieb die Zeitung *Gleichheit* in einem Nachruf. «In heißen äußeren und inneren Kämpfen hat sie sich selbst
finden müssen.» Doch im Sozialismus habe sie «zum Glück» eine
feste Weltanschauung gefunden, mit der sie auch «über Steine

und Dornen» gegangen sei. «Die leidenschaftliche Kämpferin war eine zärtliche, treu sorgende und einsichtsvolle Mutter. Wie leuchteten ihre Augen, wenn sie von ihrem Knaben sprach, welche echte Wärme des Gefühls wehte aus ihren Zeilen, wenn sie von seiner Entwicklung schrieb. In aufrichtiger Trauer fühlen wir uns mit Genosse Heiden und den Freunden der Verstorbenen verbunden, die ihr frühes Grab umstehen. Als Persönlichkeit und als Kampfesgenossin wird uns Genossin Heiden unvergesslich bleiben.»

* * *

Konrad Heiden war jetzt Halbwaise, gerade mal fünf Jahre alt. Der Mann, mit dem er sich sein Leben lang beschäftigen sollte, war damals, 1906, siebzehn Jahre alt. Schon zu jener Zeit, so jedenfalls behauptete Adolf Hitler später, sei sein politischer Lebensweg vorgezeichnet gewesen. Er hatte viel mit der großen Bühne, dem Theater, der Oper zu tun. Dramatik, Melodramatik, großes Pathos, Volksmassen, Chöre, Lärm und Geschrei, bombastische Aufmärsche und donnernde Orchester hatten es ihm angetan. Heldengestalten, Mord und Totschlag, Verrat und Untergang fand er vorwiegend in den Opern Richard Wagners. Vor allem ein frühes Werk des Meisters faszinierte ihn seit frühen Jugendtagen, die Oper «Rienzi». Es ist die Geschichte des römischen Volkstribunen Cola di Rienzo, der im Rom des 14. Jahrhunderts altrömische Zustände wiederherstellen wollte: eine reaktionäre Revolution. Immer wieder sah und hörte Hitler sich «Rienzi» an, und die Ouvertüre zu der Oper wurde später auf jedem Reichsparteitag der NSDAP aufgeführt.

«In jener Stunde begann es», sagte Adolf Hitler später angeblich über einen seiner ersten Theaterbesuche im November 1906 in Linz. Dort wurde Wagners «Rienzi» aufgeführt. Der jugendliche Hitler besuchte die Oper zusammen mit seinem Freund August Kubizek. Der behauptete später: «Das hat er oft gesagt. Dieser Cola di

Rienzo, Sohn eines kleinen Gastwirts im Rom des 14. Jahrhunderts, hat mit 24 Jahren das Volk dazu gebracht, den korrupten Staat zu vertreiben, indem er die große Vergangenheit des Imperiums beschwor. Bei dieser gottbegnadeten Musik, so sagte er, hatte er als junger Mensch im Linzer Theater die Eingebung, daß es auch ihm gelingen müsse, das Deutsche Reich zu einen und großzumachen. Wie eine aufgestaute Flut durch die berstenden Dämme bricht, brachen die Worte aus ihm hervor. In großartigen, mitreißenden Bildern entwickelte er mir seine Zukunft und die seines Volkes.»

Das, wenn die Legende des August Kubizek stimmt, war der Beginn von Hitlers lebenslanger Verehrung für den Komponisten, Revolutionär und Antisemiten Richard Wagner.

Seit dem Tod des Vaters im Jahr 1903 war Hitler Halbwaise. Sein erster Anlauf, auf der Malschule der Akademie der Bildenden Künste in Wien angenommen zu werden, scheiterte. Beim Probezeichnen im Jahr 1907 wurde er mit «ungenügend» beurteilt und abgelehnt. Den Beleg dafür fand Konrad Heiden später als junger Journalist in den Akten der Akademie. Hitler selbst verschwieg diesen Umstand. «Gebrochen» kehrte Hitler nach Linz zurück, wo seine Mutter im Sterben lag. Heidens Resümee: «Ein verspieltes, verträumtes Jugenddasein geht dem Ende zu. Klara Hitler stirbt am 21. Dezember 1907. Adolf Hitler, ein verwöhnter Junge von 19 Jahren, der nichts gelernt hat, nichts erreicht hat und nichts kann, steht vor dem Nichts.»

Dieses Nichts hieß: vier Jahre Elend in Wien. Hitler selbst habe erzählt, dass er sich in dieser ersten Wiener Zeit durch praktische Arbeit sein Brot erworben habe. Menschen, die ihn um jene Zeit gut kannten – Hausgenossen, Geschäftsfreunde, Bilderhändler –, behaupteten allerdings, Hitler sei «für körperliche Arbeit viel zu schwach gewesen, auch habe er damals nie etwas von dieser Bauarbeit erzählt». Stattdessen habe er gelesen, «Buch um Buch, Broschüre um Broschüre». Seinen Quartiergebern erklärte Hitler, er wolle sich zum Schriftsteller ausbilden.

Zu dieser Zeit wurde Konrad Heiden gerade eingeschult. Seine Zeugnisse in der Mittelschule in Frankfurt am Main waren gut, nur seine Leistungen im Turnen und Schreiben kamen über ein «befriedigend» nicht hinaus. 1909 heiratete sein Vater noch einmal, doch auch seine zweite Frau verließ ihn nach weniger als zwei Jahren. Konrad lebte allein mit seinem Vater im dritten Stock eines Wohnhauses in der Ottostraße 16.

Mit acht Jahren kam Heiden auf das traditionsreiche städtische Lessing-Gymnasium in der Hansa-Allee in Frankfurt. Es residierte in einem 1902 eingeweihten prachtvollen Gebäude im wohlhabenden Frankfurter Westend. Die Schüler kamen vorwiegend aus gutem Hause, und der Unterricht galt als konservativ. Heiden lernte Latein, Griechisch und Französisch, auf seinem Stundenplan standen außerdem Erdkunde, Geometrie und Zeichnen. Bald gehörte er zu den besten Schülern seines Jahrgangs. In den Protokollen der Versetzungskonferenz vom März 1912 ist vermerkt, dass Konrad Heiden und sechs weitere Schüler mit einem Preis ausgezeichnet wurden.

«Zu dieser Zeit, im Frühsommer 1913, mietet ein junger Student der Technik aus Wien im Bahnhofsviertel in München ein Zimmer.» So beschrieb rund zwanzig Jahre später der Journalist Konrad Heiden das erste Auftauchen Adolf Hitlers in Deutschland. «Nach dem polizeilichen Melderegister hat Hitler Wien im Mai 1913 verlassen. Bis dahin hatte er in der österreichischen Hauptstadt immer noch vom Verkauf seiner Aquarelle gelebt, wenn auch kümmerlich. In München ging es ihm nicht viel besser; hier zeichnete er Plakatentwürfe für Firmen. Das Dasein ist äußerlich noch einsamer als in Wien, verkrochen und abseits, mitten im Geräusch einer schönen, heiteren Stadt. Hager, kränklich, unfrisch, unsportlich wirkt der 24jährige unter Gleichaltrigen.» Grau in grau habe ein kleines, langweiliges Leben vor ihm gelegen.

Dann, urplötzlich, wird die große Politik zur ganz persönlichen Schicksalsmacht. «Da greift der Himmel ein und läßt für ihn und für so viele andere ausweglose Existenzen den Weltkrieg ausbrechen», schreibt Heiden und zitiert aus Hitlers «Mein Kampf»:

«Der Kampf des Jahres 1914 wurde den Massen, wahrhaftiger Gott, nicht aufgezwungen, sondern vom gesamten Volke selbst begehrt. Mir selber kamen die damaligen Stunden wie eine Erlösung aus den ärgerlichen Empfindungen der Jugend vor. Ich schäme mich auch heute nicht, es zu sagen, daß ich, überwältigt von stürmischer Begeisterung, in die Knie sank und dem Himmel aus übervollem Herzen dankte ...»

Konrad Heiden war zum selben Zeitpunkt keineswegs von der Aussicht auf den großen Krieg begeistert. Sein Onkel Oskar musste an die Front und schrieb ihm am 10. Oktober 1914 eine Feldpostkarte. «Lieber Konrad! Nach fast 15stündiger Bahnfahrt bin ich endlich heute nacht hier gelandet; aber es soll noch weitergehen. Hoffentlich geht es Dir gut, was auch bei mir der Fall ist. Ich hätte nicht gedacht, so weit ins Feindesland zu kommen. Viele herzliche Grüße, Oskar Bodenheimer.»

Schon im November 1914 geriet Konrad an seinem Gymnasium in Schwierigkeiten, weil Mitschüler ihn bei ihren Eltern angeschwärzt hatten. Sie berichteten dem Schuldirektor, dass Konrad mehrfach geäußert habe, es wäre am besten, wenn der Kaiser gefangen genommen würde; dann könnte mancherlei anders werden. Daraufhin wandte sich der Direktor brieflich an Konrad Heidens Vater, der sich, wie schon oftmals vorher, auf einer Kur befand.

«Sehr geehrter Herr», schrieb der Direktor, «zwei Vorkomm-
nisse der letzten Wochen nötigen mich, mit Ihnen über Ihren
Sohn in Verbindung zu treten. So ungern ich Sie jetzt während
Ihrer Kur belästigen möchte. Sie sind aber zu ernst, als daß ich
davon schweigen könnte.» Durch Väter von Mitschülern habe er
erfahren, dass Konrad mehrfach Äußerungen «über unseren Kaiser getan hat, die an sich unglaublich scheinen». Dazu sei er ver-
hört worden, hätte aber seine Behauptungen, dass es besser sei,
wenn der Kaiser gefangen genommen würde, geleugnet. Es gäbe
aber keine Zweifel an der Zuverlässigkeit der Denunzianten. «Ich
habe Ihren Sohn damals auf das ernsthafteste vorgenommen,
ausgefragt, verwarnt und ihm das Niederträchtige, das in seiner
Äußerung liegt, vor Augen geführt.» Er habe den Vorfall gegenüber der Schule für sich behalten in der Hoffnung, dass Konrad
«zu Verstand kommen würde». Nun sei es aber zu einem weiteren Vorfall gekommen. Konrad habe Mitschülern auf dem Nach-
hauseweg gesagt, er besitze die Pläne des hiesigen Wasserwerkes
und sei in der Lage, diese an ein englisches Büro zu verkaufen.
Auch darauf habe er Konrad angesprochen. «Konrad gab zu, sich
diese Phantasiegeschichte ausgedacht zu haben. Er hätte sich
nichts Böses dabei gedacht.» Der Rektor schrieb dieses Verhalten
der «abenteuerlichen Phantasie» des Jungen zu. Zu seinen Guns-
ten nahm er an, er habe nur seine Mitschüler zum Besten halten
wollen:

«Es bleibt aber auch hier wieder der peinliche Tatbestand übrig,
daß er mit Dingen, die jedem Deutschen heilig sein sollten, der
unbedingten Sicherheit des Vaterlandes, gespielt hat.»

Es sei dem Kollegium kaum begreiflich, wie in heutiger Zeit ein
Knabe «sich mit solchen doch auf Hochverrat herauslaufenden
Phantasien überhaupt hat beschäftigen können». Der Direktor
konstatierte einen Mangel an nationalem Empfinden. In diesem
Sinne sei der Verweis abgefasst worden. Ihm persönlich sei es eine

Konrad Heiden als Jugendlicher

sehr schmerzliche Empfindung gewesen, dass ein Junge, auf den er so viele Hoffnungen gesetzt habe, ihn so enttäuschte. «Aber vielleicht hat diese Krise für ihn eine heilsame Wirkung.» Man werde den Schüler «ernsthaft beobachten».

«Ich habe auf Ihren Sohn bei seiner großen Begabung und bei seinem bisher mir durchaus angenehmen Wesen große Hoffnungen gesetzt», schrieb der Direktor weiter an Konrads Vater, «um so schmerzlicher ist es mir, daß die Seele dieses Kindes, wie ich doch annehmen muß, von unsauberen Gedanken geradezu vergiftet ist.» Dann spielte er darauf an, dass sich Johannes Heiden wieder einmal auf Kur befand: «Inwieweit Ihre Abwesenheit und die Einsamkeit, in der er sich wohl an einem großen Teile des Tages befindet, auf diese innere Entwicklung Einfluß gehabt hat, kann ich nicht sagen.»

Heidens Vater bat den Juristen Dr. Hugo Sinzheimer, der ein bedeutender Rechtswissenschaftler der Weimarer Republik werden sollte, bei der Schule stellvertretend für ihn als Vater ein gutes Wort für Konrad einzulegen. Nachdem Sinzheimer, der später ein väterlicher Freund Heidens wurde, im Rektorat vorgesprochen hatte, wurde auf der Schulkonferenz beschlossen, es bei einem schriftlichen Verweis zu belassen.

Konrad Heiden durfte auf dem Gymnasium bleiben und erhielt zu Ostern in einer festlichen Szene zum Zeichen, dass er das Ziel der Klasse erreicht hatte, einen Luxusband «Unser Kaiserpaar».

Zu Weihnachten schrieb Konrad seiner Tante Hanna: «Liebe Tante Hanna! Fröhliche Weihnachten wünsche ich Euch allen. Du mußt ... traurig sein, daß Du diesmal nicht mit Onkel Oskar zusammen sein kannst. Aber denk daran, daß das nächstes Jahr der Fall sein wird. Zurückkehren wird Onkel Oskar ganz gewiß.»

In einem typischen Knabengedicht reimte er:

«Der Mond blickt durch die Bäume nieder,
ein Reiterzug zieht durch den Wald.
Die Rossen schnauben, es beben ihre Glieder,
das Heer hat mächtige Gewalt.

Sie sprengen ab und in die Höh',
und halten niemals ein,
ein nachher denket: ach, o weh!
Der Schwächste muß auch tapfer sein!»

Am 13. Januar 1916 starb auch Heidens Vater. Einer seiner besten Freunde, Max Quark, spielte in seiner Trauerrede auf die Kriegslage an: «Das Lied vom guten Kameraden ist an dieser Stelle in der letzten Zeit ein paarmal in ergreifend warmen Tönen aus dem Schützengraben gesungen worden – mag es jetzt auch einmal vom politischen und sozialen Kampfplatz hinter der Front ertönen.» Heiden und er hätten alle Entwicklungen in der Gewerkschaftsbewegung gemeinsam durchgekämpft.

Quark verfasste auch in der sozialdemokratischen Zeitung *Die Volksstimme* einen Nachruf auf Konrads Vater: «Sein Stolz wurde sein Knabe aus der ersten seiner beiden Ehen, der Sohn seiner schönsten Liebe und die liebe Sorge seiner Jahre bis zum frühen Tode.»

Die beiden hätten nicht viel außerhalb ihrer selbst gehabt und sich desto enger zusammengeschlossen, in dem äußerst einfachen Haushalt, den Heiden führte. Er habe seinen Genossen im Spätherbst des vergangenen Jahres getroffen, als der schon seinen baldigen Tod vor Augen hatte. «Er blieb immer gleich lieb und gut und klug, zuletzt vielleicht mit einem Zuge bitteren Vorgefühls eines jungen Todes um den Mund. Jetzt hat er sich plötzlich fortgemacht, ohne neues Signal. Nun lege ich ihm diesen journalistischen Kranz auf sein Grab ...»

In der *Volksstimme* hieß es weiter: «Nach einem Lied des Gesangsvereins Union hielt der Genosse Rechtsanwalt Dr. Sinzheimer, den eine innige Freundschaft mit dem Verstorbenen verband, eine Trauerrede. Er schilderte den Lebensgang des im besten Mannesalter vom Tode ereilten Freundes und Genossen, den zwei Eigenschaften auszeichneten: Leidenschaft und klares Denken.»

Konrad Heiden war nun Vollwaise. Er lebte bei verschiedenen Pflegefamilien, und Dr. Sinzheimer kümmerte sich um ihn. Außer ihm hatte er nur eine weitere Bezugsperson: seine Tante Hanna aus München.

Am 18. Februar 1916 schilderte er ihr in einem Brief, unter welchen Umständen er bei einer Pflegefamilie lebte: «Ich schlafe, wie zu erwarten war, mit den beiden Jungen in einem Zimmer, dagegen läßt sich nun nichts einwenden, weniger angenehm ist es mir aber, daß die Stube tagsüber als Aufenthaltsraum für die ganze Familie dient. Der Mann hält sich den ganzen Nachmittag darin auf, die vier Kinder machen ihre Arbeiten darin, die Mittagsmahlzeit wird darin eingenommen, und von mittags ein Uhr bis abends 10.30 Uhr wird das Fenster so gut wie nicht aufgemacht.» Immerhin habe er durchgesetzt, dass abends das Fenster eine halbe Stunde geöffnet würde. «Anbei eine kleine Photographie von mir, sehe ich darauf nicht scheußlich aus?»

Am Schluss hieß es: «Vergeßt mich nicht!!»

In einem anderen Brief schrieb er, dass er erfahren habe, Onkel Oskar käme auf Fronturlaub nach Hause. Er machte sich Sorgen, dass «womöglich unsere Briefe geöffnet werden».

Wie so viele nahm auch er an, der Krieg müsse bald vorbei sein, am besten mit einem deutschen Sieg. «Ihr wißt, wie nahe wir dem Frieden sind. Die ständigen Zeppelinfahrten nach England werden hoffentlich auch Wirkung haben. Auch der Fall von Verdun könnte vielleicht den Frieden bringen.»

Doch auch die Bombenabwürfe aus Zeppelinen über London und die Schlacht von Verdun brachten den Deutschen keinen Sieg. An Konrads guten schulischen Leistungen änderte das nichts. Sein Zeugnis zu Ostern lautete: Betragen: 2, Religion: 1, Deutsch: 1, Lateinisch 2, Griechisch 3, Geschichte 2, Erdkunde 2. Er meinte aber: «In diesem Fach hätte mir der Lehrer nach meiner Meinung ruhig die Note 1 geben dürfen.» Französisch 2, Mathematik 3, Physik 3, Turnen 3, Zeichnen 3. Eine Prämie bekäme er in diesem Jahr nicht. Der Lehrer habe gesagt, dass auch mal Schwächere ausgezeichnet werden sollten. Ein zutiefst sozialdemokratischer Gedanke, und das zu Kaiser Wilhelms Zeiten.

Am 18. Mai 1916 schrieb der Fünfzehnjährige an Tante Hanna: «Hier laufen schon seit Wochen Friedensgerüchte um, man spricht von einem bevorstehenden Sonderfrieden mit Rußland. Solche Behauptungen waren bisher meistens leider unbegründet, aber die Gerüchte von jetzt erhalten sich wirklich hartnäckig. Die Ruhe an der russischen Front ist auch wirklich bemerkenswert, hoffentlich wird etwas daraus.»

Zu diesem Zeitpunkt war der 27-jährige Adolf Hitler an der Westfront, «der schwersten von allen», wie Konrad Heiden zwanzig Jahre später formulierte.

* * *

«Über seine Kriegserlebnisse ist Hitler wortkarg», vermerkte Heiden in seiner ersten Hitler-Biographie. «Die ersten Sturmtage in Flandern beschreibt er dichterisch; es sind schöne Zeilen. Dabei macht er sich des falschen Berichtes schuldig; vielleicht harmlos, aber nicht ganz unwichtig.» Vom ersten Kampftag im Regiment List, das vor Ypern lag, berichtet Hitler: «Aus der Ferne aber klangen die Klänge eines Liedes an unser Ohr und kamen immer näher und näher, sprangen über von Kompanie zu Kompanie, und da, als der Tod gerade geschäftig hineingriff in unsere Reihen, da erreichte das Lied auch uns, und wir gaben es nun wieder weiter. Deutschland, Deutschland über alles, über alles in der Welt.»

Konrad Heiden fand heraus, was der Herausgeber der «Geschichte des Regiments List» von 1932, Dr. Fridolin Solleder, dazu gesagt hatte: «Seit 1915 kehrt in fast allen Veröffentlichungen die Nachricht wieder, daß die Lister beim Sturm auf Ypern das Deutschlandlied sangen. Das ist ein Irrtum. Die Lister sangen das alte deutsche Trutzlied ‹Die Wacht am Rhein›». Konrad Heidens ironischer Kommentar dazu: «Auch ein Beitrag zur Psychologie der Zeugenaussage – zumal wenn der Zeuge Adolf Hitler heißt.»

Die Regimentsgeschichte nahm durchaus Notiz von Hitler. Ein Foto zeigte, wie er in Gefechtsausrüstung, Pickelhaube, Gewehr umgehängt durch die Straßen einer Ortschaft stürmte. In der Chronik seines Regiments wurde erwähnt, dass «Hitler im schwersten Feuer seinen Kommandeur mit dem Leibe gedeckt und in ein schützendes Erdloch zurückgedrängt» habe. In der Vorrede betonte der Herausgeber: «Das Bild des Regiments List wäre nicht vollständig ohne den Hinweis auf die geschichtliche Tatsache, daß in den Reihen der Kriegsfreiwilligen Adolf Hitler vier Jahre an der Westfront stand, der später der Gründer und Führer einer der stärksten Parteien Deutschlands wurde.»

Bei den Kameraden aber sei Hitler unbeliebt gewesen, hält Heiden fest: «Wegen seiner, wie es ihnen scheint, streberhaften Willigkeit gegen die Vorgesetzten. Wenn er vor den Kommandeur springt und ihn bittet, sein Leben zu schonen, das Regiment davor zu bewahren, in so kurzer Zeit ein zweites Mal seinen Kommandeur zu verlieren, so hat das einen leisen Hauch von vaterländischem Schullesebuch.»

Wenn auch an seiner Auszeichnung, dem Eisernen Kreuz, seiner Hingabe und Dienstwilligkeit nicht zu zweifeln war, so erhob sich doch die gewichtige Frage: «Warum ist dieser ‹Führer› viereinhalb Kriegsjahre lang ewig nur Gefreiter geblieben? Es war Mangel an Unteroffizieren; trotzdem sagte sein Kompanieführer: ‹Diesen Hysteriker mache ich niemals zum Unteroffizier.›»

Die Subordination habe er bis in die Kleinigkeiten ernst genommen: «Den Vorgesetzten achten, niemandem widersprechen, blindlings sich fügen.» Das war Hitlers Ideal, wie er 1924 in seinem Lebensbericht vor dem Richter selbst aussagte. Bei diesem Bekenntnis war Heiden schon Zeitzeuge – als junger Journalist im Gerichtssaal.

Der Untergang des Kaiserreichs

AM 11. NOVEMBER 1918 – Konrad Heiden war gerade 17 Jahre jung – kapitulierte das Deutsche Reich. Der Krieg war verloren, Kaiser Wilhelm II. dankte ab und setzte sich nach Holland ab. In Berlin rief der Sozialdemokrat Philipp Scheidemann vom Balkon des Reichstags in historischem Pathos: «Das Alte und Morsche, die Monarchie ist zusammengebrochen! Es lebe das Neue, es lebe die deutsche Republik!»

Der österreichische Schriftsteller Stefan Zweig beschrieb den Zauber des Augenblicks später in seinen «Erinnerungen eines Europäers» unter dem Titel «Die Welt von gestern»: «Die Hölle lag hinter uns, was konnte nach ihr uns noch erschrecken? Eine andere Welt war im Anbeginn. Und da wir jung waren, sagten wir uns: es wird die unsere sein, die Welt, die wir erträumt, eine bessere, humanere Welt.»

Es sollte ein Traum bleiben. 1942 nahm sich Stefan Zweig, auch er von Hitler verfolgt und dennoch der erfolgreichste deutschsprachige Autor der Epoche, im brasilianischen Exil das Leben.

Zum Zeitpunkt des deutschen Zusammenbruchs 1918 lag Hitler in einem Lazarett in Pasewalk und kurierte die Folgen eines Gasangriffs vom Oktober 1918 aus. Nach seinen eigenen Angaben in «Mein Kampf» erfuhr Hitler vom Waffenstillstand durch einen

Pastor, der zu einer kleinen Ansprache in das Lazarett gekommen war: «Ich war, auf das äußerste erregt, auch bei der kurzen Rede anwesend. Der alte, würdige Herr schien sehr zu zittern, als er uns mitteilte, daß das Haus Hohenzollern nun die deutsche Kaiserkrone nicht mehr tragen dürfe, daß das Vaterland ‹Republik› geworden sei. Als aber der alte Herr weiter zu erzählen versuchte und mitzuteilen begann, daß wir den langen Krieg nun beenden müßten, ja, daß unser Vaterland für die Zukunft, da der Krieg jetzt verloren wäre und wir uns in die Gnade der Sieger begäben, schweren Bedrückungen ausgesetzt sein würde, daß der Waffenstillstand im Vertrauen auf die Großmut unserer bisherigen Feinde angenommen werden sollte – da hielt ich es nicht mehr aus. Mir wurde es unmöglich, noch länger zu bleiben. Während es mir um die Augen wieder schwarz ward, tastete und taumelte ich zum Schlafsaal zurück, warf mich auf mein Lager und grub den brennenden Kopf in Decke und Kissen. Seit dem Tage, da ich am Grabe der Mutter gestanden, hatte ich nicht mehr geweint.»

Konrad Heiden bemerkte dazu später sarkastisch: «Das ist nun, wiederum wörtlich genommen, völlig gelogen; er ist ein weinerlicher Mensch, dem die Tränen leicht rinnen. Aber richtig ist, daß er seit dem Tode der Mutter nur eine Sache wieder geliebt hat, den Krieg.»

Das gehe etwa aus einem Brief vom Februar 1915 hervor, den Hitler angeblich an einen halbfremden Menschen, den Schneidermeister P., schickte, bei dem er in München zur Untermiete gewohnt hatte. Der Brief – mit der Schreibmaschine geschrieben – war volle vier Seiten lang. Heiden zitierte ihn in dem Manuskript seines 1944 in den USA auf Englisch erschienenen Buches «Der Fuehrer». Im Stil einer Reportage beschreibt Hitler darin einen Angriff auf die feindlichen Linien: «Immer wieder schlug eine Granate von uns in den vor uns liegenden englischen Schützengraben. Wie aus einem Ameisenhaufen quollen die Kerle daraus hervor, und nun geht es bei uns zum Sturm. Wir kommen blitzschnell in die Felder vor, und nach stellenweisem blutigem Zweikampf werfen wir die Burschen aus einem Graben nach dem anderen heraus. Viele heben die Hände hoch. Was sich nicht ergibt, wird niedergemacht ... Als ich ... zurückkomme, liegt der Major mit aufgerissener Brust am Boden. Ein Haufen Leichen ist um ihn herum ... in uns kocht die Wut. ‹Herr Leutnant, führen Sie uns zum Sturm!› schreit alles ... In vier Tagen war unser Regiment von dreieinhalbtausend Mann auf sechshundert zusammengeschmolzen ... Aber stolz waren wir alle darauf, daß wir die Engländer geworfen hatten.»

Geheilt und aus dem Lazarett entlassen, kehrte Hitler nach Bayern zurück und lebte eine Zeitlang bei dem Ersatzbataillon seines Regiments im oberbayerischen Traunstein, später in einer Münchner Infanteriekaserne. «Der Krieg war doch nicht untergegangen. Es gab ein Heer, das ihn weiterführte, und Hitler gehörte dazu», resümierte Heiden später. Hitler war nun sogenannter Zivilangestellter beim Wehrkreiskommando in München, wo er zur politischen Abteilung gehörte, einem Büro, das sich Presse- und Nachrichtenstelle nannte. Doch es handelte sich eher um ein Propaganda- und Spionagezentrum, die Keimzelle der «nationalen Revolution».

Die Kriegsheimkehrer, erniedrigt und traumatisiert, suchten nach einer neuen Rolle. Besonders anfällig war die Gruppe junger Reichswehr-Offiziere, die Leutnants und Hauptleute, die nach dem Versailler Vertrag in dem darin vorgeschriebenen winzigen Hunderttausend-Mann-Heer keine Aussicht auf Fortkommen mehr hatten und sich zu einem Dasein als bewaffnete Edelproletarier verurteilt sahen: «Viele zogen, außerhalb jeder amtlichen Stellung, als Häuptlinge von Söldnerbanden durchs Land, von Großindustriellen und Gutsbesitzern gekauft, um deren Fabriken oder Güter gegen die ewig gefürchtete kommunistische Revolution zu schützen.» Es war das vorläufige Ende eines Herrenlebens gewesen, an das sich die deutsche intellektuelle Jugend im Krieg gewöhnt hatte: nach einer verfrüht abgebrochenen Gymnasialausbildung, nach künstlich leicht gemachtem Notexamen rasch ins Feld, dann in den Ausbildungskurs für Offiziersanwärter, und ziemlich bald war man Leutnant mit dreihundert Goldmark Monatsgehalt. «Es war ein gefährliches Dasein», schrieb Heiden, «aber auch ein genußreiches und stolzes, und namentlich spielte alles sich auf einer materiellen Höhe ab, von der man einen tiefen Sturz tat, als, wie Ernst Röhm sagte, ‹der Friede ausbrach›.» In seiner Biographie habe Hitlers erster Kampfkamerad geschrieben: «Da ich ein unreifer und schlechter Mensch bin, sagt mir der Krieg mehr zu als der Frieden.»

Aber es war Frieden, und mit dem konnten diese «bewaffneten Intellektuellen» nicht viel anfangen. Auch Hermann Göring, einer der frühen Kampfpiloten und späterer «Reichsmarschall»: «Der Beruf des Fliegers war halsgefährlich, wenn auch in gewissem Sinne erfreulich.» Die todesmutigen Männer in ihren fliegenden Kisten waren die gehegten und gehätschelten Stars der Armee, mit vielen Ruhepausen, glänzender Verpflegung und jeder möglichen Schonung. «Die Nerven litten in diesem Auf und Ab zwischen Tod und Champagner, mancher griff zur Droge», schrieb Heiden. Auch Göring wurde Morphinist und kam von der Sucht erst Jahre später in amerikanischer Kriegsgefangenschaft 1945 gezwungenermaßen los. 1946 nahm er sich nach seiner Verurteilung als Kriegsverbrecher mit einer Zyankali-Kapsel das Leben.

Eine deutsche Revolution

DIE KAPITULATION VOM November 1918 war für Soldaten wie ihn der absolute Absturz gewesen, der Absturz in eine Revolution, die die alten Verhältnisse umwarf. Das Heer wollte die Wahrheit, dass es geschlagen war, nicht anerkennen. In den ersten Jahren nach dem Friedensschluss durfte Deutschland keine Militärflugzeuge und nur wenige Verkehrsmaschinen haben. Die deutsche Fliegerei wanderte in die Nachbarländer aus. Göring wurde Verkehrspilot in Dänemark und Schweden, heiratete eine deutschstämmige Adelige mit etwas Vermögen und kehrte schließlich nach Deutschland zurück.

Als Student der Nationalökonomie in München kam er mit Hitler und seiner Bewegung in Berührung. Heiden schrieb, der «glitzernde Schwarm der Weltkriegspiloten» habe sich nun in schlecht beleuchteten, nach kaltem Rauch riechenden Bierstuben wiedergefunden. «Aus Fliegern werden Verschwörer. Und sie sind nicht mehr unter sich. Das ist das Entscheidende. Sie sind jetzt mit Arbeitern zusammen.» Zunächst mit den «Absprengseln des Proletariats, am Rande ihrer Klasse lebenden Existenzen, Gelegenheitsarbeitern und Arbeitslosen. Die Deklassierten aller Klassen finden sich zusammen, die über Bord gegangenen der Ober- und Unterklassen vereinigen sich. So vollzog sich zu allen Zeiten die Gegenrevolution: eine haltlos gewordene Oberschicht sucht sich das Volk und findet das Lumpenproletariat.»

Eine vom Krieg geprägte Generation kehrte zurück in das vom kaiserlichen Wohlstand ins Elend abgestürzte Reich. In seinem Buch «Die Verfemten» beschrieb Ernst von Salomon 1930 die zerstörte Seele der Heimkehrer von der Front: «Der Krieg zwang sie, der Krieg beherrschte sie, der Krieg wird sie niemals entlassen, niemals werden sie heimkehren können, niemals werden sie ganz zu uns gehören, sie werden immer die Front im Blute tragen, den nahen Tod, die Bereitschaft, das Grauen, den Rausch, das Eisen. Was nun geschah, dieser Einmarsch, dies Hineinfügen in die friedliche, in die gefügte, in die bürgerliche Welt, das war eine Verpflanzung, eine Verfälschung, das konnte niemals gelingen. Der Krieg ist zu Ende. Die Krieger marschieren immer noch.»

Anders aber als sein späterer Verlagskollege Heiden schloss von Salomon sich den rechten Freikorps an.

Dabei hatte die Revolution sowieso nur für ein paar Monate die Oberhand gewonnen. Nach Kriegsende war in München im Zuge der deutschen Novemberrevolution, die mit Matrosenaufständen in Kiel begonnen hatte, der bayerische König Ludwig III. abgesetzt worden. Der SPD-Politiker Kurt Eisner rief den Freistaat Bayern aus und wurde zum Ministerpräsidenten der neuen bayerischen Republik gewählt. Am 21. Februar 1919, nach kaum 100-tägiger Amtszeit, wurde Eisner von dem rechtsradikalen Jurastudenten Anton Graf von Arco auf Valley auf offener Straße erschossen. Am 7. April riefen der Zentralrat der Bayerischen Republik und der Revolutionäre Arbeiterrat die Räterepublik aus. Reichswehrminister Gustav Noske beschloss daraufhin den Einsatz von Reichswehrverbänden gegen München. Am 30. April verübten Freikorps bei heftigen Kämpfen in den Vororten Münchens ein grausames Massaker an Angehörigen der Roten Armee der Räterepublik und an unbeteiligten Zivilisten. Wenige Tage später, am 2. und 3. Mai, beendete die Reichswehr dann, unterstützt von Freikorps, gewaltsam die kurze Zeit der Räterepublik und nahm München ein.

In «Mein Kampf» schildert Hitler seine Rolle in ein paar, wie Heiden meinte, «verlegenen Zeilen»: «Wenige Tage nach der Befreiung Münchens wurde ich zur Untersuchungskommission über die Revolutionsvorgänge beim II. Infanterieregiment kommandiert. Dies war meine erste mehr oder weniger politisch aktive Tätigkeit.»

«Sehr knapp und nichtssagend», fand Konrad Heiden. Etwas gesprächiger sei der Schriftsteller Adolf-Viktor von Koerber gewesen, der 1923 im Auftrag Hitlers eine biographische Skizze über den Gefreiten verfasst hatte: «Zur Untersuchungskommission kommandiert, bringen seine Anklageschriften rücksichtslose Klarheit in die unsagbare Schändlichkeit militärischer Verrätereien der Judendiktatur der Räte-Zeit Münchens.»

Heiden staunte: «Anklageschriften? Hat dieser Gefreite eine juristische Aufgabe, ist er Staatsanwalt bei den Militärgerichten? Nein. Sondern er gehört zum sogenannten Nachrichtendienst, was ein sympathischerer Ausdruck für Spionage jeder Art ist, das Aufstöbern von ehemaligen Anhängern der Räteregierung, die an die Wand gestellt werden sollten. Das war Adolf Hitlers Geschäft. Jetzt wissen wir also, was er während der Münchner Räte-Zeit war: Spitzel und Henker seiner Kameraden.»

Ekel oder Grauen vor diesem Geschäft schien Hitler nicht zu verspüren: «Ehe nicht die Laternenpfähle vollhängen, eher gibt es keine Ruhe im Land», sagte er immer wieder.

In dieser brodelnden Hexenküche einer düsteren Zukunft bewegte sich auch der junge Student Konrad Heiden. «Wer das historische Glück gehabt hat, an einem Sommerabend des Jahres 1919 die Weinstube Brennessel in dem Münchner Künstlerquartier Schwabing zu betreten», schrieb er, «der konnte dort an einem Stammtisch der Erfindung Adolf Hitlers beiwohnen. Oder der Erfindung der Hitler-Legende.»

In dem Schwabinger Weinlokal saß stets der Dichter Dietrich
Eckart, ein mittelgroßer, dicker Mann mit einem eindrucksvollen
Kahlkopf und etwas kleinen Augen. «Er liebte einen guten Trop-
fen, und sein drittes Wort war ein bekannter Kraftspruch, der in
keiner Sprache so herzhaft klingt wie im bayerischen Dialekt.»
Dieser Dietrich Eckart war vor dem Krieg eine Zeitlang Feuille-
tonredakteur bei dem besonders kaisertreuen *Berliner General-
anzeiger* gewesen. Als geborener Bayer und Bohemien hatte er es
allerdings nicht lange in Berlin ausgehalten. Später schrieb er eine
Reihe von Dramen, die meist durchfielen oder erst gar nicht aufgeführt wurden. «Dieser Lebenskünstler war, wie viele Literaten,
durch den Krieg politisch angeregt worden und wollte nun eine
Partei zur Bekämpfung der Juden und Bolschewiki gründen.»

Heiden – oder sein Gewährsmann – war dabei, als er Künstlern
und Studenten in der «Brennessel» seine Vorstellung einer deutschen Bürgerpartei erklärte: «Auch der Arbeiter ist Bürger, wenn
er deutscher Volksgenosse ist.»

Dann setzte er seine Pläne zur Organisation der neuen Partei
auseinander: «Ein Kerl muß an die Spitze, der ein Maschinengewehr hören kann. Das Pack muß Angst in die Hosen kriegen.
Einen Offizier kann ich nicht brauchen, vor denen hat das Volk
keinen Respekt mehr.» Am besten wäre ein Arbeiter, der das Maul
auf dem richtigen Fleck hat. Und als letzte Weisheit verkündete er:
«Es muß ein Junggeselle sein! Dann kriegen wir die Weiber.»

Heiden erkannte hier das «prophetische Bild», das in der Schwabinger Weinkneipe entworfen wurde: «Eckart ist der geistige Ur-
heber des Führer-Mythos in der Nationalsozialistischen Partei.»

Auch der Reichswehrhauptmann Ernst Röhm demonstrierte in
diesen Tagen seine Art von Patriotismus sehr anschaulich: «Etwa
um dieselbe Zeit», so Heiden, «spielte im Café Fahrig am Karlstor

eine Musikkapelle alle Viertelstunden das sogenannte Flaggen-
lied, das jedes deutsche Schulkind kennt. Wenn der Refrain ge-
schmettert wurde, erinnerte sich jeder an den Text und verstand
die Bedeutung:

    ‹Ihr woll'n wir treu ergeben sein,
    getreu bis in den Tod;
    ihr woll'n wir unser Leben weih'n,
    der Flagge schwarz-weiß-rot!›

Alles stand auf. Wenn jemand sitzen blieb, pflanzte sich alsbald
eine schneidige Gestalt in Militäruniform vor ihm auf. Ein stum-
mer Blick genügte.

Wehe dem Unseligen, der ihn nicht sofort verstand! Er war
unversehens vor die Tür gerissen und wurde draußen fürchterlich
verprügelt.»

Auf diese Art verbreitete eine Vereinigung junger Offiziere, die
sich die «Eiserne Faust» nannte, den Patriotismus. Sie zogen durch
die Wirtshäuser und machten mit Singen, Aufstehen und Hurra-
schreien gewaltsam nationale Stimmung. «In aller Unschuld,
möchte man sagen, entdeckten die Männer von der ‹Eisernen
Faust› das große Geheimnis des kommenden Nationalsozialismus,
das darin besteht, daß alle Staatsbürger dieselbe Meinung haben
müssen. In anderen Stunden beschäftigte sich die ‹Eiserne Faust›
mit Fememorden, das heißt mit dem heimlichen Töten politischer
Gegner.» An ihrer Spitze stand Ernst Röhm.

Führer der Münchner Reichswehr war der Oberst und spätere
General Franz Xaver Ritter von Epp. Sein politischer Berater und
der tatsächliche Kopf des Militärregimes jedoch war Ernst Röhm,
der erklärte, er sei mit Leib und Seele Soldat und sonst nichts. «In
Wirklichkeit ist er ein ebenso leidenschaftlicher Politiker; Sinn
und Ziel seiner Politik aber ist es, dem Soldaten die Herrschaft im
Staate zu sichern», schrieb Heiden. «Das Mittel, um diesen Primat
zu erringen, war der Friedensvertrag von Versailles – so merk-

würdig es klingt.» Dieser Vertrag, der das deutsche Heer auf hunderttausend Mann reduzierte, machte 90 Prozent der deutschen Armeewaffen, Infanteriegewehre, Karabiner, Handgranaten, Maschinengewehre und leichte Feldgeschütze überflüssig. Sie sollten zwar eigentlich vernichtet werden, doch in Wirklichkeit blieb der größte Teil der Waffen heil in seinen Verstecken. Wer über diese heimlichen Waffenlager verfügte, beherrschte praktisch den Staat und konnte militärische Verbände aufstellen; es gab genügend Beschäftigungslose. Es waren Waffen gegen den ‹inneren Feind›: für den Bürgerkrieg, den Röhm vorbereitete.

Als er wegen Hochverrats kurzzeitig im Gefängnis saß, schrieb er: «Nicht die Rückkehr zum Alten, nicht die Reaktion, nicht die verbrauchten Exzellenzen und Generäle können uns retten: Helfen können uns nur die Tatmenschen aus allen Kreisen, hauptsächlich die Jungen.»

Konrad Heiden kannte diese Typen aus seinem Studium an der Münchner Universität, wo Hitler damals, wie Heiden wusste, Propagandareden im Auftrag der Nachrichtenabteilung der Reichswehr hielt.

Er ahnte auch, was Hitler diesem «nunmehr ausschlaggebenden Typ» sagen würde: «Erstens dies: Gräme dich nicht über die Niederlage im Weltkrieg. Du hast den Weltkrieg nicht verloren, sondern du hast ihn eigentlich gewonnen. Dein Unglück war, daß du das winzige Gift im eigenen Körper nicht erkannt hast, die Laus im Pelz, den tückischen Zwerg, der dich Ahnungslosen im Augenblick des Sieges über den ebenbürtigen Gegner mit der teuflischen List des Minderwertigen zu Fall brachte. Du hast dem Engländer standgehalten, den Russen zerschmettert und den Franzosen geschlagen, aber den winzigen Juden übersehen. Das war nicht fair play. Befreie dich vom Juden, und das nächste Mal wirst du siegen.»

Neben dieser platten Realitätsverweigerung, gepaart mit der

Suche nach dem wahren Schuldigen, «dem Juden», trat für Heiden ein drittes Element hinzu: «das Verlangen breiter Schichten nach einer tiefen moralischen Erneuerung ihres verworrenen, arm gewordenen Lebens; ein Verlangen, das die Kirche, zumal die protestantische, ungenügend befriedigte und das in der Entstehung zahlreicher, mächtiger Sekten und Reformbünde Ausdruck fand».

Heiden war aufgefallen, dass zu dieser Zeit Astrologie und Wahrsagerei überhandnahmen. «Es gab zahlreiche sogenannte astrologische Zeitungen mit gewaltiger Auflage, die meisten agitieren in den kommenden Jahren für Hitler, indem sie seine Machtergreifung ‹prophezeien›. Offenbar wollten die Leser gerade dies lesen.» Die Massenbeschäftigung mit Psychoanalyse und verschiedenen Formen der Autosuggestion war in Heidens Augen ein Ausdruck der gleichen Sehnsucht, wie sie in den theosophischen Bünden, bei den ernsten Bibelforschern, den Mazdaznan- und Yoga-Sekten zum Ausdruck kam: «Das Wesen dieser Bünde ist, dass der Mensch in ihnen um Gnade, Erleuchtung, Befreiung nicht ringt, sondern sie als Gabe, Lehre, Hilfe erwartet. Der Ruf nach Rettung auf allen Lebensgebieten wird zum Ausdruck verzweiflungsvoller Trägheit, müder Verantwortungslosigkeit.»

Der Schriftsteller und spätere Hitler-Biograph Sebastian Haffner umriss diese Stimmung, die bis Ende der zwanziger Jahre anhielt, in seiner «Geschichte eines Deutschen» mit großer Klarheit: «Ungefähr zwanzig Jahrgänge junger und jüngster Deutscher waren daran gewöhnt worden, ihren ganzen Lebensinhalt, allen Stoff für tiefere Emotionen, für Liebe, Hass, Jubel und Trauer, aber auch alle Sensationen und Nervenkitzel sozusagen gratis aus der öffentlichen Sphäre geliefert zu bekommen – und sei es auch zugleich mit Armut, Hunger, Tod, Wirrsal und Gefahr. Nun, da diese Belieferung plötzlich ausblieb, standen sie ziemlich hilflos da, verarmt, beraubt, enttäuscht und gelangweilt. Wie man aus Eigenem lebt, wie man ein kleines privates Leben groß, schön und lohnend

machen kann, wie man es genießt und wo es interessant wird, das
hatten sie nie gelernt.»

Die alte Hegemonie des Korporalstocks, unter der eine fleißige
Nation sich selbständig und oft genug widerspenstig regte, mache
unterdessen dem Gedanken einer suggestiven Diktatur Platz, die
das ganze Leben zwangsweise durchdringe. Die Sehnsucht nach
dem nächsten «kollektiven Abenteuer» (Haffner) wuchs, und
selbst bürgerliche Intellektuelle träumten von einem Führer, der
Rettung und Erlösung bringen würde. Es war, als hätte man auf
Hitler geradezu gewartet.

«Wir haben Hitler bisher als ein Stück Element betrachtet»,
formulierte Heiden 1944 im Rückblick, «als einen Bestandteil
der deutschen Gegenrevolution, als Flocke in einem mächtigen
Schaum, als eine Blase, die sich nun allmächtig dehnt und eigen-
artig zu schillern beginnt. Man würde die Bedeutung des Mannes
verkleinern, wenn man in ihm nur das politische Wunderkind unserer Epoche sähe, nur einen großen Abenteurer, nur einen großen
Massenverführer oder einen großen Staatenlenker. Ja, man ver-
kleinert ihn, wenn man in ihm nur ein Genie sieht. Er ist etwas viel
Wesentlicheres. Er ist in seinen Eigenschaften, in seinem Schicksal
und in seinen Taten ein Abbild, ein Vollzieher einer großen sozialen Umwälzung.»

Hitler habe klarer als alle seine Mitstreiter oder Rivalen in der
chaotischen Nachkriegszeit erkannt, dass in Zeiten der Auflösung
die wahre Quelle der Macht in der öffentlichen Meinung liegt.
Hitler hatte den Spieß quasi umgedreht. Die angebliche Weltver-
schwörung der Juden wurde für Hitler zum Konzept für seine Ver-
schwörung *gegen* die Juden. Die Treffsicherheit, mit der Hitler dem
panischen, sprachlosen Schreckgefühl der Masse vor dem unsichtbaren Feind Worte verlieh, mit der er dem namenlosen Gespenst
einen Namen anhängte – das zeige ihn selbst als «Stück der modernen Massenseele». Man müsse sich noch nicht einmal fragen,

mit welchen Kunststücken er sie erobert habe: «Er hat sie nicht erobert, er stellt sie dar. Seine Reden sind Tagtraum der Massenseele; sie sind chaotisch, widerspruchsvoll, im strengen Wortsinn oft sinnlos, wie Träume eben sind, und in tieferer Bedeutung doch äußerst sinnvoll.»

Heiden hatte sich viele Reden in den frühen zwanziger Jahren selbst angehört, und dann, als er in den USA an seinem letzten Hitler-Buch arbeitete, die Texte von Hunderten von Reden studiert, die in der Bibliothek der Stanford-Universität lagen. Es war immer dasselbe Muster: Volkstümliches Geschimpfe und platte Witzelei wechselten sich mit ehernen, manchmal erhabenen Klängen ab. «Die Reden beginnen stets mit tiefem Pessimismus, alpdruckartig, und enden in einer jubelnden Erlösung, einem triumphierenden Happy-End, einem jähen Auffahren, einem hallenden Weckruf: Deutschland erwache!»

Das Wort habe Dietrich Eckart in die Nazi-Bewegung eingebracht, einer ähnlich gepolten ungarischen Gruppierung entlehnt. Mit Vernunft seien diese Traumreden leicht zu widerlegen. Ihre Wirkung aber folge der Logik des Unterbewusstseins: «Der sprachlosen Angst der modernen Masse gab Hitler eine Sprache und dem namenlosen Schrecken einen Namen. Das macht ihn zum größten Redner der Massenzeit.»

Vor allem die Soldaten der im Ersten Weltkrieg geschlagenen deutschen Armee brauchten ganz offenkundig eine derart somnambul-pathetische Ansprache, um über die Erniedrigung von Versailles hinwegzukommen. Und Adolf Hitler bekam seine Chance, von Anfang an. In einem Bildungskurs – die Reichswehr suchte, auf dem Wege sogenannter Bildung die Soldaten gegen die Republik aufzuhetzen – hatte er eine antisemitische Rede gehalten.

Die Offiziere fanden Gefallen an dem jungen Mann, und so durfte er nun selbst bei der Truppe Vorträge halten:

«Ein Major Giehrl begönnert ihn; nächst ihm ein Hauptmann

Mayr, der die Nachrichtenabteilung des Münchner Wehrkreises leitet. Von hier aus wird auch die Presse mit Artikeln und Notizen bombardiert, die ‹die Interessen der Wehrmacht gegenüber der Öffentlichkeit vertreten› sollen, in Wirklichkeit natürlich gegen die Reichsregierung schüren.» Zunächst brauchten die Offiziere ein Werkzeug: «Sie haben ihn als Wanderredner durchs Land gesandt, haben ihn in ihrem Pressebüro als Verfasser von Zeitungsnotizen verwendet, haben ihn als Aushorcher beim Glase Bier in politische Versammlungen gesetzt.»

Spitzel und Propagandist der Reichswehr

HAUPTMANN KARL MAYR wurde Hitlers neuer Führer. Geboren am 5. Januar 1883 in Mindelheim, hatte er als Oberleutnant im Ersten Weltkrieg gekämpft. Im Juni 1915 wurde er zum Hauptmann befördert und diente in einer Feldflugabteilung als Kompanieführer und Brigadeadjutant an verschiedenen Fronten. Von September 1916 bis Januar 1918 war er Generalstabsoffizier beim deutschen Alpenkorps und wurde dann bis Oktober 1918 auf dem türkischen Kriegsschauplatz eingesetzt.

Nach Ende des Krieges leitete Mayr eine Nachrichtenabteilung der Reichswehr in München, die erst im August aus dem bayerischen Heer entstanden war. Er pflegte dabei viele Kontakte zu antibolschewistischen, antisemitischen und separatistischen Personen und Gruppen. Ausgestattet mit erheblichen Geldmitteln, organisierte er Aufklärungskurse, um Bildungsoffiziere und Vertrauensmänner aus dem Mannschaftsstand propagandistisch zu beeinflussen.

An einem dieser Kurse an der Münchner Universität nahm Adolf Hitler teil, der immer noch im Sold der Reichswehr stand. Dem Kursleiter Gottfried Feder, später ebenfalls ein führender Nationalsozialist, fiel damals Hitlers Redetalent auf, und er meldete das der Münchner Nachrichtenabteilung der Reichswehr weiter.

«Für die großen Parteien war der Krieg, wenn auch mit Kummer, zu Ende», schrieb Heiden. «Für die Truppe und für die ‹Deutsche

Arbeiterpartei› (erst später wurde sie in ‹Nationalsozialistische Deutsche Arbeiterpartei› umbenannt, d. Verf.) war er noch nicht zu Ende. Das brachte sie zusammen, und aus ihrer Vereinigung entstand die Hitlerbewegung. Deutschland war ein Heerlager von Freikorps, alle diese Bünde lieferten im Laufe der Zeit das erste Menschenmaterial für die NSDAP.»

Reichswehrhauptmann Karl Mayr wandelte sich später zu einem Anhänger der Republik, wurde Mitglied der SPD und der sozialdemokratischen Massenorganisation «Reichsbanner». Als die deutschen Truppen Frankreich eroberten, wurde er verhaftet und nach Deutschland verschleppt. Am 3. November 1941 erschien in der New Yorker Zeitschrift *Current History* unter der Überschrift «I was Hitler's Boss» ein anonymer Text, der offenkundig von Karl Mayr stammte. Um den Verfasser zu schützen, hieß es nur «von einem früheren Offizier der Reichswehr». Der zuständige Redakteur habe ermittelt, dass der Autor ein glaubwürdiger Zeuge sei, allerdings seinen eigenen Weg habe, die Geschichte zu erzählen. Der Bericht werde als ein Beitrag zu einer «wahrhaftigeren Aufarbeitung der Herrschaft» Hitlers gedruckt.

Mayr, der damals schon im Konzentrationslager saß und den Schergen seines ehemaligen Agenten Adolf Hitler hilflos ausgeliefert war, hatte offenbar vor seiner Festnahme in Paris seine Erlebnisse zu Papier gebracht, die dann auf irgendeine Weise ihren Weg nach New York fanden: «Für 15 Monate war ich in täglichem Kontakt mit Hitler, und ich glaube, diesen merkwürdigen Menschen so gut, wenn nicht besser als jeder andere zu kennen. Ich kannte ihn, bevor er sich die Maske des Führers aufsetzte.»

Nach dem Ersten Weltkrieg sei Hitler nur einer von vielen Tausenden ehemaliger Soldaten gewesen, die auf den Straßen herumliefen und nach Arbeit suchten. Für ihn sei das besonders schwierig gewesen, denn er hatte sich noch nicht von seinen

Kriegsverletzungen erholt und hatte keine Familie, zu der er zurückkehren konnte. «Zu dieser Zeit», schrieb Mayr, «war Hitler bereit, sich mit jedem einzulassen, der ihm freundlich entgegenkam.» Er habe niemals den Geist eines Märtyrers gehabt, nach dem Motto: «Tod oder Deutschland», was später sehr häufig als Propaganda-Slogan benutzt wurde. Mayr meinte, «er hätte genauso auch für einen jüdischen oder französischen Arbeitgeber gearbeitet wie für einen Arier. Als ich ihn das erste Mal getroffen habe, war er wie ein streunender Hund, der nach einem neuen Herrn suchte. Wie phantasievoll auch immer er heute beschrieben wird, damals war ihm das Schicksal des deutschen Volkes vollkommen gleichgültig.»

Er selbst habe damals als Reichswehrhauptmann die sogenannte Nachrichtenabteilung organisieren und überwachen sollen: «Dafür wählte ich eine Handvoll ehemaliger Soldaten mit hervorragenden Beurteilungen aus dem Krieg aus, unter ihnen war Hitler.»

Zunächst sei Hitler mit zwei anderen Nachrichtenoffizieren in einem Raum untergebracht worden. «Das dauerte aber nicht lange. Die Mitbewohner beschwerten sich über seine Verhaltensweisen und daß er sogar im Schlaf redete und umherlief. Das machte ihn ziemlich unerträglich.»

Die Offiziere der Nachrichtenabteilung hätten Hitler deshalb in einen kleinen Raum im zweiten Stock mit geschlossenen Fenstern, der bis dahin als Abstellkammer genutzt wurde, verlegt. «Er schien sich in dieser Kammer glücklich zu fühlen und blieb dort, bis er am 10. Juni 1920 seinen Abschied aus der Reichswehr nehmen mußte. Innerhalb des Barackenlagers hatte Hitler keine Freunde. Er war zurückhaltend und unsicher.»

Die Berichte, die Hitler ihm täglich zur Reichswehr brachte, seien «rücksichtslos ehrlich» gewesen, aber «sein Stil und seine Grammatik waren beklagenswert». Die Berichte hätten immer umgeschrieben werden müssen, bevor Mayr sie abheften konnte. Manchmal habe Hitler wie ein schlecht gelauntes Kind geschmollt. Dann schloss er sich für Tage ein, hielt Selbstgespräche, und seine öffentlichen Auftritte mussten verschoben werden. «Wenn er in einer solchen Stimmung war», so erinnerte sich Mayr, «hatte Musik manchmal einen beruhigenden Einfluß auf ihn. Es war ihm gleichgültig, welche Art von Musik das war, solange wie sie Krach machte. Er ist kein bißchen musikalisch. Er liebt Wagners Musik, weil sie laut ist.» Das jedenfalls schrieb der anonyme Autor, der wohl in Wirklichkeit Karl Mayr hieß.

Ob Heiden und Mayr einander persönlich gekannt haben, ist nicht überliefert, aber durchaus wahrscheinlich; wohl nicht in den frühen zwanziger Jahren in München, vielleicht eher in den späten zwanziger Jahren, als Mayr sich der SPD zuwandte und für den sozialdemokratischen *Reichsbanner* schrieb. Auch im Pariser Exil dürften die beiden zumindest voneinander gewusst oder sich in der Exilszene getroffen haben. Denkbar wäre auch, dass einer der deutschen Flüchtlinge Mayrs Text «I was Hitler's Boss» mit in die USA genommen und dort veröffentlicht hat; das könnte sogar Konrad Heiden gewesen sein, denn er sammelte die Aufzeichnungen ehemaliger Weggefährten Hitlers systematisch ein, um sie für seine eigenen Veröffentlichungen zu nutzen.

«Der neunundzwanzigjährige Hitler, der die deutsche Revolution im Lazarett von Pasewalk erlebt, ist ein mit vielen Gaben und Mängeln ausgestatteter Mann», schrieb Heiden später. «Für seine Vorzüge zahlt er einen beachtlichen Zoll; er ist unreifer als der Durchschnitt seiner Altersgenossen; hat wohl mehr im Kopf als sie, viel gelesen und gegrübelt, – aber der gesunde Menschenverstand und das Empfinden anderer sind ihm fremd. In seiner Kompanie galt er, wie Kameraden berichten, als verrückt und hatte keine Freunde. Dergleichen hat auch Vorteile. Der platte gesunde Menschenverstand flößt ihm keinen Respekt ein, das Urteil der Masse fürchtet er nicht. Der infantile Zug wird zur Stärke des Propagandisten; er reißt eine Volksversammlung mit der gleichen Unbekümmertheit hin, mit der ein nervöses Kind eine Familie tyrannisiert.»

Während dieser Zeit, im Sommer 1919, zog Konrad Heiden zu seiner Tante nach München in die Georgenstraße 35 und schrieb sich im Mai 1920 in der Universität für Jura und Wirtschaftswissenschaften ein. In einer seiner ersten Vorlesungen hörte er den berühmten Soziologen Max Weber, dessen Lehrveranstaltungen bereits damals von Rechtsradikalen gestört wurden. Im Wintersemester 1919/20 versuchten rechte Studenten, eine Vorlesung Webers an der Münchner Universität zu sprengen. Als der herbeigeeilte Rektor drohte, das Licht abzuschalten, rief man ihm zu: «Um so besser, dann können wir die Juden im Dunkeln verprügeln.»

Dabei war Weber zumindest in einer Hinsicht gar nicht so weit von den vaterländischen Rechten entfernt. Er hatte 1919 als Sachverständiger der deutschen Delegation an der Friedenskonferenz zum Versailler Vertrag teilgenommen und empfand die deutsche Verhandlungsführung «als einer großen Nation unwürdig», wie der Historiker Wolfgang Mommsen schrieb. «Auf die ungeheuerlichen Friedensbedingungen der Alliierten» habe er mit «äußerster Aufwallung seines nationalen Empfindens reagiert».

Die Empörung über das Versailler «Friedensdiktat», das von der ersten Weimarer Regierung notgedrungen unterschrieben worden war, ging allerdings quer durch die deutsche Gesellschaft.

Bereits im Januar 1919 hatten aus dem Krieg zurückgekehrte Münchner Studenten die «Deutsche Studentenschaft» gegründet. Die Vereinigung sollte sich um die sozialen Belange der Studenten kümmern, wurde jedoch schon bald von inneren Kämpfen erschüttert. Der Student Konrad Heiden beschrieb die Situation in der *Republikanischen Hochschulzeitung* so: «Die aus dem Felde heimgekehrten Studenten, vom Erlebnis der Kameradschaft beseelt, suchten dem Erlebten im eigenen Bezirk Gestalt zu geben durch Schaffung der alle akademischen Bürger umfassenden ‹Deutschen Studentenschaft›; sie wollten damit auch Vorbild werden für eine große, von nationalem Gefühl bewegte Volksgemeinschaft.» Doch schon bald brach eine Front zwischen einer republikanischen und der völkisch-nationalen Fraktion im Studentenbund auf. «Die vergötterte Gemeinschaftsidee der Mehrheit wurde zum Werkzeug der Tyrannei gegen eine Minderheit, die nicht kritiklos allen Wünschen der Mehrheit folgte. Die nationale Begeisterung, die man in das ganze Volk hineintragen wollte, machte obendrein die jugendlichen Propheten blind gegen die wahren Sorgen und Forderungen ihrer nicht studierenden Volksgenossen.»

An der Universität tobten also die gleichen Kämpfe zwischen republikanischen und völkisch-reaktionären Parteien wie auf der politischen Bühne der Weimarer Republik. Heiden selbst schloss sich pazifistischen Gruppierungen an, die die Republik verteidigten. Er besuchte Vorlesungen des Sozialreformers Lujo Brentano und hörte den Pazifisten und Abgeordneten der Weimarer Nationalversammlung Ludwig Quidde, der häufig vor Studenten und Schülern Reden gegen den Krieg hielt: «Ich glaube, jetzt sollte eigentlich doch jeder belehrt sein, daß der Krieg auch *moralisch verwüstend* wirkt, er sollte belehrt sein, daß in der Zeit der heutigen Technik auch das Heldenhafte im Kriege, wenn es auch im einzelnen vorhanden ist, als allgemeines Charakteristikum stark zurückgetreten ist, und daß, je stärker sich die Technik entwickelt, um so mehr das barbarische, verbrecherische Gemetzel das Übergewicht gewinnt.»

Heiden trat einem Studentenbund bei, der vom Denken Ludwig Quiddes inspiriert war. Auch wurde er 1921 Mitglied der SPD, obwohl er bestimmten Phasen der Parteigeschichte gegenüber sehr kritisch eingestellt war. Ein Tiefpunkt war für ihn der 14. August

Anmelde-Nr.: X 487   Tag d. Immatrikulation: X 1.5.1920

Studium: H R O

Name: Heiden Konrad

Geburtsort: München

Heimatsort: Frankfurt a.

Semester	Wohnung	Tag der Anmeldung bezw. Kartenerneuerung	Bemerkungen
S.H.1920			1.
W.H.1920/21		16.10.20	
S.H.1921		30.4.21. 26M 50Pf	
W.H.21/22		12.X.21 40 M	

Glogowski Kartothek 12B 15. 21 000.

Semester	Wohnung	Tag der Anmeldung bezw. Kartenerneuerung	Bemerkungen
S.H.1922		5.5.22 74 M	
W.H.22/23		7.X.22 187 M	
		8.5.23. 10500 M	
B.23/24		8.X.23 22 000 Mill	Gestrichen auf Grund § 20/23 der Satzungen R.V.
W.H.24/25			Gestrichen auf Grund § 20/23 der Satzungen (R.V.Nr.)

Aus den Universitätspapieren Konrad Heidens

1914, als die SPD-Fraktion im Reichstag den Kriegskrediten für den Ersten Weltkrieg zustimmte und der SPD-Vorsitzende Hugo Haase sagte: «Wir lassen in der Stunde der Gefahr das eigene Vaterland nicht im Stich.»

1920 wurde Rudolf Heß, der ebenfalls seit 1919 an der Universität München Volkswirtschaft, Geschichte und Jura studierte, Anführer der nationalsozialistischen Studentenschaft. Später schrieb Heiden über seinen Kommilitonen Heß, den er «Hitlers bessere Hälfte» nannte und der nach 1933 «Stellvertreter des Führers» wurde: «Er kann schreiben, obwohl er sehr wenig geschrieben hat. Damals brachte er ein kleines Stück zu Papier, das zugleich ein Porträt und ein Programm für seinen geliebten Adolf Hitler ist. Ein wohlhabender Auslandsdeutscher aus Südamerika hatte an der Universität München einen Preis für den ausgeschrieben, der den besten Essay zum Thema verfaßte: ‹Was müssen die Qualitäten des Mannes sein, der Deutschland wieder nach oben führt?› Vermutlich war der gesamte Wettbewerb nur ausgeschrieben worden, um Hitler hochzujubeln, über den bis dahin noch nicht viel bekannt war.»

Auf jeden Fall lieferte der Student Rudolf Heß den gewünschten Text und beschrieb den zukünftigen deutschen Diktator: «Um die Nation zu retten, schreckt der Diktator nicht davor zurück, die feindlichen Waffen einzusetzen: Demagogie, Schlachtrufe, Demonstrationen und so weiter. Wo jegliche Autorität verlorengegangen ist, ist es nur die Popularität, die eine neue Autorität erzeugt ... Wenn die Notwendigkeit sich zeigt, schreckt er nicht davor zurück, Blut zu vergießen. Große Fragen werden immer durch Blut und Eisen entschieden.»

Erwartungsgemäß gewann Rudolf Heß den Preis.

Konrad Heiden war zu dieser Zeit nicht ganz so pazifistisch, wie es der Name seiner Studentenverbindung verhieß. Im Rückblick schrieb er: «1920 und in den Jahren darauf betrachteten meine Freunde und ich die moderaten Faustkämpfe und andere Begegnungen mit den Nationalsozialisten ganz sicher nicht als Versuch, die Karriere des modernen Dschingis Khan vorzeitig zu beenden. Und ich hätte mich über jeden lustig gemacht, der damals prophezeit hätte, daß hier eine neue Epoche der Weltgeschichte begann.» Und doch war es so.

Von dem untergegangenen deutschen Heer war ein riesiges Waffenlager übrig geblieben, dessen Vernichtung Deutschland im Friedensvertrag versprochen hatte. Die Alliierten überwachten die Einlösung dieser Forderung durch Kontrollkommissionen. Doch viele Waffen wurden vor den Alliierten versteckt oder anderweitig «gerettet».

In Bayern übernahm diese Aufgabe Ernst Röhm. Der habe es geschafft, so Heiden, einigen alliierten Offizieren einzureden, dass diese veralteten Panzerwagen und vom Rost bedrohten Maschinengewehre für einen ernsten Krieg nicht mehr in Frage kämen. «Röhm war das geheime Oberhaupt einer Mörderbande. Für seine Waffenlager ließ er Menschen bedenkenlos umlegen.»

Und immer waren es «Offiziere mittleren Grades, Hauptleute, allenfalls Majore, die den Generälen die Verantwortung abnahmen, die angeblich ohne deren Wissen, praktisch oft gegen deren Willen handelten, die ihre Generäle beiseite drängten, zuletzt offen bekämpften und die ganze Zeit über wegen ihrer Feigheit und Trägheit grimmig verachteten. Der Klassenkampf der Offiziere wurde zum Kampf der niederen gegen die höheren Offiziere. Diese bewaffneten Intellektuellen waren das deutsche Heer. Sie bewegten seinen Geist, sie bewahrten seine Tradition.» Da die breite Masse der niederen Offiziere einem Heer den Charakter gab, konnte man, so Heiden, das deutsche Militär des Ersten Weltkrieges «ein Heer bewaffneter Studenten» nennen.

Nach dem Friedensschluss fanden diese Intellektuellen in Uniform keine Laufbahn und kein Brot mehr. Und so blieb ihnen nur die Hoffnung auf eine Rückkehr dieser goldenen Zeiten.

Für Heiden war Röhm der wirkliche Gründer der Nationalsozialistischen Deutschen Arbeiterpartei. Man könne zwar sagen, dass sie schon vor ihm bestanden habe, zunächst unter dem Namen Deutsche Arbeiterpartei. Aber das war lediglich ein Verein, der in Hinterzimmern kleiner Restaurants saß und plauderte; allenfalls ein Gedanke. «In Wirklichkeit verwandelte sich der Gedanke erst, als aus einem den deutschen Arbeiter suchenden Verein die Partei der Soldaten wurde. Dies war Röhms Werk.» So sei die Partei erst zur politischen Truppe geworden. Es fehlte nur noch ein Führer.

Hauptmann Karl Mayr von der Nachrichtenabteilung der Reichswehr hatte Hitler im September 1919 die Anweisung gegeben, in die Deutsche Arbeiterpartei einzutreten. «Er hat dafür umgerechnet 20 Goldmark die Woche bekommen», schrieb Karl Mayr später in den anonym in den USA veröffentlichten Erinnerungen.

Hitler bekam einen Zettel mit einer Adresse in die Hand gedrückt. In einer winzigen Gastwirtschaft tagte eine sogenannte «Deutsche Arbeiterpartei». Die Reichswehr wollte Genaueres über das Grüppchen wissen, das von «guter Gesinnung» zu sein schien. Hitler ging hin.

Bei seinem ersten Versammlungsbesuch im Hinterzimmer einer Bierwirtschaft habe er sich gleich von seinem Temperament fortreißen lassen: Er bügelte einen separatistischen Diskussionsredner nieder. Das trug ihm die Aufforderung des damaligen Parteivorsitzenden Drexler zum Beitritt ein. Er nahm an und wurde Mitglied Nr. 7 des Politischen Arbeiterzirkels – nicht der Partei selber, die schon etwas größer war.

«Der Verein ist furchtsam», schieb Heiden. «Er hat kein Programm, er treibt keine Propaganda, er wagt sich nicht an die Öffentlichkeit.» Die Mitglieder kamen im schlecht beleuchteten Hinterzimmer einer Kneipe zusammen und unterhielten sich über Politik, die sie nicht verstanden. Hitler sprach auf das verächtlichste von diesem Hinterzimmer-Verein. Die Leute hätten nichts begriffen, wagten nichts, erreichten nichts. «Aber warum blieb er überhaupt in diesem unmöglichen Verein?», fragte sich Heiden und lieferte die Antwort gleich selbst: «Die Wahrheit ist, daß er bei diesen Ungeschickten und Unwissenden leichteres Spiel hatte als irgendwo sonst; mit den dümmsten Tricks waren sie übers Ohr zu hauen. Ihm war wohl bei den Dummen, denn da war sich leicht durchsetzen.»

Hitler schien als Propagandaredner der Deutschen Arbeiterpartei auf dem richtigen Platz angekommen zu sein. In dem unscheinbaren Mann, das hatte Heiden in den frühen zwanziger Jahren selbst oft miterlebt, steckte nämlich «ein Wunder» – und das war seine Stimme: «Sie ist etwas Unerwartetes. Zwischen diesen bescheiden zusammengezogenen Schultern befindet sich ein Sprechorgan, dessen Ton geradezu der Inbegriff von Macht, Festigkeit, Befehl und Willen ist. Schon in der Ruhe ein fettes Donnern, in der Erregung ein sirenenartiges Geheul, Signal erbarmungsloser Gefährlichkeit; ein Schall, der wie ein fühlloser Naturlärm anmutet, aber von biegsamen menschlichen Nebentönen der Zutraulichkeit, Entrüstung oder Verachtung begleitet ist.»

Als Mensch kümmerlich, als politischer Geist eine gewaltige Erscheinung der Weltgeschichte: dieser Gegensatz sei selten so groß gewesen wie im Falle Hitler.

Der Zufall kam Hitler nicht nur einmal zu Hilfe. Ein Vorgesetzter nahm ihn eines Tages zu einer Versammlung der «Eisernen Faust» mit. Dort lernte er Röhm kennen, und die beiden fanden Gefallen aneinander: «Bei Röhm keimt so etwas wie eine echte Liebe für den seltsamen Soldaten, aber auch Hitler scheint in Röhms klarer, brutaler Energie eine Art glückseliger Geborgenheit zu empfinden.»

Röhm ist seit Sommer 1919, ungefähr der gleichen Zeit wie Hitler, offizielles Mitglied der Deutschen Arbeiterpartei; vermutlich ohne dass der eine vom anderen wusste. Aber was wichtiger war: Er trieb seine Soldaten und Offiziere hinein, «mit guten und wenn nötig mit weniger guten Worten». Dadurch verwandelte sich die Partei fast über Nacht. Bis dahin war es ein Stammtisch von ausgesprochenen Zivilisten, Handwerkern, kleinen Kaufleuten gewesen – sehr kleinen Leuten. Jetzt wurde die deutsche Arbeiterpartei mit einem Schlag zu einem Verein von Soldaten, die zwar von Politik auch nicht mehr verstanden, aber wenigstens nicht über sie debattierten, sondern wortlos gehorchten. «Mit diesem Menschenmaterial», so Heiden, «konnte man das gefährliche Tier, die Öffentlichkeit, getrost anfallen.»

Dann gab es einen weiteren Glücksfall für Hitler: die Begegnung mit Dietrich Eckart. Sie fand etwa um die gleiche Zeit statt. Eckart sprach einige Male in der Deutschen Arbeiterpartei und entdeckte hier zwar nicht seine lang gesuchte neue Bewegung, «wohl aber seinen ‹Führer›: den Proleten im Soldatenrock, der das Maul aufmachen kann und Maschinengewehrrattern verträgt, brennend vor Ehrgeiz und Eitelkeit». Und Junggeselle war er auch noch. Dietrich Eckart übernahm sogleich Adolf Hitlers geistige Führung. «Hitler lernte von ihm schreiben und sogar sprechen, wenn man darunter nicht nur ein temperamentvolles Geheul, sondern das Formen von Sentenzen und den Aufbau von Gedankengängen versteht.»

Die Unterhaltungen, die Lehrer und Schüler miteinander führten, zeichnete Eckart in einer seltsamen Broschüre auf: «Der Bolschewismus von Moses bis Lenin». Beide hielten übrigens Lenin für einen Juden. Dietrich Eckart gab Hitler den wichtigen Rat, sich von den Parteigenossen das Ressort Propaganda übertragen zu lassen. Er solle sich um Gottes willen von niemandem in seine Propaganda hineinreden lassen.

Hitler begriff, was Dietrich Eckart meinte: «Wer die Propaganda machte, dem gehörte das öffentliche Auftreten der Partei und damit über kurz oder lang die Partei selbst. Dieser Rat ist der Funke. Die Zündschnur brennt.»

Am 24. Februar 1920 fand die erste große Massenversammlung im Festsaal des Münchner Hofbräuhauses statt, wo Hitler das Programm der neuen Partei vortragen wollte. Er selbst war nicht als Hauptredner angekündigt. Diese Rolle übernahm ein Arzt namens Dingfelder, der sich der Homöopathie verschrieben hatte.

Hitler war damals immer noch Angestellter im politischen Büro des Münchner Wehrkreiskommandos. So rückte mit ihm eine Abteilung von Reichswehrsoldaten an, ausgerüstet mit Seitengewehren, die sie gelegentlich aufblitzen ließen, bereit, «dazwischenzugreifen» und politische Gegner mit der blanken Waffe aus dem Saal zu prügeln.

Hitler selbst schrieb über diesen ersten Auftritt vor großem Publikum: «Als ich endlich die Versammlung schloß, da hatten nicht nur wir allein das Gefühl: daß nun ein Wolf geboren war, bestimmt, in die Herde der Volksverführer und Betrüger einzubrechen.»

Hitler hatte das 25-Punkte-Programm der Partei vorgetragen, «eine Gelegenheitsarbeit», wie Heiden urteilte. «Ein Sammelsurium von ewigen Grundsätzen und plattesten Augenblickswünschen. Es wurde später von Hitler für heilig, unantastbar und unabänderlich erklärt; und das war der wahre Zweck.» In der Partei habe nie über die Fragen des Programms nachgedacht oder gar gestritten werden sollen. «Für Hitler wurde das Programm ein Mittel, seine

Ziele zu verbergen», schrieb Heiden. Es sei nur auf das Gehorchen angekommen. «Das wahre Programm eines Raubtiers sind seine Zähne.»

Dieser Wolf strich nun umher und suchte nach Beute. «Die Tür zum Schafstall steht weit offen.»

Im März 1920, wenige Monate nach der ersten öffentlichen Versammlung der von ihr gleichsam gekaperten jungen Partei, ergriff die bayerische Reichswehr die Macht im Freistaat und besetzte die wichtigsten Posten und Ministerien mit ihren Vertrauensmännern. Die Partei hatte fortan freie Bahn, ohne alle Schranken des Gesetzes. Die 100 000 Mann starke Reichswehr existierte von 1921 bis 1935 und verkörperte die Gesamtheit der regulären deutschen Streitkräfte – eine Berufsarmee, die den strengen Bedingungen des Versailler Vertrages von 1919 unterlag. Nachdem die Wehrpflicht 1936 wiedereingeführt worden war, ging sie in Hitlers «Wehrmacht» über.

Formell schied Hitler am 1. April 1920 aus der Reichswehr aus. «Ihre politische Partei», so schrieb Heiden, «führte er mit voller Ungebundenheit, seinen Vorgesetzten so nicht zur Last, aber mit der Zeit auch unabhängig von ihnen.» Den meisten damaligen Zeitgenossen sind diese Zusammenhänge wohl nicht klar gewesen.

Wenn Hitlers Leute in merkwürdig militärähnlichen Kolonnen auftraten, ihre politischen Gegner mit Schlägen durch die Straßen jagten, in fremde Versammlungen eindrangen und sie sprengten, so habe er selbst aus näherstehenden Kreisen Kritik zu hören bekommen, die ihn noch nach Jahren erheblich gekränkt habe. «Das war die Periode unserer schwersten Kämpfe», rief Hitler später seinen Anhängern zu, «zugleich der ärgsten Verachtung, des Hohnes und Spottes.» Und dann ergänzte er: «Im Jahre 1920 haben wir ihnen langsam den Spott ausgetrieben.»

Die Partei wandte sich auch langsam von der eigentlichen Reichswehr ab. «Früh wachsen ihr die Flügel», wie Heiden beobachtete, «und sie erhebt sich zu Zielen, die von den Majoren nicht mehr verstanden werden. Zwischen Schöpfer und Geschöpf wechseln die Rollen – so vollzieht sich allezeit Geschichte.»

Anfang 1920 schied auch Hitlers politischer Ziehvater, der Hauptmann des Nachrichtendienstes, Karl Mayr, aus der Reichswehr aus und versuchte zunächst, Einfluss in der NSDAP zu gewinnen. Er wurde Mitglied, trat allerdings nicht bei öffentlichen Veranstaltungen auf und verließ 1921 die Partei wieder. In den folgenden zwei Jahren machte Mayr seine tiefgreifende Wandlung vom entschiedenen Republikgegner zum «Vernunftrepublikaner» durch. Damit war er in den Augen seiner früheren militärischen Vorgesetzten und Kollegen ein Verfemter.

Er näherte sich der SPD immer mehr an, nahm auch Kontakt zum ehemaligen Feind Frankreich auf und geriet zeitweise in den Verdacht, ein französischer Agent zu sein. Vor allem zur republikanisch-pazifistischen «Fédération Nationale» knüpfte er Kontakte, nahm an deren Jahresversammlungen teil.

Kommunisten und Nationalsozialisten galten ihm gleichermaßen als «Totengräber der Republik», die es mit allen vorhandenen Mitteln und Bündnismöglichkeiten zu bekämpfen gelte.

Im Jahr 1940 wurde Mayr in seinem Pariser Exil von der Gestapo festgenommen und nach Berlin gebracht. Dort kam er erst in das Gestapo-Foltergefängnis in der Prinz-Albrecht-Straße, dann ins Konzentrationslager Sachsenhausen und schließlich nach Buchenwald. Am 9. Februar 1945, wenige Wochen vor Kriegsende, kam er bei einem alliierten Bombenangriff auf die Gustloff-Werke, in denen KZ-Häftlinge aus Buchenwald im Außenkommando arbeiten mussten, ums Leben.

Der Zeitzeuge

1921, ALS HEIDEN zum ersten Mal bei einer Versammlung der Nationalsozialisten Hitler reden hörte, konnte er ihn aus nächster Nähe beobachten – «ohne besondere Freude», wie er später schrieb. Er habe einer Flut von Unsinn gelauscht, den Hitler geradezu ausspuckte. «Erst nach und nach brachte mich die Wirkung seiner Reden dazu, hinter all dem Unsinn eine beispiellose politische Gerissenheit zu erkennen.»

Eine der ersten Begegnungen des Studenten Heiden mit dem aufstrebenden Hitler hat vermutlich in einer bayrischen Kneipe oder einem kleinen Saal stattgefunden. In einem finstern Hinterzimmer hielt Hitler anfangs mehrmals in der Woche vor fünfzehn oder zwanzig Menschen, vor ein paar Parteigenossen und mitgebrachten Freunden, seine vierstündigen Reden. «Da stand er im Pfeifenrauch, in grauer Soldatenuniform, hustend, mit vom Giftgas zerkratztem Hals und rief: der Tag werde kommen, ‹da die Fahne unserer Bewegung über dem Reichstag, über dem Berliner Schloß, ja über jedem deutschen Haus wehen wird›.»

Anfangs habe er Hitler für ziemlich dumm gehalten und sich gewundert, warum der Mann einen so großen Erfolg hatte, sagte er später einer amerikanischen Zeitung. Er habe damals einen Freund, der ein guter Redner war, gefragt, ob sie nicht eine Gruppe zusammenstellen könnten, um auf Nazi-Veranstaltungen zu gehen und sich argumentative Gefechte mit dem Redner zu liefern. Sein Freund lachte und sagte: «Das ist die Mühe nicht wert.»

«Sehen Sie», sagte Heiden dem Reporter des *Cleveland Express*, «die Menschen haben Hitlers Stärke nicht verstanden.»

Er selbst habe 1923 als Leiter einer kleinen demokratischen Gruppe mit aller «Ernsthaftigkeit der Jugend», aber ohne jeglichen Erfolg versucht, Hitler mit den Mitteln öffentlicher Protestmärsche, Massenversammlungen und gigantischen Plakaten entgegenzutreten. «Und so fühle ich mich berechtigt, mich als den ältesten – oder einen der ältesten – Anti-Nazis zu betrachten, die sich inzwischen in den Vereinigten Staaten aufhalten. Es dürfte in diesem Land nicht viele geben, die zu so einem frühen Zeitpunkt mit Hitler und seiner Handvoll Anhängern in Konflikt geraten sind.»

Einen von Hitlers engsten Kampfgefährten hatte Heiden ja schon auf der Universität kennengelernt, Rudolf Heß. Für ihn war der dreiundzwanzigjährige Student, ein ehemaliger Kriegspilot, ein anderer Typ als die «meisten der gierigen und zerbrochenen Gestalten aus dieser bewaffneten Boheme». In ihm sah Heiden die technokratische Seite der Nationalsozialisten: «Dieser fliegende, schießende und Flugblätter verteilende Student, Mathematiker und spätere Geograph verkörpert die Sehnsucht und Haltung jener Intellektuellen», zu neuen Herrschern des Zeitalters zu werden. Für sie sei die Leitung der modernen Gesellschaft eine technische Frage – und in der Technik sei alles möglich. Das hatte Heß schon in seiner preisgekrönten Vision an der Universität so skizziert.

Derweil wurden aus den Kneipen Säle, Säle mit zweitausend Zuhörern, und Hitler zum viel beachteten Aktivisten der rechtsradikalen und antisemitischen Bewegung, den manche schon im Sommer 1920 als «gerissensten Hetzer» von München bezeichneten. Flankierend zogen kleine nationalsozialistische Trupps, die den euphemistischen Namen «Ordnungsmänner» trugen, nachts durch die Straßen. Begegnete ihnen eine Nase, die ihnen nicht behagte, wurde provoziert und zugeschlagen. Es kommt zu grotesken Vorfällen. Verdächtige, die bestreiten, dass sie Juden sind, werden körperlich untersucht, was einmal, so Konrad Heiden, «sogar dem adlernasigen Vertreter einer lateinamerikanischen Republik passierte». Solche Ausschreitungen aber waren keine Einzelübergriffe, sondern hatten System.

Hitler, der sich im Grunde immer noch für einen Künstler hielt, entwarf, so berichtet jedenfalls Konrad Heiden, selbst Fahne, Standarte und Parteiabzeichen der NSDAP: «Es ist jedes Mal eine rote Grundfläche, darauf eine weiße runde Scheibe, in der Mitte ein schwarzes Hakenkreuz. Schwarz, Weiß und Rot waren auch die Farben des alten Kaiserreichs, ‹der strahlendste Akkord, den es gibt›, sagt Hitler.»

Zeichen, Fahne, Gruß und Lied wurden wichtige Hilfsmittel der nationalsozialistischen Propaganda: «Hitler bietet etwas für Auge und Ohr, sagt man; er unterhält die Leute, das zieht. Aber damit erschöpft man das Wesen dieser Symbolik nicht. Das Wesentliche ist, daß diese Zeichen mit den Menschen leben. Die Kapelle spielt, die Versammlung singt. Eine Fahnenabteilung marschiert ein: Eine Gasse bildet sich, das Publikum ruft Heil, später lernt es die Hand heben. So vergeht eine Stunde nach dem festgesetzten Versammlungsbeginn; es vergehen anderthalb, vielleicht zwei. Die Stimmung wird fiebrig. Ein Funktionär steigt auf die Bühne und ruft, der Führer Adolf Hitler sei durch politische Besprechungen von großer Tragweite festgehalten, werde aber sofort kommen.»

Auf der Höhe seiner Erfolge habe Hitler einmal kurz nach Eröffnung der Versammlung einen amerikanischen Reporter in seinem Büro empfangen und ihm ein dreiviertelstündiges Interview gegeben. «Als er schätzen durfte, die Spannung sei nun auf dem

Höhepunkt, brauste er samt dem Reporter im Wagen los, betrat den Saal, sprach sofort und hielt eine seiner besten Reden.»

Wenn der Führer durch die Tür kommt, so hat Heiden oftmals miterlebt, «steigt alles auf die Tische, die Versammlung ist ein einziges Heulen und wildes Gestikulieren. Hier sehen wir am deutlichsten das Geheimnis dieser Regie. Singen, Heil rufen, Arm heben, auf die Tische steigen; das Gemeinsame und Wesentliche ist immer, daß das Publikum rastlos mitarbeitet, bis sich jener Zustand einstellt, den man innere Transpiration nennen kann: das vollkommene Durchdrungensein von dem Gefühl, daß man nur ein Stück einer einzigen, in eins zusammengeschweißten Willensgemeinschaft, Glaubensgemeinschaft und nötigenfalls Tatgemeinschaft ist.»

In den Versammlungen Hitlers gab es keine Zuhörer mehr, sondern nur noch Mitwirkende – das war das erste große Geheimnis seines Erfolges:

«Man muß es ausdrücklich das erste nennen, denn die Regie ist noch wichtiger als die Rede. Und nun steht er oben auf dem Podium. Zuweilen benimmt er sich meisterhaft.

Die Versammlung ruft und winkt andauernd; ein Begleiter reicht ihm einen Steinkrug mit Bier. Hitler behauptet, er sei kein Alkoholiker, aber den Krug hebt er wie ein alter Bräuhausstammgast gegen das Publikum, ruft grinsend ‹Prost!› und trinkt einen mächtigen Respektschluck. Wenn die Münchener einen Menschen Bier trinken sehen, sind sie vor Jubel fassungslos. Das Heilrufen hört jetzt überhaupt nicht mehr auf. Indessen, Hitler hat heute wenig Zeit. Er hebt beide Hände wie ein Dirigent und winkt scherzhaft ab; mit gespitztem Munde ruft er: ‹Pst, pst, pst …› immer leiser, mit den Händen langsam nach abwärts, bis im Saale völlige Stille ist.»

Dann hebt er an, und Konrad Heiden stenographiert mit:

«‹Meine lieben Volksgenossen, es sind vielleicht viele unter euch, die nennen sich international Sozialisten. Was heißt eigentlich international? Ja, ich weiß natürlich, der deutsche Arbeiter, das ist der internationale Bruder des chinesischen Kulis, des malaiischen Schiffsheizers, des analphabetischen russischen Holzflößers; alle diese Leute stehen ihm natürlich näher als sein Arbeitgeber, der ja auch bloß ein Deutscher ist.

Mein lieber Freund, widersprich mir nicht, denn das hat man euch tatsächlich jahrzehntelang vorgegaukelt, und ihr habt es geglaubt. In Wirklichkeit aber gibt es nur eine einzige Internationale, und die kann deshalb existieren, weil sie in Wahrheit auf nationaler Grundlage beruht: das ist die Internationale der jüdischen Börsendiktatur. Die ist die Angelegenheit eines einzigen Volkes; das hat eine gemeinsame Abstammung, eine gemeinsame Religion und eine gemeinsame Sprache nämlich mit de Händ ...»»

Alles lacht, Hitler am meisten. Er kann, so beobachtet Heiden, heiter sein, ja, «er tänzelt auf der Bühne herum, winkt und lacht nach allen Seiten. Ein andermal hat er eine große, schwere Rede mit politischem Inhalt vor; da steht er ernst in seinem schwarzen Gehrock, den Blick fest auf den Boden geheftet; wie träumend geht er auf den Tisch zu, auf den er seine Manuskriptblätter legt, faßt zögernd den Tisch an den Kanten, hebt ihn ein wenig vom Boden ab, schiebt ihn nach vorn, dann wieder zurück – wahrhaftig, vor achttausend Menschen, die staunend dem größten Redner Deutschlands zusehen, trägt er spielerisch den Tisch über die Bühne. Er findet den Anfang nicht, er findet die Haltung nicht, er kann sich nicht zum Reden entschließen.»

Das geht so lange weiter, bis er «mit einem Ruck die Nervosität abwirft, gerade steht und mit tiefer, fester Stimme beginnt: ‹Deutsche Volksgenossen! Eine große Trostlosigkeit und Erbitterung hat unser deutsches Volk erfaßt ...›»

Über seine Stimme gibt es die verschiedensten Urteile: «Die einen finden sie faszinierend, die anderen abscheulich. Sicher ist, daß die außerordentliche Kraft dieses Organs, die auch in der heu-

Hitler beim Einstudieren von Rednerposen.
Foto seines Leibfotografen Heinrich Hoffmann

lenden Höhenlage wenig abnimmt und nur in erregten Augenbli-
cken in ein fanatisches Krähen übergeht, auf viele suggestiv wirkt.
Ton und Haltung des Redners bei Beginn machen den Eindruck
von starkem Ernst und Verantwortungsgefühl, um so erregender
wirkt später das hemmungslose Schreien; wenn dieser Kraftvolle,
so empfindet der Hörer unbewußt, wie ein wahnsinniges Weib
kreischt, dann müssen wirklich fürchterliche Dinge passiert sein.

Er ist auf den Höhepunkten seiner Rede ein von sich selbst
Verführter, und mag er lautere Wahrheit oder die dickste Lüge
sagen, so ist jedenfalls das, was er gerade sagt, in dem betreffenden Augenblick so vollständig der Ausdruck seines Wesens, seiner
Stimmung und seiner Überzeugung von der tiefen Notwendigkeit
seines ganzen Tuns, daß selbst von der Lüge noch ein Fluidum von
Echtheit auf den Besucher überströmt.»

Auch die Struktur seiner Macht, das unbedingte Führerprinzip,
hat Heiden frühzeitig analysiert. Die «einzigartigen Leistungen
Hitlers als Propagandist und Organisator» beruhten nicht auf
einem ausgeklügelten Plan, sondern auf «Experiment und Glück,
raschem Zugriff und manchem Fehlgriff».

Der Aufbau, den Adolf Hitler seiner Bewegung gab, sei nichts
anderes als ein Unterbau für den Thron des Führers: «Die Bewegung ist durch die schöpferische Tat eines einzelnen entstanden,
dieser einzelne bestimmt selbstherrlich, unkontrolliert und ver-
antwortungsfrei die Politik, ruft Unterorganisationen ins Leben
und setzt die Führer ein.

Erst der Führer, dann die Truppe; kleiner Kern, breite Masse;
Verantwortung nach oben, Autorität nach unten; absolute Befehlsgewalt der Zentrale über das Ganze, absolute Befehlsgewalt
der Unterführer in ihrem Bereich. Immer schärferer Schliff der
Partei zur furchtbaren Waffe des Machtkampfes, Zurückdrängung
aller menschlichen Werte, die diesem Machtkampf nicht dienen,

Pflege des gehorsamen Mittelmaßes, Verkümmerung persönlicher Eigenart, Herdenzucht – dank solcher Prinzipien erringt Hitler mit seiner Partei die Macht über ein großes, geistig reiches Volk. Er hat das deutsche Volk meisterhaft verdorben.»

Hitler war nun zwar als Agitator bekannt geworden, aber jenseits seines engeren Umfelds wusste niemand so recht, wie er aussah. Aus dieser Zeit gibt es kaum Fotos. Die meisten waren auch nur zufällig entstanden. Im Jahre 1922 fragte der *Simplicissimus*, wie Adolf Hitler eigentlich aussehe. Der *Simplicissimus* war damals Deutschlands bestes und berühmtestes Satireblatt.

Hitler hatte verboten, ihn zu fotografieren. «In seinen Versammlungen verstand er es, durch raffinierte Beleuchtungstricks halb unsichtbar zu bleiben», berichtete Heiden. «Wenn er den Saal betrat, ging er rasch durch eine von der SA gebildete Gasse und blieb für die meisten Besucher ein hastig vorüberwehender, sofort verwischter Eindruck. Stand er erst einmal oben, dann gewahrte man durch das rauchige fahle Licht eine hagere, oft nach vornüber schnellende Gestalt im schwarzen Gehrock gestikulieren; das Gesicht war durch einen dunkelblonden Bart halb verhüllt. Er wollte draußen nicht erkannt werden.»

Nur die wenigsten wussten, dass man die unsichtbare Gestalt häufig in einer kleinen Weinkneipe antreffen konnte, in der «Osteria Bavaria» in Schwabing oder auch im «Café Heck» am Hofgarten. «Dort spreizte er den kleinen Finger weg, wenn er die Gabel oder das Glas anfaßte, und beim Reden fielen seine vielen Verbeugungen und sein etwas unnatürliches höfliches Lächeln auf. Auch wer ihn hier sah, hatte es nicht leicht, einen Eindruck von ihm festzuhalten, so sehr sah er nach nichts aus mit seinem glatten, brillantinierten Haar, den Scheitel fast in der Mitte, der korrekten Nase, dem korrekten Schnurrbart, dem korrekten Schlips – ein Mann, wie von der Stange gekauft.»

Von alldem wusste der *Simplicissimus* nichts, obwohl seine Zeichner oft Tisch an Tisch neben dem unbekannten Adolf Hitler in der «Osteria Bavaria» saßen: «So entwarfen sie, fröhlich und unbekümmert, eine Reihe von Zeichnungen, wie Hitler wohl aussehen könnte; drückte sich eine gewaltige Energie vielleicht in übermäßigen Kinnladen, aber geringer Stirn aus? Oder besaß er, als schöpferischer Geist, gerade umgekehrt einen gewaltigen Schädel? Glich er Napoleon oder Bismarck? So stocherten die Zeichner ratlos an der Physiognomie des Mannes herum. Der Zeichner entschied sich schließlich dafür, einen Wirtshaustisch mit einem Bierkrug, einer Wurst und einem Rettich zu malen; drüber hin zog eine schwarze Wolke, aus der Blitze zuckten. Darunter stand: Wir haben festgestellt, daß Adolf Hitler überhaupt kein Mensch ist, sondern ein Zustand. Gemeint war: der rasende deutsche Spießbürger, bayrische Ausgabe.»

Dieser Mensch «als deutscher Zustand mit Schnurrbart und Brillantine im Haar» wurde zunächst von der Münchner Gesellschaft weitgehend ignoriert. Die Salons hielten bis 1923 einen fast nirgends durchbrochenen Boykott gegen ihn durch: «Ein schüchterner und linkischer Mensch, auffallend durch seine hastige Gier beim Essen und seine übertriebenen Verbeugungen, wurde er aus der Nähe schnell uninteressant. Nicht ärmlich, aber ohne jedes Zeichen persönlichen Geschmacks gekleidet, den Scheitel fast in der Mitte des geölten Haares, die Schnurrbartborste als unverständlicher Akzent im sonst weichlichen Antlitz.» So habe der ganze Mann wie die schlechte Nachahmung eines nur in der Phantasie existierenden Idealtypus gewirkt. Heiden bösartig: «Wenn das allgemeine Urteil ihn mit einem Kellner oder Friseur verglich, so war das nicht als Kränkung dieser Stände gemeint.»

Das erste Haus größeren Stils, das sich Hitler zu freundschaftlichem Verkehr auftat, befand sich nicht in München, sondern in

Berlin. Es war das des Klavierfabrikanten Bechstein. Die Bech-
steins waren alte Freunde von Dietrich Eckart, der seinen Schütz-
ling dort einführte. Helene Bechstein fasste eine warme Zuneigung
zu Adolf Hitler. «Ich wollte, er wäre mein Sohn», sagte sie.

In München war es zuerst das Haus Hanfstaengl, das sich ihm
1923 auf Wunsch des Sohnes Ernst öffnete. Die Hanfstaengls be-
saßen einen großen Kunstverlag und gehörten zu den in München
verhältnismäßig seltenen reichen Leuten. Das Oberhaupt des
Hauses, Frau Hanfstaengl, eine geborene Sedgwick-Heine aus New
York, war von Herkunft Amerikanerin, politisch durchaus international gesinnt. «Es ist bezeichnend», schrieb Heiden, «daß gerade
diese Amerikanerin in der Münchener Gesellschaft als erste das
allgemeine Vorurteil gegen den ‹Bierkeller-Redner› durchbricht;
sie ist stolz darauf, ein so berühmtes Ungeheuer in ihrem Salon zu
haben.»

Bei einem der Besuche bei den Hanfstaengls oder einer anderen bürgerlichen Familie in München, so hat ein Anwesender
Heiden geschildert, sei Hitler in einem dezenten blauen Anzug
erschienen und habe der Gastgeberin einen gewaltigen Blumenstrauß überreicht, begleitet von einem Handkuss. «Während er
vorgestellt wurde, machte er das Gesicht eines Staatsanwaltes bei
einer öffentlichen Hinrichtung. Ich erinnere, daß ich von seiner
Stimme getroffen wurde, als er sich bei der Hausherrin für den
Tee und die Kekse bedankte, die er in erstaunlichen Mengen in
sich hineingestopft hatte. Es war eine bemerkenswert gefühlvolle
Stimme, und doch erweckte sie nicht den geringsten Anflug von
Zuneigung oder Intimität, sondern eher von Eiseskälte. Trotzdem
sagte er kaum etwas und saß dort eine gute Stunde still auf seinem
Platz; offenbar war er müde. Als aber die Gastgeberin aus Versehen
eine Bemerkung über Juden fallenließ, die sie in einem verständ-
nisvollen Ton verteidigte, begann er zu reden, und dann redete er
ohne aufzuhören. Nach einer Weile schob er seinen Stuhl zurück

und stand, immer noch redend oder besser schreiend, auf, in einer
so kraftvollen, eindringlichen Stimme, wie ich sie nie von jemand
anderem gehört hatte. Im Nachbarzimmer wachte ein Kind auf
und begann zu schreien. Nachdem er mehr als eine halbe Stunde
lang ohne Pause eine durchaus witzige, aber sehr einseitige Tirade
auf die Juden abgesondert hatte, brach er plötzlich auf, ging zur
Hausherrin, bat sie um Entschuldigung, küßte ihr die Hand und
verschwand. Von der restlichen Gesellschaft, die ihm offenbar
nicht gefallen hatte, verabschiedete er sich im Hausflur durch eine
kurze Verbeugung.»

Diesen Bericht erhielt Konrad Heiden von einem Gast an die-
sem denkwürdigen Abend. Er selbst besuchte nun immer wieder
Parteiveranstaltungen in Wirtshäusern und Sälen und stellte fest,
dass Hitler nicht nur durch seine aggressiven politischen Parolen
Anhänger fand, sondern auch durch ein gewisses komödiantisches
Talent, mit dem er die Zuhörer unterhielt und zugleich frösteln ließ.

Tatsächlich hatte der frühe Hitler eine «gefährliche Neigung zur
Ironie», wie Heiden notierte. «Seine Sprache klingt zuweilen wie
jüdischer Jargon. Das ist die Strafe der Natur dafür, daß er seinen
Zuhörern Gehabe und Denkweise des ‹auserwählten Volkes› allzu
mimisch vorführen wollte. Wenn er spricht vom ‹Geschnatter der
hysterischen Revolutionsgänse, angefangen von der alten Juden-
vettel Rosa bis zu dieser altjüdischen Krampfhenne, dem Salomon,
unserem treuen Kurt Eisner› – da trifft die Hetze nicht mehr, da
überschlägt sie sich. Viel schneidiger, wenn Hitler ausruft: ‹Wir
schlagen vor: Viktor Kopp wird vor dem Fenster der Russischen
d. h. heute Jüdischen Botschaft aufgehängt ...›»

Zum ersten Mal, so fällt Heiden auf, «wird das ‹Köpfe rollen›
hier in Form gebracht». Hitler im Blutrausch: «Wir fordern, daß
die Nationalverbrecher, angefangen von Erzberger bis Simons
(dem späteren Reichsgerichtspräsidenten, d. Verf.) einschließlich

des ganzen parlamentarischen Gesindels, das sich an ihren Verbrechen mitschuldig gemacht hat, vor einen Staatsgerichtshof gestellt
werden. Wir erwarten aber unbedingt, daß unsere Verderber nicht
den Tod erleiden durch eine ehrenvolle Kugel, sondern durch den
Strang. Schon jetzt erlauben wir uns, den dereinst einzusetzenden
nationalen Gerichtshof darauf aufmerksam zu machen, daß infolge Lichtersparnis ein großer Teil unserer Bogenmasten frei ist.»
   Das stand, von keinem Staatsanwalt moniert, im *Völkischen
Beobachter.*
   Hitlers Rhetorik brach sich weiter ungestört Bahn.

«Es gibt wohl nichts Meisterhafteres in dieser Art als das folgende
Stück aus einer Rede, die Hitler im Jahre 1922 gehalten hat», urteilte
Heiden: «‹Der Jude ist nicht ärmer geworden. Er bläht sich allmählich auf, und wenn Sie das nicht glauben – ich bitte Sie, sehen Sie in
unsere Kurorte. Da finden Sie heute zwei Kategorien von Menschen:
den Deutschen, der hingeht, um nach langer Zeit vielleicht zum ersten Male wieder etwas frische Luft zu schöpfen und sich zu erholen;
und den Juden, der hingeht, sein Fett zu verlieren. Und gehen Sie
hinaus in unser Gebirge, wen finden Sie da, in funkelnagelneuen,
gelben, prachtvollen Stiefeln, mit schönen Rucksäcken, in denen
sich wahrhaftig meistens doch nichts Richtiges befindet? Und zu
was auch! Sie gehen ja doch oben in das Hotel, meist bis dorthin,
wo die Bergbahn hingeht, und wo die Bahn aufhört, da hören auch
sie auf. Da sitzen sie herum in einem Kilometer Umkreis wie die
Schmeißfliegen um einen Kadaver. Das sind wahrhaftig nicht unsere arbeitenden Klassen, weder die geistigen noch die körperlichen!
Die finden Sie meist mit zerschlissenen Anzügen, seitwärts herum-
kraxelnd, schon aus dem Grunde, weil sie sich genieren müssen, mit
ihrem Gewande von anno 1913 oder 1914 in diese parfümgedünstete
Atmosphäre überhaupt hineinzukommen.›
   Es wäre sinnlos, hier zu widerlegen; sinnlos, nachzuweisen, daß

auch verfettete Arier in neuen gelben Stiefeln sich nicht gern aus dem Umkreis der Bergbahn entfernen und daß junge jüdische Bergsteiger in den Alpen Kletterrekorde aufgestellt haben. Es wäre sinnlos – denn die Widerlegung wird gehört, vielleicht geglaubt und bestimmt wieder vergessen.

Aber das von Hitler mit grellem Meisterstrich gezeichnete Bild – die gelben Stiefel, der Bergbahnhof, die Juden mit den zum Schein umgehängten Rucksäcken und die verschüchterten arischen Kletterer, abseits im zerschlissenen Gewand –, das haftet unauslöschlich. Wer es einmal gehört, vergißt es nie.»

Immer wieder beobachtete Heiden kleine Ereignisse, die Hitlers Persönlichkeit in grellem Licht aufscheinen ließen. So habe Hitler im Gerichtssaal als Kläger einem sozialdemokratischen Redakteur gegenübergesessen. Das sozialistische Blatt hatte irgendetwas über seine Geldquellen behauptet. Sein Anwalt, Dr. Frank, begründete die Klage. Hitler selbst zeichnete mit gesenktem Kopf den Gegner, dessen Anwalt, den Vorsitzenden, den Gerichtsdiener und die anwesenden Journalisten auf ein Stück Papier. Der Gegner meinte, Hitler solle sich doch selbst äußern. Der wollte nicht. Der Gegner wurde eindringlicher – ob der Herr Vorsitzende nicht auf Herrn Hitler einwirken wolle?

«Wenn er net mog, i ko em net zwinga», sagte der Richter in bestem Bayrisch.

Der Gegner wurde kühn: Ob Herr Hitler Angst habe, die Öffentlichkeit hören zu lassen, was er über seine Geldquellen zu sagen habe?

Da fuhr Hitler auf: «Sie werden meine Rede hören, wenn es mir paßt, und ich versichere Ihnen jetzt schon, Sie werden sie nicht mit Genuß hören.»

Der Vorsitzende musste androhen, den Zuhörerraum wegen unpassender Heiterkeit zu räumen.

Einmal wagte der Rabbiner von München, auf die Bühne zu steigen, um nachzuweisen, dass hier gegen die Juden Falsches vorgebracht werde. «Das war für die Geduld doch zu viel, der Rabbiner mußte unter Tumult hinaus, und die Plakate Hitlers trugen seitdem den Vermerk: Juden haben keinen Zutritt.

Da merkten die Münchener, daß es ihm mit seiner Judenfeindschaft ernst war, besser als aus einem Dutzend Reden. Als ein gleichfalls beliebter Volksredner jener Tage, ein Ingenieur namens Ballerstedt, Hitler mit Zwischenrufen arg zusetzte, prügelten ihn wütende Nationalsozialisten aus dem Saal hinaus. Das Verfahren wurde ein paarmal wiederholt; bald wagte sich kein Zwischenrufer, kein Diskussionsredner mehr hervor, mit einem Zauberschlage wurde die Stimmung in Hitlers Versammlungen einheitlicher, einfacher, gläubiger – der neue Stil der politischen Massenkundgebung war durch Zufall entdeckt.»

Ernst Hanfstaengl, genannt «Putzi», wurde in den ersten Jahren einer der engsten Vertrauten Hitlers. Später überwarf er sich mit dem «Führer», ging in die USA zurück und berichtete dem amerikanischen Geheimdienst OSS aus den «Frühtagen der Bewegung».

Unter dem Decknamen «Dr. Sedgwick», dem Geburtsnamen seiner Frau, schilderte er viele Details aus Hitlers privatem Umfeld. Es ist wahrscheinlich, aber es gibt keine konkreten Hinweise darauf, dass sich Hanfstaengl und Konrad Heiden persönlich gekannt haben. Doch vieles, was Hanfstaengl später dem US-Geheimdienstlern erzählte, schlug sich auch in Heidens Artikeln und Büchern nieder. Putzi Hanfstaengl alias Dr. Sedgwick gab den US-Geheimdienstlern einen intimen Einblick in das engere Umfeld des aufstrebenden Politikers.

Unter dem Stichwort «concentration» gab er zu Protokoll: «Hitler lauscht aufmerksam allem, was er gern hört, wenn das

Thema aber für ihn unangenehm ist, schaut er in eine Illustrierte und schenkt dem Gespräch keine Aufmerksamkeit. Seine Umgebung ist immer wieder verzweifelt, wie er seine Schreibtischarbeit vor sich her schiebt. Diese Proteste seiner Mitarbeiter nimmt er niemals ernst. Hitler sagt: Probleme werden nicht dadurch gelöst, daß man zappelig wird. Wenn die Zeit reif ist, wird sich die Sache so oder so lösen.»

Eine weitere Beobachtung: Hitler sei «außerordentlich unempfindlich gegen Lärm». Wenn er irgendwelche Papiere lese, «stören ihn lautstarke Konversationen nicht. Im Gegenteil, denn er hört gern mit, was gesagt wird.»

Hitler selbst sei dagegen in der Lage, lange zu schweigen: «In der Bahn oder im Auto von Berlin nach München sagt er manchmal auf der ganzen Reise nur ein paar Worte, dann denkt und plant er.»

Bei Mahlzeiten halte er das Gespräch gern oberflächlich und im Allgemeinen, aber nach ein oder zwei Stunden beginne er oft einen Monolog. «Diese Monologe sind Teil eines festgelegten Programms. Sie sind so festgeschrieben wie Schallplatten – seine liebsten gehen so: ‹Als ich in Wien war, und als ich Soldat war, als ich im Gefängnis war, als ich in den frühen Tagen der Partei der Führer war usw.› Oft kommt er auf Richard Wagner und die Oper. Niemand unterbricht diese sich wiederholenden Aufführungen. Er macht damit weiter, bis die Gäste sich erschöpft zurückziehen müssen, weil sie nicht länger ihre Augen offen halten können.»

In politischen Auseinandersetzungen sei er von unglaublicher Klarheit: «Er ist genau und kann seine Position wie ein Maschinengewehr vorbringen. Die Abläufe seiner Sätze sind unwiderstehlich konstruiert. Sie haben eine eindringliche Kraft.»

Die Geheimdienstler notierten: «Kein anderer Redner hat jemals einen solchen Eindruck auf Dr. Sedgwick gemacht.» Über seine körperliche Erscheinung nahmen die OSS-Leute zu Protokoll: «Er achtet sehr auf sein persönliches Erscheinungsbild und wird niemals seinen Mantel in der Öffentlichkeit ausziehen – gleich, wie warm ihm ist. Er erlaubt niemandem, ihn im Bad oder gar nackt zu sehen.»

Angeblich benutzte Hitler niemals Duftwässer. Sedgwick habe ihm mehrmals Lavendel-Geruchssalz aus England mitgebracht. 1923 versuchte Sedgwick, der Hitlers kleinen Schnurrbart nicht leiden konnte, ihn davon zu überzeugen, dass er hässlich sei und er ihn in voller Breite über den Lippen stehen lassen sollte. Er sagte: «Sieh dir die Porträts von Holbein und van Dyck an. Die alten Meister wären im Traum nicht auf so häßliche Bärte gekommen.»

Hitler antwortete: «Mach dir keine Sorgen um meinen Bart. Wenn er jetzt noch nicht Mode ist, so wird er es später sein, weil ich ihn so trage.»

Im Sommer 1923 fand Hitler Zutritt zum Hause Richard Wagners in Bayreuth. «Im Hause Wahnfried», schrieb Heiden, «lernt er nicht nur den Sohn des Meisters Siegfried und dessen Gattin Winifred kennen, sondern auch den blinden Kulturphilosophen Houston Stewart Chamberlain, den in Deutschland eingebürgerten Engländer, der in seinen ‹Grundlagen des 20. Jahrhunderts› eine vielgelesene Philosophie der Rassenlehre und des Antisemitismus geschrieben hat. Chamberlain ist von Hitler begeistert; er gehört zu den ganz frühen ‹Erkennern› und sieht schon 1923 in dem Volksredner nicht nur den ‹Trommler› und die Begleitfigur für einen Größeren, sondern die entscheidende Gestalt der deutschen Gegenrevolution.»

Hitler zog auch hinaus in die kleinen Städte, nach Ingolstadt, nach Coburg. Wenn er in Überzahl den Gegner anfiel, stand die Polizei mit verschränkten Armen daneben oder ist überhaupt nicht zu sehen. Eines Tages drang er an der Spitze einer mit schweren

Eichenstöcken bewaffneten Bande in die Versammlung des wohl-
bekannten Rivalen um die Volksgunst namens Ballerstedt ein.
Hitler und Esser stürmten mit geschwungenem Spazierstock das
Podium, und auf Ballerstedt hagelte es Schläge. Die Polizei kapitulierte wieder einmal.

Heiden schrieb: «Der arme Wachtmeister weiß, daß Hitler bei
seinen eigenen Vorgesetzten tausendmal mehr gilt als er, und bittet schüchtern: ‹Herr Hitler, Sie sehen selbst, hier gibt es ja Tote,
bringen Sie doch Ihre Leute zur Räson!› Hitler warf einen Sieger-
blick über das Schlachtfeld und sagte gnädig: ‹Schön, der Zweck ist
ja erreicht, Ballerstedt spricht heute nicht mehr!› Dann zog er mit
den Seinen ab. Aber Ballerstedt steckte die Prügel nicht schweigend ein; zwar ging ein halbes Jahr ins Land, aber schließlich
musste die bayrische Justiz Hitler doch zur Rechenschaft ziehen
und verurteilte ihn zu drei Monaten Gefängnis. Zwar werden ihm
zwei Monate sofort mittels der sogenannten Bewährungsfrist erlassen, d. h., er brauchte die zwei Monate nicht abzusitzen, wenn er
sich fünf Jahre lang wohl verhält – was wir uns sehr genau merken
müssen, denn diese zwei Monate werden Weltgeschichte machen.

Das Gefängnis ist ein Erfolg, denn er kommt als Märtyrer heraus; die Saalschlachten sind Erfolge, denn er beendet sie als Sieger,
die ganze SA ist ein Erfolg, denn er steht vor ihr als ‹der Führer›.
Aber seinen Freund Ballerstedt hat er nicht vergessen.»

Diese Art von Gewaltaktionen, das hat Heiden aus nächster Nähe
immer wieder beobachtet, waren nicht von Ernst Röhms Aktivitäten zu trennen. Aber Röhm, so meinte er, habe die Partei nicht
nur deshalb geschaffen, damit sie Juden verprügelt oder die Bürger
von den Straßen scheucht. «Röhm will eine heimliche Armee, die
die vom Friedensvertrag zugelassenen hunderttausend Mann ver-
vielfachen soll; Röhm hat Waffen gesammelt und versteckt, Röhm
sucht Menschen für seine Waffen.» Hitler, so erkannte Heiden

früh, habe die SA aber anders gewollt als sein Kamerad Röhm und «hat keine Lust, von den Offizieren aus seiner SA eine heimliche Reichswehr machen zu lassen, die ihm praktisch aus den Händen gleiten wird».

Dieser Streit habe ihr ganzes Verhältnis durchzogen – bis zum grauenhaften Abschluss in der «Nacht der langen Messer» Anfang Juli 1934, als Röhm und viele andere SA-Mitglieder von SS-Kommandos ermordet wurden.

Die Serie politischer Morde in Deutschland hatte allerdings schon in der Weimarer Republik begonnen. Der verhängnisvollste fand zu einer Zeit statt, da sich die junge Republik ganz allmählich zu stabilisieren begann. Am 24. Juni 1922 wurde Reichsaußenminister Walther Rathenau, ein liberaler, deutsch-jüdischer Politiker, Industrieller, Schriftsteller und polyglotter Intellektueller, Opfer eines Attentates der rechtsnationalistischen Organisation «Consul», die im Wesentlichen aus ehemaligen Angehörigen der Freikorps bestand. Daran beteiligt war auch der spätere Schriftsteller Ernst von Salomon, der 1930 darüber einen Roman veröffentlichte – bei Rowohlt, dem Verlag, der 1932 auch Heidens erstes Buch herausbrachte.

Sebastian Haffner beschrieb die Reaktion auf den Mord in Berlin: «Nicht die Erschießung der tausend Arbeiter in Lichtenberg 1919 hatte die Massen so aufgebracht wie jetzt die Ermordung dieses einen Mannes, der eigentlich sogar ein Kapitalist gewesen war. Ein paar Tage über den Tod hinaus hielt der Persönlichkeitszauber noch an; es herrschte, einige Tage, etwas, was ich später nie mehr erlebt habe: echte Revolutionsstimmung. Zur Bestattung fanden sich, ohne Zwang und ohne Drohung, ein paar hunderttausend Menschen ein. Und nachher gingen sie nicht auseinander, sondern zogen stundenlang durch die Straßen, in nicht endenden Zügen, schweigend, grimmig, fordernd. Man spürte: Hätte man diese Massen an diesem Tage aufgefordert, Schluss zu machen

mit denen, die damals noch ‹Reaktionäre› hießen und in Wahrheit
bereits die Nazis waren, sie hätten es ohne weiteres getan, rasch,
durchgreifend und gründlich.

Niemand forderte sie dazu auf.»

Immerhin veranlasste der Mord die verschiedenen Vereine politischer Studenten dazu, enger zusammenzuarbeiten. So entstand
im Herbst 1922 das «Kartell Republikanischer Studenten Deutschlands und Deutsch-Österreichs». Konrad Heiden schrieb darüber in der *Republikanischen Hochschulzeitung*: «Die widerliche
Siegesfreude, mit der große Teile der Studentenschaft die Kunde
von dem Morde aufgenommen hatten, war eine deutliche Mah-
nung.» Die Republikanischen Studenten hätten ein sehr konkre-
tes Gegenwartsziel: «Schutz der Republik, die für jeden von ihnen,
in welchem politischen Lager er auch stand, Hort und Gewähr
staatlicher und sozialer Zukunftsarbeit war.» Man wolle nicht ne-
belhaften Idolen nachjagen, sondern wisse den Wert einer realen
Institution wie der heutigen Republik, obwohl sie keinen ganz befriedigte, zu würdigen.

Am Abend nach dem Attentat auf Rathenau hatte der Pazifisti-
sche Studentenbund in der Schwabinger Brauerei eine Veranstaltung angesagt, auf der eigentlich der Pazifist Professor Quidde
sprechen sollte. Der erschien aber wegen eines Eisenbahnerstreiks
nicht, deshalb wandelten die Studenten die Versammlung um in
eine Protestveranstaltung «gegen politischen Meuchelmord». Am
Ende verabschiedeten sie eine Resolution, in der sie die Entlassung
aller sich der republikanischen Staatsform widersetzenden Beamten forderten. Erfolg hatten sie nicht, aber sie taten etwas gegen
die Feinde der Demokratie.

Konrad Heiden war in jenen Tagen Vorstandsmitglied des
umbenannten Republikanischen Studentenbundes. Er wohnte in
der Kurfürstenstraße 17 / III in München. Tante Hanna, die das

Schreibbüro Wittelsbach in München führte, half ihm beim Tippen der Briefe, die er immer wieder an verschiedene Persönlichkeiten des öffentlichen Lebens richtete. Dafür stellte sie ihm am 23. Mai 1923 insgesamt 10176 Mark in Rechnung, in Anbetracht der damaligen Inflation war das nicht viel Geld.

Zum Jahrestag der Ermordung Rathenaus organisierte Konrad Heiden im Juni 1923 eine Gedenkveranstaltung. Er schrieb zahlreiche Briefe und nutzte dabei auch das SPD-Netzwerk seines verstorbenen Vaters. Der Rektor der Universität sagte wie gewohnt ab, aber es gelang Heiden, keinen Geringeren als Thomas Mann als Redner zu gewinnen. Der Dichter sprach über «Geist und Wesen der Deutschen Republik».

«Unsere Zusammenkunft», begann Mann seine Ansprache, «gilt dem Andenken eines hochgesitteten und hochbemühten Mannes, der ein Opfer der wüsten anarchisch-rastlosen Zeiten wurde; eines Mannes, der, da er Europa wohl gefiel, uns allen noch großen Nutzen hätte erwirken können und der im Dienste der allgemeinen Sache ein sinnlos-gräßliches Ende fand. Sie gilt aber daneben der feiertäglichen Besinnung, einer Klärung unserer Gedanken.»

Republikanisch gesinnte Jugend habe zu dieser Versammlung aufgerufen. «Was ist denn ihre Idee, was ist die Republik?», rief er. In der Tat lebe dies Volk unter Bedingungen, die intellektuelle Stagnation und jede moralische Schlaffheit entschuldigen würden. Davon wüsste man im Ausland nur sehr wenig: «Man weiß nicht viel von der erniedrigenden Lebensnot, unter der die große Mehrzahl unseres Volkes seufzt, von dem auf allen Gebieten um sich greifenden Verfall. Man weiß nicht, daß deutsche Mütter genötigt sind, ihre Kinder in Zeitungspapier zu wickeln, da es an Leinwand fehlt – die den französischen Besatzungstruppen am Rhein zehntausendmeterweise hat geliefert werden müssen.»

Am Ende rief er den Studenten aufmunternd zu: «Die republikanische Jugend Deutschlands begreift, daß Humanität die Idee
der Zukunft ist, diejenige, zu der Europa sich durchringen, mit der
es sich beseelen und der es leben muß – wenn es nicht sterben
will.»

Am 28. Juni erschien Thomas Manns Rede als Nachdruck in der
Frankfurter Zeitung, für die von da an auch der junge Student Konrad Heiden arbeiten durfte. Viele Jahre später, am 28. Februar 1944,
lobte Thomas Mann in seiner wöchentlichen BBC-Ansprache an
seine deutschen Hörer Heidens Hitler-Biographie in den höchsten
Tönen.

Der Reporter

1923 WURDE KONRAD HEIDEN Assistent von Otto Groth, dem bayerischen Korrespondenten der *Frankfurter Zeitung*. Das Büro lag im ersten Stock der Münchner Perusastraße 5. Heiden musste für einige Stunden am Tag arbeiten und bekam dafür 150 Mark im Monat. Sein Gehalt reichte kaum jemals aus, sodass er meistens schon vor Monatsende um Vorschuss nachsuchen musste.

Groth, später ein bekannter Medienwissenschaftler, hatte das Leitprinzip: «Die Nachricht muß wahr sein, den Tatsachen entsprechend, sie muß möglichst frei von persönlichen Auffassungen und Gefühlen des Berichtenden, von Werturteil und Zwecksetzungen sein, sie muß sich auf tatsächliche Vorgänge beschränken.»

Otto Groth war Jude. Er hatte 1915 in Tübingen promoviert, aber auch vor 1933 keinen Lehrstuhl bekommen. Er zeichnete seine Artikel aus München unter dem Kürzel «G». Viele Informationen beschaffte sein Hilfsredakteur Konrad Heiden, der erst später seine Beiträge selbst mit dem Kürzel «Hdn» kennzeichnen durfte. Gemeinsam schrieben sie mehrmals in der Woche über «Hitler und seine Horden».

Die *Frankfurter Zeitung* war eine liberale, demokratische Zeitung. In den zwanziger Jahren schrieben viele deutsche Intellektuelle, darunter Thomas Mann, Siegfried Kracauer und Walter Benja-

min, für das Blatt. Günther Gillessen veröffentlichte 1986 unter
dem Titel «Auf verlorenem Posten» ein Buch über die *Frankfurter
Zeitung* im Dritten Reich. Er erinnerte sich: «Die Redaktion hatte
einen festen, im klassischen Liberalismus begründeten Standort,
von dem die Strömungen des Zeitgeistes sie nicht wegdrängen
konnten.» Die Ernsthaftigkeit, mit der die Zeitung ihre Aufgabe
verstand, habe sie anspruchsvoll gemacht; sie sei elitär gewesen.
«Blender paßten nicht hinein. Es gab einen fast untrüglichen Instinkt für Qualität. Auch einen untrüglichen Sinn dafür, was sich
schickt, wer oder was ‹zu uns passt›, was, wie man abgekürzt sagte, ‹anständig› ist.» Dieser Anstand habe auch den Ton der Zeitung bestimmt, einen Ton des Nachdenklichen, halblaut geführten
Gesprächs. «Die Zeitung schrie nicht, sie mobilisierte auch keine
Gefühle. Sie appellierte nicht, es sei denn an den nüchternen Verstand und an ein warmes Herz. Ihre Artikel wollten niemanden
überwältigen, schon gar nicht mit blitzender Polemik.» Natürlich
habe die Redaktion elegante Federn geschätzt. «Doch wollte sie
niemanden bezaubern.»

Der junge Journalist Konrad Heiden war bei einer großen demokratischen Institution gelandet. Während sein Mentor Otto Groth
meistens im Münchner Korrespondentenbüro saß, schwärmte
Hilfsredakteur Konrad Heiden aus und trug Informationen über
die nationalsozialistische Bewegung zusammen. Es gab genug zu
berichten. Später nutzte er die Artikel, angereichert mit zusätzlichen Rechercheergebnissen, für seine Bücher, die in Wahrheit ein
einziges waren: die immer wieder ergänzte Fortsetzungsgeschich-
te über den Aufstieg Adolf Hitlers zur Macht.

Und der ließ keinen Anlass aus, sich und seine Partei in der Öffentlichkeit zu präsentieren. Konrad Heiden folgte ihm auf Schritt
und Tritt.

Konrad Heiden mit seinem Mentor Otto Groth

Am 22. August 1923 berichtete Groth in der *Frankfurter Zeitung* über Hitlers Auftritt im Circus Krone. Tatsächlich scheint der Artikel aber schon vom Jungredakteur Konrad Heiden zu stammen, darauf deutet jedenfalls die Diktion hin.

«Was wird Hitler tun?, das ist, so behauptet der Völkische Beobachter, die Frage, die in München und in ganz Bayern ertönt», heißt es einleitend in dem Artikel. «Gestern hat er im Circus Krone wieder seine alten Schimpfereien über die Reichsregierung, wie sie auch heißen mag, über ihre Judenknechtschaft und über den abgewirtschafteten Parlamentarismus hinausgeschrien. Seinen Anhängern genügt das zur Begeisterung. Das Organ der Nationalsozialisten aber beantwortet die Frage damit, daß die Frage überhaupt nicht zu beantworten sei; denn die politische Weltlage könne schon nach wenigen Monaten eine andere sein als heute. Für jeden Fall bedürfe man einer rücksichtslosen Diktatur. Also die rücksichtslose Diktatur muß her, was sie tun soll und wer sie bilden soll, das weiß man nicht, nur rücksichtslos muß sie sein. Das ist nationalsozialistische Rettungspolitik.»

Es ist der erste erkennbare journalistische Fingerabdruck des damals 22-jährigen Konrad Heiden.

Der junge Journalist, immer noch Student, sah offenbar, dass er hier das Thema seines Lebens gefunden hatte. Oder umgekehrt: Er war nicht ein Journalist, der sich ein Thema suchte – das Thema hatte sich seinen Chronisten gesucht.

Heiden tauchte ein in die Ränkespiele innerhalb der nationalsozialistischen Bewegung. Wer die Informanten waren, lässt sich aufgrund seiner detaillierten Schilderungen aus dem Innenleben der «Bewegung» nur erahnen.

Unterdessen war es mit der deutschen Wirtschaft immer weiter bergab gegangen. Der Hauptgrund: Im Januar 1923 war der «Ruhrkampf» ausgebrochen. Deutschland hatte die im Versailler Vertrag verordneten Materiallieferungen nicht pünktlich geleistet, und so ergriff Frankreich die Gelegenheit, das Ruhrgebiet mit bis zu 100 000 Soldaten militärisch zu besetzen. Das Reich rief zum ‹passiven Widerstand› auf; keine Hand rührte sich mehr im Ruhrgebiet, die Bahnen, die Fabriken und die Kohlenzechen standen still.

Heiden schilderte die Situation in dramatischen Farben: «Jetzt, nach Ausbruch des Ruhrkrieges, speit die Notenpresse Tag und Nacht die Millionenscheine; immer tiefer rutscht die Mark, aus den Millionen werden Milliarden, und im November 1923 ist eine Goldmark eine Billion Papiermark; mit rotem Stempel wird auf die Milliardenscheine das Wort Billion schräg überdruckt, denn die Notenpresse kommt dem rasenden Währungssturz nicht mehr nach.

Wer Lohn oder Gehalt empfängt, kann sich für den am Samstag ausgezahlten Verdienst einer Woche am Montag vielleicht nur noch ein paar Schuhriemen kaufen; bald werden die Gehälter täglich ausgezahlt, um mit der Geldentwertung im Schritt zu bleiben. Hitler aber ruft immer wieder in die Massen, daß die jüdische Börsendiktatur das Volk ausplündert und nur die Brechung der Zinsknechtschaft Rettung bringt. Wie sollen die Verkäuferinnen, die Dienstmädchen, die alten Mütterchen, die alten Rentner und Sparer ihm nicht glauben?»

Vor allem die Angehörigen der früheren Mittelklasse, des Bürgertums, litten unter dem Verlust von Geld und Status. Die Demokratie empfanden sie anfangs als lachhaft und später als Bedrohung. Das erlebte Konrad Heiden hautnah mit, als er eines Tages zu den Eltern eines Mädchens eingeladen wurde, mit dem er seit einiger Zeit befreundet war. Lisas Familie lebte in einer Straße, die keinesfalls mehr als standesgemäß betrachtet werden konnte. Heiden erinnerte sich daran, als er nach dem Krieg zum ersten Mal nach Deutschland zurückkehrte. «Es begann mit Lachsalven und endete unter Tränen», notierte er damals auf Englisch. «Ich hatte einige Erlebnisse mit der Sippschaft eines blonden Mädchens, das ich fast geheiratet hätte. Die äußeren Umstände der Angelegenheit waren so anachronistisch, daß es einem das Herz brechen konnte.»

Die Bühne dieser bürgerlichen Tragikomödie war eine Zehn-Zimmer-Wohnung, von der man nur vier Zimmer benutzen konnte, im dritten Stock und damit «drei Jahrzehnte über den Gehwegen», die voll von schreienden Kindern waren. Im Treppenhaus verstreut standen Fahrräder und Kinderroller, und wenn man endlich die Wohnung erreicht hatte, brach man sich fast die Knochen an Stühlen, Sesseln, Tischen und Teppichen, die aussahen wie Museumsstücke aus einer untergegangenen Epoche des Wohlstands.

Die ganze Szenerie kam Konrad Heiden vor wie ein arabisches Nachtschloss in der Wüste, das von kreischenden Geistern bewohnt wurde. Und er selbst war ein fremder Vogel unter den Bewohnern.

«Es schien, als würden wir über Politik reden, aber in Wirklichkeit sprachen wir über meine eigene Fremdartigkeit», erinnerte sich Heiden fast dreißig Jahre später.

«Das Mädchen mit der geraden Nase, das ich fast geheiratet hätte, wurde nicht Frau Heiden, weil sie und ihre Familie mich eines Nachmittags unerwartet zu sich eingeladen hatten und meinten, mir ein paar Witze nebst den dazugehörenden Anschauungen erzählen zu müssen. Das war ein guter Weg, mich über meine eigenen Bücherweisheiten aufzuklären.»

In irgendeiner Zeitschrift hatte gestanden, dass die Ehefrau des damaligen Reichspräsidenten Friedrich Ebert – oder sogar er selbst – auf einem offiziellen Empfang mit der Zunge die Mayonnaise vom Messer geleckt hatte, was zweifellos nicht standesgemäß war.

Luise Ebert stammte aus ärmlichen Verhältnissen. Ihr Vater war Arbeiter, und vor ihrer Heirat war sie als Hausgehilfin tätig gewesen. Die Auffassung, dass solche Leute wie sie und ihr Ehemann nicht das Deutsche Reich repräsentieren konnten, war in bürgerlichen Kreisen, wie sehr diese auch selbst heruntergekommen waren, weit verbreitet. Man machte gern Witze über den Arbeiterpräsidenten und seine «Köksch».

Lisas Vater war einst ein «brüllender Löwe» gewesen, der mehr Aufmerksamkeit gewohnt war, als ihm inzwischen zuteilwurde. Jetzt ließ er eine Lehrstunde über Tatsachen und Segnungen zur Beherrschung der Massen ab.

«Es waren die üblichen Weisheiten von Wirtschaftsführern», erinnerte sich Heiden. «Mit seinem kahlen eiförmigen Schädel und dem fetten Gesicht war er ein typischer Vertreter jener degradierten ehemaligen Führungsschicht, die darauf bestand, daß die ärmeren Schichten der Bevölkerung herumgeschubst werden wollen, dumm, wie sie nun mal sind.» Lisas Vater sagte herablassend: «Sie verachten einen Präsidenten, der aus ihrer eigenen Klasse kommt, noch mehr als wir, mein Junge. Der Arbeiter ist nur glücklich, wenn er klare Anweisungen bekommt.»

Lisa, «in der Pose einer Prinzessin auf Besuch», runzelte die ganze Zeit hindurch ihre Stirn. Sie arbeitete als Stenotypistin in einem Verlagshaus. Zu Heidens grenzenloser Überraschung ließ sie mit ihrer glockenhellen, bezaubernden Stimme die Erfahrungen anklingen, die sie selbst mit ihrem Abstieg in die Tiefen des Bürolebens gemacht hatte. Ihr Vater habe recht, denn kleine Leute würden nichts so sehr hassen wie kleine Leute.

«Diese Überheblichkeit war älter als die Schloßruinen auf deutschen Bergen», empörte sich Heiden. «Der zungenfertige Zorn einer höheren Klasse, Arroganz noch im Abstieg, als sei ihre Welt nie untergegangen, richtete sich gegen die aufstrebenden Massen, die von der Geschichte nach oben gespült wurden. Dabei waren deutsche Arbeiter die ersten, die lauthals über Witze gelacht hatten, die über ihre Führer kursierten.»

Doch Lisa war ganz der Meinung ihres Vaters. «Diese Leute verdienen nichts anderes als die Peitsche, sie sind gemeine Biester ohne Hirn, gemein, gemein. Man kann sie nicht mit Samthandschuhen regieren», schluchzte sie. Heiden sarkastisch: «Diese engelhafte junge Gestalt, die noch niemals gefragt worden war, ob sie irgendjemanden regieren wollte. Aber mit dem Instinkt von hundert Generationen an Vorfahren wiederholte sie: ‹Sie brauchen die Peitsche, und sie wissen es.›»

Heiden traf sie noch einmal und dann nie wieder.

Im August 1923 wurde die Reichsregierung Cuno, «die Regierung des Ruhrkrieges», wie Heiden sie später nannte, gestürzt. Der Ruhrkampf war fürs Erste verloren. Am 24. September 1923 brach die Reichsregierung den offenen Widerstand gegen die französische Besatzung ab. Erst im Sommer 1925 zogen sich, auf Druck Englands und der USA, die Franzosen komplett zurück.

Unterdessen hatte sich die Inflation immer weiter aufgeheizt. Die Währung fraß sich im Wahnsinnsrhythmus der rasenden Entwertung selber auf, und die Republik insgesamt zeigte bedrohliche Zerfallstendenzen.

In aller Eile wurde eine neue Reichsregierung unter Führung von Gustav Stresemann gebildet, dem Vorsitzenden der rechts stehenden Deutschen Volkspartei (DVP); ein Demokrat gleichwohl, der später, von 1924 bis zu seinem Tod 1929, in unterschiedlichen Kabinetten Reichsaußenminister war. Ihm gelang es, die chaotische Situation der Jahre 1923/24 insgesamt zu beruhigen und zu stabilisieren. Seine Jahre als Außenminister gelten bis heute als die vergleichsweise «goldenen» der sonst so ungeliebten Weimarer Republik.

Nach einigen Tagen auffallender Stille war Hitler Anfang September 1923 wieder in der Öffentlichkeit erschienen. Die verschiedenen vaterländischen Verbände veranstalteten am 2. September einen großen Aufmarsch in Nürnberg; es war der Jahrestag der Schlacht bei Sedan, der später als Datum der nationalsozialistischen Parteitage beibehalten wurde. Die Tagung beherrschte General Ludendorff, der Feldherr des Weltkrieges und Abgott der patriotischen Jugend. Heiden war im Auftrag der *Frankfurter Zeitung* offenbar am Ort des Geschehens:

«Ludendorff greift von diesem Tage ab wieder aktiv in die deutsche Politik ein. Finster steht Hitler neben dem General, ohne eine rechte Rolle spielen zu können. Die Hunderttausend freilich, die an ihm vorbeimarschieren, glauben ein Bündnis Hitler-Ludendorff zu sehen. Aber die Entwicklung arbeitet jetzt für Hitler.»

Am nächsten Tag traten «in höchster Erregung», wie Heiden notierte, in München die Führer des sogenannten Deutschen Kampfbundes zusammen; diesem, am 2. September in Nürnberg geschlossenen Kartell gehörte auch die NSDAP an. «Die Zusammenkunft ist von Röhm vorbereitet, ihr Programm von Röhm entworfen, das Ziel von Röhm festgelegt. Nun tritt Hitler in Szene. Er ist wirklich ein großer Redner. Volle zweieinhalb Stunden spricht er auf die Kameraden ein und bittet sie schließlich alle, ihn zu ihrem politischen Führer zu wählen.»

Da sprangen auch die Führer der übrigen im Kampfbund vereinigten Gruppen auf und streckten ihm, «Tränen in den Augen, die Hand hin; auch Röhm weint». Damit war Hitler politischer Führer des deutschen Kampfbundes: «Gestern noch der Redner einer Lärmpartei, heute Herr der stärksten Wehrverbände in Bayern». Es war ein Ereignis mit Folgen.

Am 3. September 1923 berichteten Groth und Heiden über den «Deutschen Tag» in Nürnberg, den die Schwarz-Weiß-Rote Richtung der Nationalen Verbände, vor allem die Nationalsozialisten und die Reichsflagge, «als ihren Tag betrachteten». Das zeige ihr «wild lärmendes und arrogantes Benehmen, das deutlich das Selbstbewußtsein dieser Leute» verrate, als ob sie «die wahrhaft nationale Blüte, die Kraft und die Rettung Deutschlands» bedeuteten. «In Banden zogen sie Samstag nacht und den ganzen Sonntag mit ihren Fahnen, Liedern und Heil-Rufen brüllend durch die Straßen der Stadt, um zu zeigen, daß sie die Herren der Straße seien.»

Drei Tage später schrieb die *Frankfurter Zeitung* über «Hitlers Gewaltpredigt in Nürnberg»: «Da donnerte er, daß wie die äußeren Zustände, so auch die inneren nur mit Gewalt geändert werden könnten. Vor den schwersten Blutopfern dürfe man nicht zurückschrecken. Wer diese Politik nicht mitmachen wolle, der müsse mit Gewalt niedergeschlagen werden.»

Groth und sein Co-Autor Heiden stellten fest: «Das darf ungehindert in Bayern von rechtsradikaler Seite gepredigt werden. Bei Veranstaltungen, die unter dem Protektorat und mit offizieller Beteiligung amtlicher bayrischer Stellen abgehalten werden.»

Am 26. September verhängte die bayerische Regierung, die einen Putsch Hitlers befürchtete, den Ausnahmezustand und setzte praktisch einen Diktator über das Land ein, den Generalstaatskommissar Dr. von Kahr. Der, ehemals Ministerpräsident, sollte «die Gemüter von Hitler ablenken und ihm notfalls mit Gewalt entgegentreten».

Kahr verbot vierzehn große Versammlungen, die Hitler an einem Abend gleichzeitig in München abhalten wollte.

Durch ähnliche Kunststücke, mit einem Schlage mehrere Säle zu füllen und dann im Wagen von Saal zu Saal zu fahren, hatte Hitler schon öfter die Öffentlichkeit verblüfft. Hitler war nun ungeheuer erregt, dass er nicht reden durfte: «Vierzehn Versammlungen», schrie er, «wegen vierzehn Versammlungen geraten die Herrschaften schon in Aufregung! Was werden die erst sagen, wenn wir einmal die ersten vierzehnhundert, nein, die ersten vierzehntausend an die Laternenpfähle hängen!»

Hitler sah ganz große Gelegenheiten heranreifen, glaubte Heiden. «Wenn die bayerischen Machthaber Kahr, Lossow und Seißer Mut haben, kann von Bayern aus die Militärrevolution beginnen.»

Generalleutnant Lossow hielt dagegen. Ob Hitler sich einbilde, dass die Generäle in Preußen mit den bayerischen Rebellen gemeinsame Sache machen würden?

Doch Hitler hatte ein völlig sicheres Rezept: Man musste nur Ludendorff an die Spitze stellen. Ihm läge die Reichswehr zu Füßen.

Am Straßenrand der Geschichte

DIE MEISTEN DETAILS über die Vorbereitung der Posse des Hitler-Putsches erfuhr Konrad Heiden erst nach dessen Scheitern, als er für die *Frankfurter Zeitung* praktisch jeden Tag im Prozess saß. Er konnte stenographieren, und so schrieb er oft Wort für Wort mit, was sich vor Gericht abspielte. Er hatte einen Sinn für Details. «Der Zufall bot für den Überfall eine wunderbare Gelegenheit. Herr von Kahr hielt am Abend des 8. November 1923 eine große Programmrede im Bürgerbräukeller, einem etwa 3000 Personen fassenden Saal in einer östlichen Vorstadt Münchens. Die sogenannte Programmrede, deren Text erhalten ist, obwohl sie gar nicht gehalten wurde, war eine Sammlung allgemeiner Phrasen und keineswegs ein Signal zum Losschlagen. Die Versammelten waren harmlose Bürger und keine Revolutionäre. Gerade darum hoffte Hitler, mit den paar hundert Bewaffneten, die er in der Eile für den Abend zusammenbrachte, gegen die Versammlung leichtes Spiel zu haben.»

Hitler zog an diesem Tag seinen besten Anzug an, einen langen Gehrock, heftete das Eiserne Kreuz darauf und rief den Organisator der Veranstaltung an, er möge doch mit dem Versammlungsbeginn bis zu seiner Ankunft warten. Er gedachte, Kahr vor seiner Rede hinauszubitten, ihm den von der SA eingekreisten Bürgerbräukeller zu zeigen und sodann den Ausbruch der nationalen Revolution mitzuteilen.

Kahr, so meinte er, würde sich ins Unvermeidliche fügen.

Doch der war indigniert: «Für Herrn Hitler wird sich noch ein Platz finden. Wir können seinetwegen nicht dreitausend Leute warten lassen.» Und er begann seine Rede.

Heiden rekonstruierte die Abläufe im Nachhinein. Im Bürgerbräukeller habe Hitler sich zunächst wenig beachtet im Saal herumgedrückt; es gelang ihm nicht, sich zu Kahr durchzuwängen. Auch die Vorhalle war schwarz von Menschen, der Eingang von Hunderten belagert – und hier sollten die Sturmtruppen durchbrechen? Das musste eine Panik mit Toten geben. «In dieser Not verfiel Hitler auf einen Streich, würdig des Hauptmanns von Köpenick», schrieb Heiden. Er, der Zivilist im schwarzen Rock, ging zu dem diensttuenden Polizeibeamten und befahl ihm, Vorhalle und Straße zu räumen, weil sonst im Saal Unruhe entstehen könnte.

«Und siehe, der Beamte klappte die Hacken zusammen und ließ räumen. Die Polizei hat auf Hitlers Befehl den Weg für Hitlers Putsch frei gemacht.» Der Gehorsamsreflex aus Kaisers Zeiten funktionierte immer noch.

Als Kahr etwa eine halbe Stunde gesprochen hatte, trafen die Sturmabteilungen vor dem Lokal ein. Ohne jeden Widerstand besetzten Hitlers Braunhemden die von der Polizei so sorgfältig geräumte Vorhalle und brachten ein paar Maschinengewehre in Stellung. «Drinnen spricht Kahr, der Diktator», schrieb Heiden, «drinnen sind dreitausend ahnungslos; draußen bilden sechshundert Sperrketten. Das Ganze ist ein Werk von drei Minuten. In diesen drei Minuten wird Geschichte geschrieben. Diese drei Minuten machen Hitler aus einer Münchner Sehenswürdigkeit zu einer weltpolitischen Figur.»

Inzwischen, es war etwa dreiviertel neun Uhr am Abend, hatte Hitler mit seinen Bewaffneten geräuschvoll den Saal betreten. Mit einer Pistole in der Hand stürmte er in Richtung Podium, wo Kahr stand.

«Wie ein Augenzeuge später vor Gericht sagte, machte er den Eindruck eines völlig Irrsinnigen. Seine Leute postierten am Saaleingang ein Maschinengewehr.

Hitler selbst sprang, seiner Sinne kaum noch mächtig, auf einen Stuhl, feuerte einen Pistolenschuß zur Decke, sprang wieder herab und stürmte weiter durch den plötzlich totenstill gewordenen Saal nach dem Podium. Ein pflichttreuer Polizeimajor trat ihm entgegen, die Hand in der Tasche. Hitler fürchtete eine versteckte Schußwaffe, setzte dem Major blitzschnell die Pistole auf die Stirn und schrie wie im Kriminalroman: ‹Hände aus den Taschen!›

Ein anderer Beamter griff rasch von der Seite zu und riß Hitlers Arm weg.»

Als Heiden das schrieb, wusste er auch, was aus dem Polizeimajor geworden war: Zehn Jahre später wurde er im Konzentrationslager Dachau ermordet.

Hitler stieg jetzt auf das Podium, auf dem Herr von Kahr, blass und verwirrt, einige Schritte zurückgetreten war, und schrie: «Die nationale Revolution ist ausgebrochen. Der Saal ist von sechshundert Schwerbewaffneten besetzt. Niemand darf den Saal verlassen. Wenn nicht sofort Ruhe ist, werde ich ein Maschinengewehr auf die Galerie stellen lassen. Die Kasernen der Reichswehr und Landespolizei sind besetzt – Reichswehr und Landespolizei rücken bereits unter den Hakenkreuzfahnen heran.»

Dann rief er Kahr, dem Münchner Reichswehrführer Generalleutnant Lossow und dem Chef der bayerischen Landespolizei Oberst Hans Ritter von Seißer, die in der Nähe saßen, in gebieterischem Tone zu, sie sollten ihm folgen. Mit Hilfe einer SA-Eskorte brachte Hitler die drei Machthaber Bayerns aus dem Saal. Lossow konnte Seißer nur zuflüstern: «Komödie spielen!» Seißer gab die Worte an Kahr weiter.

«Unter diesem Geflüster», so Heiden, «verschwanden sie nach draußen. Der Saal begann wieder aufzubrausen. Die abscheuliche

Pistolenszene hatte die ganze Versammlung gegen Hitler aufgebracht. Die Stimmung wurde so bedrohlich, daß Göring aufs Podium stieg und mit Donnerstimme versicherte, der Anschlag solle kein feindseliger Akt sein, sondern der Beginn der nationalen Erhebung. Die bayerische und die Reichsregierung seien abgesetzt, eine neue Regierung werde jetzt da draußen gebildet.

Er schloss: ‹Im übrigen können Sie zufrieden sein, Sie haben ja hier Ihr Bier!›»

Heiden weiter: «Inzwischen begann Hitler in einem Nebenzimmer die Verhandlungen mit den Worten: ‹Niemand verläßt lebend das Zimmer ohne meine Erlaubnis!› Dann redete er auf die kalt Abgeschreckten glühend los: ‹Meine Herren, die Reichsregierung ist bereits gebildet, und die bayrische Regierung ist abgesetzt. Bayern wird das Sprungbrett für die Reichsregierung.›»

Als Hitler keine Antwort bekam, hob er die Pistole und rief leidenschaftlich: «Ich weiß, daß den Herren das schwerfällt. Der Schritt muß aber gemacht werden. Ich will den Herren ja nur erleichtern, den Absprung zu finden, jeder von Ihnen muß den Platz einnehmen, auf den er gestellt wird; tut er das nicht, so hat er keine Daseinsberechtigung!»

«Als die drei in finsterem Schweigen verharrten», berichtete Heiden, «fingen seine Nerven an zu zappeln.» Und er versuchte es mit einem ultimativen Appell:

«Sie müssen, verstehen Sie, Sie müssen einfach mit mir kämpfen, mit mir siegen oder mit mir sterben, wenn die Sache schiefgeht. Vier Schuß habe ich in meiner Pistole, drei für meine Mitarbeiter, wenn sie mich verlassen, die letzte Kugel für mich.»

Er setzte sich die Pistole an die Schläfe und sprach feierlich: «Wenn ich nicht morgen nachmittag Sieger bin, bin ich ein toter Mann.»

Konrad Heiden rekonstruierte Szene für Szene aus den Ermittlungsakten, aus den Vernehmungen während des Prozesses und aus Gesprächen mit Zeugen. Eine politische Theateraufführung, die Heiden an klassische Vorbilder erinnerte: «Es war eine wahre Römerrede. So sagt der edle Brutus bei Shakespeare: ‹Wie ich meinen besten Freund für das Wohl Roms erschlug, so habe ich denselben Dolch für mich selbst, wenn es dem Vaterlande gefällt, meinen Tod zu bedürfen.› Diese Worte sind die Erfindung eines Dichters; die Reden Hitlers dagegen sind durch beschworene Zeugenaussagen vor Gericht und teilweise durch das Geständnis des Sprechers selbst belegt.

Herr von Kahr war der Situation gewachsen. Er faßte Hitlers Drohung als richtiggehenden Mordanschlag auf und sagte das Anständigste, was in diesem Augenblick gesagt werden konnte: ‹Herr Hitler, Sie können mich totschießen lassen, Sie können mich selber totschießen. Aber sterben oder nicht sterben ist für mich bedeutungslos.› Er wollte sich nicht durch die Drohung mit der Kugel einen politischen Entschluß abzwingen lassen.

Angesichts dieses taktischen Mißerfolgs versagten Hitlers Nerven einen Augenblick lang. Das Ergebnis war eine subalterne Taktlosigkeit. Während Kahr vom Sterben und Nichtsterben sprach, brüllte er plötzlich seinen Begleiter Graf an: ‹Maßkrug her!› Er hat später erklärt, er sei durstig gewesen, und in einem Bierkeller trinke man eben Bier. Graf selbst schildert die Szene als Zeuge vor Gericht indirekt: ‹Hitler hatte mich um Bier geschickt. Ich habe einen Maßkrug geholt, weil es keine Halbekrügeln gab. Infolge der Gasvergiftung muß Hitler, wenn er länger spricht, öfter trinken; er trinkt übrigens fast nichts.›»

Als er mit den dreien nicht weiterkam, kehrte Hitler in den Saal zurück und hielt dort eine «kurze, meisterhafte» Rede. Er wendete, wie ein Zeuge sagte, die Stimmung der anfangs feindseligen Versammlung «wie einen Handschuh um». Heiden schrieb: «Knapp und kurz begann er: ‹Das Kabinett Knilling (die bayerische Regierung, d. Verf.) ist abgesetzt. Die Regierung der Novemberver-

brecher in Berlin wird für abgesetzt erklärt. Ebert (der sozialdemokratische Reichspräsident, d. Verf.) wird für abgesetzt erklärt. Eine
neue deutsche nationale Regierung wird in Bayern, hier in München, heute noch ernannt. Es wird sofort gebildet eine deutsche
nationale Armee.›

Schlag auf Schlag, Tatsache auf Tatsache, im befehlenden Ton.
Aber dann wurde er plötzlich geschmeidig, und jeder Satz begann
nun mit den Worten: ‹Ich schlage vor.› Also: ‹Ich schlage vor: eine
bayrische Regierung wird gebildet aus einem Landesverweser und
einem mit diktatorischen Vollmachten ausgestatteten Ministerpräsidenten. Ich schlage als Landesverweser Herrn von Kahr vor,
als Ministerpräsidenten Pöhner. Ich schlage vor: bis zum Ende der
Abrechnung mit den Verbrechern, die heute Deutschland zugrun-
de richten, übernehme die Leitung der Politik der provisorischen
nationalen Regierung ich. Exzellenz Ludendorff übernimmt die
Leitung der deutschen nationalen Armee. General von Lossow wird
deutscher Reichswehrminister, Oberst von Seißer wird deutscher
Reichspolizeiminister. Die Aufgabe der provisorischen deutschen
nationalen Regierung ist, mit der ganzen Kraft dieses Landes und
der herbeigezogenen Kraft aller deutschen Gaue den Vormarsch
anzutreten in das Sündenbabel Berlin, das deutsche Volk zu retten.
Ich frage Sie nun: draußen sind drei Männer: Kahr, Lossow und Seißer. Bitter schwer fiel ihnen der Entschluß. Sind Sie einverstanden
mit dieser Lösung der deutschen Frage? Sie sehen, was uns führt,
ist nicht Eigendünkel und Eigennutz, sondern den Kampf wollen
wir aufnehmen in zwölfter Stunde für unser deutsches Vaterland.
Aufbauen wollen wir einen Bundesstaat föderativer Art, in dem
Bayern das erhält, was ihm gebührt. Der Morgen findet entweder
in Deutschland eine deutsche nationale Regierung oder uns tot!›»

Heiden erkannte die Strategie, die dahinterstand, er hatte Hitler
schon lange genug studiert: «Es war eine echt Hitlersche Rede, voll
redlicher Leidenschaft und doch mit einem unangenehmen Trick.

Er machte den Hörern nämlich, der Wahrheit zuwider, vor, daß die drei Männer bereits mit ihm einig seien. Das war eine Erlösung für die Versammlung, die plötzlich von der Ablehnung zum Jubel überging. Die Frucht einer glänzenden Strategie auf der inneren Linie, die Hitler befolgt hatte. Er hatte die Versammlung und die drei Diktatoren voneinander getrennt und beherrschte selbst ausschließlich die Kommunikationslinien; so konnte er die einen über die Stimmung der anderen irreführen.

Jedenfalls konnte er wieder in das Nebenzimmer zurückgehen und dem niedergedrückten Kahr mitteilen, man würde ihn draußen vor Begeisterung auf die Schultern heben.»

Mit dem Namen seines Königs auf den Lippen ging der bayerische Diktator von Kahr in den fiebernden Saal zurück. Er betrat ihn mit starrer Miene – die maskenhafte Unbeweglichkeit seines Gesichts ist vielen aufgefallen. Ludendorff war totenbleich; wie vom Tode gezeichnet, fand ihn ein Beobachter.

Nur Hitler war fröhlich, nach Aussage des gleichen Zeugen vergnügt wie ein Kind – «leuchtend vor Freude, selig, daß es ihm gelungen war; es war ein kindlicher, offener Ausdruck von Freude, den ich nie vergessen werde».

Er war der einzig Vergnügte von allen und sagte: «Ich will jetzt erfüllen, was ich mir heute vor fünf Jahren als blinder Krüppel im Lazarett gelobte: nicht zu ruhen und zu rasten, bis die Novemberverbrecher zu Boden geworfen sind, bis auf den Trümmern des heutigen jammervollen Deutschland wieder auferstanden sein wird ein Deutschland der Macht und der Größe, der Freiheit und der Herrlichkeit. Amen!»

Hitler ergriff der Reihe nach die anderen Männer bei den Händen und schüttelte sie jedes Mal lange und eindringlich; dabei sah er ihnen starr in die Augen; verschiedene Zeugen berichteten von Tränen. Zu Kahr sagte Hitler: «Exzellenz, ich werde treu hinter Ihnen stehen wie ein Hund!»

Noch in derselben Nacht telefonierte der Polizeioberst von Seißer mit seiner Frau und sagte ergrimmt: «Mich haben sie zum Reichspolizeiminister gemacht. Eine Verrücktheit – so etwas gibt's doch gar nicht!»

Heiden prophezeite: «Hitler bedeutet in jeder Form den Untergang dieser verwehenden Schicht von Reserveoffizieren und Korpsstudenten. Er stellt, der Halbprolet, durch seinen Aufstieg ihre gesellschaftliche Hierarchie auf den Kopf, zerstört die Sicherheit ihres Eigentums und macht ihre Ehrenwörter lächerlich, indem er sie rücksichtslos als Mittel benutzte, um seinen Prozeß gegen die bürgerliche Gesellschaft zu gewinnen. Aber diesmal fand er Gegenspieler, die auf Wortbruch mit Wortbruch antworteten und das Spiel gewannen.»

Kurz nach der großen Einigungsszene im Saal kam die Nachricht, dass in einer Kaserne Reichswehrsoldaten eine Abteilung der Aufrührer entwaffnet hätten.

Hitler fuhr zur Kaserne hinaus, um Ordnung zu schaffen. Währenddessen verließen die von ihm ernannten Mitdiktatoren den Schauplatz.

«Hitler kam zurück und fand die Vögel ausgeflogen», berichtete Heiden. «Gebrochen sank er auf einen Stuhl.» Es kam zu einer stummen Szene zwischen ihm und Ludendorff. Der Feldherr des Weltkrieges war der Einzige, der die Ehrenwörter dieses Abends ernst nahm.

Inzwischen war außerhalb Bayerns etwas geschehen, wovor der ganze Spuk aus dem Bürgerbräu zerstob. Es wurde nämlich bekannt, dass der Reichspräsident Ebert dem General von Seeckt die ganze vollziehende Gewalt im Reich übertragen hatte. Seeckt ließ in München telegraphisch wissen, dass er den Putsch niederschlagen lassen werde. «Hitlers Handstreich», so Heiden, «machte den Eindruck einer besoffenen Geschichte.» Wütende Generäle beherrschten die Lage: «In der Nacht zum 9. November ging Hitler durch ein Dampfbad von Jubel, Verzweiflung, Trotz und Hoffnung. ‹Nun wird eine bessere Zeit kommen›, sagte er glückstrahlend zu Röhm und umarmte den Freund; ‹wir alle wollen Tag und Nacht arbeiten für das große Ziel, Deutschland aus Not und Schmach zu retten.› Eine Stunde später meinte er finster, wenn man durchkomme, sei es gut, wenn nicht, müsse man sich aufhängen.»

Am nächsten Vormittag um elf Uhr traten Hitler und Ludendorff mit mehreren tausend Leuten ihren «Erkundungsmarsch» in die Stadt an. Man trug Gewehre über der Schulter, zum Teil mit aufgepflanztem Bajonett; hinter den ersten Reihen fuhr ein Auto mit Maschinengewehren. Der Plan des Zuges war in erster Linie, die Stadt moralisch zu erobern. Doch an den Häuserwänden klebten Plakate, die Hitler und den Seinen gar nicht gefallen konnten:

Trug und Wortbruch ehrgeiziger Gesellen haben aus einer Kundgebung für nationales Wiedererwachen eine Szene widerwärtiger Vergewaltigung gemacht. Die mir, General von Lossow und Oberst Seißer mit vorgehaltenem Revolver abgepreßten Erklärungen sind null und nichtig. Die Nationalsozialistische Deutsche Arbeiterpartei sowie die Kampfverbände ‹Oberland› und ‹Reichsflagge› sind aufgelöst.   *von Kahr, Generalstaatskommissar.*

An der Spitze des Zuges gingen Hitler und Ludendorff, in der zweiten Reihe Göring.

Auch der junge Journalist Konrad Heiden war dabei und beobachtete vom Straßenrand aus, was sich abspielte. «Ich war am 9. November 1923 ein Zeitungsmann. Ich sah Hitler mit dreitausend Anhängern durch die Straßen paradieren. Als ein paar Gewehre abgeschossen wurden, schlug er lang auf den Bauch hin und machte sich dann in eine Seitenstraße davon. Und ich sah, wie seine Anhänger davonliefen.»

Heiden folgerte daraus: «Hitler kann gestoppt werden, wenn

Leute genügend Mut haben, bis zum bitteren Ende gegen ihn zu kämpfen.»

Zwischenzeitlich war der Zug an der Isarbrücke auf Sperrketten der Landespolizei getroffen. Die senkten die Gewehrläufe nicht. Heiden rekonstruierte aus den Aussagen der Zeugen vor Gericht, was sich danach abspielte: «Da trat Göring aus den Reihen nach vorn, legte die Hand an die Mütze und sagte: ‹Der erste Tote oder Verwundete auf unserer Seite bedeutet Erschießung sämtlicher Geiseln, die wir in Händen haben.›

So berichtet der Oberleutnant der Landespolizei von Hengl; Hitlers Begleiter Ulrich Graf hat den Ausspruch so im Gedächtnis: ‹Sobald die ersten Leute da drüben auf dem Pflaster liegen, werden die Geiseln, die wir haben, sämtlich erschossen.›

Die Polizisten schossen nicht. Im Nu waren sie entwaffnet, bespuckt und geohrfeigt. Der Zug marschierte dann durch die innere Stadt.

Ludendorff führte die Truppe der Aufrührer, wie er später angab, ohne bestimmten Plan; nur die allgemeine Richtung schwebte ihm vor. Auch die siegreiche Schlacht bei Tannenberg Ende August 1914 gegen eine Übermacht russischer Verbände, so meinte er, habe er zuerst geschlagen und sich nachträglich die strategischen Gründe zurechtgelegt.»

So kam der Zug nach einigem planlosen Schwenken durch die enge Residenzstraße an die Stelle, wo sie zwischen der Feldherrnhalle und der Residenz auf den weiten Odeonsplatz mündet. Dort stand eine weitere Sperrkette Landespolizei, zahlenmäßig den Heranmarschierenden bei weitem unterlegen. Wie es zur anschließenden Schießerei kam, wurde später zur Streitfrage aller Beteiligten.

Hitler schritt zwischen Ludendorff und Max Erwin von Scheubner – Richter, Diplomat und «außenpolitischer Berater» Hitlers, dessen Arm er untergefasst hatte.

Heidens Rekonstruktion nach dem Prozess offenbarte eine
martialische Szenerie: «In der rechten Hand hielt er eine Pistole
und rief, unmittelbar vor dem Schießen, den Polizisten zu: ‹Ergebt
euch!› In diesem Augenblick … Aber hier sollen die Augenzeugen
sprechen.

Der Zeuge Friedrich, der den Zug als Zuschauer begleitete, sah
folgendes: ‹Hitler trug in der rechten Hand eine Pistole offen und
schußbereit. Ein Nationalsozialist, der in der Hand ebenfalls eine
schußbereite Pistole trug, sprang aus der Umgebung Hitlers vor den
Zug, ging zu einem Beamten der Landespolizei und sprach kurz mit
ihm. In diesem Augenblick fiel ein Schuß. Da dieser Nationalsozialist und Hitler eine Pistole schußbereit in der Hand trugen, nehme
ich an, daß der erste Schuß entweder von Hitler oder von dem vor-
gesprungenen Nationalsozialisten abgegeben wurde.›»

Nun rollten die Salven von beiden Seiten. Als Erster auf der Seite des Kampfbundes wurde Scheubner-Richter tödlich getroffen;
stürzend renkte er Hitlers Arm aus. Auch Hitler lag auf der Erde.
Ludendorff ging zwischen den Gewehrläufen hindurch auf den
Odeonsplatz. Heiden schrieb: «Wären ihm fünfzig, vielleicht nur
fünfundzwanzig Mann gefolgt: der Tag hätte anders geendet.» Bei
seiner Verhaftung erklärte Ludendorff, ungeheuer erregt, er kenne
von diesem Tage ab keine deutschen Offiziere mehr und werde
keine Offiziersuniform mehr tragen.

«Der Feuerhagel hatte in der engen Straße entsetzlich gewirkt. Vierzehn Tote lagen auf dem Pflaster. Unter ihnen war auch
Scheubner-Richter. Und dann schweigt das Feuer. Da erhebt sich
ein Mann.»

Übereinstimmend, so Heiden, hätten Zeugen später vor Gericht
erklärt, dass Hitler als Erster aufstand, nach rückwärts lief und da-
vonfuhr, während Hunderte seiner Kameraden noch auf der Erde
lagen: «Der Kampf war nicht entschieden. Da verließ der Führer
als erster das Schlachtfeld und gab das Zeichen zur Flucht.»

Heiden (rechts hinten) mit Freunden und Kollegen,
in der Hand eine «Frankfurter Zeitung»

Konrad Heidens Resümee dieses ebenso blutigen wie halb ope-
rettenhaften «Hitler-Putsches» lautete: «Gutes Spiel und schlechte Arbeit». Für die NSDAP sei der blutige Tag trotz allem ein Segen
gewesen. «Er schnitt sie endgültig aus dem Leibe der Reichswehr
heraus. So wurde der 9. November 1923 ihr eigentlicher Geburtstag.»

Am 26. Februar 1924 begann der Hochverratsprozess gegen Hitler, Röhm, Ludendorff und seine weiteren Mitverschwörer. Das
Münchner Büro der *Frankfurter Zeitung* berichtete darüber ausführlich und in verschiedenen Ausgaben am Tag. Gezeichnet waren die Artikel mit «G», doch der Hilfsredakteur Konrad Heiden
dürfte die meiste Zeit im Gerichtssaal gesessen und gehört haben,
was etwa Hitler über die übrigen Prozessbeteiligten zu sagen hatte.

«Die Wissenden, die noch in den letzten Tagen mit geheimnis-
vollen Mienen raunten, der Prozeß werde nicht stattfinden, sind
Lügen gestraft worden», so begann die Berichterstattung von
Groth und Heiden.

Das Ereignis hatte wegen des strengen Verbots auch der kleins-
ten Ansammlung nur wenige Neugierige angelockt. Die Kriegs-
schule in der Blutenburger Straße war weiträumig abgesperrt.
Bis Journalisten und Zuschauer in den Verhandlungsraum, den
ehemaligen Speisesaal der Kriegsschüler, gelangten, mussten sie
mehrere Kontrollstellen passieren.

Um kurz vor 9 Uhr erschienen die Angeklagten. Heiden notierte: «Zuerst Ludendorff in strammer Haltung geradeaus blickend.
Anders Hitler: Er wendet sich sofort zum Publikum und mustert es
mit einem Lächeln, bleibt einige Zeit dem Publikum zugewandt in
Unterhaltung stehen.» Dann verlas der Erste Staatsanwalt Steng-
lein die Anklage und schilderte die Vorgänge im Bürgerbräukeller.

In den letzten Abschnitten befasste sich die Anklageschrift mit
der besonderen Schuldfrage der einzelnen Angeklagten. Adolf

Hitler wird als die «Seele» des ganzen Unternehmens bezeichnet, denn er habe den Plan zu dem Unternehmen entworfen, sich bei der Ausführung an dessen Spitze gesetzt, den Sturz der Regierung im Reiche und in Bayern erklärt, immer neue Ämter verteilt und für sich selbst die oberste Leitung der Reichspolitik allein in Anspruch genommen.

Danach wandte sich der Vorsitzende Richter Hitler zu, schilderte dessen Lebenslauf in Kurzform und sagte: «Ihre politische Tätigkeit ist mir im allgemeinen bekannt. Ich nehme an, daß Sie sich über die Beweggründe Ihrer Tat heute nachmittag im einzelnen äußern wollen. Ich möchte Sie aber jetzt schon bitten, uns nicht allzu lange aufzuhalten, da wir sehr viel zu tun haben.» Er wusste offenbar, wen er vor sich hatte.

«Hitlers Rede», so Heiden, «war eine einzige Anklage gegen Kahr, Lossow und Seißer, eine Anklage, die er mit allen Mitteln der demagogischen Rhetorik unterstützte. Seinem belegten, manchmal fast rauh klingenden Organ suchte er alle Modulationen zu geben. Bald sänftigte er seine Stimme, bald steigerte er sie zu einem dramatischen Schrei, ja zu einem hysterischen Kreischen. Bald schluchzt er wie von Schmerz überwältigt über den Verlust seiner Kameraden, bald höhnt er über das Zaudern und Zögern seiner Gegner. Und seine Worte formt und bewegt er mit dem lebhaften Spiel seiner Hände. Da rundet er auch mit diesen die Periode, da stößt er ein ironisches und offensives Wort mit dem Zeigefinger der linken Hand gegen den Staatsanwalt. Auch die Bewegungen des Kopfes, ja des Leibes müssen seine Rede unterstützen. Der rhetorische Eindruck ist daher auch anfangs stark, und vieles, was Hitler über die Vorgeschichte seines Putsches erzählt, klingt zum mindesten subjektiv überzeugt. Er sagt klipp und klar, daß alle Handlungen und zahlreiche Äußerungen der drei Männer ihm die volle Überzeugung geben mußten, daß diese dasselbe wollten wie er: Sturz der Berliner Regierung, Kampf gegen den Marxismus, Aufrichtung einer nationalen Diktatur.»

Was sie getrennt habe, sei der Mut zum Handeln. «Mit einer vor Entrüstung bebenden Stimme beschuldigt Hitler den Generalstaatskommissar, dem er wie einem Bruder vertraut habe, des schmählichsten Verrats, der perfidesten, infamsten Verleumdung. Und er benutzt jede Gelegenheit, seinen Gegner als recht klein und erbärmlich hinzustellen.»

Seine tagtägliche Anwesenheit beim Hochverratsprozess gegen Hitler war für Heiden eine stabile Grundlage, um auch weiter über die Entwicklung der NSDAP schreiben zu können. So wurde er ein intimer Kenner der Denkweise und der strategischen Planung des aufstrebenden Machtpolitikers Hitler. «Dieser Prozeß», schrieb Heiden, «bedeutet eine Propaganda, wie sie noch nicht da war. Hitler stand vor Richtern, die in Wirklichkeit Komplizen waren. Hinter ihm saßen auf endlosen Bankreihen hundert Zeitungsvertreter aus fünf Erdteilen. Er hatte unbeschränkte Redefreiheit, und seine Worte gingen um den Erdball.

Die Richter ließen es zu, daß Kahr, Lossow und Seißer von den acht auf der Anklagebank sitzenden Männern und elf Anwälten als die eigentlichen Angeklagten behandelt wurden. Kahr war hilflos, saß als gebrochener Mann auf dem Stuhl und stammelte immer nur, daß er sich an nichts erinnern könne, während Hitler ihn mit Fragen zerfleischte.

Lossow dagegen wehrte sich wie ein in die Enge getriebener Löwe; schilderte ausführlich und Punkt für Punkt die verschiedenen Ehrenwortbrüche Hitlers und brachte diesen in Raserei. Er erstattete ein psychologisches Gutachten über den berühmten Volksredner, gewonnen durch Beobachtung am lebenden Objekte; schilderte Hitler als taktlos, beschränkt, langweilig, bald brutal, bald sentimental und jedenfalls als minderwertig. Hitler habe sein Wort gegeben, keinen Putsch zu machen; habe das Wort gebrochen, habe sein Unrecht eingestanden und den Obersten von Seißer um Verzeihung gebeten. ‹Und wenn Herr Hitler noch so oft sagt, es ist unwahr – so ist es doch so, wie es war!›

Hitler kann sich nicht mehr halten. Lodernd vor gekränkter Eitelkeit fragt er: ‹War das der sentimentale oder der brutale Hitler, der um Verzeihung gebeten hat?›

Lossow: ‹Das war weder der sentimentale noch der brutale Hitler, sondern der Hitler mit dem schlechten Gewissen.›

Hitler (schreiend, aber nicht Lossow, sondern den Vorsitzenden ansehend):

‹Das schlechte Gewissen brauche ich mir von Herrn von Lossow nicht vorwerfen zu lassen, um so weniger, als der einzige Ehrenwortbruch, von dem hier gesprochen werden kann, begangen wurde von Generalleutnant von Lossow am 1. Mai 1923.› Das war eine Anspielung auf die Verweigerung der Waffen durch Lossow für den Putsch, den Hitler an jenem Tage versuchte.

Vorsitzender: ‹Herr Hitler, das ist unstatthaft und unerhört!›

Lossow sieht den Vorsitzenden einen Augenblick an, ob das alles ist; dann verläßt er schweigend den Gerichtssaal.

Hitlers Schlußrede ist eine Prophezeiung: ‹Ich glaube, daß die Stunde kommen wird, da die Massen, die heute mit unserer Hakenkreuzfahne auf der Straße stehen, sich vereinen werden mit denen, die am 9. November auf uns geschossen haben. Ich glaube daran, daß das Blut nicht ewig uns trennen wird. Als ich erfuhr, daß die grüne Polizei es war, die geschossen hat, hatte ich das glückliche Gefühl: wenigstens nicht das Reichsheer war es. Einmal wird die Stunde kommen, daß die Reichswehr an unserer Seite stehen wird.›»

Doch noch galten die Gesetze. Eine Verurteilung war unvermeidlich, sie traf alle Angeklagten außer Ludendorff. Der General hatte sich in seiner Verteidigung von Hitler getrennt und betont, dass er von Hitler genauso wie Kahr oder Lossow überrumpelt worden sei. Er behauptete, von den hochverräterischen Erklärungen im Bürgerbräu nichts gehört zu haben; versicherte, dass er keinen Kampf mit der Waffe gegen die Staatsmacht wollte.

Am 1. April 1924 wurde Hitler zu fünf Jahren Festungshaft verurteilt. Die gleiche Strafe traf seine Mitverschwörer. «Es war schon grotesk, daß der Staat einen Menschen, der die oberste Regierungsgewalt absetzte, verhaftete, vergewaltigte, der die Straßen mit Feuergefechten füllte und zwanzig Tote auf dem Gewissen hatte, nur auf fünf Jahre in leichte und ehrenvolle Haft schicken wollte», urteilte Heiden bitter. «Daß vollends dieser Mensch von der milden Strafe nur den zehnten Teil abbüßen sollte, war der helle Hohn auf Recht und Staatsautorität.»

Die Folge war, dass Hitler, wenn auch mit einiger Verzögerung, nämlich nach neun Monaten, aus der Haft entlassen wurde.

Dazwischen aber hatten neun Monate Ruhe und Nachdenken hinter den behaglichen Mauern der Festung Landsberg gelegen: «Unter den vielen Glücksfällen von Hitlers politischer Laufbahn sind diese neun Monate Ungestörtheit eines der wertvollsten Geschenke», schrieb Heiden später.

Die Haft als politischer Jungbrunnen

«IN EINEM WUNDERVOLLEN, hoch überm Lechfluß aufgebauten alt-
bayrischen Barockstädtchen liegt ein großer Baumgarten; in dem
Garten steht ein modernes, blitzblankes, mit allem Komfort der
Neuzeit ausgestattetes – Sanatorium würde man sagen, wenn es
nicht offiziell Festungshaftanstalt hieße. Im ersten Stock dieses
Gebäudes ist ein großes zweifenstriges Zimmer mit weitem Blick
übers Land, mit Bett, Stuhl, Schrank und breitem Arbeitstisch – in
diese Klause hat sich der Schriftsteller Adolf Hitler zurückgezo-
gen, um das Buch ‹Mein Kampf› zu schreiben.»

Gesellschaft habe er so viel, so fröhlich und so laut, dass er sich
mit Gewalt Ruhe verschaffen musste; Besuch durfte er so viel empfangen, dass er zwei Zimmer dafür brauchte und ihm zuletzt nichts
übrigblieb, als die Gäste abzuweisen; mit Geschenken wurde er so
überhäuft, dass er sie an die Wachsoldaten verteilte.

«In kurzer Lederhose, mit gestickten grünen Hosenträgern,
jedoch sorgfältig in Kragen und Krawatte auf städtische Art – niemals hat ihn jemand mit bloßem Hals gesehen –, so liegt er, Zeitung
lesend, im Rohrsessel, vor sich Kaffeetasse und Zuckerdose, hinter
sich an der Wand einen von Verehrern gestifteten Lorbeerkranz.»

Hitler bekam das gleiche Essen wie die Anstaltsbeamten; er
durfte nachts das Licht brennen lassen und arbeiten, solange er
wollte; wenn ihm danach war, durfte er Bier und Wein trinken; an
seinem Geburtstag sammelte sich, wie ein Augenzeuge Heiden be-

richtete, in den Räumen der Anstalt ein Berg von Paketen an: «Hitlers Stube und der Tagesraum glichen einem Wald von Blumen. Es duftete wie in einem Treibhaus.»

Das war Adolf Hitlers Kerker.

Etwa vierzig nationalsozialistische Gefangene lebten in dem Bau. Die Bewohner des ersten Stocks galten als Oberschicht; es waren außer Hitler noch Dr. Weber, Kriebel und später Rudolf Heß, dazu als eine Art Diener Emil Maurice. Bei den im Parterre wohnenden übrigen Gefangenen hieß diese Gruppe «die Feldherren».

Während Hitler in Landsberg in aller Bequemlichkeit einsaß, tauchten draußen allerlei unbekannte antisemitische Größen auf, beriefen sich auf den völkischen Gedanken und beanspruchten die Führung der Bewegung. «Sie waren heimlich froh, daß dieser Unbequeme hinter den Mauern festgehalten wurde», schrieb Heiden. «Sie wollten Karriere machen, und deshalb wollten sie vor allem ins Parlament.» Die nächsten Wahlen waren für die Bewegung ein großer Erfolg. «Im bayrischen Landtag gibt der durch den großen Prozeß aufgepeitschte Wähler der Bewegung ein Fünftel aller Sitze, sie wird mit einem Schlag die zweitstärkste Partei; im Reichstag erobert sie zweiunddreißig Mandate.»

Die Erkenntnis seiner augenblicklichen Ohnmacht und der Triumph, den die Bewegung ohne und gegen ihn errang, verstörten Hitler. Am 8. Juli legte er, für viele Anhänger überraschend, die Führung der Bewegung nieder.

Inzwischen hatte sich aber auch sonst einiges geändert. In der Zeit nach dem Hitlerputsch festigten sich Politik und Wirtschaft in Deutschland fast über Nacht. Die große Währungsreform hatte die Hyperinflation beendet. Es gab plötzlich wieder eine stabile Mark; die Franzosen hatten das Ruhrgebiet geräumt, und die internationalen Bankiers nahmen den Politikern die Regelung der Reparationsfrage aus der Hand. Sie setzten einen Zahlungsplan fest und machten so den Wiederaufbau der deutschen Wirtschaft zu einem attraktiven Geschäft für internationale Investoren.

Hitler aber saß in Landsberg und diktierte erst seinem Kameraden Emil Maurice, dann Rudolf Heß sein großes Werk. Dabei verschob sich für Hitler das Weltbild. Bisher war der Leitgedanke: Niederwerfung des inneren Feindes, dann Revanche an Frankreich.

Eine erlesene Minderheit sollte die Diktatur über Deutschland in die harten Fäuste nehmen. Nun zeigte sich: Die ursprüngliche Überzeugung, dass man die breiten Massen nicht gewinnen könne, war offenbar ein Irrtum; die letzten Wahlen hatten das gezeigt. Der Weg über die Parlamente war nicht der Weg zur Macht, aber doch ein Stück davon. «Kurz, Hitler macht in Landsberg den bedeutungsvollen Schritt vom Gedanken einer Unterwerfung der Deutschen zur Gewinnung der Deutschen», stellte Heiden fest.

Es wurde Winter. Auf die Freilassung nach sechs Monaten hatte Hitler vergeblich gehofft. Kurz vor Weihnachten wurden Gabentische in den Zimmern von Landsberg aufgestellt, sogar ein Tannenbaum stand in der Ecke. Am 20. Dezember mittags um halb eins aber kam ein Telegramm der Staatsanwaltschaft an den Direktor: «... Bewährungsfrist für Adolf Hitler ... bewilligt. Ersuche Hitler ... verständigen u. sofort aus Haft entlassen.»

Der Direktor beeilte sich. Die Freunde in München wussten schon Bescheid, das Auto stand vor dem Tor. Auch Hitlers Hoffotograf Hoffmann stand bereit. Aus diesem Tor trat im braunen Gummimantel, mit welligem Haar, den Scheitel fast in der Mitte, und so dick geworden, dass der Mantel in der Taille fast zu platzen drohte, Adolf Hitler.

Vor der Festung durften keine Bilder gemacht werden, deshalb fuhren Hitler und Hoffmann schnell zum Landsberger Stadttor, das so ähnlich aussah wie das Gefängnistor.

Die Landtagsfraktion versammelte sich ein paar Tage später, um ihn feierlich zu empfangen. Es war gegen Abend, das Landtagsgebäude lag wie ausgestorben. Fast unbemerkt betrat Hitler den Bau. Die Begrüßung war kühl. In der rechten Hand trug er die gewohnte Peitsche aus Nilpferdhaut. «Wenn ich die Peitsche gesehen hätte, hätte ich ihn sofort hinausgeschmissen», sagt einer der Abgeordneten später.

«Man hat Ihnen die Regierungsbeteiligung angeboten», schreit Hitler, «und Sie haben abgelehnt; gut, dann hätten Sie gegen die Regierung kämpfen müssen, aber das haben Sie auch nicht getan; natürlich wäre es das Richtigste gewesen, Sie hätten den Ministerposten genommen.»

Um seine alte Machtposition wiederzugewinnen, wandte sich Hitler an die Basis der Partei. Am 24. Februar 1925, genau fünf Jahre nach der ersten Parteigründung unter seiner Führung, sollte die zweite Gründungsversammlung stattfinden. Aber der 24. Februar war Faschings-Dienstag, und mit dem Prinzen Karneval konnte selbst Hitler den Kampf nicht aufnehmen. Daher verlegte er die Kundgebung auf den 27. Februar und wählte dafür den größeren Bürgerbräukeller, die Stätte seines missglückten Putsches. Etwa 4000 Menschen kamen.

«Als er den Saal betrat, erkannten viele ihn kaum wieder, so dick war er geworden», schrieb Heiden. «Die Menschen stiegen auf die Tische, schwenkten die steinernen Bierkrüge, schrien, viele umarmten sich vor Glück. Hitler war ungeheuer erregt, mehr vor Zorn als vor Freude.» Es ging um die Macht in der Partei.

«Ich buhle ja nicht um die große Masse», rief Hitler in den Saal. «Nach einem Jahr sollen Sie urteilen, meine Parteigenossen; habe ich recht gehandelt, dann ist es gut; habe ich nicht recht gehandelt, dann lege ich mein Amt in Ihre Hände zurück. Bis dahin aber gilt: Ich führe die Bewegung allein, und Bedingungen stellt mir niemand, solange ich persönlich die Verantwortung trage. Und ich trage die Verantwortung wieder restlos für alles, was in der Bewegung vorfällt.» Er setzte hinzu: «Entweder der Feind geht über unsere Leichen, oder wir gehen über die seine.»

Ganz hatte Hitler seine Macht in der Partei noch nicht wiederhergestellt. Vor allem die Brüder Otto und Gregor Strasser, die dem eher sozialistischen Flügel der Partei angehörten, verweigerten sich Hitlers Allmachtsanspruch noch immer.

Heiden war über diese inneren Zwistigkeiten offenbar gut informiert – wahrscheinlich durch Otto Strasser, der allem Anschein nach Heidens Hauptinformant aus dem Inneren der NSDAP war. Einer aber fehlte: Ernst Röhm. Er war mit Hitler, «an dem er schwärmend hing», wie Heiden formulierte, wegen der Neugründung der SA in schweren Streit geraten.

Hitler wollte weniger denn je eine heimliche Armee als Hilfsheer für die Reichswehr. Eine Unterredung der beiden Mitte April wurde so stürmisch, dass Röhm sie abbrach. Am nächsten Tag schrieb er an Hitler, er werde die Führung der SA niederlegen.

Eine Antwort kam nicht. Die Folge war, dass Hitler am 1. Mai im *Völkischen Beobachter* eine knappe Erklärung Röhms lesen musste, mit der er die Führung der SA niederlegte.

«So verläßt ihn die bedeutendste Figur seines Kreises», kommentierte Heiden. «Die einzige wesentliche Persönlichkeit, die jetzt der Partei außer Hitler noch verbleibt, ist ein Mann, für den er nie ‹Mein Führer›, sondern immer nur ‹Herr Hitler› sein wird. Es ist Gregor Strasser.» Immerhin blieb Heiden über Strassers Bruder Otto so immer auf dem Laufenden.

Am 28. Februar 1925 starb der sozialdemokratische Reichspräsident Friedrich Ebert. Ein neuer Präsident musste gewählt werden. Auf Verlangen Strassers stellten die Nationalsozialisten

General Ludendorff als Kandidaten auf. Er erlitt eine furchtbare
Niederlage. Im zweiten Wahlgang einigten sich die Rechtsparteien
einschließlich Stresemanns auf den alten Feldmarschall Paul von
Hindenburg.

Auch Hitler hatte seine Anhänger schließlich aufgefordert, im
zweiten Wahlgang für Hindenburg zu stimmen, den Mann, «in
dem sich der Freiheitswille unseres Volkes mit der Rechtlichkeit
und Redlichkeit der größten Vorbilder unserer Geschichte paart».

«Mit der Wahl Hindenburgs, der als Präsident auch Oberbe-
fehlshaber der Wehrmacht ist, wird die Herrschaft der Reichswehr
im Staate endgültig», konstatierte Heiden. «Der alte Präsident,
sagenumwoben und gefürchtet, entzieht die Reichswehr praktisch
der Einmischung von Parlament und Regierung. Ein Staat im Staate bildet sich. Eine großartige, langjährige politische Spekulation
hebt für Hitler mit der Wahl Hindenburgs an. Er, der eben noch mit
Röhm wegen der Reichswehr gebrochen hat, kommt doch nicht
von ihr los. Der ganze politische Lebensweg des alten Militär-
spions, des Schützlings von Röhm und Epp, verläuft unter dem
Gesetz: ‹Von der Reichswehr bist du genommen, zur Reichswehr
sollst du wieder werden!›»

Krise eines jungen Mannes

DIE INTENSIVE BESCHÄFTIGUNG mit der nationalsozialistischen Bewegung, die ihren Niederschlag in zahlreichen Artikeln der *Frankfurter Zeitung* fand, hinderte Heiden daran, sein Studium zügig
zu beenden. Wie es ihm privat ging, darüber gibt es nur wenige
Informationen.

In seinem Nachlass befinden sich Fotos von Skitouren und auch,
leider undatiert, von einer Wandertour. Es gibt ein getipptes Text-
manuskript «Von Florenz nach Siena zu Fuß», in dem von einer
Frau die Rede ist. Darin heißt es: «Am Morgen gehen wir aus unserer kleinen Pension in Florenz fort. Die Leute auf der Straße sehen
sich nach uns um. Das ist etwas peinlich, aber doch gar nicht zu
ändern, denn wir brauchen den großen Rucksack, um zu dritt ein
paar Tage durch toskanisches Land zu wandern. Unten in den kleinen Dörfern kommt man sich als sehenswertes Weltwunder vor,
wenn die Mütter und die alten Männer und die jungen Buben mit
großen Augen die verrückten Deutschen anschauen. Als wir klar-
zumachen suchen, dass wir das Land sehen wollen, schütteln sie
verständnislos den Kopf und deuten auf mich: ‹Aber eine Frau?› Es
ist alles ein bisschen Kino, die enge Gasse mit den vielen Männern,
die Haustüren, die offen stehen und hinter denen die Familien
sitzen, dazwischen Polizisten, die die Hand zum Faschistengruß
heben, und das alte weitläufige Haus, in dem wir als einzige Gäste
wohnen, das Speisezimmer im Keller und der alte Wirt, der sich

durch lebhaftes Mienenspiel mit uns unterhält. Wir lieben das alles so wie einen guten Film, und es ist herrlich, mitspielen zu können, wenn man auch nur die komische Person sein kann.»

Der Name der Frau, mit der Heiden auf Reisen ging, ist nirgends vermerkt.

Erst viele Jahre später, 1952, als er zum ersten Mal aus dem Exil nach Deutschland zurückkehrte, schrieb er einiges über seine persönlichen Beziehungen auf.

Seine Ankunft in Hamburg weckte offenbar alte Erinnerungen an eine Jugendliebe namens Inga, mit der er am Rande der Hansestadt durch Parks und Wälder gestreift war. Diese Wälder, so erzählte er, mussten eine Menge Geschichte gesehen haben. Unter diesen Bäumen hätten die alten Sachsen vermutlich ihre schrägen Götter angebetet, zu einer Zeit, als Julius Cäsar noch in die Windeln machte.

«Ich erinnere mich an diese Wälder. Es waren die am strengsten verbotenen Wälder, die ich jemals in meiner Jugend betreten habe, und das sagt eine Menge. Es war geradezu ein Aufmarsch von Verbotszeichen. Sie wuchsen auf den Bäumen wie ein krankhafter Ausschlag. Es war verboten umherzugehen, verboten, sich hinzusetzen, die Wegesränder zu betreten, im Gras zu liegen, durch den Bach zu waten, zu fischen, schwimmen, Kanu fahren, rauchen, singen, schreien, zu betreten, zu verlassen, Blumen zu pflücken, Sandwiches zu essen – man erhielt eine gehörige Portion Erziehung in diesen Wäldern.»

An einem Sonntagnachmittag habe er mit Inga, einer «jungen, brünetten, agilen Kreatur», im Wald das tun wollen, «was man seit undenkbaren Zeiten versucht, mit Frauen im Wald an Sonntagnachmittagen zu tun». Doch immer war in der Nähe wieder irgendein Verbotsschild, auf das Inga schelmisch hinwies.

Schließlich kletterte Heiden auf das Dach eines moosbewachsenen Pavillons, riss das Schild «Zutritt nach Einbruch der Dunkelheit verboten» herunter und zerbrach es über der Lehne einer Parkbank. «Inga akzeptierte die Vorstellung und entspannte sich, worauf ich sie, was nicht verboten war, auf den Mundwinkel küßte. Inga studierte Medizin im zweiten Jahr und verbrachte ihre Tage damit, Leichen aufzuschneiden.»

Wenig später habe sie einen Jungmediziner geheiratet, wollte aber die Beziehung mit Heiden auch nicht beenden.

«Das versetzte mich in eine tiefe mentale Krise», schrieb Heiden gut zwei Jahrzehnte später rückblickend, «denn ich liebte das Mädchen und fühlte mich verletzt und zugleich überlegen aufgrund der Ernsthaftigkeit meiner Gefühle.»

Erst später sei ihm klargeworden, dass Inga trotz ihrer frivolen Art die Sache ernster genommen habe als er selbst.

«Dies war die bunte, aber nicht immer glückliche Zeit der Freiheit in Deutschland, die die Niederlage gebracht hatte. Es war die Zeit von wilder und hoffnungsloser Sexualität.»

Die Wirtschaftslage sei unstet gewesen, die Mittelklasse aufgewühlt, es gab nicht genug qualifizierte Arbeitsplätze für die Massen von Bewerbern, und ein Universitätsabschluss war nicht viel wert. «Mädchen erwarteten nicht, daß man sie heiratete. ‹Liebling, in Zeiten wie diesen können wir keine Familie gründen›, war eine häufig benutzte Ausrede, mit der ein junger Mann sich leicht davonmachen konnte. Es ist die Wahrheit, auch wenn ich mich nur mit Scham daran erinnere. Mir waren andere Dinge wichtiger, die mich zu politischen Treffen, umkämpften Straßenparaden trieben, bei denen ich mir meine zivile Bildung und gelegentlich eine leichte Verletzung abholte.»

Als er diese Zeilen schrieb, war fast ein Vierteljahrhundert vergangen, seit er als junger Student zum «Hilfsredakteur» des Münchner Korrespondenten der *Frankfurter Zeitung* geworden war. Damals hatte Otto Groth ihn zwar zu allen möglichen Veranstaltungen der erwachenden nationalsozialistischen Bewegung geschickt, ihn aber auch immer wieder ermahnt, sein Studium nicht ganz zu vernachlässigen und es auf jeden Fall zum Abschluss zu bringen. Doch der junge Konrad Heiden steckte in einer tiefen Krise.

Das Examen sollte am 13. Juli 1925 stattfinden. Heiden aber fürchtete sich offenbar vor der Prüfung. Über Tage wirkte er nervös, wenn er ins Büro der *Frankfurter Zeitung* kam. Er zog die Vorhänge zu und starrte stundenlang vor sich hin. Das hatten Kollegen schon mitbekommen. Was sie nicht wussten, war, dass Heiden sich in einem Kramladen einen alten Trommelrevolver und ein paar Patronen gekauft hatte.

Am 13. Juli, dem Tag seines Examens, kam Konrad Heiden wie gewöhnlich um 10 Uhr vormittags ins Büro. Er blieb dort mit zugezogenen Vorhängen am Schreibtisch sitzen.

Als Dr. Groth gegen 12 Uhr die Tür öffnete, sah er Heiden allein in seinem Büro am Schreibtisch sitzen, den Revolver in der rechten Hand. Unter Groths Augen schoss er sich in die rechte Brustseite. Es war ein Streifschuss, der knapp an der Achselhöhle vorbeiging. Heiden wurde nicht einmal bewusstlos, sondern blieb mit dem Revolver in der Hand auf dem Stuhl sitzen.

Durch den Schuss alarmiert, stürzten nun auch der lokale Geschäftsführer der *Frankfurter Zeitung*, Hans Reiser, und der Expeditionsbeamte, Wilhelm Link, ins Zimmer.

Reiser fragte nach der «Ursache seines Tuns».

Konrad Heiden antwortete, «er sei sehr nervös und habe sich deswegen ermorden wollen».

So stand es später im Ermittlungsprotokoll.

Der Geschäftsführer sagte gegenüber der Polizei aus, Heiden habe «nicht ernstlich mit seinem Ableben gerechnet, sondern vielmehr nur eine Komödie aufführen wollen, wofür der Umstand spreche, daß er mit dem Schuß so lange wartete, bis der Redakteur Otto Groth ins Büro kam».

Was Heiden mit diesem Selbstmordversuch bezwecken wollte, konnten sich weder Dr. Groth noch die übrigen Mitarbeiter des Verlages vorstellen. Sie vermuteten lediglich, dass Heiden sich vor dem Examen fürchtete und sich die Verletzung beibringen wollte, um der Prüfung zu entgehen.

Der städtische Rettungsdienst wurde alarmiert und lieferte Heiden ins Krankenhaus Schwabing ein. Auch die Polizei wurde gerufen. Von ihr befragt gab Heiden an, er habe «in selbstmörderischer Absicht» auf sich geschossen.

«Zur Tat verwendete er einen alten Trommelrevolver, den er sich eigens zu diesem Zweck gekauft habe», protokollierte der ermittelnde Kriminalbeamte. «Bezüglich der Ursache erklärte er, keine Angaben machen zu wollen. Er stellte ferner noch die Bitte, daß über die Sache nichts in der Zeitung veröffentlicht werde.»

Der Trommelrevolver wurde von Heidens Tante Hanna und Onkel Oskar abgeholt. Zwei Patronen, die noch in der Schublade des Schreibtisches lagen, wurden von der Polizei «eingezogen». Bei seiner weiteren Vernehmung erklärte Heiden, dass er sich den Revolver einige Tage vor dem Selbstmordversuch in einem ihm dem Namen nach unbekannten Geschäft «im Tale» gekauft habe. Er habe sich nicht darum gekümmert, ob dies eine strafbare Handlung sei oder nicht. «Auch sei er zum Schießen natürlich nicht aus dem Zimmer gegangen, weil er an solche Kleinigkeiten nicht dachte.»

Von einer Bestrafung wurde Abstand genommen. Der merkwürdige Vorgang gab sowohl der Polizei als auch den Kollegen zu denken. Oberwachtmeister Wenninger nahm zu Protokoll: «Im allgemeinen galt er als solider Mann. Über Beziehungen des Heiden zum weiblichen Geschlecht ist bei der Frankfurter Zeitung nichts zu erfahren gewesen, desgleichen ist nicht bekannt, ob Heiden in Verschuldung war, die ihm möglicherweise die Waffe in die Hand gedrückt hätte.»

Wenige Wochen nach dem rätselhaften Selbstmordversuch schrieb Heiden unter dem Kürzel «H.» einen Text über die «wirtschaftliche Lage und politische Überzeugung in der Studentenschaft». Darin heißt es, für den examinierten und promovierten Akademiker sei künftig anscheinend nicht viel zu erwarten. Die Stimmung des Augenblicks und die Erwägung der Zukunft wirkten gleichermaßen deprimierend.

Offenbar hatte der Wahnsinn jener Zeit, mit dem er sich tagtäglich zu beschäftigen hatte, seine Spuren auch in der Psyche des jungen Mannes hinterlassen.

Im Herbst 1925 erschien dann der lang erwartete erste Band von Hitlers in der Landsberger Haft diktiertem Buch «Mein Kampf». Für die neugierigen Leser war es, so meinte jedenfalls Konrad Heiden, «eine ungeheure Enttäuschung; sie hatten Enthüllungen erwartet, zum mindesten aber eine Lebensgeschichte des Autors und eine Geschichte der Bewegung. Statt dessen wurden ihnen die politischen Meinungen Adolf Hitlers über alle möglichen Zeitfragen vorgesetzt, die man doch aus seinen Reden schon zu kennen glaubte. So wurde das Buch auf Jahre hinaus ein regelrechter Mißerfolg.»

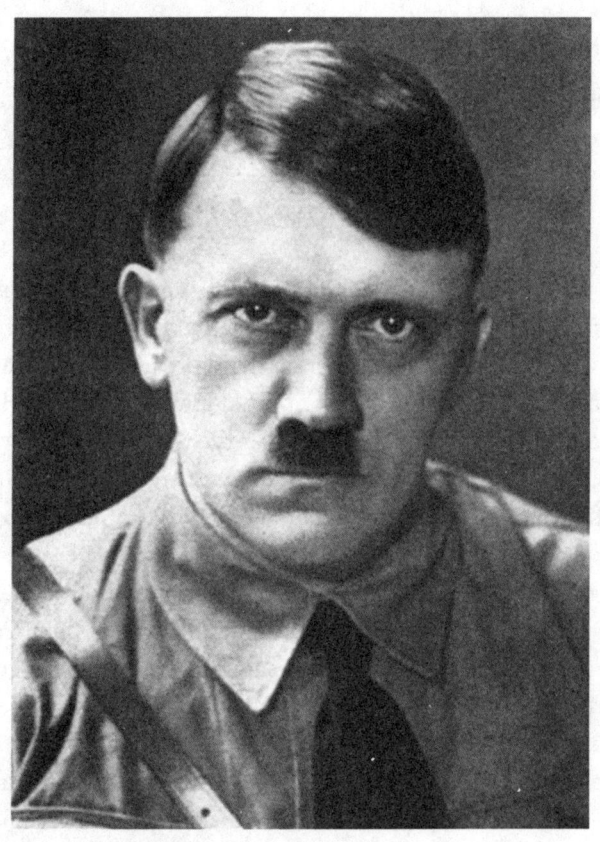

Frontispiz aus der späteren
«Volksausgabe» von «Mein Kampf»

Schauspieler Hitler

DAS SATIREBLATT SIMPLICISSIMUS brachte damals ein Titelbild, auf dem Hitler als Hausierer zu sehen ist, der in den Gastwirtschaften herumgeht und mit trauriger Miene das Buch «Mein Kampf» anbietet. Ein dicker Spießbürger, den Maßkrug in der Hand, sagt mit einem geringschätzigen Blick über die Schulter: «A bissl teuer is des Buch, Herr Nachbar! Haben'S keine Streichhölzeln?»

Konrad Heiden aber las das Buch Seite für Seite, Satz für Satz. Und er verfolgte weiterhin genau, was aus Hitlers Bewegung wurde. Vermutlich über Otto Strasser erfuhr er detailliert, wie dessen Bruder Gregor in Norddeutschland allmählich eine neue Partei aufbaute. Gregor Strasser hatte zusammen mit seinem Bruder Otto etwas Privatvermögen zusammengetragen und einen bankrotten völkischen Zeitungsverlag aufgekauft. Überall rief er Führerkonferenzen zusammen und gründete sogenannte «Parteigaue».

«Einer der feurigsten Streiter für den neuen Mann ist dessen Privatsekretär, der junge Dr. Paul Joseph Goebbels», schrieb Heiden später. «Die Brüder sind für eine Führer-Partei zu selbständig und selbstbewußt. Sie vertreten einen ‹nationalen Sozialismus›, keinen ‹Nationalsozialismus› als Etikett einer Ein-Mann-Diktatur im Mantel einer Partei.»

Der Konflikt brach offen aus, als die sozialistischen Parteien einen Volksentscheid beantragten, durch den festgestellt werden sollte, dass den ehemaligen deutschen Fürsten ihr 1918 beschlagnahmtes Vermögen nicht zurückgegeben werden dürfe.

Otto Strasser erließ einen Aufruf gegen die Fürsten und für den Volksentscheid. «Das passte dem Führer nicht ins Konzept. Jetzt schlug Hitler zu», schrieb Heiden.

Die Partei, so Hitler, werde den «Angriff auf das Eigentum» abwehren. Auf einer Führertagung in Bamberg im Februar 1926 wies Hitler die Brüder Strasser scharf in ihre Schranken, sprach von verlogener Taktik, nannte den Plan, mit den Marxisten in eine Front zu gehen, infam. Heiden, gut informiert, schrieb: «Goebbels wollte ursprünglich mit den Strassers gegen die Fürsten stimmen; jetzt sah er erst, daß die beiden in diesem Kreise eine verlorene Opposition waren. Er stand auf und sagte, der Führer habe in allem recht. Damit war Hitler der Sieger über die Partei-Opposition und Goebbels zu Hitler übergelaufen.»

Im selben Jahr ernannte Hitler Goebbels zum Gauleiter von Berlin, «mir allein verantwortlich». Die Brüder Strasser waren in der Partei auf verlorenem Posten, als Quelle für Heiden aber wertvoller denn je.

Von einer solchen Quelle aus dem Innenleben der Partei muss Konrad Heiden auch einen Bericht bekommen haben, aus dem hervorging, wie Hitler mit seinem Vertrauten Rudolf Heß Reden einübte. «Gesten und Mienen probte er vor dem Spiegel», schrieb Heiden. «Er probte noch anderes. Ein wichtiger Besucher war zu empfangen; der Empfang wurde vorher mit Heß durchgespielt.» Heß musste den Besucher vorher treffen, ihn genau besehen und berichten. Eine solche Berichterstattung verliefe ungefähr folgendermaßen:

Hitler: «Schießen Sie los, Heß! Ist er brauchbar oder unbrauchbar?»

Heß: «Eigentlich brauchbar. Aber schweigsam.»

Hitler (argwöhnisch): «Kritisch?»

Heß: «Eher verlegen. Möchte schrecklich gern bewundern, geniert sich aber.»

Hitler: «Präpariert sind sie alle. Seit zehn Jahren haben sie von mir gehört, seit einem Jahr hören sie überhaupt nur noch von mir. Was erwartet er?»

Heß: «Natürliche Autorität. Sprechen Sie ruhig lange. Ihr Wille ist unerschütterlich, Sie geben der Zeit Gesetze.»

Hitler: «Also mit der festen Stimme ohne Geschrei?»

Heß: «Selbstverständlich.»

Dann spricht – immer nach dem hier benutzten Gesprächsprotokoll – Hitler ein paar Sätze vor sich hin.

Heß lauscht, menschliche Stimmgabel: «... nein, nicht so, ruhiger – keine Leidenschaft, befehlend. Sie wollen gar nichts von ihm. Das Schicksal spricht ...»

Schließlich verstummt der Ratgeber. Hitler ist in Fahrt gekommen und redet gleichmäßig mit «der festen Stimme» mehrere Minuten lang: «Ich warne Sie davor, in uns eine mit den üblichen Parteien vergleichbare Bewegung sehen zu wollen. Wir sind Deutschlands Schicksal und seine Zukunft ... indem wir alle Kraft auf meinetwegen revolutionäre Tat konzentrieren, sammeln wir bei uns alles, was im deutschen Volke noch Energie und Fähigkeit zum Leben hat ...»

Nach sechs oder sieben Minuten bricht er ab, bereits leicht mitgenommen, und sagt: «So, ich glaube, jetzt haben wir's.»

Nach der Generalprobe kam die große Vorstellung. Bei Auftritten selbst, das hat Heiden über Jahre immer wieder selbst beobachtet, verfiel Hitler beinahe in Trance.

«Wenn die vernachlässigte, fast bucklig wirkende Gestalt sich plötzlich strafft und unversehens wie ein Erzengel daherflammt, dann ist es so, als ob ihm Hände und Füße mit unsichtbaren

Schnüren an die unsichtbaren Hände und Füße eines Vorbildes gefesselt wären, das ihn zieht. Sein Blick geht in die Ferne, als lese oder erspähe er etwas, das kein anderer sieht; und wenn der Beobachter der Richtung des Blickes folgt, dann soll, so wird behauptet, in einer fernen Ecke zuweilen Rudolf Heß zu sehen gewesen sein, der die Augen fest auf seinen Führer gerichtet hielt und gleichsam mit unbewegten Lippen ihm etwas vorzusprechen schien.»

Die Massen wurden durch Hitlers Suggestivkraft dazu gebracht, «zu sehen, was sie nicht sahen, und nicht zu sehen, was sie sahen». Was aber, so fragte Heiden sich häufig, war mit den Menschen in seiner direkten Umgebung? «Sie mußten den mit aller Halbbildung seiner Zeit ausgerüsteten Besserwisser dauernd über Dinge reden hören, die er nicht verstand; mußten das armselige Deutsch, die defekte Logik, die geschmacklose Spaßigkeit oder das falsche Pathos schlucken, die er am Mittagstisch wie in der Versammlung einbrachte.»

Wie kamen diese Intellektuellen also dazu, sich der Führung dieses rasenden Derwischs zu fügen? Die Antwort war: «Er wurde mit ihnen nicht fertig. Diese Menschen haben nicht aufgehört, über ihn zu lachen oder sich über ihn zu ärgern – und dazwischen die so unerhört erfolgreiche politische Figur immer widerwillig zu bewundern.»

«Das Bemerkenswerteste» so staunte Heiden immer wieder über Hitler, «ist das Pathos, mit dem er log. Wo es ging, hat er der Lüge einen Eid oder wenigstens ein Ehrenwort nachgeworfen.» Seinen Mitarbeitern sei Hitlers ewiges Hin und Her zwischen Weinerlichkeit und Brutalität auf die Nerven gegangen – und noch mehr seine Entschlusslosigkeit. Das hinderte sie allerdings nicht daran, heimlich grinsend in ihren Zeitungen und in ihren Reden von der «ungeheuren Entschlußkraft» des Führers zu fabulieren.

Vor allem in der SA gab es, nachdem Röhm sich als Militärberater nach Bolivien abgesetzt hatte, aufsässige Unterführer. In einer

Auseinandersetzung ließ Hitler verlauten, es wäre immer noch besser, dass es überhaupt keine nationalsozialistische Bewegung gäbe als eine Bewegung der Undiszipliniertheit und des Ungehorsams. «Er ist bis in die letzte Faser Politiker, d. h. ein Mensch, für den grundsätzlich alles nur ein Mittel zum Zweck ist», analysierte Heiden: «das ganze Universum, von Gott bis zur Käsemilbe, samt allem Haß und aller Liebe, samt Mensch und Tier und Elementen nur ein Rohstoff seiner Macht». Um diese zweifelnde und spöttische SA endgültig zu unterwerfen und sich ihr als der große Führer aufzuzwingen, habe Hitler auf den einzigen aus alten Tagen übrig gebliebenen Mann zurückgegriffen, für den er immer noch Ade, der Duzfreund war.

Er schickte ein Telegramm nach La Paz, und Ende 1930 war Ernst Röhm wieder in Deutschland. «Einem Mitarbeiter von solcher Begabung, ironischer Klarsicht und dabei doch guten Willens», so Heiden, musste Hitler die größten Freiheiten gewähren. Dabei habe er zusehen müssen, wie «Röhm mit kalter Berechnung vor der SA ein Götzenbild des Führers aufbaute, an das er selbst offenkundig nicht glaubte: So haben Menschen zu allen Zeiten gedacht, wenn sie den Zauber aus der Nähe kannten, oder bevor er noch Zauber geworden war.» Und er zitierte Shakespeare:

«Poor man! I know he would not be a wolf
But that he sees the Romans are but sheep:
He were no lion, were not Romans hind.»

Der Mensch, der 1931 so von Hitler sprach wie Cassius bei Shakespeare von Caesar, war für eine Zeitlang Joseph Goebbels. Er ließ sich gemeinsam mit SA-Führern über Röhms «Männerharem» aus und schonte auch seinen Führer nicht. In seinem «Tagebuch», das er frühzeitig veröffentlichte, nannte er ihn den «Großen über uns allen» und einen «Stern»; aber in kleinem Kreis, so hatte Heiden aus sicheren Quellen erfahren, rief er zuweilen auch, er habe es satt, dauernd von dieser «Operetten-Diva» in München Befehle zu erhalten.

Doch der Aufbau der Macht festigte auch die Gefolgschaft. Und Hitler war lernfähig. «Wer Hitler nur nach törichten und unzulänglichen Äußerungen und Handlungen aus früheren Zeiten beurteilen wollte», so Heiden, «der vergißt, daß Macht an sich lehrreich ist und daß nur das albernste Hirn aus dem Besitz von Verantwortlichkeit und Einfluß nichts lernt.»

Dennoch gewannen die Nationalsozialisten bei den Reichstagswahlen 1928 gerade mal 2,6 Prozent der Stimmen und schickten ganze zwölf Mann in den Reichstag. Es waren die letzten regulären Wahlen der Weimarer Republik. Ab 1930 jagte eine Reichstagsauflösung samt Neuwahl die andere, eine Notverordnung bereitete die nächste vor. Massenarbeitslosigkeit, politische Hysterie und ideologische Grabenkämpfe begünstigten den Vormarsch der Nazis, deren gesellschaftlicher Einfluss zum Ende der zwanziger Jahre noch vergleichsweise gering gewesen war.

Der journalistische Spielraum wird enger

DIE VERÄNDERUNGEN DER politischen Landschaft gingen auch an der *Frankfurter Zeitung* nicht spurlos vorbei. 1929 wechselte Konrad Heiden aus dem Korrespondentenbüro in München in die Zentrale, in die traditionsreiche Redaktion nach Frankfurt.

In die Eschersheimer Gass 31 war im Frühjahr 1863 eine Zeitung eingezogen, die später *Frankfurter Zeitung und Handelsblatt* hieß und hier 80 Jahre lang, bis zu ihrem Untergang 1943, erschien. Die *Frankfurter Allgemeine Zeitung* (FAZ) beruft sich heute noch auf dieses publizistische Erbe.

Der Verlag bestand zur Gründerzeit aus drei Häusern, die hinter einer Neorenaissance-Fassade aus rotem Sandstein lagen. Der Block war vier Stockwerke hoch und trug darüber ein von Giebeln und kleinen Türmen gekröntes Dach. In den ersten Jahren des 20. Jahrhunderts wurde noch ein Anbau im Jugendstil danebengesetzt. Später wurden drei weitere Häuser dazugekauft und miteinander verbunden.

Die Räume des Feuilletons und der politischen Redaktion lagen wie Zellen eines Klosters an einem langen Gang. Das ganze Gebäude, so schreibt Günter Gillessen in seinem Buch über die *Frankfurter Zeitung*, war ein Labyrinth mit vielen Winkeln, Durchbrüchen, verschiedenen Ebenen, halben Treppen und einem knappen Dutzend Treppenhäusern und Ausgängen. Der überschwängliche Friedrich Sieburg habe einmal einen französischen Freund durch die Gänge geführt mit den Worten: «Und hier, mein Lieber, sehen Sie das beste Personal der Welt.»

Dazu gehörte nun auch Konrad Heiden. Doch die Wahlergebnisse machten deutlich, wie die politische Mitte allmählich zerfiel. Das merkte auch der Verlag der *Frankfurter Zeitung*, die der linksliberalen Partei, den Deutschen Demokraten (DDP), nahestand.

Der Niedergang der liberalen Parteien führte dazu, dass die *Frankfurter Zeitung* Mitte bis Ende der zwanziger Jahre ihren Standpunkt unabhängig von Parteien bestimmen musste.

Sie gehörte zu den drei großen liberalen Blättern, deren Auflagen parallel zum Schwund der liberalen Wähler geschrumpft waren. 1918 hatte die *Frankfurter Zeitung* noch im Durchschnitt 110 000 Exemplare täglich verkauft, 1932 war davon nur noch die Hälfte übrig geblieben. Ähnlich ging es dem *Berliner Tageblatt* und der *Vossischen Zeitung*. Sie alle kämpften Ende der zwanziger Jahre ums Überleben. Ab 1926 machte der Verlag jährlich mehrere hunderttausend Mark Verluste.

Die *Frankfurter Zeitung* wurde ein Sanierungsfall und bekam deshalb vorübergehend finanzielle Unterstützung von Industriellen, die ihr politisch nahestanden, etwa aus dem Umfeld der IG Farben. Der Geschäftsführung des Verlages war durchaus klar, dass eine solche finanzielle Hilfe Probleme mit sich brachte. «Es sind auch dieselben Kapitalkräfte, von denen ich wußte, daß sie einen Einfluß auf die FZ nehmen möchten, für die Zeitung eine sehr ernste Sache, aber die einzige, die wirklich helfen kann», schrieb der Aufsichtsratsvorsitzende Rudolf Schwander.

Folgerichtig gab es Auseinandersetzungen um die wirtschaftspolitische Linie der Zeitung. Die Subventionierung durch die IG Farben wurde verheimlicht. Günter Gillessen schreibt in seinem Buch: «Die ‹Frankfurter Zeitung› ist zwar aus Mitteln der IG Farben in beträchtlichem Umfang unterstützt und vor dem Zusammenbruch gerettet worden, aber zu keinem Zeitpunkt erwarb der Chemiekonzern direkt oder indirekt Anteile und Mitbestimmungsrechte am Verlag.»

Formal stimmte das, aber Professor Hermann Hummel, Aufsichtsratsmitglied der IG Farben und ehemaliger Reichstagsabgeordneter der Deutschen Demokratischen Partei, der die delikate Hilfsaktion eingefädelt hatte, reagierte allergisch auf kritische Berichterstattung über die IG Farben. Als der österreichische Schriftsteller Joseph Roth im Feuilleton der Weihnachtsausgabe 1930 ein schockierendes Bild der Umweltzerstörung durch die Großindustrie am Beispiel der Leuna-Werke bei Merseburg gezeichnet hatte, warf Hummel dem Herausgeber Simon vor: «Es ist Ihnen einfach nicht gelungen, die Elemente aus der Redaktion zu entfernen, die mit allen, auch nötigenfalls schäbigen Mitteln ihr Ressentiment gegen die große Wirtschaft austoben.»

In diesen schwierigen Zeiten durfte Konrad Heiden, inzwischen 28 Jahre alt, das «Illustrierte Blatt» und die «Frauenbeilage» der *Frankfurter Zeitung* leiten. Vielleicht wollte man ihn auch diskret aus der Politik verdrängen.

Trotz seiner Exkursion in die Illustrierten-Welt wollte Heiden sein zentrales Thema nicht aufgeben. In der Zeitschrift *Das Tagebuch* berichtete er am 18. Mai 1929 über einen Beleidigungsprozess am Münchner Amtsgericht. Dort war Adolf Hitler regelmäßig Prozesspartei.

«Adolf ist sehr leicht beleidigt, er regt sich furchtbar auf, wenn man ihm widerspricht. Im Gerichtssaal scheint es ihn dauernd zu kränken, daß er zuweilen den Mund halten soll. Er tut's auch nicht. Manchmal brütet er vor sich hin, dann fährt er plötzlich exaltiert in die Höhe und schreit dem Gegner, der gerade mit dem Richter oder einem Zeugen verhandelt, irgend etwas zu, was nicht unbedingt mit dem Prozeß etwas zu tun haben muß. Aber ihn freut's, daß er es losgeworden ist.»

Es ging um die Behauptung, Hitler habe Geld von Mussolini bekommen. Hitler war durch den Vorwurf tief beleidigt, was Heiden verwunderlich fand, denn der italienische Diktator sei doch für ihn die Quintessenz politischer Tugend. «Da sitzt er, ein süßes Lächeln auf dem faltigen, schweißglänzenden Gesicht. Ironisch wiegt er das Köpfchen, während der Gegner spricht, und macht sich eifrig Notizen. Meint man. In Wirklichkeit malt er, er strichelt ein Porträt von dem eindrucksvollen Kopf des Rechtsanwalts Hirschberg aufs Blatt. Es ist bekannt, daß Herr Hitler in seiner Zeitung, dem ‹Völkischen Beobachter›, nicht mehr viel zu sagen hat, wenn er auch noch so selbstbewußt mit der Hundepeitsche in der Hand als Gottesgeißel seines Volkes durch die Straßen Münchens stolziert. Seine Mitarbeit beschränkt sich auf sein illustriertes Wochenblatt. Offenbar hat der ehemalige Zeichenschüler dort eine Nebenbeschäftigung als Gerichtssaalzeichner gefunden.»

Heiden, der hier spöttisch, ja herablassend über seinen alten Bekannten aus München schrieb, sollte sich täuschen. Hitler wartete nur auf seine Stunde. Er wusste, wo die wirkliche Macht im Deutschen Reich lag – auch wenn sie, laut dem Vertrag von Versailles, nur 100 000 Mann stark sein durfte.

Den Frontalangriff auf die Seele der Reichswehr eröffnete Hitler im März 1929 mit einer Rede in München. Er rief der selbstgefälligen Spitze der Nation zu:

«Wir Nationalsozialisten sehen in der Reichswehr nur ein Mittel zum Zweck. Wir fragen nicht: Nützt oder schadet dies oder jenes der Reichswehr, sondern nützt oder schadet es unserm Volk? Denn für uns steht der Begriff Volk noch höher als der Begriff Staat. Wenn es so weitergeht wie jetzt, wird die Reichswehr eine innerlich vollkommen lebensfremde, tote Organisation, ein Machtinstrument in den Händen aller, die bereit sind, dieses Machtinstrument um seiner selbst willen zu erhalten.»

«Die Herren Reichswehrgeneräle», fuhr Hitler erregt fort, «mögen sich folgendes vor Augen halten: es liegt zum Teil in der Hand der Armee, welche Richtung in Deutschland siegen wird, der Marxismus oder wir. Siegt die linke Seite durch Ihr geniales unpolitisches Verhalten, dann schreiben Sie getrost über Ihr Ministerium: Das Ende der deutschen Reichswehr. Dann wird man Ihnen die rote Jakobinermütze über den Kopf ziehen, dann wird auch bei uns eine Armee entstehen, ähnlich der russischen Henkerarmee, die nur die eine Aufgabe hat: das eigene Volk dem Juden fügsam zu machen. Und wenn Sie dann nicht funktionieren, meine Herren, werden Weib und Kind hinter Schloß und Riegel gesetzt, und Sie fliegen hinaus und werden vielleicht an die Wand gestellt!»

Heiden kommentierte trocken: «Wenn Hitler zur Reichswehr sagt: mit deiner Hilfe könnte ich siegen – so gehört im März 1929 noch ein unerhörtes Selbstbewußtsein dazu. Die Partei sah wenig siegreich aus mit ihren achthunderttausend Wählern.»

Das sollte sich freilich bald ändern.

Die nationalsozialistische Partei war nicht die einzige politische Gruppe, die zu dieser Zeit die Macht an sich reißen wollte, und es war auch nicht die einzige, für die Heiden sich journalistisch interessierte. Ende der zwanziger Jahre besuchte er in Hamburg einen Auftritt des KPD-Vorsitzenden Ernst Thälmann.

In dem auf Englisch verfaßten Text von 1952, als er zum ersten Mal nach Deutschland zurückkam, hieß es rückblickend: «Ich sah selten eine so erniedrigte und nach Erniedrigung lechzende Menschenmenge wie damals in den späten zwanziger Jahren bei einer großen kommunistischen Massenveranstaltung in Hamburg.»

In einer schlecht beleuchteten Halle, überhitzt, quetschten sich sechstausend schwitzende Menschen, die gegen den Schlaf kämpften. Man hatte sie in eine dieser «vorgekochten Massenveranstaltungen» geschickt, wo alles nach Plan lief.

«Vor allem», so hob Heiden hervor, «die Rede vor der letzten U-Bahn oder dem letzten Bus, bei der die Reaktionen des Publikums und sogar der Applaus ungefähr die Frische einer gerade geöffneten Dose mit Bohnen hatten; bei der das gelangweilte Publikum zwei Minuten vor Schluß nach einem letzten, pflichtgemäß abgelieferten Jubel aus dem Raum entwich wie Wasser aus einer Badewanne, nachdem man den Stöpsel gezogen hat.»

Von außen betrachtet sei es eine große Veranstaltung mit Fahnen und Transparenten, Musik, einem Wald voll erhobener Fäuste und einer strammen Aufmarschlinie junger Kämpfer für die Sache, in blauen Hemden und kurzen Hosen, gewesen. «Die loyalen Anhänger lauschten, wie Thälmann eine Rede herunterratterte, die andere für ihn geschrieben hatten, eine Rede, die niemand verstand, am wenigsten von allen Thälmann selbst. Aber das war ihm vollkommen egal. Er lehnte über dem Pult, schaute sein Publikum nicht ein einziges Mal an, hob seine Stimme nicht, zeigte ihnen nur seinen rasierten, brutalen Schädel; und vielleicht war er auch nicht mehr nüchtern.» Seine Haltung habe ausgedrückt: «Ihr werdet es hinnehmen.» Und sie nahmen es hin, wie Heiden schrieb, «mit grimmiger Entschlossenheit und in dem Bewußtsein, daß die Weltrevolution kein Spaß sein würde».

Heiden hatte zu dieser Zeit Besuch von seiner Cousine aus New York, die laut Heidens Aufzeichnungen Marilyn hieß und nach Deutschland gekommen war, um einen Überblick «über den deutschen Bürgerkrieg» zu bekommen. Sie saß in ihrem grauen Pullover da und flüsterte: «Der deutsche Bürgerkrieg langweilt mich zu Tränen.» Sie tuschelte weiter: «Thälmann ist wahrscheinlich wütend, weil er eine von diesen dicken aufgereihten Genossinnen anmachen wollte und man ihm gesagt hat, er solle seine Finger davon lassen.»

Heiden flüsterte zurück: «Thälmann ist hier der Boß, und niemand würde ihm vorschreiben, wo er seine Finger lassen soll.»

Die Cousine antwortete leise: «Brrr – deutsche Frauen!»

Später am Abend, so erinnerte sich Heiden, habe sie zu ihm gesagt, er sei ja kein Thälmann. «Und noch später sagte sie überhaupt nichts mehr.»

Einige Zeit danach habe sie offenbar mehr über die Liebe unter Kommunisten herausgefunden, denn sie blieb für eine Weile im Land, wurde selbst Mitglied der Partei und sei einmal sogar daran beteiligt gewesen, einen Kommunisten aus dem Gefängnis zu holen.

Unterdessen zogen die schwarzen Wolken der Weltwirtschaftskrise von 1929 auf. «Panik in New York» überschrieb die *Frankfurter Zeitung* am 28. Oktober 1928 ihren aktuellen Bericht im Wirtschaftsteil. Jede Minute fielen die Kurse weiter nach unten – Vorboten der Massenarbeitslosigkeit.

Zu diesem Zeitpunkt war noch nicht absehbar, dass dies der Beginn einer Krise sein würde, die in Deutschland erneut schwere politische Erschütterungen hervorrufen sollte – nicht zuletzt bei den letzten liberalen bürgerlichen Zeitungen. Sie begannen, sich dem Trend der Zeit Stück für Stück anzupassen. Die langsame, zunächst fast unmerkliche Wende der Zeitungen nach rechts war auch Konrad Heiden nicht verborgen geblieben. Auch fühlte er sich in Frankfurt zu weit ab von den politischen Ereignissen, die sich in München und Berlin abspielten. Im Herbst 1929 dachte er deshalb daran, die *Frankfurter Zeitung* zu verlassen.

Beim sozialdemokratischen *Hamburger Echo* war gerade eine Stelle frei geworden. Mit Hamburg verband ihn auch die Freundschaft zu dem dort tätigen Redakteur Richard Wittrisch. Der hatte früher zusammen mit Max Quark, einem engen Freund von Heidens Vater, in Frankfurt für die sozialdemokratische *Volksstimme* gearbeitet. Heiden bewarb sich eher halbherzig bei der Hamburger SPD-Zeitung, die immerhin 700 Mark Monatsgehalt anbot. Die «Pressekommission» der Zeitung wählte ihn einstimmig in die Redaktion, er musste nur noch einen Probetext verfassen, und am 4. Dezember 1929 gratulierte Wittrisch ihm für die Zusage des *Hamburger Echos.* Er wünsche ihm «von Herzen Glück, möge das Hinüberwechseln in die Parteipresse Dir innere Befriedigung und äußere Erfolge bringen».

Wenig später lieferte Heiden die angeforderte Arbeitsprobe, einen Artikel über die «Spaltung der Deutschnationalen», und erhielt dafür ein Honorar von 30 Mark.

Wittrisch schrieb: «Du hast Deine Sache famos gemacht.» Die SPD-Zeitung sei gleichwohl nicht unbedingt eine Verbesserung für ihn: «In Kauf wirst Du nehmen müssen, daß Du hier nicht so in der Welt herumgondeln kannst wie bei der Frankfurter Zeitung.»

Das schien Heiden zu denken zu geben. Einen Tag vor Weihnachten schrieb er einen Brief an Dr. Simon, den Verlagsleiter der *Frankfurter Zeitung.* Er teilte ihm mit, dass er ein Angebot des *Hamburger Echos* habe, bei dem er 700 Mark im Monat verdienen könne. Die Antwort darauf war ausweichend. Heiden hakte noch einmal nach: «Zum Materiellen beschränkte sich Ihr Bescheid auf ein Negatives, nämlich, daß 700 Mark nicht in Frage kämen.» Er «veranschlage die Annehmlichkeiten und Vorteile eines Arbeitens bei der Frankfurter Zeitung und dem Illustrierten Blatt nicht niedrig», wolle aber keinesfalls unter 600 Mark verdienen.

Inzwischen hatte Heiden sich in Hamburg vorgestellt und mit der Chefredaktion die Politik der Zeitung und ihre Beziehung zur SPD diskutiert. Heiden erklärte, was er sich unter sozialdemokratischer Politik und den Aufgaben einer sozialdemokratischen Redaktion vorstellte. An der Regierungsfähigkeit der SPD hatte

Heiden allerdings seine Zweifel: «Wer regieren will, muß es aber auch können», sagte er.

Die Regierung des Reichskanzlers Müller und seines Finanzministers Hilferding, über den Kurt Tucholsky gespottet hatte, er sei ein Vertreter des «Reichsverbandes zur Bekämpfung der Sozialdemokratie», habe nach seiner Auffassung «völlig versagt». Das kam offenbar nicht gut an.

Nach seinem Besuch in der Redaktion des *Hamburger Echos* bekam Heiden erhebliche Bedenken, ob er – obwohl seit 1921 Mitglied der SPD – bei einer Parteizeitung gut aufgehoben sei. Er entschloss sich, das Angebot abzulehnen, und begründete das politisch. Man sei sich wohl einig darin, dass die «Kapitulation der sozialdemokratisch geführten Reichsregierung» vor dem durch Reichsbankpräsident Hjalmar Schacht verkörperten Finanzkapital «eine moralische Katastrophe der Partei» sei.

Welche Folgen das habe, könne man jetzt schon sehen. «Was hat das mit mir zu tun? Dies: Es wird immer Aufgabe eines Parteiredakteurs sein, Fehler der Partei decken zu müssen.» Das liege in der Natur der Dinge und sei kein Grund zum Jammern. Das Starre, Maschinelle der Nachkriegs-SPD möge in stürmischen Zeiten einiges Gute gehabt haben. Heute, nach zehnjährigem Funktionieren, erweise es sich in der historischen Gesamtbilanz jedoch als unheilvoll.

«Hier wird sich etwas ändern müssen», mahnte Heiden, «und ich nehme an, daß die Änderung in der Tat unter heftigen Auseinandersetzungen kommen wird. Aber vorläufig sind die Dinge noch beim alten, und als sozialdemokratischer Redakteur bliebe mir praktisch nichts übrig, als mich diesem Katastrophensystem einzufügen und ihm zu dienen. Es ist eine Gewissenssache, wenn ich sage, das kann ich nicht.»

Wittrisch konnte das nachvollziehen: «Du hast recht getan; mit solchen inneren Hemmungen darf man, zumal als junger Mann, nicht an eine Sache herangehen, die zur Lebensaufgabe werden soll.» Er träfe auch zu, was Heiden über die Politik gesagt hatte: «Natürlich leide ich darunter, aber ich als älterer Mann kann nicht den Beruf wechseln.»

Konrad Heiden konnte bei der *Frankfurter Zeitung* bleiben, musste aber sein Betätigungsfeld wechseln. Der Verlag stockte sein Monatsgehalt ab 1. Februar 1930 auf 600 Mark auf. Dafür sollte er vor allem größere Reportagen schreiben, deren «Ausführung» aber «von der Zustimmung der Geschäftsführung anhängig» wäre. Die Zeiten änderten sich, auch bei der *Frankfurter Zeitung*.

Heiden wurde jetzt bei der *Frankfurter Zeitung* als Allroundreporter eingesetzt. Er durfte aus verschiedenen Regionen berichten. Wenn möglich aber lieber nicht aus dem Bereich der Politik. So erschien im Februar 1930 im «Reiseblatt» eine Reportage über das «Skilaufen in Bayern». Darin berichtete er von den besten Skigebieten und empfahl, auf dem Weg nach Garmisch über München zu fahren, denn ein Tag in München sei «nie ein Verlust».

Im selben Monat erschien im «Illustrierten Blatt» eine Fotoreportage Heidens über eine Kabarettaufführung in der Münchner Gaststätte «Platzl». Heiden schrieb nun über Münchner Humor statt über Münchner Politik. «In diesem rauchigen, stets überfüllten Lokal gegenüber dem Hofbräuhaus gedeiht die Münchner Lustigkeit», schrieb er. Der Komiker Weiß Ferdl erfreute in den ersten Nachkriegsjahren einen guten Teil seines Publikums mit Soldatenliedern. Die Witze auf die Republik seien nicht zu zählen. «In Gottes Namen: wir sind nun mal in München. Und dieser Komiker ist konzentriertes München mit allen Vorzügen und allen Kehrseiten der Vorzüge. Es ist ja eine widerspruchsvolle Rasse ... Meint er's ernst? Man kann das beim Münchner nie genau wissen.»

Im März 1930 schickte die *Frankfurter Zeitung* Heiden zur
Unterstützung der dortigen Redaktion nach Berlin, weil einer
der Kollegen erkrankt war. Vorübergehend kam er im «Fremdenzimmer» in den Redaktionsräumen der *Frankfurter Zeitung* in
der Potsdamer Straße 133 unter. Er musste normalen Redaktions-
dienst leisten. Außerdem sollte er jetzt Fotoreportagen für das
«Illustrierte Blatt» liefern. Heiden schrieb der Verlagsleitung, die
Arbeit in Berlin bedeute eine materielle Verschlechterung für ihn.
Der «Aufenthalt in der fremden Stadt, doppelte Wohnung, die
durch den Dienst bewirkte Notwendigkeit des täglichen Essens in
einem Restaurant» – all das sei teuer.

Er beantragte deshalb eine Erhöhung des täglichen Spesen-
satzes auf 15 Mark. Das lehnte der Verlag unter Hinweis auf seine
kostenlose Unterbringung im Fremdenzimmer der Redaktion ab.
Heiden erklärte sich widerwillig mit einer Tagespauschale von
12 Mark einverstanden: «Soll ich Ihnen wirklich die Details auf-
zählen, angefangen von dem auswärts eingenommenen Frühstück
bis zu den extra gewaschenen Hemden? Ich nehme an, daß angesichts einer solchen Auffassung die Seelenruhe auch eines gleich-
mütigeren Menschen, als ich es bin, ins Wanken geriete.»

Verlagschef Dr. Simon sah das anders: «Wir haben Sie sozusagen
als unseren ‹Fliegenden Holländer› engagiert, ohne daß Sie dessen
trauriges Schicksal teilen, als einen Allroundreporter, der sich in
der angenehmen Situation befindet, daß sein Verlag ihn für diese
und jene Aufgabe bereit hält, wodurch er zunächst Deutschland
kennenlernt und sich in der angenehmsten Art in Bezug auf Wissen und Menschentum fortbilden kann.»

Für die Zeit in Berlin sagte er ihm immerhin eine Erhöhung des
Monatsgehaltes auf 720 Mark zu, schob aber drohend hinterher:
«Gerade weil ich Sie und Ihre Begabung und Leistungen für die
F. Z. schätze, möchte ich Sie auch als Menschen und Zeitgenossen
schätzen.»

So machte sich der «Fliegende Holländer» von Berlin aus auf die Reise durch die Weimarer Republik.

* * *

Am 27. März 1930 scheiterte die Große Koalition aus SPD, DDP, DVP, BVP und dem Zentrum unter dem sozialdemokratischen Reichskanzler Hermann Müller. Die SPD-Fraktion hatte ihrer eigenen Regierung die Zustimmung zu einem Koalitionskompromiss über die Arbeitslosenversicherung verweigert. In der *Frankfurter Zeitung* erschien ein nicht gezeichneter Kommentar, der aber aus dem Berliner Büro stammte und mit der SPD-Fraktion hart ins Gericht ging: «Es gibt ein Maß an Einsichtslosigkeit, das zur Schuld wird. Diese Schuld einer wirklich unerlaubt großen Einsichtslosigkeit hat gestern die Mehrheit der sozialdemokratischen Reichstagsfraktion auf sich geladen.»

Hermann Müller machte Platz für Reichskanzler Heinrich Brüning, der die Republik fortan mit Hilfe von Notverordnungen regierte. Damit war der Weg in die Diktatur angebahnt. Wie die aussehen würde, zeichnete sich schon ab.

Am 21. März 1930 tagte die NSDAP in Weimar, und Heiden durfte als Reporter nach Thüringen fahren, wo Hitlers Truppe die erste Regionalwahl gewonnen und eine Koalition mit anderen Parteien gebildet hatte. In Weimar sprach er mit den Führern der anderen Regierungsparteien über die Rolle des Koalitionspartners NSDAP. Man beruhigte ihn: «So weit – nämlich bis zu einer Art von Putsch – werde es aber nie kommen.» Sie versicherten das mit einem Selbstvertrauen, «das einen daran erinnert, daß Mißtrauen eine politische Tugend ist. Und daß Tugenden rar sind». Man gab zu, dass Herr Frick von den Nationalsozialisten seinen Kollegen manchmal auf die Nerven falle, dass es gelegentlich zu Krach im Kabinett gekommen sei: «Aber im übrigen sind eben wir auch noch da!»

Heiden aber kannte seine Pappenheimer aus Münchner Tagen: «Man muß die Nationalsozialisten nicht für so harmlos halten, daß sie damit zufrieden sein werden, gelegentlich ihren Krach im Kabinett zu haben.»

Anfang April berichtete er über die Betriebsratswahlen bei den Leuna-Werken in Merseburg. In dieser bisherigen Hochburg der KPD hatten die Kommunisten zusammen mit Freigewerkschaftlern 1924 noch 98 Prozent der Stimmen gehalten. Inzwischen waren es nur noch 72 Prozent, wovon die Gewerkschafter 37 Prozent hatten. «Dafür hat eine ‹nationale› Liste aus Stahlhelm und Parteien der Rechten mehr als 16 Prozent erobert, was für einen in solch klassischem Sinne proletarischen Betrieb schon etwas heißen will.»

Die Fronten zwischen rechts und links begannen, sich zu verschieben.

Heidens persönliche, vor allem finanzielle Lage wurde derweil nicht besser. Er hatte den kritischen Unterton im Brief seines Verlagsleiters wohl verstanden und antwortete: «Ich sehe nicht, inwiefern solche Erwägungen einer moralischen und menschlichen Rekrimination bedürfen. Sie machen mich darauf aufmerksam, daß ich nicht, wie andere, verheiratet bin. Sie werden es mir nicht verübeln, daß ich die Junggesellensteuer, die der Verlag da verhängt, innerlich nicht eben bejahe.» Auch sei er mit Unterhaltspflichten belastet, gegenüber seiner Großmutter und den Kindern seiner kürzlich verstorbenen Tante, was zusammen monatlich 100 Mark koste.

Kurze Zeit später musste er sich auch noch beim Verlag darüber beschweren, dass die Gehaltszahlungen regelmäßig zu spät kamen.

Trotz aller Schwierigkeiten befand sich Konrad Heiden wieder im Mittelpunkt des Geschehens. Hier in Berlin setzte sich das fort, was er seit seinen frühen Tagen als Student und später als Hilfsredakteur in München aus nächster Nähe beobachtet hatte: Hitlers langer, aber schier unaufhaltsamer Aufstieg. Seine Quellen, darunter NSDAP-Mitglieder aus München, waren in der Reichshauptstadt alten Bekannten gegenüber mindestens so mitteilsam wie früher.

Vor allem sein enger Kontakt zu Otto Strasser war nicht abgerissen. So erfuhr er aus erster Hand, was sich in der Nacht vom 21. auf den 22. Mai im Berliner Hotel Sanssouci in der Linkstraße am Potsdamer Platz abgespielt hatte. Einer der Anwesenden – Otto Strasser – hatte mitstenographiert, was dort in einer siebenstündigen Auseinandersetzung zwischen Hitler und den Brüdern Strasser gesagt worden war. Das Stenogramm geriet auf direktem Weg an Heiden, der es für sein erstes Buch verwendete, das im Dezember 1932 im Rowohlt Verlag erschien: «Geschichte des Nationalsozialismus. Die Karriere einer Idee.»

«Bruch mit Otto Strasser» überschrieb Heiden das Kapitel in seiner Jahre später verfassten Hitler-Biographie, die 1936 in Zürich veröffentlicht wurde. Es ging zunächst ums Geld. Hitler sagte: «Diese aufsteigende Partei kann nicht ewig von dem gesparten Kriegsschatz leben, sie braucht immer wieder Geld. Das wird sie nicht bekommen, wenn ihr der Ruf des ‹Bolschewismus› anhaftet.»

Dabei hatte das Treffen ganz harmlos angefangen. Man sprach über alles und jedes, begann mit Kunst, ging dann zum Sozialismus über, zum Führertum, zur Rassenfrage. Otto Strasser hatte seinen Bruder Gregor, Hitler Max Amann als Zeugen mitgebracht.

«Alles, was Sie sagen, beweist nur, daß Sie keine Ahnung von Kunst haben», schulmeisterte Hitler. «Es gibt nur eine ewige Kunst, die griechisch-nordische, holländische, italienische, deutsche Kunst, Gotik – das ist Irreführung. Was überhaupt auf den Namen Kunst Anspruch erhebt, kann immer nur nordisch-griechisch sein!»

Dann sprach man vom Sozialismus. Hitler erklärte: «Die große Masse der Arbeiter will nichts anderes als Brot und Spiele. Die hat kein Verständnis für irgendwelche Ideale. Wir werden nie damit rechnen können, die Arbeiter in erheblichem Maße zu gewinnen. Nein: wir wollen eine Auslese einer neuen Herrenschicht, die nicht von irgendeiner Mitleidsmoral getrieben wird, sondern sich darüber klar ist, daß sie auf Grund ihrer besseren Rasse das Recht hat, zu herrschen; und die diese Herrschaft über die breite Masse rücksichtslos aufrechterhält und sichert.» Die weiße Rasse habe die ganze Weltwirtschaft planmäßig zu organisieren: «Der ganze Nationalsozialismus wäre nichts wert, wenn er sich nur auf Deutschland beschränkte; wenn er nicht mindestens ein- bis zweitausend Jahre lang die Herrschaft der hochwertigen Rasse über die ganze Welt besiegelte.»

Als hier Gregor Strasser widersprach, lenkte Hitler ein wenig ein und gab zu, dass man vielleicht an eine Herauslösung Deutschlands aus der Weltwirtschaft in immerhin hundert Jahren denken könne. Otto Strasser erinnerte dagegen, zum Unwillen Hitlers, an das sozialistische Programm der fünfundzwanzig Punkte, aus denen das erste Parteiprogramm der NSDAP bestanden hatte. Hitler schien tief beleidigt. Es kam selten vor, dass ihm ein so untergeordnetes Parteimitglied derart offen widersprach, ihm gar Widersprüche nachwies; er sah darin einen Mangel an Respekt.

Kurz darauf schrieb er an seinen Berliner Gauleiter Joseph Goebbels einen von gekränkter Eitelkeit strotzenden Brief, in dem er ihm befahl, Strasser und seinen Anhang aus der Partei zu jagen:

«Unter der Maske, für den Sozialismus kämpfen zu wollen, wird eine Politik zu vertreten versucht, die vollkommen der Politik

unserer jüdisch-liberal-marxistischen Gegner entspricht», schrieb
Hitler. «Ich halte es nunmehr für notwendig, diese destruktiven
Elemente rücksichtslos und ausnahmslos aus der Partei hinaus-
zuwerfen. Die Nationalsozialistische Partei wird, solange ich sie
führe, kein Debattierklub wurzelloser Literaten oder chaotischer
Salonbolschewisten werden, sondern sie wird bleiben, was sie
heute ist: eine Organisation der Disziplin, die nicht für doktrinäre
Narreteien politischer Wandervögel geschaffen wurde.»

Und so geschah es. Otto Strasser und eine Anzahl seiner Anhänger wurden ausgeschlossen. Ihr Apparat zerbrach, ihre Tages-
zeitungen wurden zu Wochenblättern. Otto Strasser gründete
eine eigene Partei, erst «Revolutionäre Nationalsozialisten», dann
«Schwarze Front». Später, nach Hitlers Machtantritt, ging Otto
Strasser in die Emigration.

Gregor Strasser dagegen sagte sich öffentlich in scharfer Form
von seinem Bruder los. Er stehe in voller Loyalität «hinter Herrn
Adolf Hitler». Heiden schrieb: «Wieder der geschäftskühle Ton;
nicht ‹mein Führer›. Aber immerhin, er unterwirft sich.»

Heiden zerstritt sich zu dieser Zeit immer mehr mit seinem Verlag.
Die Gehaltsfrage, so schrieb er Anfang Mai 1930 in einem Brief an
die Geschäftsführung, sei «einer österreichischen Behörde würdig». Das Geld sei oftmals erst nach dem Fälligkeitstage, einmal
eine volle Woche später, auf die Post gegeben worden.

Es deutet einiges darauf hin, dass man Konrad Heiden aus der
Redaktion herausdrängen wollte. Zumindest hatte man wenig
Neigung, ihn in Berlin lassen. Er solle seinen «Ausgangspunkt in
Frankfurt behalten, um die Fühlung mit der Frankfurter Redak-
tion nicht zu verlieren».

Doch auch dort wusste man mit ihm nicht mehr viel an-
zufangen. Trotz monatelanger Bitten, ihm Rezensionsexemplare
von Büchern zur Besprechung im Literaturblatt der Zeitung zu

schicken, erhielt er nichts. Als er um das neu erschienene Buch des Weltkriegsgenerals Wilhelm Groener bat, der nach Ende des Krieges ein Bündnis mit Friedrich Ebert geschlossen hatte, verlangte die Redaktion von ihm, «in ein paar Zeilen zu skizzieren, in welchem Sinne» er das Buch besprechen würde. Heiden kam dem Wunsch nach und schilderte auf einer ganzen Seite die Linie seiner geplanten Rezension: «kritisch und kritisierend».

Im Juni 1930 reiste Konrad Heiden nach Stolp in Ostpommern und Schlawe in Hinterpommern, um für die *Frankfurter Zeitung* eine Reportage über die Krise in der Landwirtschaft zu schreiben. Er lernte, so wie es seine Redaktion offenbar wollte, die Provinz kennen – und entschloss sich dann, der *Frankfurter Zeitung* den Rücken zu kehren.

Am 28. September 1930 schrieb er dem Verlag: «Die politischen Ereignisse der letzten Monate und die Stellung, die die ‹Frankfurter Zeitung› zu ihnen genommen hat, zwingen mich, mein seit sieben Jahren bestehendes Dienstverhältnis zu überprüfen.» Es sei der Zeitung bekannt gewesen, dass er Mitglied der SPD sei, darin sei kein Hindernis bei seiner Anstellung gesehen worden. Er jedenfalls habe damals angenommen, dass zwischen der «Zugehörigkeit zu der größten demokratischen Partei und der ersten demokratischen Zeitung Deutschlands ein Konflikt nicht entstehen könne».

Er habe unterstellt, dass die Zeitung die «Gegebenheiten der kapitalistischen Wirtschaftsordnung» anerkenne, aber die gleiche Unbefangenheit «den Kräften entgegenbringt, die auf eine Fort- und Umbildung dieser Wirtschaftsordnung hindrängen». Seit einiger Zeit aber habe die *Frankfurter Zeitung* ihr «traditionelles Amt, ein kapitalistisch gesinntes Publikum anzureden», übertrieben.

In den Wahlen habe sich die Zeitung auf das «unglücklichste» auf Parteien festgelegt, die den Kontakt zum Volk verloren hätten, und dadurch «ohne Not an ihrer Niederlage partizipiert». Schließlich habe sie in einer «nicht nur von mir, sondern von vielen anderen nicht begriffenen Schärfe» den Wahlkampf gegen die Sozialdemokratie geführt, «die doch heute die einzige zuverlässige und nach ihrer Stärke in Betracht kommende Garantin unserer demokratischen Republik ist».

Die Zeitung stehe vor der seiner Meinung nach «größten alle Gefahren», ohne es selbst zu wollen, in Stimmung und Ton des «Juste Milieu» zu geraten, «was etwas gründlich anderes ist als ihre traditionelle wohlbegründete Gemessenheit und Besonnenheit».

Der Begriff «Juste Milieu» wurde nach der französischen Julirevolution 1830 als Schlagwort zur Charakterisierung der politischen Leitkategorie des «Bürgerkönigs» Louis Philippe sowie der bürgerlich-frühkapitalistischen Gesellschaftsschicht verwendet. Im deutschen Vormärz diente er als Angriffswaffe gegen den Liberalkonservativismus und die politischen «Halbheiten» der Wirtschaftsliberalen.

Heiden glaubte nicht, zu einer Änderung dieses Zustandes etwas Wesentliches beitragen und seine Auffassungen zur Geltung bringen zu können. «Da aber der jetzige Zustand meiner politischen Überzeugung widerstreitet, bitte ich Sie, mich aus dem Verband der politischen Redaktion des Blattes, dem ich mich bisher mit Freude als zugehörig betrachtete, mit Ablauf des Jahres ausscheiden zu lassen.»

Der Verlag nahm die Kündigung billigend zur Kenntnis: «Sie klären mit dem Schritt eine Situation, die wir selbst seit geraumer Zeit als unbefriedigend empfunden haben.» Die Kritik an der Zeitung sei hierfür eine neue Bestätigung. «Wir haben versucht, Ihre große schriftstellerische Begabung mehr auf das Darstellerische als auf die Politik, d.h. Kritik der Gegenwart zu lenken. Daß uns das nicht gelungen ist, das haben uns Ihre letzten Arbeiten deutlich bewiesen, die sich immer wieder von der objektiv darstellenden zur politisch kritisierenden Haltung wandten. Damit ist keineswegs ein Vorwurf ausgesprochen.» Der Brief endete mit dem Satz: «Der Schritt, den Sie tun, ehrt sie ...»

Nun war der brillante Journalist Konrad Heiden, 29 Jahre alt, arbeitslos geworden, und das in dramatischen Zeiten.

Zeit der Verantwortungslosigkeit

DIE ZAHL DER ARBEITSLOSEN war auf die bis dahin ungeahnte Höhe von drei Millionen gestiegen. «Die Wirtschaftskrise mähte die Existenzen. Breite Volksmassen begannen, am System zu zweifeln, von den bürgerlichen Parteien aber griff keine das System so schonungslos an wie Hitler.»

Bei den Reichstagswahlen am 14. September 1930 traten 4,6 Millionen neue Wähler an, die bis dahin noch nie an die Urne gegangen waren, zum kleineren Teil Jugendliche, vor allem aber unpolitische Menschen, die, wie Heiden schrieb «die Krise aus ihrer bisherigen Bequemlichkeit herausgeschüttelt hatte». Sein Resümee: Nun kamen «die Verantwortungslosen».

Die Deklassierten bildeten nun eine neue Klasse: die Masse.

Diese Klasse war «ein Sammelbecken der hochmütigsten bis zu den bescheidensten Ansprüchen, aber ohne Selbstvertrauen». Sie wandte sich «als letzte Quelle aller Hilfe, der man unerhörte Kräfte und eine geheimnisvolle Produktivität zutraute», dem Mann zu, «der so ganz zu ihr gehört; der aus dem Männerasyl kam, in seiner bürgerlichen Laufbahn gescheitert ist, erst durch Berührung mit den staatlichen Dingen groß wurde und nun seine Klassengenossen auf friedlichem, gefahrlosem Wege in die Obhut der Nation und ihres Präsidenten führen wird».

Neun Jahre später beschrieb Sebastian Haffner in seinem Londoner Exil die Stimmung gegenüber Hitler Ende 1930 so: «Die meisten der Leute, die ihm im Sportpalast zuzujubeln begannen, hätten es wahrscheinlich vermieden, sich auf der Straße von diesem Mann Feuer geben zu lassen. Aber hier zeigte sich bereits das Seltsame: die Faszination gerade des ganzen Widerlichen, Pfuhlhaften, triefend Eklen – wenn es auf die Spitze getrieben wird. Kein Mensch hätte sich gewundert, wenn dieses Lebewesen bei seiner ersten Rede von einem Schutzmann am Kragen genommen und irgendwo abgestellt worden wäre, wo man nie wieder etwas von ihm sah und wohin es ohne Zweifel gehörte. Da nichts dergleichen geschah, da der Mensch sich im Gegenteil immer weiter steigerte, immer wahnsinniger und monströser und dabei immer nur berühmter und unübersehbarer wurde, schlug die Wirkung um: Die Faszination durch das Monstrum setzte ein; und zugleich das eigentliche Geheimnis des Falles Hitler, jene seltsame Benebelung und Betäubung der Gegner, die mit dem Phänomen einfach nicht fertig wurden ...»

In der Nacht vom 14. zum 15. September 1930 stand gegen drei Uhr morgens die verblüffende Tatsache fest, dass Hitlers Anhängerschaft binnen zwei Jahren von 800 000 auf sechseinhalb Millionen Wähler gewachsen war und dass die Nationalsozialisten mit nunmehr 107 Reichstagsabgeordneten über Nacht die zweitstärkste deutsche Partei geworden waren.

Die Regierenden waren fassungslos. In der Presseabteilung der Reichsregierung konnte ein Minister, der sich vor Zorn und Enttäuschung betrunken hatte, nur mit Mühe von einer «aufgelösten Ansprache an die Journalisten» abgehalten werden.

Ein paar Tage später fassten die Geschlagenen sich wieder. Die Losung hieß jetzt: «Ein Überraschungssieg, die Welle hat sich überschlagen, sie wird bald zurücksinken.»

Reichskanzler Brüning beschloss, nun erst recht, mit moralischer Deckung des Reichspräsidenten, zu regieren. Die eben erst hinausgeworfene Sozialdemokratie flüchtete zu ihm und tat alles, was er verlangte; er hatte so im Parlament noch eine schwache Mehrheit.

Aber die Welle rollte nicht zurück, denn die Deklassierung schritt voran. Aus den drei Millionen Arbeitslosen wurden zwei Jahre später siebeneinhalb: «Die Trümmer des bürgerlichen Kapitalismus wurden Bausteine des Nationalsozialismus», resümierte Heiden. «Drei Gegenspieler hatte Hitler noch, Hindenburg mit der Reichswehr, den Rüstungs- und Medienunternehmer Alfred Hugenberg mit der Industrie, schließlich die Parteien. Hindenburg hatte die Waffe, Hugenberg das Geld, die Parteien die Masse. Nach fünfjähriger Arbeit war Hitler jetzt so weit, den Parteien die Masse zu entführen.

Die zweite Aufgabe war es, Hugenberg das Geld abzunehmen. Aber alles überschattete die dritte Notwendigkeit: sich mit den Trägern der Waffe zu verständigen. Denn bei der Waffe lag in dieser zersetzten Zeit die Entscheidung; das Geld folgte ihr, nicht umgekehrt. Die Revolution mit Erlaubnis des Herrn Präsidenten wird ernst. Der Kampf um die Reichswehr geht weiter.»

Gewiss, die Reichswehr hatte die Waffen. Aber Hitler hatte das Volk.

* * *

Am 13. Januar 1931 trat Konrad Heiden als politischer Redakteur beim Presseverlag Dammert, einem konservativen Pressedienst, ein. Er bekam für den restlichen Januar 500, von da an 750 Mark im Monat. Der Vertrag war als «Provisorium» gedacht und sollte zunächst bis zum 1. April laufen. Er wurde verlängert, aber Heiden fühlte sich auch bei dem neuen Arbeitgeber nicht wohl.

Ende April schrieb er an einen alten Bekannten aus München, der jetzt für die *Kölnische Zeitung* arbeitete, Anfang dieses Jahres habe er wegen interner Streitigkeiten die *Frankfurter Zeitung* freiwillig verlassen. Er habe zwar eine neue, sogar bessere Stelle bekommen, «aber an der neuen Tätigkeit haftet deswegen ein gewisses Unbehagen, weil sie sich im Stil doch erheblich von der Arbeit an der Frankfurter Zeitung unterscheidet». Er habe den Wunsch, gelegentlich wieder für eine der größten deutschen Zeitungen schreiben zu können. Die FZ würde nach der «freundschaftlichen, aber doch dezidierten Trennung» nicht mehr in Frage kommen, und die großen Berliner Blätter hätten etwas «forciert Weltstadtmäßiges». So sähe er nur ein Blatt, an dem er gern mitarbeiten würde: die *Kölnische Zeitung*.

Der Kollege antwortete umgehend, dass er zwar Heidens Reisefeuilletons in der FZ «überraschend vorzüglich» fand und dessen Mitarbeit als Gewinn ansehen würde. Doch auch bei ihm hätten sich die Zeiten geändert. Leider habe die *Kölnische Zeitung* «ihren Kurs mehr als früher nach rechts» gesteuert, sodass auch ihm selbst die Arbeit erschwert werde. Er könnte aber den Verleger über Heidens Bewerbung ins Bild setzen.

Einige Wochen später bekam Heiden eine Absage aus Köln. Unter normalen Umständen würde man gern von seinem Angebot, Artikel zu schreiben, Gebrauch machen. Die Verhältnisse in der Feuilletonredaktion seien aber nicht normal, da «unser Vorrat an ausgewachsenen Feuilletons im Laufe des letzten Jahres auf über 100 Nummern gestiegen ist». Grund dafür sei, dass man «eine Reihe von gelegentlichen Mitarbeitern während einer wirtschaftlich sehr bedrängten Zeit» nicht im Stich lassen wollte. Deshalb habe man sich entschlossen, neue Arbeiten nicht mehr anzunehmen. Man müsse Heiden bitten, vorläufig «von Einsendungen an uns abzusehen».

Auch der Fischer Verlag, bei dem Konrad Heiden seine Reisebetrachtungen aus Deutschland veröffentlichen wollte, schickte ihm die Manuskripte zurück, «da wir uns einen genügenden Erfolg nicht versprechen können». Die Aufsätze seien zwar vortrefflich, «aber die Leser seien über viele Gegenstände Ihrer Betrachtungen» bereits unterrichtet, «womit natürlich kein Urteil über den Wert Ihrer schriftstellerisch und menschlich hochrangigen Essays gesprochen sein soll».

In diesem Frühsommer 1931 überschlugen sich die Ereignisse:

Reichspräsident Hindenburg erließ auf Betreiben des Reichskanzlers Brüning Notverordnungen mit umfangreichen Sparmaßnahmen. Heiden kritisierte: «Brüning ist ein wunderbarer Vorläufer, der für den kommenden Hitler die unangenehmsten Aufgaben vorweg löst. Er verschärft durch seine Deflationspolitik die Wirtschaftskrise und steigert so die Unzufriedenheit; er handelt dem Ausland die Streichung der Reparationen ab, die sonst die erste gefährliche Aufgabe des Kabinetts Hitler wäre. Und vor allem zerstört Brüning die Demokratie, ohne selbst eine haltbare Diktatur zu schaffen. Ein Pfadfinder und Wegebahner für seinen Feind.»

Heiden blieb weiterhin beim Dammert Verlag, bis ihm Ende 1931 mitgeteilt wurde, dass man unter dem Druck der Sparmaßnahmen gezwungen sei, den Mitarbeiterkreis zu verkleinern. Man müsse ihm leider zum 31. März kündigen. Da es über die Laufzeit seines Vertrages Unstimmigkeiten mit dem Verlag gab, ließ er sich von dem alten Freund seines Vaters, Professor Sinzheimer in Frankfurt, beraten.

Dieser gab ihm als Jurist die entsprechenden Hinweise und schrieb dann, dass er «einen sehr schönen Artikel» in der Beilage der *Vossischen Zeitung* gelesen habe: «Es freut mich, daß Dein Interesse nicht nur ein feuilletonistisches ist, sondern daß Du offenbar auch ein starkes politisches Interesse hast. Politik ist ja eben bei uns alles. Ich persönlich bin entsetzt über Brüning. Die Niederlagen, die er uns bereitet hat, sind furchtbar. Ich bin überzeugt, daß ein großer Teil der deutschen Krise auf seine Tätigkeit zurückgeht. Seine Etatmonomanie ist geradezu tragisch. Sein Mangel an irgendeinem Wirtschaftsprogramm ist katastrophal. In der auswärtigen Politik ist er ohne Sicht und ohne Instinkt. Man betrachte die heutige außenpolitische Lage Deutschlands. Katastrophe auf Katastrophe.»

Es sei alles schrecklich: «Dieses Elend, dieses Hinsterben des größten Teils eines unendlich arbeitsamen, tüchtigen, schaffenskräftigen Volkes.»

Der Aufstieg Hitlers hatte auch jenseits der NSDAP eine deutschnationale und militaristische Stimmung gestärkt. Damit gerieten auch andere Publizisten, die damals sehr viel bekannter und einflussreicher als Konrad Heiden waren, unter Druck. So Carl von Ossietzky, Herausgeber der Zeitschrift *Die Weltbühne*, der in einem international aufsehenerregenden Prozess 1931 wegen Spionage verurteilt wurde, weil seine Zeitschrift im März 1929 die nach dem Versailler Vertrag verbotene Aufrüstung der Reichswehr enthüllt hatte. Ossietzky wurde wegen des Verrats militärischer Geheimnisse zu 18 Monaten Gefängnis verurteilt. Im Gegensatz zu seinem Mitangeklagten, der sich der Haft durch eine Flucht ins Ausland entzog, blieb Ossietzky und erklärte, nachdem sein Gnadengesuch abgelehnt worden war und der Haftantritt kurz bevorstand: «Ich gehe nicht aus Gründen der Loyalität ins Gefängnis, sondern weil ich als Eingesperrter am unbequemsten bin. Ich beuge mich nicht der in roten Sammet gehüllten Majestät des Reichsgerichts, sondern bleibe als Inasse einer preußischen Strafanstalt eine lebendige Demonstration gegen ein höchstinstanzliches Urteil, das in der Sache politisch tendenziös erscheint und als juristische Arbeit reichlich windschief.»

Ein Mitarbeiter der *Weltbühne*, der Dichter Walter Mehring, erzählte, dass der spätere Reichskanzler Kurt von Schleicher in die

Redaktion der Zeitschrift gekommen sei, um Ossietzky zur Ausreise in die Schweiz zu überreden. Doch Ossietzky weigerte sich: «Jetzt sollen die Herren, die mir die Gefängnissuppe eingebrockt haben, sie auch selber auslöffeln.» Aber das taten sie nicht.

Ossietzky trat seine Haftstrafe am 10. Mai 1932 im Gefängnis Berlin-Tegel an und wurde aufgrund einer Weihnachtsamnestie für politische Häftlinge am 22. Dezember 1932 nach 227 Tagen Haft vorzeitig entlassen. Kurz nach der Machtergreifung der Nationalsozialisten wurde er am 28. Februar 1933 erneut verhaftet und zunächst im Gefängnis Berlin-Spandau interniert, später ins Konzentrationslager Sonnenburg bei Küstrin verschleppt.

Im März 1932 wurde der Reichspräsident neu gewählt. Der erste Wahlgang wurde zu einer Niederlage für Hitler. Er hatte gut elf Millionen Stimmen, Hindenburg achtzehn; das war fast die absolute Mehrheit.

Auch den zweiten Wahlgang verlor Hitler. Immerhin erreichte er dreizehn Millionen Stimmen. Doch Hindenburg blieb der Präsident.

«Der böhmische Gefreite war binnen anderthalb Jahren, seit seinem Wahlsieg vom 14. September 1930, der berühmteste Mann Deutschlands, von dem alle viel erwarten, Herrliches oder Fürchterliches», schrieb Heiden. «Ob er ein kleines Mädchen liebkoste und Ansichtskarten dabei verbreiten ließ; ob er in der Volksversammlung dem Kanzler Brüning zurief: ‹Und wenn ihr hundertmal erklärt: wir bleiben um jeden Preis – so antworte ich: wir stürzen euch auf alle Fälle› – immer wieder traf er die Haltung, das Wort, die Tat, die Aufsehen machten.» Die Partei hat Anfang 1932 achthunderttausend Mitglieder; die SA stieg auf sechshunderttausend. Goebbels, seit 1929 der Leiter der Propaganda, macht aus den Reisen des Führers wahre Triumphfeste.

«Aber die besten Einfälle hat doch Hitler selbst», bemerkte

Heiden. Beim zweiten Gang der Präsidentenwahl mietete er ein Flugzeug und flog von Versammlung zu Versammlung, sprach bisweilen dreimal täglich vor hunderttausend Menschen. «Hitler über Deutschland», sagten die Nationalsozialisten.

Noch immer stand Konrad Heiden in engem Kontakt zur mütterlichen Seite seiner Familie. Onkel Oskar, verheiratet mit der Schwester von Konrad Heidens Mutter, schrieb ihm Ende Februar 1932, dass er den Geburtstag der Großmutter nicht vergessen solle. Diese würde am 10. März 80 Jahre alt, er möge ihr einen Brief schreiben, «womit sie sich wohl am meisten freuen wird, wenn sie von Dir hört, was Du treibst und wie es Dir geht».

Auch Heidens Onkel Oskar machte sich Sorgen um die politische Lage: «Die Nazis haben fast jeden Tag große Versammlungen. Es ist ja auch kein Wunder, wenn Adolf so viel Zulauf hat. Alles geht schief und nichts wie Abzüge. Alles ist unzufrieden. Aber er wird es auch nicht besser machen, woher soll er es nehmen. Die Menschen glauben es aber, daß es plötzlich besser wird und ihnen gebratene Tauben in den Mund fliegen.» Am Ende kommt er zu der merkwürdigen Erkenntnis: «Man hätte diese Leute schon längst an die Regierung lassen sollen, damit sie zeigen, was sie können.»

Da war sein Neffe allerdings ganz anderer Auffassung.

Der Buchautor

IM AUGUST 1932 traf Heiden den SPD-Politiker Wilhelm Hoegner im «Reintaler Hof» bei Garmisch. Er schrieb dort an seinem Buch «Geschichte des Nationalsozialismus». Ein Titel, der vor der Machtergreifung 1933 manchen Zeitgenossen etwas verfrüht erscheinen konnte. Der Reintaler Hof war ein Einödhof aus dem 17. Jahrhundert, etwa 5,5 Kilometer südlich von Garmisch-Partenkirchen. Nach einem Brand im Jahre 1925 wurde das Gebäude im April 1926 nach Südtiroler Art mit Arkaden und Veranden, einem flachen Schieferwalmdach und um das Haus herumlaufenden Balkonen wiederaufgebaut. Es wurde ein kleines Hotel, das Ende der zwanziger Jahre in den Besitz des deutschen Metallarbeiterverbandes, dem Vorläufer der IG Metall in Berlin, überging. Auch die Sozialdemokratische Partei hatte einen Anteil an der Erholungsstätte, die, so die *Gewerkschaftliche Rundschau* im Februar 1932, «nach dem wissenschaftlichen Urteil berühmter Hygieniker den Vergleich mit den winterlichen Sonnenkurplätzen der Schweiz sehr wohl aushalten» könnte.

Hier konnte Konrad Heiden in Ruhe an seinem Buchprojekt arbeiten. Wilhelm Hoegner traf ihn, als er mit seinen Angehörigen einige Wochen zur Erholung dort war. Hoegner, geboren 1887 in München, war Jurist und SPD-Politiker und wurde kurz nach dem Zweiten Weltkrieg der erste und einzige bayerische Ministerpräsident, der nicht der CSU angehörte. Nach Hitlers Machtergreifung war er aus dem Staatsdienst entlassen worden und emigrierte zunächst nach Tirol und dann ins Schweizer Exil.

1937 schrieb Hoegner einen Brief an einen Freund in Lugano, nachdem Konrad Heiden kurz zuvor in der Schweiz seine Hitler-Biographie veröffentlicht hatte. Er habe im Reintaler Hof «K. H. als netten, gefälligen Menschen» kennengelernt: «Er schrieb fleißig an seinem Erstlingswerk, einer Geschichte des Nationalsozialismus, die dann um die Jahreswende oder kurz nachher in einem Berliner Verlag mit Unterstützung unseres Fraktionssekretariats erschien.» Gönnerhaft meinte Hoegner: «K. H. ist zweifellos sehr begabt und schreibt einen leicht faßlichen und dramatisch belebten Stil. Leider scheint er zu früh in parlamentarische Luft gekommen zu sein. Er hält Couloir-Gespräche und den Klatsch der Wandelgänge für geschichtliche Wahrheiten, hascht nach kleinen Sensationen und besitzt dabei zu wenig Wissen und Erfahrung, um unterscheiden zu können.»

Offenbar schlug sich in dieser Kritik die Kontroverse im französischen Exil nieder, in der Hoegner die SPD heftig kritisierte, weil sie in den entscheidenden Stunden der Weimarer Republik nicht in der Lage gewesen sei, mit den Kommunisten zusammen eine Volksfront gegen den Nationalsozialismus zu bilden. In den ersten Auflagen von Heidens Hitler-Biographie, so meinte Hoegner, stünden zahlreiche «Verstöße gegen die geschichtliche Wahrheit, die von der Kritik beanstandet wurden und jetzt ausgemerzt sind».

Heiden würde sich bei der Benutzung fremder Quellen eine «wenigstens früher verpönte Großzügigkeit erlauben». In Heidens früheren Werken schiene ihm die «männliche Festigkeit» zu fehlen. Er sei auch in der Hitler-Biographie «nationalsozialistischen Gedanken und Empfindungen oft zu weit entgegen» gekommen. Offenbar stieß Hoegner sich daran, dass Konrad Heiden in allen seinen Büchern versucht hatte, zu ergründen, was die Faszination Hitlers für die Masse ausmachte.

KONRAD HEIDEN

Geſchichte
des Nationalſozialismus

Konrad Heidens erstes Buch,
erschienen bei Rowohlt 1932

Hoegner schrieb: «Ich glaube nicht, daß schuld daran die Sucht ist, um jeden Preis ‹objektiv› zu wirken und dadurch vielleicht bessere Geschäfte zu machen, sondern ich halte das für eine gewisse Weichheit des Charakters, für eine etwas schwankende Gemütslage, die in der Gemeinheit noch die Größe bewundern läßt, wobei allein Abscheu und Empörung am Platze wären.»

Es war eine bei vielen Sozialdemokraten erkennbare Weigerung, sich mit dem auseinanderzusetzen, was Hitler und dem Nationalsozialismus eine derart große Anziehungskraft verlieh.

Nach dem Krieg äußerte sich ein Freund Heidens im Pariser Exil, der Schriftsteller Norbert Muehlen, zu Hoegners Einlassungen: «Der Brief Hoegners ist interessant als ein Dokument zur Illustration der giftigen Intrigen (in Bayern nennt man das Hinterfotz), mit denen prominent gewesene Emigranten einander und vor allem jüngere Emigranten bedachten. Herr Hoegner hat ein Recht auf seine Charakterurteile, die allerdings, wie er selber beschreibt, auf einer sehr sporadischen Bekanntschaft mit deren Objekt Heiden fußen.»

* * *

Am 12. Dezember 1932 erhielt Konrad Heiden einen handgeschriebenen Brief von einer Frau mit dem Namen Helga aus Berlin-Steglitz. In ihrer Handschrift sind auch Korrekturen an den Manuskripten jener Zeit zu finden. Helga wohnte bei einem Hermann Leder in der Berlinicke Straße 14a im III. Stock. Aus den Schriften und Briefen in Heidens Nachlass geht nicht hervor, welche Art von Beziehung er zu ihr hatte oder wie ihr vollständiger Name lautete. Es war ein Abschiedsbrief.

«Lieber Konrad, durch unser letztes Zusammentreffen sind mir doch so allerlei Gedanken gekommen, die ich Dir einmal sagen möchte. Ich möchte vermeiden, daß Du etwa noch einmal anrufst und ich Dir dann im Geschäft am Telefon doch nichts sagen kann. Wenn Du Dir einmal genau überlegst, was ich Dir jetzt schreibe, dann wirst Du selbst einsehen, daß ein weiteres Zusammentreffen zwischen uns zwecklos ist. Für halbe Angelegenheiten habe ich wirklich nichts über, dazu haben wir uns zu nah gestanden. Aber wenn Du die Gründe unserer Trennung berücksichtigst, so kannst Du Dir auch denken, und ich nehme an, daß es Dir ähnlich gegangen ist, daß diese Monate nicht leicht für mich waren.

Darüber kann ich nicht mit einem Sprung hinweggehen, und es kommen mir dann nach einem Abend wie neulich allerhand Gedanken, daß ich vielleicht nur mal einen leeren Abend ausfüllen soll, sehr viel Rücksicht braucht man ja nicht zu nehmen.

Das klingt sicher ein bißchen sehr hart, und ich weiß auch, daß Du nicht so gedacht hast, aber wenn Du es Dir überlegst, sind meine Gedanken nicht so unbegründet.

Du wirst sicher auch nicht verstehen, warum ich Dich schon einmal angerufen habe. Dir das zu erklären, ist ein bißchen schwierig und geht wahrscheinlich gar nicht. Es ging mir damals sehr schlecht, und ich wollte vielleicht nur wissen, was Du nach längerer Zeit über mich denkst und wie Du Dich zu mir stellst.

Ich habe das Gefühl, daß ich Dir vielleicht als Freundin noch gut genug wäre, aber weiter nicht. Es ist mir nicht angenehm, das auszusprechen, aber nachdem das Wort Heirat einmal zwischen uns erwähnt wurde, wirst Du mir nicht mehr eine Freundschaft anbieten. Ich möchte wenigstens nicht denken müssen, daß Du so wenig Achtung vor mir hast.

Ich weiß, daß ich vollkommen gesund bin und mir keine Vorwürfe zu machen brauche, daß Du darüber nicht hinwegkommen kannst, begreife ich, aber es ist besser, daß dadurch eine restlose Trennung zwischen uns bleibt, sonst wird man nie mit den Dingen fertig. Irgendwie muß man sich ja damit abfinden, wenn man weiterleben will. Das alles brauchst Du mir nun nicht übelzunehmen, aber ich mußte es Dir noch sagen, damit ich das Gefühl von Klarheit zwischen uns habe.

Herzlichst Helga»

Wer Helga war, was aus ihr wurde, lässt sich aus den von Heiden hinterlassenen Unterlagen nicht rekonstruieren. Den Brief ließ er mit anderen Papieren in Zürich zurück. Es war, als sei er dabei gewesen, alle Brücken zu seinem bisherigen Leben abzubrechen.

Doch, so dachte Heiden damals noch, die Hitler-Bewegung werde bloß eine Episode bleiben: «Mag diese schemenhafte Staatsführung ihre Zeit dauern; sie wird trotzdem nichts anderes sein als der Nachtalp einer schlummernden Nation.»

Tatsächlich wurde es ein schier endloser Albtraum.

Mitten in diesem Krisen- und Intrigenspiel stellte Konrad Heiden am 20. Dezember 1932 sein Buch «Geschichte des Nationalsozialismus» vor. Es war eine, wie die *Vossische Zeitung* schrieb, «ungewöhnlich zahlreiche Zuhörerschaft im Haus des Demokratischen Clubs dem Rufe des Republikanischen Reichsbundes folgend zusammengekommen». Heiden sollte über «Aufstieg und Krise des Nationalsozialismus» sprechen. Die in der *Vossischen Zeitung* veröffentlichten Abschnitte seiner «Geschichte des Hitlertums» hätten inzwischen auch als Buch starke Beachtung gefunden. Sein Vortrag sollte das Bild vervollständigen: «Konrad Heiden stellt seine Diagnose des Nationalsozialismus in eine Gesamtbetrachtung hinein, die auf eigenwilliger Beobachtung der Gegenwart beruht und durch ihre scharf zugespitzte Kritik nicht nur den Gegner zum Widerspruch reizt.» Sein Vortrag habe zu einer «fast dramatisch bewegten Aussprache» geführt.

In der Diskussion sagte Heiden: «Der Nationalsozialismus ist analphabetischer Sozialismus.» Er finde den Zugang zu breiten

Bevölkerungsmassen, die sich früher vom politischen Leben fern-
hielten und von einem neuen, nach Gestalt ringenden Kollektivbe-
wusstsein erfüllt seien. Damit stieß er auf Widerspruch.

«Der Nationalsozialismus hat überhaupt nichts mit Sozialismus zu tun», entgegnete ihm Theodor Heuss, damals Mitglied
des Reichstages für die Deutsche Staatspartei, die Nachfolgepartei
der DDP. Wenige Monate nach der Diskussion mit Heiden stimmte Theodor Heuss – wenn auch widerstrebend – dem Ermächti-
gungsgesetz zu und wurde 1941 fester Mitarbeiter der *Frankfurter
Zeitung*, wo er vor allem historische und kulturpolitische Aufsätze
veröffentlichte. Nach dem Krieg war er erster Bundespräsident der
Bundesrepublik Deutschland.

Heuss hatte eine andere Interpretation parat: «Der Nationalsozialismus ist im Grunde nichts anderes als der stürmische Versuch
bürgerlicher Schichten, sich ein bürgerliches Lebensgefühl und
eine bürgerliche Lebenshaltung zu retten.»

Heiden erwiderte, dass Hitler nur «durch die Rückschau auf
den Ausgang des Weltkrieges und die Revolution» seine Macht
gewonnen habe: «Eben jene Schichten, in denen sich durch das
Erlebnis des Krieges ein neues Kollektivbewußtsein und eine auf-
richtige Empfangsbereitschaft für einen radikalen Neubau heran-
bildete, sind durch den Gang der Ereignisse enttäuscht worden.»
Sie hätten, ohne selbst Sozialisten zu sein, der Sozialdemokratie
eine Chance für einen solchen Neubau gegeben. «Aber die Sozialdemokratie hat ihre große geschichtliche Stunde verpaßt; und
jene Schichten sind in tiefer Enttäuschung zur NSDAP abgeflos-
sen.»

Diese Kritik an der Rolle der Sozialdemokratie rief deren Vertreter auf den Plan. In seiner temperamentvollen Art erinnerte
Philipp Scheidemann, der 1918 die Republik ausgerufen hatte, an
die schweren Aufgaben, denen sich seine Partei beim Ausgang des
Weltkrieges gegenübergestellt sah: «Kampf um die Einheit des

Reiches und gegen die bolschewistische Pest, Vorbereitung der Nationalversammlung und Kompromisse mit den verbundenen bürgerlichen Parteien – das alles hat ihre Kraft absorbiert und gefesselt.»

Den, wie die *Vossische Zeitung* meinte, «vielleicht wertvollsten Beitrag zum Verständnis der Hitlerbewegung» habe Heiden durch den Hinweis auf den tiefen Bruch in ihrer Entwicklung gegeben: «Zunächst, bis zum Jahre 1929, war das Ziel: Diktatur über die *kontribunis misera plebs* durch eine abgesonderte hochrassige Führerschicht.» Der lateinische Begriff, den er benutzte, bezeichnet das arme steuerzahlende Volk. «Und dann, nach dem ungeheuren zahlenmäßigen Aufschwung, der Kampf um den letzten und schlechtesten Wähler im Zeichen der Legalität.» Das, so meinte Heiden, sei eine Stil- und Strukturänderung der Hitler-Bewegung gewesen: «Das war zugleich der Beginn ihres Verfalls.» Zunächst noch durch den Erfolg ihrer «amerikanischen Propaganda» verdeckt, habe diese Kursänderung ihren Anfang genommen. In Heidens Prognose schwang offenbar die Hoffnung mit, Hitlers Aufstieg könne doch noch gestoppt werden. Er meinte, der Versuch, die Arbeiterschaft für die Ideologie eines nationalen Sozialismus zu gewinnen, sei missglückt: «Die Welle der Hitlerbewegung ist im Versickern. Vielleicht, weil die seelische Unruhe im deutschen Volk selbst im Abflauen ist.»

Und was dann? Die *Vossische Zeitung* schrieb: «Heiden selbst schließt seinen Vortrag mit einem Bekenntnis zu einer zukünftigen Gesellschaftsordnung, in der es ‹sehr viele sozialistische Elemente› geben wird. Aber er fordert zugleich eine neue Sozialdemokratie; er fordert einen Kampf um die Freiheit, der besser als das Ersticken in einer Fülle formaler Freiheiten sei.»

Währenddessen stand Hitler kurz vor den Toren der Macht.

Heiden wusste, was er nach der Machtergreifung zu befürchten hatte, und er machte sich zunächst einmal unsichtbar. In seinem Wiedergutmachungsantrag, den er, verarmt und schwer erkrankt, im Jahr 1955 formulierte, deutete er an, was er nach dem Erscheinen seines Buches gerade zwei Monate vor der Machtergreifung erlebt hatte: «Das Buch wurde bald darauf unterdrückt; der Autor genoß den Vorzug staatspolizeilicher Nachforschung beim Verlag wie zu Hause. Es folgte das übliche Sichverstecken, Wohnen in Notquartieren bei Freunden, die dadurch selbst wieder gefährdet waren und denen eine solche Beherbergung nicht lange zugemutet werden konnte.»

Kurz zuvor hatte Heiden noch geglaubt, in Deutschland als Journalist arbeiten zu können. Für den Ullstein-Verlag wollte er ein Buch über die «Deutschen Zustände» schreiben.

Bevor er die Reportagen als Buch veröffentlichte, sollten sie zunächst in der *Grünen Post* erscheinen, einer Sonntagszeitung für die Stadt- und Landbevölkerung, die im Hause Ullstein erschien. Chefredakteur war damals Ehm Welk, der als Schriftsteller durch sein Buch «Die Heiden von Kummerow», das in Millionenauflage verkauft worden war, bekannt wurde. Gerade ein Jahr später, 1934, wurde Welk, nachdem er einen kritischen Artikel über Joseph Goebbels geschrieben hatte, als Chefredakteur abgesetzt, kurzzeitig in das KZ Oranienburg gebracht und nach seiner Freilassung mit Berufsverbot belegt.

Am 14. Januar 1933 entschuldigte sich Ehm Welk bei Konrad Heiden, dass die Auftragsvergabe an ihn so lange auf sich warten ließ. «Ich halte es nun für besser», schrieb Welk, «wir warten, bis Sie wieder zurück sind. Dann kommen Sie zu mir, erzählen mir von den verschiedenen Plätzen und Personen, und es müßte mit dem Teufel zugehen, wenn wir nicht im Handumdrehen einige Themen gefunden haben sollten.» In Heidens Kalendereintragungen finden

sich Notizen über Köln, Nauen, Essen und das Allgäu, über Milch-
fabrikation und den Kauf von sechs farbigen Hemden mit feinen
Streifen, Größe 38 ohne Kragen, und über einen dunkelgrauen Anzug mit Feinstreif, gedeckt. Darüber, wie er sich in dieser Situation
fühlte, schrieb er damals nichts.

Sein vielversprechendes Vertragsverhältnis zum Verlag Ullstein,
wo er an verschiedenen Blättern mitarbeiten und auch ein Buch
veröffentlichen sollte, «erlosch stillschweigend unter dem Druck
der politischen Umstände, da die Firma sich der Belastung durch
meine Mitarbeit nicht länger aussetzen konnte».

Am 28. Januar 1933 trat Reichskanzler Kurt von Schleicher zurück. Der Weg für Hitler war frei. Es waren jene Tage, die den Weg
Deutschlands und Europas ins Inferno einleiteten. Heiden hielt
den historischen Augenblick fest, als der greise Reichspräsident
von Hindenburg Adolf Hitler die Macht in den Schoß legte:

«Am 30. Januar, mittags zwölf Uhr, stehen Hitler und Papen vor
dem alten Herrn. Papen meldet dem Alten die nationale Konzen-
tration als gelungen. Die beiden verstehen sich wortlos. Papen ist
zwar nur Vizekanzler, aber er soll in Wahrheit regieren. Ein schöner Traum! Hitler legt seine Hand in die Hindenburgs und schwört
seinen Eid.

Abends großer Fackelzug vor der Reichskanzlei. Hindenburg,
am Fenster, schlägt mit dem Stock den Takt zur Musik der Militär-
märsche. Hitler lacht, springt vor Freude, grüßt und winkt zu den
Massen hinunter. Als alles vorbei ist, als die Fenster geschlossen
sind, legt er Goebbels beide Hände auf die Schultern, sieht ihm tief
in die Augen, spricht kein Wort.»

Vor allem Vizekanzler Franz von Papen, der 1932 schon einmal
für ein paar Monate Reichskanzler gewesen war, verkörperte die
von vielen gehegte Illusion, man könne Hitler gleichsam demokra-
tisch einbinden und politisch zügeln. Ein verhängnisvoller Irrtum.

«Abends übertrugen alle deutschen Sender die Reportage vom Aufmarsch der SA, der SS, des Stahlhelms und riesiger Massen», so schilderte Manès Sperber die dramatische Szenerie voller Fahnen und Fackeln zwischen Wilhelmstraße und Brandenburger Tor. «Je weiter der Abend fortschritt, umso mehr verwandelte sich die Demonstration in eine Siegesfeier. Minutenlang donnerte es *Heil Hitler! Sieg heil!* mit stürmischer Gewalt.»

Ein kommunistischer Freund Sperbers, Redakteur der Parteizeitung *Rote Fahne*, zeigte sich derweil erstaunlich unbesorgt. «Das rote Berlin bleibt ruhig», sagte er ihm in der Nacht am Telefon. «In drei Monaten ist dieser Spuk vorbei, dann kommen wir dran. Und wir, wir werden bleiben.»

Am folgenden Tag schrieb Goebbels in sein Tagebuch: «In einer Unterredung mit dem Führer legen wir die Richtlinien im Kampf gegen den roten Terror fest. Vorläufig wollen wir von direkten Gegenmaßnahmen absehen. Der bolschewistische Revolutionsversuch muß zuerst einmal aufflammen. Im geeigneten Moment werden wir dann zuschlagen.»

* * *

Vier Wochen später brannte der Reichstag. Konrad Heiden wusste, was auf ihn selbst zukommen würde. Vorsichtshalber ließ er sich schon Anfang 1933 Briefe postlagernd zustellen, wenn er auf Reisen war. So erhielt er im Februar 1933 in Essen bahnpostlagernd ein Schreiben der *Vossischen Zeitung*, in dem die Redaktion sich erkennbar auf die neue Zeit einstellte: «Lieber Herr Heiden, gegen Ihren Stendaler Bericht sind Bedenken erhoben worden, deren Gewicht man verschieden beurteilen kann. Immerhin ist die Lage heute so, daß man lieber etwas läßt als durchbiegt.»

Man hoffe, dass seine künftigen Berichte aus dem Rheinland «so gestaltet werden können, daß gegen die Wiedergabe in der Zeitung keine Bedenken bestehen».

Auch Heidens Verleger Ernst Rowohlt meldete sich am selben Tage, wenn auch mit deutlich positiver Tendenz: «Lieber Herr Heiden, Sie sind ja kaum noch auffindbar. Ich hätte erwartet, daß Sie Ihrem alten Busenfreund einmal Nachricht geben.» In England und Frankreich steige das Interesse an seinem Buch. Man werde umgehend mit einem großen französischen Verleger sprechen, doch der und auch der englische Interessent könnten das Buch in der vorliegenden Form nicht bringen. Beide wünschten sich Kürzungen und vor allem ein großes Schlusskapitel. Inzwischen hätten sich ja die Dinge stark geändert, und im Ausland habe man nur Interesse, wenn auch die jüngsten Ereignisse berücksichtigt würden. Wenn Heiden wolle, dass sein Buch in Frankreich und England erscheine, müsste er sich sofort an die Arbeit machen.

Der Rowohlt Verlag konnte Heiden noch eine gute Botschaft übermitteln: «Ihr Buch geht seit einigen Tagen wieder ausgezeichnet.» Sollte eine Neuauflage in Angriff genommen werden, müsste das neue Schlusskapitel ohnehin aktualisiert werden. Er möge bitte unbedingt mitteilen, wann er nach Berlin zurückkäme: «Der Verlag wird Sie mit offenen Armen empfangen.»

Heiden blieb zunächst im Ruhrgebiet. Als der Reichstag in der Nacht vom 27. auf den 28. Februar 1933 in Flammen stand, war er in Essen. Die bis heute nie eindeutig geklärte Frage, ob die Nazis selbst an der Brandstiftung mitgewirkt hatten, tauchte schon am Tag nach Ausbruch des Feuers auf. So schrieb die *Vossische Zeitung* unter der Zeile «Der Reichstag brennt!» am Morgen des 28. Februar: «Aus der großen Kuppel schlugen die Flammen. Die Glasfenster waren grellrot beleuchtet, und als auf die ersten Feuermeldungen hin sofort ein großes Polizeiaufgebot zum Reichstag eilte und die ersten Beamten in das Gebäude eindrangen, fanden sie im Plenarsaal einen nur mit einer Hose bekleideten Mann. Sie stürzten sich auf ihn und nahmen ihn fest.»

Es war der Holländer Marinus van der Lubbe, ein 24 Jahre alter Holländer, politisch links orientiert. «Er hat kaltblütig eingestanden», schrieb die *Vossische Zeitung*, «Feuer angelegt, die Teppiche, die Gardinen, die Vorhänge in Brand gesteckt und schließlich sich die Jacke vom Leibe gerissen und auch sie angezündet zu haben, um dem Feuer Nahrung zu geben.»

Nur so sei zu erklären, dass sich der Brand mit einer so ungeheuren Geschwindigkeit ausbreiten konnte. Doch schon in diesem ersten Bericht über den Reichstagsbrand äußerte die Zeitung Zweifel an der Alleinschuld van der Lubbes: «Man muß damit rechnen, daß etwa 20 bis 30 Brandherde vorhanden sind. Die Täter müssen ausreichend Zeit gehabt haben, ihre Brandstiftung vorzubereiten.» In der Nacht des Feuers seien Privatautos aus der ganzen Stadt angerollt: «Jeder will das Schauspiel aus der Nähe betrachten.» Es habe ausgesehen wie bei einer großen Reichstagssitzung. Auch Göring erschien am Tatort, und kurz nach 23 Uhr trafen Reichskanzler Hitler und Vizekanzler von Papen ein.

Ein Kommunist, der den Reichstag in Brand setzte – besser hätte es für die Nazis nicht kommen können.

«Daß die nationalsozialistische Bewegung ein derartiges Mittel in den Dienst ihres Machtkampfes gestellt hat, wird dagegen niemanden erstaunen, der ihrer Geschichte bisher aufmerksam gefolgt ist», schrieb Konrad Heiden später. «Sie hat, alle moralischen Hemmungen unter die Füße stampfend, zweckmäßig gehandelt und ihr Ziel erreicht. Das deutsche Volk wurde belogen, und das betrogene Werkzeug van der Lubbe verlor den Kopf; aber Adolf Hitler und sein Kreis beherrschen seit diesem Tage Deutschland.»

Der Brand wurde zum Auftakt einer großen Hatz auf alle Gegner des Nazi-Regimes, ganz gleich, ob sie Kommunisten, Juden, Sozialdemokraten oder Bürgerlich-Liberale waren. Nun wurden jede

Menge alter Rechnungen beglichen, und es entstanden die ersten
Konzentrationslager.

Am 28. Februar 1933, in der Nacht des Reichstagsbrandes, wurde
auch Carl von Ossietzky zum zweiten Mal verhaftet. Später schrieb
Konrad Heiden über ihn: «Seit drei Jahren schleppt das Regime ihn
durch das Grauen der Konzentrationslager; sendet ihn, ein willen-
loses Menschenpaket, aus einem Lager in das andere, aus einem
fürchterlichen in ein noch fürchterlicheres.»

Die Neuwahlen vom 5. März, bei der NSDAP und DNVP die absolute Mehrheit im Reichstag errangen, und die Verabschiedung
des «Ermächtigungsgesetzes» am 24. März 1933 bahnten endgültig den Weg in die Diktatur. Die demokratische Verfassung der
Weimarer Republik galt nichts mehr.

Auch Heiden selbst wurde jetzt zum Ziel. In einem Gestapo-
Bericht hieß es: «Das Buch *Geschichte des Nationalsozialismus*
wurde am 7.5.1933 aufgrund des § 7 der Verordnung vom 4.2.1933
beschlagnahmt.»

Kurz darauf begannen die öffentlichen Bücherverbrennungen.
Auf nächtlichen Scheiterhaufen wurden zwischen dem 10. Mai
und dem 21. Juni die Werke der damals wichtigsten Autoren in die
Flammen geworfen. Darunter waren die Werke von Karl Marx, Sigmund Freud, Kurt Tucholsky, Heinrich Mann, Thomas Mann und
Carl von Ossietzky. Konrad Heidens Buch, obwohl verboten, stand
damals noch nicht auf der Liste der zu verbrennenden Bücher.

Dennoch war es unvermeidlich: Heiden musste abtauchen.
In seinem Nachlass findet sich die letzte Quittung aus einer Rei-
nigung in der Leipziger Straße 27 in Berlin mit dem Datum des
17. Mai 1933.

In der eidesstattlichen Versicherung für seinen Wiedergutmachungsantrag schrieb Konrad Heiden 1957: «Das Resultat nach der
Machtergreifung Hitlers war klar: Ich wurde nicht nur als Halb-
jude (meine Mutter war jüdisch), sondern auch wegen meiner

anti-nazistischen politischen Einstellung von der Hitlerregierung
verfolgt.» Der Rowohlt Verlag habe ihn gewarnt, dass die Nazis ihn
suchten. Er musste sich verstecken und lebte dann eine Zeitlang
«schwarz», also illegal, in Deutschland. An einem «goldenen Mai-
tag 1933» sei er ein letztes Mal in Nürnberg gewesen. Damals hatte
er «einige Anstrengungen unternommen», um gemeinsam mit
anderen Hitler-Gegnern im Untergrund gegen die Nazis zu kämpfen. Er habe in Nürnberg gelernt, «wie man unsichtbare Briefe mit
Reiswasser schreibt, die man dadurch lesbar macht, daß man sie
in verdünntes Jod taucht». In Verstecken und bei geheimen Treffen hätten sie darauf gewartet, dass «Sabotageeinheiten an der
Ruhr die Kohlebergwerke fluten würden, was sie niemals taten».

Nürnberg, so erinnerte er sich, «war ein Aufruhr von Flaggen
und Fanfaren und ein trüber See aus SA-Leuten mit gelben Hemden». Heiden hatte in der Nacht zuvor auch gehört, was die neuen
Herrscher in Baracken und Kellern Menschen antaten. Ein alter
Freund erzählte ihm, er habe ein Auge verloren, als er von SA-Leuten in einem Keller zusammengeschlagen wurde. Sie hätten ihm
auch einen Nagel durch die Hand geschlagen.

Heiden wollte das zunächst nicht glauben. Aber er konnte
sehen, dass sein Freund nur noch ein Auge hatte. Er schrieb: «Es
gab so viele Dinge, die man nicht genau wissen konnte, die man
dennoch nie ganz vergaß und die sich mit den Jahren tiefer und
tiefer eingruben.»

Unwillkürlich begann er, überwältigt von den Horrorgeschich-
ten, die man ihm erzählt hatte, leise vor sich hin zu murmeln,
während um ihn herum die Gelbhemden irgendeinem Menschen
oder irgendeiner Sache zujubelten. Einsam lief er «an einem dieser
unzähligen bierseligen Festtage der Nazis» durch die aufgeregte
Menge in der Halbmillionenstadt, inmitten von Parteigenossen,
die in diesem Frühjahr 1933 fasziniert von ihrem unglaublichen
Erfolg waren.

«Das Glücksgefühl über diese sogenannte Große Stunde stand auf den Gesichtern in dieser malerischen alten Stadt», beobachtete er und versuchte, «die menschliche Gemeinheit», die ihm hier entgegenschlug, einigermaßen auf Abstand zu halten.

«Deine besten Freunde werden sich später nicht mehr daran erinnern. Sie werden sagen: Das hier ist großartig, und Hitler ist keinesfalls der Dummkopf, für den wir ihn gehalten haben, es ist einfach Geschichte.»

Im Exil

NOCH IM MAI 1933 ging Konrad Heiden in die Schweiz. «Da ich nicht in regulärer Weise Deutschland verlassen konnte, war ich gezwungen, alle Unterlagen zurückzulassen», schrieb er in seinem Wiedergutmachungsantrag. So konnte er nach dem Krieg auch keine genauen Angaben über sein Einkommen vor der Machtergreifung machen. «Ich muß mich daher heute auf ungefähre Schätzungen verlassen. Auf dieser Basis schätze ich mein jährliches Einkommen in den letzten Jahren vor dem Verlassen Deutschlands auf 12 000 bis 15 000 Mark.» Aber als einigermaßen prominenter Anti-Nazi habe er Hitlerdeutschland so schnell wie möglich verlassen müssen, um sein Leben zu retten.

In dem Wiedergutmachungsantrag heißt es in beißendem Sarkasmus: «Um das erwähnte staatspolizeiliche Interesse an meiner Person nicht bis zur Einlieferung ins Konzentrationslager ausarten zu lassen, ging ich Ende Mai oder Anfang Juni ins Ausland, zunächst in die Schweiz – damals noch in der Hoffnung, illegal zurückkehren und an einem erhofften Untergrund-Widerstand gegen das Regime teilhaben zu können.»

Die Idee, bald zurück nach Deutschland zu gehen, hatten damals viele Gegner der Nazis. Heiden erinnerte sich, wie er selbst gemeinsam mit anderen Freunden den Gewerkschafter Wilhelm Leuschner in Zürich zur Bahn gebracht hatte. Leuschner war als amtierender hessischer Innenminister nach der Machtübernahme durch die Nazis zum Rücktritt gezwungen worden und hatte sich in den ersten Monaten des nationalsozialistischen Regimes an den konspirativen Plänen zur Bildung einer Einheitsgewerkschaft beteiligt. Unmittelbar nach seiner Ankunft in Deutschland im Juni 1933 wurde Leuschner inhaftiert, misshandelt und ein Jahr lang in Gefängnissen und Konzentrationslagern eingesperrt.

Heiden wollte sich eigentlich wenige Tage nach Leuschners Abschied aus der Schweiz mit ihm in Berlin treffen. «Ich entschuldige mich heute für die Naivität dieser Abrede – nicht für den guten Willen, der in ihr steckte. Die Nachricht von Leuschners sofortiger Verhaftung gleich nach der Rückkehr zeigte, wie die Dinge wirklich lagen.»

Tatsächlich galt der Gedanke an Emigration oder irgendetwas, das als Flucht aufgefasst werden konnte, Anfang 1933, wie es die Journalistin Hilde Walter später formulierte, «bei meinen politisch interessierten Freunden und Bekannten noch als eine nervöse Schwäche unpolitischer Geister oder als begreifliche, wenn auch etwas verächtliche Angstreaktion reicher Juden».

Leuschner gehörte nach seiner Haftentlassung zum Widerstand gegen die NS-Herrschaft und wurde in der Folge des Attentats auf Hitler am 20. Juli 1944 ermordet. Hilde Walter konnte in die USA entkommen und überlebte.

Als Konrad Heiden im Juni 1933 in Zürich ankam, hatte er nur einen Koffer mit seinen wichtigsten Habseligkeiten bei sich. Alles andere musste er in Deutschland zurücklassen. Der Lebensunterhalt in Zürich war teuer. Heiden hatte kaum Geld, sich etwas zu essen zu kaufen.

Emmie Oprecht, die Ehefrau des Schweizer Verlegers Emil Oprecht, der 1933 den Europa Verlag gegründet hatte, berichtete später, dass Heiden sogar im tiefsten Dezember die Zeit tagsüber in Zürich mit seinem Koffer auf einer Parkbank verbrachte.

Das Ehepaar Oprecht hatte in der Nähe ihres Ladenlokals eine Wohnung, die immer für Gäste zur Verfügung stand. Das Patrizierhaus Hirschgraben Nummer 20 lag genau gegenüber dem deutschen Konsulat. Der Name des Europa Verlags war Programm. Die Oprechts wollten dazu beitragen, einen «gemeinsamen Staat gegen den Ungeist» zu errichten. Es sollte keine parteipolitische Richtung vorgegeben werden. Im Oprecht Verlag erschienen Bücher des kommunistischen Literaten Ludwig Renn ebenso wie der Gedichtband «Das Hebräerland» von Else Lasker-Schüler. Auch Max Horkheimer, Theodor Wolff, Ernst Bloch und Thomas Mann gehörten zu den rund hundert deutschen Emigranten, die in dem kleinen Zürcher Verlag eine vorübergehende Heimat fanden.

Emmie Oprecht, eine Frau aus wohlhabendem Hause, war als junges Mädchen noch Lenin in Zürich begegnet, hatte auch August Bebel und zahlreiche deutsche Politiker und Schriftsteller kennengelernt. 1989 gab sie mit 90 Jahren der *Zeit* ein Interview: «Genauso wichtig wie das Programm war ja die Betreuung der Emigranten selbst. Es war schwer für sie, zu den Menschen hier, also zu den Zürichern, Kontakt zu bekommen. Wir selber hatten ja genügend Schwierigkeiten. Ich vergesse nie, daß Freunde von uns, die Kunden unserer Buchhandlung waren, plötzlich die Seite der Rämistraße wechselten, als die Nazizeit begann. Auch haben sie ihre Adressen zurückgefordert, damit man nicht mehr wußte, daß sie Kunden bei uns waren.»

Jeder der Emigranten aus Deutschland sei früher oder später bei ihnen aufgetaucht. Überall hieß es: «Gehen Sie zu Oprecht, der hilft immer irgendwie.» Manchmal sei das Büro voller Leute gewesen, die sie nicht gekannt hatte. Zwanzig oder dreißig Menschen, die wochen- und monatelang aus und ein gegangen seien.

Die Oprechts hätten gute Beziehungen zur Polizei gehabt, und «einige Beamte benahmen sich sehr anständig».

Im Stadtteil Fluntern mieteten die Oprechts eine kleine Küche, um einigen der Autoren die Möglichkeit zu einer Lesung oder zu einem kleinen Vortrag zu geben. Manchmal fuhr Emmie Oprecht auch nach Berlin, um dort für jemanden von einer Bank Geld zu holen. Das war lebensgefährlich: «Man hat nie gewußt, was geschehen würde. In Deutschland war ein Kopfgeld von 150 000 Mark auf meinen Mann ausgesetzt; es blieben immer sehr gefährliche Reisen.»

Emmie Oprecht erledigte die Korrespondenz und las bei den meisten Büchern Korrektur. Sie hielt den Kontakt zu Autoren auch später noch, als einige der Flüchtlinge in französischen Internierungslagern saßen. Oft stand Emil Oprecht morgens um 5 Uhr auf, um den Sechs-Uhr-Zug nach Bern zu erreichen, wo er bei den Behörden die Namensliste von Emigranten durchging. Er musste darüber verhandeln, wer bleiben konnte und wer gehen musste.

Die Rechten in der «Nationalen Front», der Organisation der Schweizer Nazis, protestierten häufig gegen die Bücher des Europa Verlags. Oft mussten die Oprechts mit den Schweizer Behörden über den Inhalt der Bücher verhandeln. «Manchmal mußten wir dann Sätze streichen», erinnerte sich Emmie Oprecht, «Sätze, die wir natürlich gerade nicht gestrichen haben wollten. Die Nazis haben uns auch die Fenster beschmiert und häßliche Briefe geschickt. Aber das war uns gleich. Das deutsche Konsulat lag vis-à-vis von unserem Wohnhaus, und die deutsche Gesandtschaft hat uns bespitzeln lassen, um die Emigranten abzuschrecken.»

Konrad Heiden hielt sich oft in den Räumlichkeiten der Buchhandlung Oprecht auf, wo ihm ein Getränk serviert wurde und er sich intensiv mit Emil Oprecht austauschte. Der Verleger wollte in Zukunft Heidens Bücher in der Schweiz herausbringen und versorgte ihn mit etwas Geld. Er führte ihn auch in die Gesellschaft des nahe gelegenen Odeon ein, ein heute noch beliebtes Café, in dem sich damals viele Künstler und andere Emigranten aufhielten.

Konrad Heiden

In dem Lokal am Bellevue, Ecke Rämistraße, wo auch James Joyce jahrelang einkehrte, hatte der Verleger immer einen reservierten Tisch, an dem er mit seiner Frau zu Mittag aß.

Im Juni 1933 traf er sich dort regelmäßig mit Konrad Heiden und besprach mit ihm gemeinsame Pläne. Heiden begegnete dort auch Thomas und Heinrich Mann, mit denen er im «Freundeskreis Carl von Ossietzky» war, zusammen mit rund zwanzig anderen Emigranten, darunter Albert Einstein.

Gemeinsam richteten sie Appelle an das Nazi-Regime, in denen sie die Entlassung Ossietzkys aus dem Konzentrationslager verlangten. Beim norwegischen Nobelpreis-Komitee reichten sie den Vorschlag ein, Ossietzky den Friedensnobelpreis zu verleihen.

In einer Broschüre für diese Kampagne veröffentlichte Konrad Heiden den Beitrag «Friedenspreis – Charakterpreis»: «Dieser einsame Mann mit seiner Feder hat keine Partei geführt und keine Massen in Raserei versetzt. Aber er hat durch sein geschriebenes Wort gewaltige moralische Kräfte ausgelöst. Er hat entscheidend dazu beigetragen, die Sache des Friedens in Deutschland aus dem Bereich der unverbindlichen Beteuerungen in die politische Wirksamkeit hin zu überführen. Er hat, zeitweise fast als einziger, die Hüllen der Illusionen zerrissen, hinter denen sich der entstehende Krieg verbarg.»

Im Mai 1933 durften die KZ-Häftlinge im Konzentrationslager Sonnenburg in der Mark, wo sich Carl von Ossietzky befand, zum ersten Mal von Angehörigen besucht werden. Hilde Walter, SPD-Mitglied und Autorin der *Weltbühne*, lieh sich von jüdischen Freunden ein Auto und fuhr mit der, wie sie schrieb, «partiell nicht voll zurechnungsfähigen» Frau von Ossietzky, die allein Trägerin der Besuchserlaubnis war, nach Sonnenburg. Obwohl es strengstens verboten war, Begleitpersonen ohne Besuchsschein ins Lager zu lassen, ließen sich die SA-Männer von Hilde Walter überreden und vergaßen dabei sogar, sie nach ihrem Namen und Ausweis zu fragen.

Im Juli und September 1933 gelang es ihr erneut, zu Ossietzky vorgelassen zu werden, weil sie sich jeweils auf den ersten Besuch berief. Später, in einem Erinnerungsbericht, schrieb sie: «Der grauenvolle Zustand der Häftlinge, die zur Zeit meines ersten Besuches in Sonnenburg notdürftig von den sichtbaren Spuren der ersten schlimmsten Mißhandlungen hergestellt waren, ist inzwischen hundertfach geschildert worden; ebenso bekannt ist die Technik dieser Besuchssprechstunden.»

Zu den Mitgefangenen Ossietzkys gehörte damals der Schriftsteller Erich Mühsam, der nach Hilde Walters Eindruck noch grausamer misshandelt worden war als Ossietzky. Mühsam galt bei den Nationalsozialisten wegen seiner Beteiligung an der Bayerischen Räterepublik von 1919 und weil er Jude war als «viel schlimmer» als andere Inhaftierte.

Auch Hilde Walter schaffte es schließlich, mit Hilfe eines französischen Besuchervisums und einer Unbedenklichkeitsbescheinigung der Gestapo in die Schweiz auszureisen. In Zürich traf sie die Verlegerin der *Weltbühne*, Edith Jacobsohn, und erinnerte sie «an ihre finanziellen Verpflichtungen gegenüber Ossietzky». Es gelang ihr, dazu die moralische Unterstützung des Verlegers Emil Oprecht zu bekommen. So konnte sie der Verlegerin das notwendige Geld abringen. Auch der Schriftsteller Kurt Tucholsky, die feuilletonistische Stimme der Weimarer Republik und der «goldenen zwanziger Jahre», war zu dieser Zeit in Zürich, hielt sich aber, nach den Erinnerungen von Hilde Walter, «mit Hilfe einer befreundeten Ärztin vor unbequemen Besuchern versteckt und blieb unerreichbar».

Schon am 4. Mai 1933 hatte die Geheime Staatspolizei (Gestapo) in Berlin einen Blick auf die Emigrantenszene in Zürich geworfen. In einem Brief an das Auswärtige Amt schrieb die Gestapo «Betr.: Emigrantenerfassung»: «Um die wirksame Bekämpfung aller ge-

gen den Bestand und die Sicherheit des Staates gerichteten Angriffe zu ermöglichen, ist eine namentliche Erfassung aller derje-
nigen Personen erforderlich, die seit der nationalen Erhebung des
deutschen Volkes außer Landes gegangen sind und die Vermutung
rechtfertigen, daß sie im Auslande staatsfeindliche Bestrebungen
verfolgen.»

In erster Linie gehe es um deutsche Kommunisten, Pazifisten
und Sozialdemokraten. Darüber hinaus «verdienen besondere Beachtung die Angehörigen der jüdischen Intelligenz, auch soweit
sie bisher politisch noch nicht besonders hervorgetreten sind».

Dafür werde bei der Gestapo eine «Namenskartothek» angelegt.
Erstmalig müsse am 25. Mai darüber berichtet werden. Am 30. Mai
schrieb das deutsche Generalkonsulat in Zürich «geheim!» an das
Auswärtige Amt. Nach den bisherigen Erfahrungen sei Zürich von
den deutschen politischen Flüchtlingen hauptsächlich als Durch-
gangsstation benutzt worden. Die Stadt sei für die betreffenden
Flüchtlinge viel zu teuer, außerdem hätten sie im Allgemeinen
«nicht die herzliche Aufnahme hier gefunden», die sie erwarteten:
«Im übrigen weht auch von den verschiedenen neuen ‹Fronten›
hier ein mehr oder weniger starker antisemitischer Wind, der auch
schon viele vertrieben haben mag.»

Der Versuch des deutschen Konsuls in Zürich, einen Einblick
in die Emigrantenliste zu erhalten, habe aber zu keinem Erfolg geführt, «da strenge Weisung besteht, diese Liste geheimzuhalten».
Am 12. Juli konnte der Deutsche Konsul Windel immerhin melden,
dass sich unter anderem die deutschen politischen Emigranten
Rudolf Hilferding, Reichsfinanzminister a. D., die Dichterin Else
Lasker-Schüler und Victor Klemperer in Zürich befanden. Klemperer wurde später durch sein Werk über die Sprache des Dritten
Reiches und seine Tagebücher 1933–1945 berühmt.

Oprecht und seine Frau unterstützten die Emigranten, wo sie nur konnten: «Wir leisteten Erste Hilfe, gaben Wäsche, Schuhe und auch Möbel. Halfen bei der Polizei – manche Emigranten hatten keine Papiere – und versuchten, Aufenthaltsbewilligungen zu erreichen. Wir fuhren nach Deutschland, um Geld und Wertgegenstände, die die Emigranten zurücklassen mußten, in die Schweiz zu holen – Koffer aus Konstanz, Geld aus Berlin.»

Emil Oprecht bemühte sich auch, in der Schweizer Öffentlichkeit um Verständnis für die Lage der Flüchtlinge zu werben. Es gab regelmäßig Vortrags- und Leseabende für geflohene Schriftsteller, deren Bücher signiert und verkauft wurden. Das traf in den rechten Kreisen, die auch in der Schweiz an Einfluss gewannen, auf Widerstand. Der Zürcher Verlag wurde als «kulturbolschewistisch» verunglimpft. Einige warnten vor «geistiger Überfremdung».

Unterstützung fanden die Emigranten dagegen bei der Sozialdemokratischen Partei, die gerade in Zürich eine sehr starke Position hatte und auch den Stadtpräsidenten stellte.

Am 4. August meldete das deutsche Konsulat wiederum unter «streng geheim» nach Berlin: «Die Nachforschungen nach politisch verdächtigen Flüchtlingen aus Deutschland sind hier weisungsgemäß im Einvernehmen mit der Gesandtschaft in Bern sofort aufgenommen worden. Auf Grund der dort zweifellos bekannten schweizerischen Gesetzgebung über das Asylrecht politischer Flüchtlinge in der Schweiz sind derartige Nachforschungen durch das Konsulat, ganz abgesehen davon, daß es die damit befaßten deutschen Beamten einer strafrechtlichen Verfolgung in der Schweiz aussetzt, formell und sachlich mit ganz besonderen Schwierigkeiten verknüpft.» Auf der angehängten Namensliste tauchen die Emigranten Max Horkheimer samt Adresse in Genf auf, Ernst Toller und Kurt Tucholsky. Konrad Heiden stand noch nicht auf dieser Liste.

Im Spätsommer 1933 bezog er ein Zimmer in der Züricher

Schmelzbergstraße, die vom Universitätsgelände aus einen Berg hinaufführte. Vom Haus Nummer 22, in dem Heiden wohnte, konnte man die ganze Stadt überblicken. Doch die schöne Aussicht auf den See und die Berge änderte nichts an seinen prekären Lebensumständen – und schon gar nichts an dem Drama, das sich gerade in Deutschland abspielte. Immer wieder unterbrach er die Arbeit an seinem neuen Buch, das später den Titel tragen sollte: «Geburt des Dritten Reiches».

Zu dieser Zeit wollte Konrad Heiden eine Kampagne zum Reichstagsbrand organisieren. Er schrieb an die Genossen in der SPD: «Es besteht die Gefahr, dass die Kommunisten mit ihrer in diesen Dingen sehr großen Behendigkeit sich des Falles ausschließlich bemächtigen.»

Neben Marinus van der Lubbe, der ohne Zweifel zumindest der Haupttäter war, waren unter anderem die kommunistischen Funktionäre Ernst Torgler und Georgi Dimitroff angeklagt. Das Reichsgericht in Leipzig fällte am 23. Dezember 1933 nach 57 Verhandlungstagen ein Urteil, in dem Marinus van der Lubbe wegen «Hochverrats in Tateinheit mit aufrührerischer Brandstiftung zum Tode und dauerndem Verlust der bürgerlichen Ehrenrechte» verurteilt wurde. Am 10. Januar 1934, drei Tage vor seinem 25. Geburtstag, wurde er durch die Guillotine hingerichtet. Die Anklage gegen seine angeblichen kommunistischen Drahtzieher wurde fallengelassen, die mögliche Rolle von Hintermännern aus den Reihen der Nazis nie aufgeklärt.

Die Folgen des Reichstagsbrandes waren und sind weniger umstritten. Heiden arbeitete inzwischen an der Fortsetzung seiner «Geschichte des Nationalsozialismus». In den Flammen des Reichstages, so schrieb er, sei der Rest der deutschen Demokratie verglüht. «Der Reichskanzler Hitler tritt vor das deutsche Volk. Als

Retter vor einem angeblich drohenden kommunistischen Blutbad. Als Beweis für diese kommunistischen Pläne brannte am 27. Februar das Gebäude des deutschen Reichstags. Der Reichstagsbrand spielte eine entscheidende Rolle bei der Errichtung von Hitlers Alleinmacht. Durch den Verlauf des großen Prozesses vor dem Reichsgericht gegen Torgler, Dimitroff und Genossen ist die Behauptung von einer kommunistischen Brandstiftung als unwahr erwiesen worden. Die wahren Brandstifter wurden im Urteil nicht erwähnt. Daß sie unter den Nationalsozialisten gesucht werden müssen, kann nicht mehr bezweifelt werden.»

Das allerdings konnte weder Konrad Heiden damals noch sonst irgendjemand bis heute nachweisen.

Deutsche Freiheit im Saargebiet

WÄHREND DER SIEGERKONFERENZ in Versailles hatten die Franzosen zunächst darauf bestanden, das Saargebiet zum Teil Frankreichs zu machen. Doch dafür fand sich keine Mehrheit unter den Siegern des Ersten Weltkrieges, zu denen auch England, die USA und Italien gehörten.

Als Kompromiss der drei großen Siegermächte wurde deshalb das Saargebiet für 15 Jahre unter die Verwaltung des Völkerbundes gestellt. Erst dann sollten die Bürger in einer Volksabstimmung darüber entscheiden, ob das Saargebiet auf Dauer französisch, selbständig oder wieder Teil des Deutschen Reiches werden sollte.

Das Saarstatut, geregelt im Artikel 49 des Versailler Vertrages, lief Ende 1935 aus. Die deutschen Behörden hatten bis dahin keinen unmittelbaren Zugriff auf das Saargebiet, dessen Verwaltung von der französischen Regierung dominiert wurde.

So war das Saargebiet zwischen Hitlers Machtergreifung in Berlin am 30. Januar 1933 und der geplanten Saar-Abstimmung am 13. Januar 1935 das einzige deutsche Gebiet, das nicht dem Diktat der NSDAP unterstand. Hier konnte auch noch weitgehend ungehindert über die Zustände in Hitlers Herrschaftsgebiet berichtet werden.

Diese Chance zog Konrad Heiden selbstverständlich an. Gemeinsam mit anderen deutschen Journalisten gründete er deshalb eine Tageszeitung, die am 21. Juni 1933 zum ersten Mal erschien. Sie hieß *Deutsche Freiheit* und wandte sich, wie die Redaktion schrieb, als «einzige unabhängige Zeitung Deutschlands» publizistisch gegen die Nationalsozialisten. Mit dem Blatt sollten die «Volksgenossen im Reich und in aller Welt» erreicht werden. Aus Angst vor Druck aus dem Reich verbot der Bürgermeister von Saarbrücken allerdings jegliche Werbeaushänge für die *Deutsche Freiheit* an öffentlichen Litfaßsäulen.

Das Blatt erschien in Zusammenarbeit mit der SPD-Zeitung *Volksstimme* und hatte bescheidene Redaktionsräume im selben Gebäude. In seiner Kolumne «Gestern und Heute» beschrieb Konrad Heiden ein Jahr später, am 20. Juni 1934, den Aufbau der Redaktion: «Nun ist es ein Jahr her. In Saarbrücken, auf deutschem Boden, aber außerhalb des Hitlerreichs, erschien die erste Nummer der ‹Deutschen Freiheit›. Sie trug den mit Bedacht und nicht ohne Stolz gewählten Untertitel: ‹Einzige unabhängige Tageszeitung Deutschlands›. Aus dem Erstling sind jetzt vier stattliche Vierteljahresbände geworden, und es ist erlaubt, einen Augenblick den Schleier von den privaten Mysterien einer Zeitungsgründung zu lüften, die ein echter Redakteur nur ungern preisgibt.»

Die Arbeit habe im Verlagsgebäude der *Volksstimme* in einem «nicht ganz mühelos eroberten» Zimmer begonnen. «Wir bauten eine Bastion aus zwei Schreibtischen und zwei Stühlen, gute Männer verschafften uns unser Handwerkszeug. Der deutschen Freiheit eine Gasse!»

Dem Verlag gelang es, dafür zu sorgen, dass die Zeitung mit ihrem charakteristischen geschwungenen roten Titel an zahlreichen Zeitungskiosken in den nicht von Hitler beherrschten europäischen Ländern verkauft wurde.

«Was uns den Beistand ungezählter Freunde, den verdoppelten Haß der Feinde eintrug, das war die Tatsache, daß wir uns nicht einfach Freiheit, sondern Deutsche Freiheit nannten. Dieses

Deutsch-Sein war unsere Gesinnung und unsere Tradition, der untadlige und unanfechtbare Standort, auf dem wir verharren. Es ging und es geht uns um das deutsche Volk, das wir zu lieben nicht aufhören. Die Ketten der barbarischen Diktatur, die es trägt, drücken uns selbst.» Heiden legte Wert darauf, dass die *Deutsche Freiheit* unabhängig war und man sich nicht instrumentalisieren ließ, und schrieb: «Es gibt keinen schimpflicheren und lügenhafteren Vorwurf für uns als den, daß wir uns mit Geldern aus nichtdeutschen Staatssäckeln auf den Schachbrettern europäischer Politik zum publizistischen Werkzeug fremder Interessen mißbrauchen ließen.»

Ein Journalist der *Basler Nationalzeitung* stattete damals der Saarbrücker Redaktion einen Besuch ab. Er habe, so schrieb er, zuerst gezögert, ob er die Redaktion besuchen solle. Er habe gehört, die Redakteure seien frankophil und außerdem von französischem Geld bestochen. Als er das Redaktionszimmer betrat, stand einer der beiden Redakteure auf, damit der Besucher aus Basel einen Stuhl hatte.

In seiner Zeitung berichtete er schließlich, dass es in der Redaktion «weder nach dem Auswärtigen Amt in Paris noch nach dem Millionenbetrüger Stavisky roch», dessen Affäre gerade Frankreich erschütterte. Er fragte seine schweizerischen Landsleute, ob sie nicht Verständnis dafür hätten, dass deutsche Publizisten nicht aus egoistischer Selbsterhaltung, sondern «im Bunde mit einer ewigen Idee» um die Befreiung ihres Landes kämpften.

Das hielt Heiden für eine bare Selbstverständlichkeit und wies stolz darauf hin, dass die Redaktion der *Deutschen Freiheit* im vergangenen Jahr in mehr als 300 Ausgaben ein «übermächtiges Material über die Untaten der braunen Diktatur» angehäuft hätte. Infolge einer «engeren Berührung mit dem Reiche, als sie an anderer Stelle möglich gewesen wäre», habe sich die Redaktion besondere

Informationsquellen erschlossen und «die Wahrheit aus tausend Schlupfwinkel der Lüge und der Heuchelei zerren können. Wir wurden das Echo des Jammers und der Anklage geschlagener und geschändeter Menschen, die uns auf der Flucht die Wundmale an ihren Körpern zeigten. Niemals hat uns die wachsame Gestapo, die jeden ‹Fall› aus der ‹Deutschen Freiheit› zum Gegenstand einer Aktenanlage macht, berichtigen können. Niemals hat der Gegner gewagt, uns einen Prozeß zu machen, obwohl er mit einer Anklage in Saarbrücken eine sehr aufnahmebereite Justiz gefunden hätte. Wir haben viele Berichte nicht veröffentlicht, wenn wir den geringsten Zweifel an ihrem vollen Wahrheitsgehalt hatten. Nur wer mitten in dieser Arbeit steht, kann wissen, was das bedeutet: eine solche Zurückhaltung gegenüber der unsagbar gemeinen Diktatur des ‹dritten Reiches›, das seiner Publizistik die Ventile stahl.»

Kürzlich habe ein einflussreicher Politiker gesagt: «Ich habe der ‹Deutschen Freiheit› einen Vorwurf zu machen: daß sie das Schlimme nicht schlimm genug darstellt, daß sie ihre Angriffe nicht noch angriffslustiger zuspitzt, zur Mobilisierung des Abscheus und zur Erweckung der Gewissen.»

Anfang August 1933 fuhr Konrad Heiden nach London. In seinem Kalender vom 11. August steht: «Dr. Bromley, Thomas, London School of Economics.» Außerdem findet sich in seinem Nachlass eine Visitenkarte des Londoner Hotel Rubens und eine von Ian F. D. Morrow vom Royal Institute of International Affairs, darauf die handschriftliche Notiz: «To introduce Herr Heiden who ... And had some trouble. He is himself author of ‹History of National Socialism›.»

Ian F. D. Morrow war Übersetzer, und vermutlich kam Konrad Heiden nach London, um dort die englischen Rechte an seinem Buch unterzubringen. Das war nicht einfach.

In einem Porträt über Konrad Heiden schrieb *die New York Post* im März 1944, dass er 1934 in London gewesen sei, nachdem er die Rechte seines Buches an einen englischen Verleger verkauft hatte. Das Buch war allerdings nicht erschienen, und so besuchte Heiden den Inhaber der Rechte, um zu sehen, was aus seinem Buch geworden war.

«O ja», sagte der Agent ausweichend. «Ja, wir haben die Rechte an dem Buch wohl tatsächlich gekauft, nicht wahr.» Aber man habe es irgendwie vergessen.

Heiden fragte: «Wie kann das sein? Wie ist es möglich, daß jemand die vollständige Geschichte und die Bedeutung Hitlers beschrieben hat, und nun ist Hitler an die Macht gekommen, und jeder muß doch sehen, was das für die Welt bedeutet, und trotzdem kommt dieses Buch nicht heraus? Warum beeilen die sich nicht? Sehen die denn nicht, was da geschieht?»

Sein Agent zuckte nur mit den Schultern und versuchte, Heiden zu erklären, dass die Leute in der Welt der Verlage in seinem Buch nur ein Volumen von 400 Seiten gesehen hätten, ein dickes Buch, das zu veröffentlichen teuer wäre, und am Ende würden sie denken: «Wer ist schon dieser Hitler? Der Kerl wird wahrscheinlich abgesetzt, bevor das Buch draußen ist, und dann sitzen wir mit den dicken Bänden da und wissen nicht, wohin damit.»

Von London aus fuhr Konrad Heiden nach Wien, wo er laut Kalendereintragung am 15. August in der Rechten Wienzeile 97 seinen alten Informanten aus der NSDAP, Otto Strasser, traf. Der war nach der Machtübernahme der Nationalsozialisten zunächst nach Österreich und dann nach Prag emigriert. Sein Versuch, mit der «Schwarzen Front» eine zweite nationalsozialistische Partei aufzubauen, war gescheitert.

Otto Strasser gab in Prag die 14-tägig erscheinende Zeitschrift *Die deutsche Revolution* heraus, die Hitlers Diktatur anprangerte, jedoch weiterhin zur nationalsozialistischen Ideologie stand. So forderte er in den «Vierzehn Thesen zur deutschen Revolution» dazu auf, eine einheitliche rassische Individualität zu entwickeln und sich der Bevormundung durch das «Judentum» zu widersetzen, welches «das Leben der deutschen Seele zerstört».

Gleichzeitig betrachtete er sich nicht als Antisemit und war auch bereit, mit Juden zusammenzuarbeiten, wie etwa mit dem Theater- und Zeitungswissenschaftler Helmut Hirsch, der nach der Machtergreifung zunächst ins Saargebiet geflohen war.

Anfang September 1933 kehrte Konrad Heiden nach Zürich zurück. In jenen Tagen erschien in der *Saturday Review of Literature* die erste Rezension seines bis dahin nur auf Deutsch erschienenen Buches «Geschichte des Nationalsozialismus. Die Karriere einer Idee». Der Rezensent wusste sehr wohl, dass dieses Buch vor dem Triumph der nationalsozialistischen Partei in Deutschland geschrieben und publiziert worden war und sofort nach der Machtergreifung verboten wurde. «Es hat verschiedene kritische und satirische Elemente, die dazu führten, daß das Buch unterdrückt wurde.»

Am 26. Dezember 1933 hielt Konrad Heiden die ersten frisch gedruckten Exemplare seines zweiten Buches «Die Geburt des Dritten Reiches» in Händen. Ein Exemplar signierte er für Hugo Sinzheimer, der inzwischen nach Amsterdam geflohen war: «Meinem väterlichen Freund, in verehrungsvoller Freundschaft gewidmet. Zürich, 26.12.33, Konrad Heiden.»

Professor Sinzheimer war nach der Machtergreifung in Schutzhaft genommen und am 31. März wieder freigelassen worden. Kaum war er zu Hause, klingelte schon die SA an der Haustür Sturm, um ihn ein zweites Mal abzuholen. Doch Sinzheimer war nicht da. Sie durchsuchten das Haus, fanden ihn aber nicht und zogen unverrichteter Dinge wieder ab.

Es gelang Sinzheimer mit seiner Frau, ins Saargebiet zu entfernten Verwandten zu fliehen. Von dort aus gingen beide nach Amsterdam, wo er zu Beginn des Wintersemesters 1933/34 einen Ruf als Professor für Rechtssoziologie erhielt. Seine Kinder waren noch bis zum Juni 1933 zur Schule gegangen und konnten dann auch nach Amsterdam ausreisen.

Obwohl die holländische Regierung den Flüchtlingen politische Betätigung verboten hatte, trafen sich in der Wohnung Sinzheimers bald viele politisch engagierte Emigranten. Seine Tochter Ursula schrieb später: «Ich erinnere mich zum Beispiel gut an Konrad Heiden, den Schriftsteller, oder den bekannten Psychiater Karl Landauer.»

Innerhalb der Exilszene gab es zahlreiche, zum Teil unter Druck angeworbene Agenten der Gestapo, die sich als Spitzel für das Nazi-Regime ihre Rückkehr heim ins Reich erkaufen wollten. Deshalb war die Atmosphäre unter den Auslandsdeutschen voller Misstrauen und Angst vor Verrat. Gerade an der Saar konnte die Gestapo auf viele Freiwillige aus den Reihen der «Deutschen Front» bauen, die den Anschluss an das Reich propagierte. Es wurden jedoch auch Gestapo-Agenten eingesetzt, die sich als Emigranten tarnten. Zuweilen flogen diese Fälle auf und wurden in der saarländischen Presse publik gemacht.

So verhaftete am 17. Juni 1933 die französische Polizei einen Siebenundzwanzigjährigen aus Dortmund, der sich als angeblicher Sozialdemokrat in Emigrantenkreise einschleichen sollte. Seine Aufgabe war es, Entführungen und sogar Morde vorzubereiten. Ein französisches Gericht verurteilte ihn zu zwei Jahren Haft und tausend französischen Francs Geldstrafe.

Manche ehemaligen SPD-Genossen, die im ausländischen Exil gelandet waren, wollten aber auch freiwillig zurückkehren. So hatte sich Mitte Dezember 1933 Konrad Heiden in einem Brief an

Rudolf Breitscheid gewandt, den ehemaligen Vorsitzenden der SPD-Reichstagsfraktion, der vor den Nazis nach Frankreich geflohen war. Er teilte ihm mit, dass er in Saarbrücken Karl Höltermann, den ehemaligen Führer des sozialdemokratischen Reichsbanners Schwarz-Rot-Gold, getroffen habe. Der habe nach eigener Auskunft «ein Bild gewinnen» wollen, ob der Kampf um die Saar immer und überall so geschickt wie möglich geführt würde.

Anfang Mai 1933 war der Mitbegründer des Reichsbanners nach Amsterdam geflohen und hielt sich nun vorübergehend in Belgien und im Saargebiet auf. Ende 1933 tauchte er bei der *Saarbrücker Zeitung* auf und beschwerte sich über eine ihm abträgliche Berichterstattung, dann verlangte er die Veröffentlichung einer Gegendarstellung.

In seinem Buch «Schlagt Hitler an der Saar!» schreibt der Historiker und Politikwissenschaftler Patrik von zur Mühlen: «Die Redaktion setzte sich mit Berlin in Verbindung und erhielt die Ermächtigung, Höltermann die Möglichkeit seiner Rückkehr in Aussicht zu stellen, wenn er in einer Erklärung auch ausdrücklich ‹von dem Treiben der Emigranten abrücke›.»

Höltermann ließ sich darauf ein, und so fand in den Räumen der *Saarbrücker Zeitung* am 23. September 1933 ein Gespräch mit einem Vertreter des Preußischen Innenministeriums statt, zu dem außer einem Vertreter der Redaktion auch der frühere DDP-Reichstagsabgeordnete Ernst Lemmer als alter Freund Höltermanns hinzugezogen wurde. In diesem Gespräch habe Höltermann seinem Wunsch nach Rückkehr Ausdruck verliehen. Von reichsdeutscher Seite sei ihm dieses zugebilligt worden: «Als Gegenleistung sollte er in einer öffentlichen Erklärung von den Emigranten abrücken, sich für die deutsche Einheit und die Rückkehr des Saargebietes aussprechen. Höltermann sagte mit Vorbehalten zu und versprach, sich mit einer derartigen Erklärung an die deutsche Botschaft in London zu wenden. Zum Abschluß war er bereit, ‹mit

einem Glase Wein auf eine glückhafte Politik des Volkskanzlers
Adolf Hitler zu trinken!›.»

Höltermann sollte Anfang Januar eine entsprechende Erklärung in London hinterlegen, was er dann doch nicht tat. Er blieb in
der Emigration und musste später nach dem Anschluss des Saargebietes an das Deutsche Reich weiter fliehen. Die Gestapo trau-
te Höltermann offenbar weder in der einen noch in der anderen
Richtung. Laut Gestapo-Akten hatte ein Vertrauensmann über ihn
berichtet: «Höltermann arbeitet viel auf eigene Faust, informiert
seine alten Freunde in Paris nicht. Er hat dauernd irgendwelche
großartigen Dinge und Pläne und geht mit allen bei ihm einlau-
fenden Berichten tüchtig hausieren. Über allzu viel Mittel verfügt
er trotzdem nicht, weil er nicht mehr sehr ernst genommen wird.
In Emigrantenkreisen wird übrigens vor Höltermann gewarnt.
Er habe verrückte Pläne, und seine geldlichen Beziehungen seien
nicht ganz einwandfrei.»

Am 15. Januar 1934 verabschiedete Hermann Göring einen Erlass
über die Rückwanderung deutscher Emigranten aus dem Ausland.
Sie seien durch ihr «vaterlandsloses und gegen den nationalsozialistischen Staat gerichtetes Verhalten eine der wesentlichen Quellen der unausgesetzten Vergiftung der internationalen Politik und
der teilweise noch immer festzustellenden feindseligen Haltung
des Auslands gegenüber dem neuen Deutschland».

Es sei nicht zu verkennen, dass das Wohlwollen, mit dem diese
Flüchtlinge im Ausland aufgenommen worden waren, wo sie durch
«Greuelmärchen über die angeblichen Zustände in Deutschland
und über ihre eigene Behandlung» Mitleid erweckten, inzwischen
einer allgemeinen Zurückhaltung gewichen sei. Auch das Ausland
habe immer mehr erkannt, dass sich die «Lügen der Emigranten
über Deutschland und seine Führer» als unwahr und der Bestand
des nationalsozialistischen Deutschlands als dauerhafter erwiesen

habe, als die Emigranten prophezeit hätten. Göring ordnete an, dass von allen Staatspolizeistellen beschleunigt Listen sämtlicher Emigranten unter genauer Angabe des früheren und des gegenwärtigen Aufenthaltes anzulegen seien. Die herzustellenden Listen sollten zwischen den Ländern ausgetauscht und allen Grenzpolizeistellen zugestellt werden.

Der lange Arm der Gestapo

AUCH DER SCHRIFTSTELLER Norbert Mühlen war unmittelbar nach der Machtergreifung von München aus erst in die Schweiz und 1934 ins Saargebiet geflohen. Dort arbeitete er für die antinazistische Exilzeitschrift *Westland*, später wegen eines Verbots umbenannt in *Grenzland*. Nach dem Krieg schilderte er in einem Interview seine Zeit mit Konrad Heiden im Saargebiet. Sie alle hätten keine regulären Pässe gehabt und konnten deshalb nicht legal nach Frankreich gelangen. Sie versuchten es dennoch immer wieder.

«Einmal wurde Heiden in Forbach aus der Zugtoilette herausgeholt und verhaftet. An der Saar bekamen wir gefälschte Saarausweise von einem Hauptmann der Saarpolizei, der Anti-Nazi war.»

In seinem Buch «Schlagt Hitler an der Saar!» hat Patrik von zur Mühlen beschrieben, wie alle im Saargebiet lebenden Nazi-Gegner besondere Techniken der Tarnung entwickelten, um die deutschen Polizeibehörden auszutricksen:

«Hierzu gehörte es beispielsweise, den Propagandaschriften eine äußere Form zu geben, die ihren Inhalt nicht zu erkennen gab. Bevorzugt wurden deutsche Klassikerausgaben in der Art der Reclam-Hefte, religiöse Traktate oder Reklamebroschüren.» Für die Jahre 1933 bis 1935 habe es 206 Titel derartiger, überwiegend von der KPD hergestellter Tarnschriften gegeben; bis 1944 stieg diese Zahl auf 585 nachweisbare Titel.

Auch von sozialdemokratischer Seite wurden derartige Techniken angewandt. Die Reklameschrift «Die Kunst, sich zu rasieren» wechselte mitten im Text und ohne äußeren Bruch in die SPD-Schrift «Revolution gegen Hitler». Ein beträchtlicher Teil dieser Schriften wurde über das Saargebiet geschmuggelt, teilweise auch dort gedruckt – wie etwa das kommunistische «Mondamin-Kochbuch» mit politischer Spezialeinlage.

Die Exilparteien mussten sich häufig derselben Methoden bedienen, die auch normale Schmuggler anwendeten. Doch auch die Gestapo bekam mit, wie Antinazi-Schriften in das Reichsgebiet gelangten. So informierte die Geheimpolizei die pfälzische Landesregierung über einige dieser Schmuggelwege:

«Es ist mitgeteilt worden, daß täglich unzählige Pakete der ‹Deutschen Freiheit› nach Deutschland eingeschmuggelt wurden. Die Pakete sollen besonders per Schiff über Straßburg, mit Autos (in doppelten Böden), in Bier-, Fleisch- und Kühlwagen, in den Eis- oder Kühlbehältern oder unter den Waggons, vor allem in Tholey, St. Wendel und Homburg, über die Grenze befördert werden.»

Drei Eisenbahnlinien verbanden das Saargebiet mit den wichtigsten Industrieregionen des Reiches. «Bahnlinien waren Kurierlinien», schreibt Patrik von zur Mühlen. «Reisende konnten unter allerlei Tarnungen chiffrierte Texte mit sich führen oder auswendig gelernte Mitteilungen und Parolen weiterleiten.» Wegen der strengen Überwachung und Beobachtung mussten jedoch besondere Vorsichtsmaßregeln getroffen werden. Stapel mit Flugblättern wurden in einem Abteil deponiert, während der wirkliche Kurier sich in ein anderes setzte. Gepäckstücke wurden an einem Bahnhof deponiert und dann von einer anderen Person abgeholt und weitertransportiert. Zuweilen wurden für Kurierdienste auch Kinder eingesetzt, bevorzugt Mädchen im Alter von etwa 12 Jahren, die auf keiner Fahndungsliste standen und deshalb von den Grenzkontrollorganen wenig beachtet wurden. Doch auch das wurde der

Gestapo bald klar. Ein Vermerk hielt fest, dass gerade durch Kinder Material bis ins Ruhrgebiet geschleust worden sei.

Gelegentlich versuchten Exilanten auch, vom Saargebiet aus deutsche Widerstandszellen mit technischem Material zu versorgen, wozu auch Waffen und Sprengstoff gehörten.

Die *Deutsche Freiheit* bildete ein breites Spektrum politischer Meinungen in der Exilanten-Szene ab. Die Redaktion scheute sich nicht, ehemaligen Nationalsozialisten Platz einzuräumen. So kündigte sie am 12. Januar 1934 an, dass ein «weithin in Deutschland bekannter nationalsozialistischer Führer, der 12 Jahre lang der Bewegung angehörte und in zahllosen Versammlungen und Auftritten für die NSDAP gesprochen hatte», eine Reihe von Aufsätzen in der *Deutschen Freiheit* veröffentlichen werde. Der Emigrant sei im Saargebiet eingetroffen, und man habe mit ihm Verbindung aufgenommen. «Seine Überzeugung ist nicht die unsere. Wir halten es aber für gut, einen Mann zu Worte kommen zu lassen, der die NSDAP von innen kennt.»

Andererseits wurde die Geheime Staatspolizei in Berlin zunehmend gegen den Widerstand im Saargebiet aktiv. Angeblich habe die SPD dort einen «staatsfeindlichen Nachrichtendienst» gebildet, der «seit dem 15. Februar in Tätigkeit» sei. Das Büro dieses Nachrichtendienstes befände sich in der Brauerstraße 6/8 in Saarbrücken.

In einer Gestapo-Aktennotiz am 24. Februar 1934 an den Preußischen Minister des Innern, Hermann Göring, hieß es: «Hauptleiter des Büros soll der frühere Redakteur des ‹Vorwärts›, Konrad Heiden, werden (was falsch war, d. A.), der sich bis vor kurzem in Zürich aufgehalten hat.» Das Büro solle politische Artikel für die *Volksstimme*, für die *Deutsche Freiheit* und die Zeitung *Westland* liefern. Finanziert werde es angeblich durch den Besitzer der Zeitung *Westland*, den Emigranten Dr. Dahlheimer aus Düsseldorf.

Der Verteiler der Gestapo-Akte umfasste unter anderem das Auswärtige Amt, Reichsminister Rudolf Heß, den Reichsminister des Innern und das Propagandaministerium.

Am 9. April 1934 notierte die Gestapo, dass Konrad Heiden ständiger Mitarbeiter der Zeitschrift *Westland* sei. Heiden sei auch als Dozent an der Freien Hochschule für Sozialwissenschaft und Politik im Saarland vorgesehen. «Nach zuverlässiger Quelle unterhält Heiden einen großen Stab an Zuträgern und Agenten.» So solle der jüdische Rechtsanwalt Dr. Weiler in Saarbrücken, der über große Geldmittel verfüge und dessen deutschfeindliche Haltung im Saargebiet bekannt sei, mit Heiden zusammenarbeiten und ihn unterstützen. Ein großer Teil der Verbindungen zwischen dem Reich und dem Saargebiet laufe über Heiden, der sich des Pseudonyms «Schäfer» bediene: «Ermittlungen darüber, ob er unter diesem Namen Post aus dem Reich erhält, sind noch im Gange.» Auch Heidens Freund, der Schriftsteller Norbert Mühlen, der in Wirklichkeit Kurt Stefan Baer hieß, war den Gestapo-Beamten aufgefallen: «Redakteur Baer, früher bei der ‹Vossischen Zeitung› in Berlin. Auch über Baer sind die Feststellungen noch im Gange.»

In einer Anlage wurde noch einmal deutlich auf Konrad Heiden Bezug genommen: «Religion: Dissident. Staatsangehörigkeit: Reichsdeutscher. Jetziger Aufenthalt: Saargebiet». Heiden sei Redakteur *der Frankfurter Zeitung* gewesen und seit 1930 beim *Vorwärts* in Berlin. Offenbar hatte die Gestapo nicht mitbekommen, dass Heiden zwar Gespräche mit dem SPD-nahen *Hamburger Echo*, nicht aber mit der Parteizeitung *Vorwärts* geführt hatte. Die Gestapo notierte: «In dieser Eigenschaft hatte er Gelegenheit, seinen volksverhetzenden Einfluß voll zur Geltung zu bringen.» Er sei der Verfasser des Buches ‹Geschichte des Nationalsozialismus. Die Karriere einer Idee›, «das durch Verfügung des Polizeipräsidenten vom 17. 4. 1933 auf Grund der Verordnung vom 4. 2. 1933 beschlagnahmt wurde».

Im September 1933 sei Heiden ins Ausland geflüchtet und habe sich hier der «deutschfeindlichen Emigrantenpresse» zur Mitarbeit zur Verfügung gestellt. «Im Europa Verlag in Zürich gab er seine Hetzschrift ‹Die Geburt des Dritten Reiches› heraus, in der er Deutschland für die Zukunft nur die Wahl zwischen völliger Verarmung oder einem neuen Kriege läßt und dem Faschismus den schärfsten Kampf ansagt.»

Heiden, so hieß es in dem Bericht weiter, habe durch seine Mitarbeit an den «landesverräterischen Zeitungen ‹Volksstimme› und ‹Deutsche Freiheit› und durch seine Hetzartikel im ‹Neuen Tagebuch›» die «Treuepflicht gegen Staat und Reich gröblichst verletzt».

Die *Deutsche Freiheit* war über die Vorgänge im Reich stets gut informiert. Viele Emigranten hatten immer noch Beziehungen in ihre Heimat. So kam es, dass die Zeitung oft zeitnah Vorgänge schilderte, über die keine Zeitung in Deutschland berichten konnte.

Im April 1934 druckte die *Deutsche Freiheit* einen Grundriss des ein Jahr zuvor errichteten Konzentrationslagers Dachau ab. Dazu berichtete ein inzwischen entlassener Häftling: «Trotz der miserablen Ernährung mußten wir Gefangenen täglich neun bis vierzehn Stunden schwer arbeiten. Ich war ‹besonderer Liebling› und kam deshalb in die berüchtigte Kiesgrube. Die meisten sozialdemokratischen Funktionäre und besonders die Juden erduldeten in dieser Kiesgrube die schlimmsten Drangsalierungen. Unzählige Gefangene haben das Erdreich der Kiesgrube mit Blut, Tränen und Schweiß genetzt. Unter Stock-, Peitschen- und Kolbenhieben haben wir geschuftet. Hatte der Scharführer Frank aus Würzburg das Kommando über diese Arbeitsstätte, mußte zumindest einer bewußtlos vom Platze getragen werden. Es ist unmöglich, die Namen all derer zu nennen, die in der Kiesgrube ihr Blut verspritzten.»

Am 20. April 1934, zum Geburtstag Adolf Hitlers, wies Heiden auf eine ganz andere Form des Nazi-Horrors hin – die systematische Vernichtung des kulturellen Erbes: «Das Schrecklichste der Schrecken, das man heute in deutschen Landen erleben kann, ist der Anblick des Schaufensters einer Buchhandlung.»

Er wusste, welche Bücher dort standen – und welche nicht. Viele waren verboten und verbrannt. Es fehlten die Werke von Walter Benjamin, Ernst Bloch, Bertolt Brecht, Max Brod, Otto Dix, Alfred Döblin, Albert Einstein, Lion Feuchtwanger, Marieluise Fleißer, Leonhard Frank, Sigmund Freud, George Grosz, Heinrich Heine, Ödön von Horváth, Franz Kafka, Erich Kästner, Alfred Kerr, Egon Erwin Kisch, Siegfried Kracauer, Karl Kraus, Heinrich Mann, Thomas Mann, Ludwig Marcuse, Karl Marx, Robert Musil, Carl von Ossietzky, Erwin Piscator, Alfred Polgar, Erich Maria Remarque, Joachim Ringelnatz, Joseph Roth, Nelly Sachs, Anna Seghers, Arthur Schnitzler, Carl Sternheim, Bertha von Suttner, Ernst Toller, Kurt Tucholsky, Jakob Wassermann, Franz Werfel, Arnold Zweig, Stefan Zweig ... und Konrad Heiden.

Doch auch ausländische Autoren waren in Deutschland verboten, darunter Ernest Hemingway, Upton Sinclair, Jack London, John Dos Passos, Maxim Gorki und viele andere.

Einige der verfemten deutschen Autoren sollte Heiden wenige Jahre später auf seiner Flucht nach Amerika wiedertreffen.

* * *

Heiden, noch immer im Saarland, machte sich unterdessen über den Reichsminister Goebbels lustig, der es unter dem Namen «Mahatma Propagandhi» rasch zu einer gewissen Berühmtheit gebracht habe. Der hatte die deutsche Presse aufgefordert, sie solle doch mehr Mut zeigen. «Sie sind langweilig, meine Herren», sagte Goebbels, «aber Sie brauchen es nicht zu sein; auch im nationalsozialistischen Staat kann man Kritik üben, probieren Sie es nur!»

Einer probierte es schließlich. «Herr Reichsminister, auf ein Wort bitte!», hieß der Artikel von Thomas Trimm in der Ausgabe der *Grünen Post* vom 29. April 1934. Die postwendende Folge: Die im Ullstein Verlag erscheinende Zeitung wurde auf Dauer von drei Monaten verboten.

«Auf diese kräftige Reklame hin», schrieb Heiden, «haben wir natürlich sofort das Blatt gekauft und nachgelesen, was der üble Bursche eigentlich geschrieben hat.» Der Redakteur hatte sich herausgenommen, Goebbels persönlich anzureden: «Sie gehen zwar immer wieder unters Volk, aber mit uns, den Angehörigen der Nichtparteipresse, kommen Sie nicht so sehr in Berührung. Da ich aber auch nicht zu Ihnen kommen kann, denn Sie wohnen in einem großen Haus mit tausend Zimmern, da sitzen tausend Männer drin, und tausend Vorzimmer sind da, da sitzen wahrscheinlich schon zehntausend Menschen drin ...»

«Armer Thomas Trimm», meinte Heiden, «dieser Satz war ein schwerer Fehler! Das war, gelinde gesagt, nicht weltklug.»

Was Heiden offenbar nicht wusste: Thomas Trimm war das Pseudonym von Ehm Welk, der sich vor gerade mal einem Jahr und zwei Monaten bei ihm dafür entschuldigt hatte, bei der Auftragsvergabe so zögerlich gewesen zu sei. Er wurde wegen seines Versuchs, ein Wort an den Reichsminister Goebbels zu richten, im KZ Oranienburg interniert und nach seiner Freilassung mit Berufsverbot belegt.

Im Herbst 1934 zwang Goebbels den von Leopold Ullstein gegründeten und von seinen fünf Söhnen sehr erfolgreich weitergeführten Ullstein Verlag, zu einem lächerlichen Preis ein Verkaufsangebot zu unterbreiten. Der jüngste Sohn, Hermann Ullstein, beschrieb in seinen Erinnerungen die Szene, in der eine Delegation von drei arischen Herren das Verlagsarchiv besuchten, um es von allen «jüdischen Einflüssen» zu säubern:

«Unser Archivleiter, ein Mann mit Humor, bat darum, einige Fragen stellen zu dürfen.

Was mache ich zum Beispiel mit Christoph Kolumbus? Nach jüngsten Erkenntnissen ist er nichtarischer Herkunft.

‹Raus mit ihm!› sagte das Sprachrohr der Delegation.

Aber er hat Amerika entdeckt.

‹Macht nichts!›»

* * *

Auch im Saarland versuchte Goebbels' Reichspropagandaministerium, den Nazi-Gegnern jede publizistische Möglichkeit des Widerstands zu nehmen. Drei Monate vor dem Abstimmungstermin in der Saar-Frage gelang es Goebbels, das Anti-Nazi-Blatt *Westland* durch Strohmänner für den horrenden Preis von 200 000 Francs zu kaufen, um es im gegebenen Moment ganz kurz vor der Abstimmung gleichzuschalten, wie Hilde Walter in ihren Erinnerungen schreibt. Allerdings habe die Redaktion den Sachverhalt aufgedeckt und ein neues Blatt namens *Grenzland* gegründet. Auch Heiden arbeitete für diese neue Zeitung.

Verzweifelt klammerten sich die Gegner einer Heimkehr in Hitlers Reich an die Hoffnung, dass die Bürger an der Saar sich nicht freiwillig in die Diktatur begeben würden.

Im Dezember 1934 veröffentlichte Konrad Heiden in der neuen Zeitschrift *Grenzland* einen offenen Brief an die *Frankfurter Zeitung*, bei der er bis 1930 gearbeitet hatte. In der Zeitung war ein Artikel über die Stimmung in Saarbrücken kurz vor der Wahl veröffentlicht worden, in dem es hieß, die Hitler-Gegner seien zutiefst niedergeschlagen.

Heiden wollte das nicht wahrhaben: «Um diese Feststellung drucken zu können, hätten Sie nicht eigens ein Redaktionsmitglied nach Saarbrücken zu schicken brauchen. Sie hätten sich ruhig damit begnügen können, die offiziellen Stimmungsberichte

Ihres Propagandaministeriums nachzudrucken. Offenbar war es Ihr Ehrgeiz, eine Unwahrheit, die Sie von Berlin gratis haben konnten, mit Unkosten aus Saarbrücken zu beziehen.»

Die Stimmung unter den Hitler-Ggegnern sei ganz im Gegenteil sehr optimistisch: «In der Zeit, in der ich Ihrem Redaktionsstabe angehörte, habe ich das politische Urteil mancher Ihrer Redakteure schätzengelernt. Ich kann mir daher nicht vorstellen, daß Sie die erwähnten falschen Behauptungen Ihres Berichterstatters gutgläubig aufgenommen haben.»

Es war ein bitterer Blick zurück: «Vielleicht wird der eine oder andere Ihrer früheren Freunde manches, was heute in Ihren Spalten steht, mit den Zeitumständen entschuldigen. Nachdem Sie einmal beschlossen hatten, unter der braunen Flagge weiterzuexistieren, konnten Sie der Lüge in Uniform, die heute deutscher Journalismus heißt, sich selbst bei gutem Willen nicht entziehen.» Aber es sei nicht nötig gewesen, auch aus eigener Kraft zu dieser Lüge noch etwas beizusteuern, «wie Sie dies im vorliegenden Falle getan haben».

Sosehr Heiden recht hatte, wenn er den politischen Opportunismus der *Frankfurter Zeitung* attackierte, so deutlich äußerte sich hier doch sein Wunschdenken über den Ausgang der Saar-Abstimmung.

Auch wenn das Saargebiet noch unter dem Schutz des Völkerbundes stand, machte sich der Geist des Nationalsozialismus zunehmend breit. In der Kolumne vom 4. Mai 1934 schilderte Konrad Heiden eine Szene am Saarbrücker Bahnhof, die er selbst beobachtet hatte. Einige Schülerinnen, wenig mehr als dreizehn Jahre alt, kamen im Gedränge in die Nähe einiger Männer, die sich in ihrer französischen Muttersprache unterhielten. Die eine rief ihrer Freundin laut zu: «Hörst du, schon wieder die Ausländer! Ach, so einem könnte ich keine Hand geben!»

Ein «Zweisekundensatz», den Heiden bestürzend fand. Es waren nicht die Worte selbst, sondern ihr unbeschreiblich verächtlicher Beiklang: «Dieses junge Ding schüttelte sich förmlich in Gedanken an einen Ausländer, an einen Mann von fremder und unterwertiger Rasse, und es wußte genau, daß die Freundinnen von den gleichen Gefühlen bewegt waren. Das erst gibt einen Anlaß, diese Episode doch ein wenig ernster zu nehmen.»

Solche deutschen Mädchen, meinte Heiden, könne man heute in der Vielfalt multiplizieren: «Sie halten sich für Bannerträgerinnen der neuen Weltanschauung, Erzeugnisse des stolzen Appells an die Blutreinheit, der die jungdeutsche Pädagogik durchflutet. Das ist der Grund, warum junge Mädchen heute solch selbstbewußte und inhumane Dinge sagen. Diese Jugend glaubt sich im Besitz einer absoluten, unabänderlichen Wahrheit. Ein Führerbefehl hat sie der schwierigen und oft ergebnislosen Entscheidung des eigenen Denkens enthoben und ihr das Komplizierte auf einmal so herrlich leichtgemacht. Diese Jugend wurde aus dem Reich der Probleme entlassen, im Besitz des goldenen Schlüssels der Weisheit, neben dem Fahrtenmesser liegt der Mythos, auch für die Tornister auf europäischen Schlachtfeldern passend.»

* * *

Anfang Juni 1934 hatte Hitler die Führer der SA in den Urlaub geschickt. Vorläufig auf vier Wochen, hieß es. Heiden schloss daraus: «Mit der SA ist schon lange etwas nicht in Ordnung. Die Truppe hat als Ganzes nicht den rechten Platz im nationalsozialistischen Staat gefunden. Sie sollte, wie Hitler sich ausdrückte, ‹der Garant der Revolution› sein. Unzählige Male hat Röhm dieses Wort von den ‹Garanten› in seinen Ansprachen wiederholt, die immer mehr zu Kundgebungen des Mißmuts wurden. Denn das Wort erwies sich als ein schöner Titel ohne wirklichen Rang.

Es macht keinen Spaß, ewig nichts anderes zu sein als Garant

der Revolution. Der SA-Mann wollte auch endlich einmal Nutznie-
ßer der Revolution werden. Er ergatterte irgendwo einen Posten,
läuft seitdem mit einer dicken Mappe unter dem Arm herum und
ist praktisch aus einem Soldaten Hitlers wieder ein Bürger geworden. Die SA als Truppe verlor Richtung und Ziel, sie wurde geistig
leer, und ihre heutige Stimmung mag verglichen werden mit der
der deutschen Matrosen im Jahre 1918, die aus dem Gefühl der
Sinnlosigkeit des Krieges zuletzt ihre Revolution machten.

Röhm hatte diese Entwicklung kommen sehen. Er wollte sie
vermeiden, indem er die SA als geschlossene Truppe zu einem Teil
der vergrößerten Armee machte. Und das ist ihm mißlungen; am
Widerspruch der Reichswehr scheiterte der Plan.»

Seine Analyse war richtig, doch es kam anders, als Heiden
glaubte.

* * *

Anfang März 1934 war einer der ersten, inzwischen aus der Partei
ausgestoßenen Mitstreiter Hitlers, Otto Strasser, von der Rechts-
fakultät der Universität Prag eingeladen worden, einen Vortrag
über den Nationalsozialismus zu halten. Am Tag darauf erschien
in seinem Büro ein Engländer, wie Strasser in seinen Memoiren
«Hitler und ich» schreibt, «elegant gekleidet, frisch rasiert, blond,
sympathisch, Mister Frank».

Der Engländer stellte sich ihm als Vertreter einer nazifeindlichen amerikanischen Gesellschaft vor, deren Namen er leider
nicht sagen dürfe, die sich aber lebhaft für Strassers Tätigkeit in-
teressiere.

«Ich bin beauftragt», radebrechte er in mühsamem Deutsch mit
unverkennbar englischem Akzent, «fünftausend Exemplare Ihrer
neuen Wochenschrift zu erwerben und die Verteilung des Blattes
im Reich zu leiten. Ich zahle für einige Wochen oder einige Monate
den Betrag voraus, den Sie fordern.»

Otto Strasser, einer der wichtigsten
Informanten Heidens

«Herr Frank, Sie sind sehr liebenswürdig, aber meine Organisation ist in allen ihren Einzelheiten perfekt, ich benötige keine Hilfe für den Versand nach dem Auslande», antwortete Strasser. Mr. Frank ließ sich jedoch nicht so leicht abwimmeln.

«Schön», sagte er, «beschäftigen Sie sich dann selbst mit der Verteilung, aber um Ihnen die größere Auflage zu ermöglichen, bin ich bereit, Ihnen die Mittel für drei Monate im voraus zur Verfügung zu stellen.»

Auf dieser Basis habe man sich verständigt, besonders da Mr. Frank einen englischen Pass vorweisen konnte. Zudem deutete er an, dass er die Schwester eines jüdischen Händlers namens Pollak heiraten wollte.

Das schien Strasser eine sichere Garantie für die redlichen Absichten des Herrn Frank zu sein. Nach drei Monaten tauchte Mister Frank wieder auf. Er freue sich über die künftige Zusammenarbeit und lud Strasser dringlich ein, ihn nach Paris zu begleiten.

Strasser hatte sich nach dem ersten Besuch bei der Polizei nach Herrn Frank und dem angeblichen jüdischen Händler Pollak erkundigt. Es lag nichts Verdächtiges gegen sie vor. Dennoch blieb er misstrauisch. Er war bereit, sich mit Frank in Paris zu treffen, dachte sich jedoch einen Vorwand aus, um nicht gemeinsam mit Herrn Frank dorthin reisen zu müssen.

Strasser kam Mitte Juni in Paris an und traf dort den blonden Engländer, ohne dass der ihm zuvor den Zug und das genaue Datum seiner Reise mitgeteilt hatte.

«Wie schade», rief Frank. Sein Geldmann sei inzwischen ins Saargebiet gereist. «Er steht mit Konrad Heiden in Verhandlung, dem es nicht möglich war, hierherzukommen. Er erwartet Sie am 21. Juni in Saarbrücken.»

Die Geschichte kam Otto Strasser nicht ganz geheuer vor. «Aber es klang immerhin annehmbar, daß der amerikanische Präsident einer nazifeindlichen Liga daran Interesse haben könnte, mit einem derart gegen den Nationalsozialismus eingestellten Schriftsteller wie Konrad Heiden zusammenzutreffen.»

Frank schlug ihm vor, gemeinsam mit ihm am 20. Juni nach Saarbrücken zu fahren.

Strasser war einverstanden. Er wollte wieder nicht gemeinsam mit Frank reisen, aber am 21. Juni zu der Verabredung in Saarbrücken erscheinen.

Damit erklärte sich Herr Frank «liebenswürdig zufrieden», nannte das Hotel Reichsadler als Treffpunkt und bestimmte die Stunde, zu der Strasser dort sein sollte. Strasser schrieb später in seinen Memoiren: «Ich verspürte ganz entschieden nicht die geringste Lust, die Reise in Begleitung dieses verdächtigen Subjekts zu machen; außerdem wollte ich mit Konrad Heiden sprechen, bevor ich den Burschen wiedersah. Glücklicherweise hatte ich ihm verschwiegen, daß ich den Schriftsteller kannte und wohl wußte, daß er sich gegenwärtig in Saarbrücken befand.»

Am 21. Juni 1934 traf Otto Strasser in Saarbrücken ein, und Konrad Heiden holte ihn am Bahnhof ab.

«Strasser», sagte Heiden, nachdem sie sich herzlich begrüßt hatten, «Ihr Brief ist mir gänzlich unverständlich, seien Sie auf der Hut.»

«Das versteht sich, aber ich will der Sache auf den Grund gehen, Sie können sich auf meine Vorsicht verlassen.»

Vor dem Hotel stolzierten Männer in Zivil in soldatischer Haltung und in deutschen Kommiss-Stiefeln auf und ab. Strasser sagte sich: «Ich kenne euch, ihr Brüderchen von der SS, ihr sollt mich nicht kriegen.»

Mister Frank kam ihm freudestrahlend entgegen: «Gehen wir nach oben in meine Zimmer, teurer Freund.»

Strasser hatte einen Revolver in der Tasche und legte seine Hand darauf. Dann folgte er Mr. Frank in dessen luxuriös ausgestattetes Hotelzimmer.

«Wir sprachen zuerst über Deutschland», schreibt Strasser in seinen Erinnerungen.

«Die Lage ist kritisch», erklärte er dem Engländer, «das Gespenst einer zweiten Revolution steigt auf.»

Frank antwortete: «Vor Ende des Monats wird es keine Überraschung geben. Deutschland wird dann die Schrecken einer Bartholomäusnacht kennenlernen, wie die Welt noch nichts Ähnliches erlebt hat.»

«Wirklich, Herr Frank, hat Ihr Auftraggeber Sie so gut unterrichtet?»

Frank schien sich bei dieser Frage unbehaglich zu fühlen.

Der Auftraggeber sei noch nicht eingetroffen, sagte Frank und bot seinem Besucher ein Bad oder ein Glas Champagner an.

«Nichts von alledem, Mister Frank», entgegnete ihm Strasser lachend und scheinbar in der besten Laune. «Ach, mein lieber Freund, wenn ich die volle Sicherheit hätte, daß Sie ein Gestapoagent sind, und wenn ich nicht fürchtete, in Schwierigkeiten mit der britischen Botschaft zu geraten, dann würde ich Sie auf der Stelle hier mit diesem niedlichen Revolver totschießen.»

Strasser zog seine Waffe aus der Tasche, und Frank wurde «blaß wie eine Kalkwand».

«Herr Strasser, Sie belieben, Späße zu machen, für die ein Engländer kein Verständnis hat.»

Nach kurzem Schweigen fuhr er fort: «Entschuldigen Sie mich, ich muß rasch telefonieren.» Er verließ das Zimmer und kam bald ganz aufgebracht zurück.

«Der Präsident ist noch nicht da, aber es kann nicht mehr lange dauern. Haben Sie ein wenig Geduld, bitte.»

Jetzt war sich Strasser seiner Sache sicher. In seinen Memoiren schreibt er: «Wenn Frank wirklich Engländer gewesen wäre und völlig harmlos, dann wäre er mir an die Kehle gesprungen oder hätte mindestens irgendeine heftige Reaktion wegen der Beleidigung gezeigt, die ich ihm soeben ins Gesicht geschleudert hatte. Er war nur ein Agent und hatte ebenfalls den Auftrag, mich ‹lebend zu fangen›; er erwartete noch Spießgesellen, es würde ein Trinkgelage veranstaltet werden und daran anschließend eine kleine Spazierfahrt im Auto, die jenseits der deutschen Grenze ihr Ende erreichen sollte. So war es geplant.»

Er habe das Spiel zunächst weiter mitgespielt und gesagt: «Aber natürlich, Mister Frank, aber vorher muß ich eine Verabredung absagen; ich komme gleich wieder, gestatten Sie, daß ich meine Reisetasche inzwischen bei Ihnen abstelle. In einer halben Stunde bin ich zurück.»

Vor dem Hotel habe er dann «mit Kommandostimme nach Leuten mit Kommiss-Stiefeln», die dort Wache standen, gerufen: «Ein Auto, aber etwas plötzlich, bitte!»

Der Deutsche, das wusste Strasser, «pariert immer auf Befehl eines ehemaligen Offiziers».

Nach weniger als einer Minute fuhr ein Auto vor, und Strasser ließ sich zu Heiden bringen. «Reisen Sie mit dem ersten Zug ab», riet der ihm, «ich werde den Mister Frank aufsuchen, Sie entschuldigen und Ihre Reisetasche anfordern. Das wird sehr spaßig werden.»

Strasser verzichtete auf seine Reisetasche. Im Zug musste er besonders an die Worte denken: «Vor Ende des Monats wird es eine Überraschung geben, Deutschland wird eine neue Bartholomäusnacht erleben.»

Schlagt sie tot, es ist erlaubt!

IM NAZI-REICH BRODELTE es. Vizekanzler Franz von Papen, der maßgeblich daran beteiligt gewesen war, Hitler an die Macht zu bringen, hielt am 17. Juni 1934 in Marburg eine spektakuläre Rede. Vom
senilen Reichspräsidenten Paul von Hindenburg ermutigt, sprach
von Papen über die Exzesse der Nationalsozialisten, vor allem der
SA. Dabei machte er erkennbar eine Unterscheidung zwischen
dem Führer und dessen Bewegung: «Meine innere Verpflichtung
an Adolf Hitler und sein Werk ist so groß, und so sehr bin ich der
in Angriff genommenen Erneuerung Deutschlands mit meinem
Herzblut verbunden, daß es vom menschlichen wie vom staats-
männischen Gesichtspunkt aus eine Todsünde wäre, nicht das zu
sagen, was in diesem entscheidenden Abschnitt der deutschen Revolution gesagt werden muß. Die ungeheuren Spannungen, in denen wir seit den Augusttagen 1914 gestanden, sind aufgebrochen,
und aus ihnen erhebt sich wieder einmal die deutsche Seele, vor
der die glorreiche und doch so schmerzhafte Geschichte unseres
Volkes, von den Sagen der deutschen Helden bis zu den Schützen-
gräben von Verdun, ja bis zu den Straßenkämpfen unserer Tage,
vorüberzieht.»

Dann kam er auf seinen Führer Adolf Hitler zu sprechen: «Der
unbekannte Soldat des Weltkrieges, der mit hinreißender Energie und mit unerschütterlichem Glauben sich die Herzen seiner
Volksgenossen eroberte, hat diese Seele frei gemacht. Mit seinem

Feldmarschall hat er sich an die Spitze der Nation gestellt, um in dem deutschen Schicksalsbuch eine neue Seite aufzuschlagen und die geistige Einheit wiederherzustellen. Diese Einheit des Geistes haben wir in dem Rausch von tausend Kundgebungen, Fahnen und Festen einer sich wiederfindenden Nation erlebt.

Nun aber, da die Begeisterung verflacht, die zähe Arbeit an diesem Prozeß ihr Recht fordert, zeigt es sich, daß der Läuterungsprozeß von solch historischem Ausmaß auch Schlacken erzeugt, von denen er sich reinigen muß.»

Er beklagte das Verschwinden einer freien Presse und zitierte dazu ausgerechnet Goebbels, der beklagt hatte, dass die Presse «kein Gesicht mehr habe». Ein anonymer und geheimer Nachrichtendienst, «mag er noch so trefflich organisiert sein, vermag nie diese Aufgabe der Presse zu ersetzen». Die brennenden Fragen der Nation müssten zur Debatte gestellt werden.

«Dieses Recht hierzu erwirbt sich allerdings nur», sagte von Papen, «wer sich ohne Vorbehalte dem Nationalsozialismus zur Verfügung gestellt und ihm seine Loyalität bewiesen hat.»

Derart als braver Parteigänger abgesichert, warnte er vor einer «Revolution in Permanenz», vor einem «ewigen Aufstand von unten» und dem «Gerede von der zweiten Welle, welche die Revolution vollenden» werde. «Eine Verwechslung von Virilität mit Brutalität würde eine Anbetung der Gewalt verraten, die für ein Volk gefährlich wäre.»

Das war eine wortreiche Umschreibung des alltäglichen Terrors der Nazis. Heiden, wahrlich kein Freund der Deutschnationalen, war durchaus angetan von von Papens Rede, die nach jedem Satz in der Aula der alten Universität Marburg Beifallssalven ausgelöst hatte: «Die Rede war Deutschland aus dem Herzen gesprochen. Die Rede stellte die Männer um Hitler und diesen selbst vor dem ganzen Volke bloß.»

Heiden in bitterem Sarkasmus: «Herr von Papen war so kühn, von ‹verzweifelten Patrioten› zu sprechen, die heute zu Staatsfeinden erklärt würden – und nun fragt sich der Außenstehende doch, welchen Grund in Adolf Hitlers herrlichem ‹Dritten Reich› die Patrioten eigentlich zum Verzweifeln haben. Man kann die Rede Papens gar nicht ernst und wichtig genug nehmen.»

Heiden ahnte offenbar, dass sich etwas zusammenbraute.

Goebbels reagierte schnell. Er ließ die *Frankfurter Zeitung*, in der die Rede abgedruckt wurde, beschlagnahmen, ebenso eine Broschüre mit dem Redetext. Einige Exemplare wurden immerhin aus Deutschland hinausgeschmuggelt, sodass von Papens Weckruf im Ausland publiziert werden konnte.

Öffentlich kommentierte Goebbels von Papens Rede mit den Worten: «Lächerliche Knirpse! Kümmerlinge! Hergelaufene Subjekte! Das Volk hat die Zeiten, da diese Herren in den Klubsesseln regierten, noch nicht vergessen.»

* * *

Die sogenannte «nationalsozialistische Weltanschauung» hatte inzwischen Staat und Gesellschaft beinah vollständig erobert – durch nackte Gewalt, flächendeckende Mobilisierung und Propaganda, aber auch durch Opportunismus und Unterwerfung. Konrad Heiden spielte diese dramatische Entwicklung in seiner Kolumne in der *Deutschen Freiheit* am Beispiel der deutschen Arbeitsfront ironisch durch. Die Nazi-Variante der altehrwürdigen deutschen Gewerkschaftsbewegung hatte inzwischen festgestellt, dass sich ein Privatleben mit der nationalsozialistischen Weltanschauung nicht länger vertragen würde. Die Auffassung, dass der Feierabend eine Privatangelegenheit sei, entspreche einem «rein liberalistischen Denken». Sie gehe aus von einem falschen, weil übersteigerten Freiheits- und Eigenmächtigkeitsbegriff des Einzelnen. Der nationalsozialistische Staat könne sich nicht damit begnügen, in dieser wichtigen Frage eine liberalistische Nachtwächterrolle zu spielen. Der Feierabend sei eben keine Privatsache, sondern eine Angelegenheit der Allgemeinheit. Der übersteigerte Individualismus der Vergangenheit, also die Auffassung des Feierabends als Privatsache, sei die Ursache des wirtschaftlichen, sozialen und gesellschaftlichen Verfalls des deutschen Volkes gewesen.

«Dieser private Feierabend», nahm Heiden die Argumentation der Arbeitsfront auf, «sei es, daß er auf der Suche nach Kaninchenfutter, sei es, daß er auf dem individuellen Plüschsofa bei Muttern verbracht wurde, ist also als einer der Schuldigen an den verruchten vierzehn Jahren ermittelt. Nun ist es damit aus. Im ‹dritten Reich› darf es eine unkontrollierte Flucht aus dem ‹dritten Reich› nicht mehr geben.»

Aber es liege doch ein tiefer Sinn in alledem. «Der Totale Staat verlangt den totalen Menschen. Das Gefühl, daß er nach Arbeitsschluß nicht mehr ‹erfaßt› werden kann, ist für die Diktatoren ein unerträgliches Gefühl. Sie wittern hier die Nester des Widerstandes, die schweifenden Gedanken, die Konspiration in der Küche, und gar nicht mit Unrecht. Darum wollen sie die Menschen immer unter ihrem Brennglas haben. Da die Machthaber das natürlich nicht gerne offen sagen, so wird der Diebstahl am Feierabend sorgfältig in weltanschauliche Ideale eingepackt. Die Ähnlichkeit mit Sowjetrußland ist in die Augen springend.»

Offenbar war Heiden zu diesen Überlegungen durch ein Gespräch mit zwei jungen Sozialisten aus Deutschland angeregt worden. Diese hatten sich jahrelang aktiv in der sozialistischen Bewegung betätigt und waren inzwischen im Widerstand gegen das Dritte Reich. «Aber sie sagten uns, daß viele Menschen, und gerade solche aus Arbeiterkreisen, den Verlust der politischen und persönlichen Freiheit gar nicht mehr so bitter empfänden, ja manchmal schon gar nicht mehr wüßten, was sie damit anfangen sollten. Sie seien innerlich damit einverstanden, daß man für sie denke und dann befehle, und sie empfänden es als gut, daß es nur eine Partei gebe, weil sie dann nicht mehr unter so vielen zu entscheiden hätten.»

Solche Einsichten schützten Heiden vor Illusionen. Aber sie zeigten ihm zugleich die Größe der Aufgabe, etwa, «daß mit der Rückgewinnung der politischen Freiheit nicht das Entscheidende getan ist, wenn es nicht gelingt, die deutschen Menschen mit dem atmenden Bewußtsein zu erfüllen, der Besitz dieser Freiheit sei für sie so notwendig wie Leib und Leben und Bett und Brot».

In der politischen Gegenwart aber wurde die Freiheit immer mehr eingeschränkt. Dabei dehnte sich das Kontrollsystem der nationalsozialistischen Ideologie-Diktatur stets weiter aus. Auf dem 46. Kongress für innere Medizin in Wiesbaden vom 9. bis 12. Mai 1934 etwa wurde offen erklärt, der Politiker könne nicht warten, «bis die Fundamente der Erbwissenschaft und Rassenlehre bis ins kleinste ausgebaut und gesichert seien. Er müsse vielmehr aufbauen auf der ‹intuitiv erschauten Grundwahrheit der blutmäßigen Verschiedenheit der Völker wie der einzelnen›. Die Politik müsse der Wissenschaft vorauseilen und – das ist der entscheidende Satz – ‹manchmal auch über sie hinwegspringen›.»

Genau das, meinte Heiden, sei die nackte Aufforderung, das Operationsmesser unter Umständen zum politischen Zweck zu missbrauchen. Tausende Ärzte und Wissenschaftler hatten sich das angehört, und keiner war aufgestanden und habe dem professoralen Redner «schreiend das Echo seiner Schande zurückgegeben, im Namen des deutschen Geistes und eines Jahrhunderts deutscher ärztlicher Kunst».

Die deutschen Ärzte, die bisher immer auf ihre Berufsverschwiegenheit verwiesen hatten, ließen sich nun zu Spitzeln der Sterilisierung machen.

Wie weit dieser Zwang gehe, zeigten die Ausführungsbestimmungen: «Wer eine körperliche Mißbildung sieht, die den Geschädigten merkliche Nachteile im Lebenskampfe zufügt, Klumpfuß, Hüftluxation, Wolfsrachen etc., und nicht ganz offensichtlich auf einen Unfall zurückzuführen ist, muß die Anzeige machen.»

Heiden kommentierte sarkastisch: «Das träfe nun freilich Herrn Goebbels sehr hart. Ihm aber hat man trotzdem die Nachkommenschaft nicht versagt. Wie aber steht es mit den marxistischen Untermenschen, mit den minderrassigen Staatsfeinden? Hier ist das Tor der Willkür weit geöffnet, durch das braune Diagnose und Therapie unter dem Kommando der Politik jederzeit einmarschieren können.»

Heiden war klar, was dabei herauskommen würde: «In den Konzentrationslagern leisten Ärzte Polizeidienst. Ihr ärztliches Gewissen verstummt vor Gefolterten und Getöteten. Sie stellen sich den Rasse- und Sippenämtern zur Verfügung.»

Dabei konnte Heiden zu dieser Zeit noch gar nichts von Auschwitz und Josef Mengeles mörderischen Laborversuchen am lebenden Menschen wissen – beides lag noch in der Zukunft.

Und doch waren seine Befürchtungen keinesfalls nur Theorie. In der Redaktion der *Deutschen Freiheit* gelangten Konrad Heiden und seine Kollegen immer wieder an Informationen aus den Konzentrationslagern des Deutschen Reiches. Man pflegte zudem einen regen Austausch mit anderen Exil-Zeitungen und -zeitschriften aus den umliegenden Ländern. In der *Neuen Weltbühne* in Prag wurde der Bericht von zwei aus dem Konzentrationslager entlassenen Mitgefangenen Carl von Ossietzkys veröffentlicht.

Unter der Überschrift «Acht Monate bei Ossietzky» druckte am 28. Juni 1934 auch die *Deutsche Freiheit* den Bericht. Die beiden hatten im Zuchthaus Sonnenburg Carl von Ossietzky kennengelernt. Der war in der Nacht des Reichstagsbrandes in seiner Wohnung verhaftet und unter schweren Misshandlungen und Todesdrohungen ins Gefängnis geschleppt worden. Im April 1933 wurde er ins benachbarte Konzentrationslager Sonnenburg überführt, das bereits 1934 wieder geschlossen wurde, während das Zuchthaus weiterbestand.

Der Mitgefangene berichtete der *Deutschen Freiheit*: «Ossietzky hatte geglaubt, über den Nationalsozialismus keine Illusionen zu hegen. Was er in Sonnenburg erlebte, hatte er jedoch vorher nie für möglich gehalten. Die Wachmannschaften bestanden aus Kerntruppen der Berliner SA. Der Sturmführer gab seinen Leuten oft das Stichwort zur bevorzugten Mißhandlung dieses oder jenes Intellektuellen. Ossietzky wurde als Landesverräter und, trotz rein arischer Abstammung, als Jude und ‹Judensau› besonders malträtiert.

Die Gefangenen traten auf dem Hof zum Dienst an. Carl von Ossietzky wurde im Laufschritt umhergejagt, mußte sich hinwerfen, aufstehen, wieder hinwerfen, wieder aufstehen. Betrunkene SA-Leute ließen sich das Vergnügen nicht nehmen, hinter ihm herzulaufen und Ungeschicklichkeiten Ossietzkys durch Schläge oder Fußtritte zu bestrafen. Oft vermochte sich Ossietzky kaum noch zu erheben, stumm lag er da, ohne Protest, ohne seinen Schmerz zu äußern.»

Auch in seiner Zelle sei Ossietzky nicht in Ruhe gelassen worden. SA-Leute seien hereingestürmt und hätten ihn aus nichtigen Gründen geschlagen. War sein Zellengeschirr nicht sauber, sei er im Laufschritt zum Brunnen gehetzt worden. Bei jeder Gelegenheit wurde er geprügelt. «Nun ist Ossietzky kein Riese. Die Grausamkeiten, die seine Peiniger ersannen, zerstörten seine Gesundheit, er brach zusammen.»

Die Misshandlungen seien im Ausland bekannt geworden: «Darauf beschäftigte sich das Ministerium des Innern mit den Zuständen in Sonnenburg. Minister des Innern war Göring. Er dachte nicht daran, die Mißstände zu beseitigen. Er beseitigte die Beschwerdeführer.» Es sei kein Tag vergangen, an dem nicht ein Kamerad blutig geschlagen vom Hof getragen worden sei.

Bis zu jener Zeit war es gestattet, einmal im Monat Besuch zu empfangen. Das wurde nun verboten, auch die Schreiberlaubnis wurde eingeschränkt. «Tag und Nacht hörten wir die Schmerzensrufe mißhandelter Kameraden.» Auch im Ort Sonnenburg sei nicht verborgen geblieben, wie man im Konzentrationslager mit den Gefangenen umging.

Bürger könnten bestätigen, dass in jener Zeit das Konzentrationslager von Schreien widerhallte. «Besonders mißhandelt wurde wiederum Carl von Ossietzky. Wo er sich auch aufhielt, wurde er getreten und geschlagen. Einzelne Halunken holten Ossietzky, der krank war, aus dem Schlafraum und ließen ihn stundenlang in strammer Haltung vor der Tür stehen. Oft brach er zusammen. Kameraden trugen ihn vom Hof und pflegten ihn. Ossietzky selbst ertrug alles mit stoischer Ruhe. Er schämte sich, dass ihm die Hände zitterten, und er steckte die Hände oft in Ärmel, um das Zittern nicht zu zeigen.»

Ein anderer Gefangener, der diesen Bericht Wort für Wort bestätigte, fügte hinzu: «Im Herbst vergangenen Jahres erhielt Ossietzky von seiner Tochter aus England eine Postkarte, aus der hervorging, daß sie sich freute, nicht mehr in Deutschland zu sein. Darauf wurde Ossietzky in die Wachtstube geholt und roh verprügelt, weil er seine Tochter schlecht erzogen habe.»

* * *

Die prophezeite «Bartholomäusnacht» fand vom 30. Juni auf den 1. Juli 1934 statt. Es war ein Wochenende. Die *Deutsche Freiheit* erschien nicht am Montag, und so konnte die Redaktion erst in der Dienstagsausgabe die blutigen 24 Stunden beschreiben, die später als die «Nacht der langen Messer» in die Geschichte eingingen.

Angeblich hatte die SA unter Führung Röhms einen Putsch geplant, den Hitler blutig niederschlagen musste.

«Der Blutsäufer» überschrieb Konrad Heiden seinen Kommentar, der jedoch nicht von ihm gezeichnet war. Heiden musste
aufpassen. Doch einzelne Formulierungen tauchen später in den
Büchern von Konrad Heiden auf.

«Die Welt schreit vor Entsetzen auf. Zwölf hohe Staatswürden-
träger ermordet (soviel wurden bis jetzt zugegeben), darunter drei
Männer von weltbekannten Namen, ferner eine Frau – so sieht
es aus, wenn Hitler sein Personal wechselt. Ein Bluthund rast. Es
scheint, daß er Röhm und Heines vor seinen eigenen Augen nie-
derschießen ließ. Das ist nicht mehr Energie, das ist auch nicht
mehr Brutalität, das ist Blutrausch.

Wer die entsetzlichen Vorgänge in Deutschland richtig verstehen will, darf nicht vergessen, daß der Beruf von Mördern das
Morden ist. Er muß sich vor Augen halten, daß das Element von
Kriechtieren der Sumpf ist. Und vor allem muß er stets daran denken, daß das Geschäft von Lügnern das Lügen ist.

Mord, Sumpf und Lüge – das sind die Kennzeichen der deutschen Tragödie, die sich soeben abgespielt hat und die vermutlich
noch nicht zu Ende ist. Wenn wir früher schrieben, daß das Nazi-
system auf Mord aufgebaut ist, dann waren das angeblich Greuelmärchen. Wenn wir feststellten, daß Hitlers brauner Staat durch
und durch von Korruption zerfressen ist, dann war das böswillige
Hetze. Und wenn wir der Wahrheit gemäß sagten, daß die entscheidenden Stellen des braunen Staatswesens von moralisch ver-
kommenen Menschen besetzt sind, dann hießen wir böswillige
Schänder und Schmäher Deutschlands.

Nun stellt sich heraus, daß wir weit mehr recht hatten, als wir
selbst ahnen konnten. (...)

Adolf Hitler ist es, der mit einer korrupten und blutdurstigen
SA-Clique eine Schreckensherrschaft über Deutschland ange-

richtet hat. Adolf Hitler ist es, der die Rowdies zu Herren im Lande gemacht hat und die wirklich sozialen Elemente des Volkes unter ihren Stiefelabsatz brachte. Adolf Hitler ist es, der Mörder als Polizeipräsidenten einsetzte und ihnen Hunderttausende von anständigen Gegnern in den Konzentrationslagern als Beute vorwarf. Adolf Hitler ist es, der der deutschen Jugend den Mord am politischen Gegner als Ideal gepredigt hat und ihn ihr jetzt als Beispiel vorführt. Wir können wirklich froh sein, daß bis heute im Saargebiet noch andere Methoden herrschen.

Der deutsche Massenmord hat aber auch noch eine tiefere Bedeutung. Bisher hat das braune System seine Bluttaten eisern abgeleugnet, denn sie richteten sich fast ausschließlich gegen Marxisten und Juden. Heute beginnt gewissermaßen eine neue Ära der politischen Schlächterei. Heute wird der Mord offen verkündet, damit alles in lähmendem Entsetzen erstarre. Hitler-Deutschland tritt in die Periode der offenen Blutherrschaft ein.»

Dieser Kommentar erschien zwei Tage nach dem Blutbad an Röhm und seinen SA-Kameraden. Was Heiden zu diesem Zeitpunkt noch nicht wissen konnte, war, wer alles der politischen Säuberungsaktion Hitlers zum Opfer gefallen war. Es waren nicht nur Röhm und seine angeblichen Putschisten, sondern auch andere alte oder neue Feinde im Umfeld der NSDAP. Darunter waren Otto Ballerstedt, ehemaliger politischer Rivale der NSDAP in München, der vor Gericht gegen Hitler geklagt hatte, Herbert von Bose, Oberregierungsrat und Pressechef bei Franz von Papen, der gerade vierzehn Tage zuvor an dessen Marburger Rede mitgearbeitet hatte und dafür sorgte, dass 5000 Exemplare der Rede illegal verteilt wurden, Ferdinand von Bredow, Generalmajor, ehemaliger Stellvertretender Reichswehrminister, rechte Hand Kurt von Schleichers, Edgar Julius Jung, Rechtsanwalt und Schriftsteller, Verfasser der «Marburger Rede» von Papens, Gustav Ritter von Kahr, ehemaliger bayerischer Ministerpräsident, Hitlers Gegner

Das Cover von Heidens Buch zum 30. Juni 1934

beim Putsch im Bürgerbräukeller, Kurt von Schleicher, General der Infanterie, ehemaliger Reichskanzler, dessen Ehefrau Elisabeth, Gregor Strasser ...

In den Tagen und Wochen nach der Blutnacht trug Heiden weitere Materialien zusammen, um eine Broschüre zu verfassen, in der die Vorgänge um den sogenannten Röhm-Putsch detailliert geschildert werden sollten. Das Heft von etwa 60 Seiten kam schon im Juli heraus und war nach wenigen Wochen vergriffen.

Eine zweite Auflage erschien am 1. September 1934. Heiden hatte sich aus guten Gründen ein weiteres Pseudonym zugelegt. Das Heft «Hitler rast – Die Bluttragödie des 30. Juli 1934 – Ablauf, Vorgeschichte und Hintergründe» mit einem Hitler-Foto auf dem Titel erschien unter dem Autorennamen «Klaus Bredow».

Im Vorwort hieß es: «In vielen deutschen Papiergeschäften sieht man eine Photographie: Adolf Hitler beugt sich zu einem kleinen Mädchen nieder, das ihm einen Blumenstrauß überreicht. Der Reichskanzler lächelt, denn mit einem so unschuldigen kleinen Wesen muß man ja lächeln. Aber dieses Lächeln sieht merkwürdig aus: die Kinnladen sperren sich nußknackerartig auseinander, das Gesicht hat etwas Verzerrtes, Ausdrucksloses. Man fürchtet, im nächsten Augenblick werde er das kleine Mädchen beißen. Das ist nun der gütige, lächelnde Adolf Hitler, der Kinderfreund, mit einem kleinen Mädchen auf einer grünen Wiese.

So wird er dem deutschen Volke gezeigt: der gütige Führer, der Freund des Volkes, der einfache, bescheidene Mensch. Selten sind die Augenblicke, in denen er sich ganz so zeigt, wie er wirklich ist. Jetzt ist das einmal ausnahmsweise geschehen. Die Welt hat einen Tag erlebt, an dem Adolf Hitler ganz aus sich heraustrat. Das war der Blutsamstag vom 30. Juni. Der Tag wird in Deutschland nicht so bald vergessen werden.»

Konrad Heiden blickte zurück auf seine ersten Begegnungen mit Hitler in den Bierhallen von München: «Adolf Hitler vergoß damals noch kein Blut, er sprach nur viel davon. Er wetterte und drohte, wie er, wenn er erst die Macht habe, seine Gegner köpfen und erschießen werde.

‹Jawohl›, rief er in einer Versammlung, ‹man fragt uns: werdet ihr's denn wirklich übers Herz bringen, eure Gegner hinzumachen? Seid überzeugt: wir werden's übers Herz bringen!› Jetzt hat er's übers Herz gebracht. Nicht nur seine Gegner ließ er beiseite schaffen, in den Konzentrationslagern zu Tode prügeln, in den Zellen erhängen und auf der Flucht erschießen. Seine eigenen Freunde, seine ältesten Kameraden hat er jetzt an die Wand stellen lassen; die Männer, mit denen er zusammen von unten aufgestiegen ist, die ihm seine Partei erst gebaut haben, denen er seine Macht verdankt.

Nun sind sie tot. Niemand ist mehr unter den Lebenden, der mit Recht sagen könnte, daß Adolf Hitler keineswegs der einzige Schöpfer der nationalsozialistischen Bewegung gewesen ist. Niemand macht ihm das mehr streitig. Die es noch wagen durften, starben an einer einsamen Mauer oder in einer Zelle mit ein paar Kugeln in Brust und Kopf. Die übrigblieben, sind wenig bekannte Männer, bestenfalls aus der zweiten Reihe. Sie ducken sich und schweigen.»

Doch auch der Deckname nutzte Heiden nichts. Die Gestapo hatte längst herausgefunden, wer sich hinter Klaus Bredow versteckte. Oft nannte er sich auch «Argus». So schrieb die Staatspolizeistelle für den Regierungsbezirk Trier, die für das Saargebiet mit zuständig war, am 31. Juli 1934 an das Geheime Staatspolizeiamt Berlin: «Betrifft: Herausgabe von Broschüren durch Konrad Heiden. Aus zuverlässiger Quelle wird mir mitgeteilt, daß im ‹Verlag Volksstimme› 2 Broschüren herausgegeben wurden, und zwar ‹Sind die Nazis Sozialisten› und ‹Hitler rast›. Bei beiden Broschüren ist kein Verfasser angegeben bzw. ist derselbe getarnt. Verfasser der

Broschüre ist der bekannte Schriftsteller Konrad Heiden, geb. am
7.8.1901 in München, der viele Artikel in der ‹Freiheit› und der
‹Westland› unter dem Pseudonym ‹Argus› schreibt.
Falls die Broschüren beschafft und nach dort übersandt werden
sollen, bitte ich um Mitteilung.
    gez. Welsch»
Die unmittelbare Reaktion der Gestapo-Hauptdienststelle ist
unbekannt. Tatsache ist aber, dass Berlin zahlreiche Spitzel ins
Saarland schickte um die Emigrantenszene auszukundschaften.
Manche meldeten sich freiwillig und boten ihre Dienste der Gestapo an.
    Heiden wusste sehr gut, welcher Konflikt sich nicht nur zwi-
schen zwischen Röhm und Hitler aufgebaut hatte. Er wusste auch,
welche politische Weichenstellung Hitler durch seine Mordaktion
vorgenommen hatte.
    In seinem 1936 erschienenen Hauptwerk «Das Zeitalter der Ver-
antwortungslosigkeit» trug Heiden all das zusammen, was er aus
der Vorgeschichte des nationalsozialistischen Aufstiegs wusste
und was er aus dem Exil im Saargebiet an Informationen zusam-
mentragen konnte, und das war erstaunlich viel.
    Er schrieb: «Die Steine, die man noch so hoch in die Luft wirft,
kommen doch endlich einmal herunter. Hitler hat nie zwischen
verschiedenen Möglichkeiten wählen wollen; hat immer versucht,
alle Möglichkeiten zugleich zu ergreifen. Die Folge ist, dass er
im entscheidenden Augenblick nur noch zwischen zwei Fehlern
wählen kann. Er muss entweder die SA zerschlagen oder mit der
Reichswehr brechen.
    Die Reichswehr – das ist der Herr Präsident. Hitler trifft die
Wahl seines Lebens.
    Und wenn man schon zuschlägt, dann schlägt man richtig zu.
Röhm und seine Kumpane waren keine Leute, die man verwahrt,
wo weder Mond noch Sonne sie bescheint. Mit ihnen brechen hieß,

mit Männern brechen, die vor keiner Rache zurückschreckten; vor Mord nicht und vor vielleicht noch Schlimmerem nicht: vor Enthüllungen aus der Vergangenheit. Gelang es einem Röhm, jemals wieder zu entkommen, dann war Adolf Hitler ihm ausgeliefert; hatte Röhm doch sogar zu Schleicher geplaudert.

Nein: Meutereien bricht man nach ewig gleichen eisernen Gesetzen. Der Führer wird der Weltgeschichte ein Beispiel liefern.» Detailliert schilderte Heiden die Mordnacht.

«Überall haben sie heute Schießfreiheit, die dunkeln Gesellen auf hohen und niedern Posten. Überall werden heute alte Rechnungen beglichen. Wer zuerst in Führers Namen die Pistole hebt, der lebt und hat recht gegen einen Toten. Wer schießt, ist treu, und wer zuerst schießt, der Treuere. Der befohlene Mord rast durch Deutschland. (...) Der 30. Juni 1934 ist der blutigste Vorgang der neueren deutschen Geschichte. Durch seine heuchlerische Rechtfertigung wird er auch zum ekelhaftesten. Er ist in Wahrheit: die Ermordung von Mördern durch ihre Komplizen.

In einer Zelle des weitläufigen Gebäudes von Stadelheim sitzt Ernst Röhm. Vor zehneinhalb Jahren saß er schon einmal hier – für seinen Freund Adolf Hitler, nach dessen zusammengebrochenem Putsch vom 9. November 1923. Hals über Kopf war Hitler, der Führer, im Auto geflohen und hatte alles im Stich gelassen; Göring, der Befehlshaber, war geflohen; Röhm, eingekreist und verlassen, hatte mit militärischen Ehren schließlich auf Zureden des Freundes von Epp kapituliert. Dann saß er in Stadelheim, dichtete humoristische Hexameter auf die ‹übelduftende Zelle› und verlor den Mut nicht. Er hatte es ja mit den Gerichten der demokratischen Republik zu tun.

Aber heute ... Ein Revolver liegt vor ihm. Man hat es ihm als letzte Gnade bewilligt, sich selbst zu erschießen. Aber er weigert sich.

‹Wenn Adolf mich totschießen will, soll er es selber tun!› sagt er.

Man hat Röhm zehn Minuten Bedenkzeit gelassen. Dann öffnet sich die Tür, und von außen wird solange in die Zelle hineingefeuert, bis Ernst Röhm, Schöpfer der SA, wichtigster Mitbegründer der Partei, Freund Adolf Hitlers, Schmied des nationalsozialistischen Staates, tot ist. Im Hof des Gefängnisses wird er eingescharrt, sein Grab ist unbekannt. Ein großes amerikanisches Nachrichtenbüro meldet allein aus München 122 Tote.» Auch General von Schleicher, der seinen wesentlichen Anteil daran hatte, Hitler an die Macht zu bringen, wurde ermordet. Gregor Strasser, der im Gegensatz zu seinem Bruder Hitler treu geblieben war, musste ebenfalls sterben.

Heiden schrieb: «Sechs Männer in Zivil fahren am Vormittag des 30. Juni vor der Villa des Generals von Schleicher vor, klingeln, drängen sich rasch durch die Tür und schießen den General vor den Augen seiner Frau über den Haufen. Er ist sofort tot. Ein Schuß trifft Frau Elisabeth von Schleicher, die nach einer halben Stunde verröchelt. Die sechs Mörder fahren im Wagen wieder weg.

Gregor Strasser wird am Mittag des 30. Juni von fünf Beamten der Geheimen Staatspolizei Görings in seiner Privatwohnung abgeholt. Er hat seit Anfang 1933 ein unpolitisches Dasein als Direktor der chemischen Werke Schering-Kahlbaum geführt. Die Beamten fahren mit Strasser in sein Büro, wo sie angeblich eine Haussuchung wegen Verdachts hochverräterischer Umtriebe vornehmen wollen. Dort übergeben sie ihn einem SS-Kommando, das ihn im Auto mitnimmt. Was dann geschah, steht nicht genau fest – bis zum nächsten Sonntag. Da erhält Frau Else Strasser eine mit Asche gefüllte Urne, die die Nummer 16 und folgende Aufschrift trägt: Gregor Strasser, geb. 31. V. 92 zu Geisenfeld, gest. 30. VI. 34. Geheimes Staatspolizeiamt Berlin.

Gregor Strasser hatte zwei Söhne, deren Taufpate Adolf Hitler war. Sie sind Mitglieder der Hitlerjugend. Ein in Berlin lebender Franzose, Hausnachbar der Familie Strasser, sieht kurze Zeit darauf den einen der beiden Söhne auf der Straße, spricht ihm sein

Beileid aus und fragt ihn, was er jetzt über Hitler denke. Der Junge schluckt, sieht starr und sagt: ‹Und er ist doch unser Führer!›»

All dieses trug Konrad Heiden zu einer Zeit zusammen, als im Reich selbst niemand mehr als Journalist recherchieren konnte. Doch hatte er immer noch Kontakte nach Deutschland und konnte vor allem einzelne Informationen in einen größeren Zusammenhang einordnen. Er wusste, mit wem er es zu tun hatte, wer wann mit Hitler und seinem Umfeld aneinandergeraten war, wer sich mit wem aus welchem Grunde zerstritten hatte: «Die Privatrache mordet. Die Cliquenpolitik mordet. Die Angst mordet. Denn nachdem Hitler einmal den Befehl zum Schießen gegeben hat, muß ein treuer Hitlermann so schnell und so viel schießen, wie er kann. Wehe dem, der zurückzuckt! ‹Meine Ehre ist Treue›, steht auf den Koppelschlössern der schwarzen SS. Diese Treuen haben jetzt die Feinde des Führers auszurotten. Wer nicht schießt, wird erschossen. Was schert den Treuen da noch Schuld oder Unschuld? Den Führer schert es auch nicht.

Er gibt selbst zu, daß Unschuldige getötet wurden. Über die frischen Gräber hinweg schreit er: ‹Meuternde Divisionen hat man zu allen Zeiten durch Dezimierung wieder zur Ordnung gerufen. Ich habe nicht zu untersuchen, ob und wem von diesen Verschwörern, Hetzern, Destrukteuren und Brunnenvergiftern der deutschen öffentlichen Meinung und im weiteren Sinne der Weltmeinung ein zu hartes Los zugefügt wurde!›»

«Die Frage nach der Zahl (der Opfer, d. Verf.) ist nicht zu beantworten», schrieb Heiden. «Dreihundert zum mindesten sind wahrscheinlich, tausend nicht unmöglich.» Die Zahl schwankt bis heute zwischen den von Heiden genannten dreihundert und eintausend. Heiden schrieb: «Es starben, man weiß nicht, wieviel; sie starben, man weiß nicht, warum.

Man frage lieber, warum die Mörder mordeten.

Die einen mordeten, weil ihnen ein bestimmter Mord befohlen war. Die andern mordeten, weil sie Angst hatten, oben zu mißfallen, wenn die Strecke nicht reichlich genug ausfiel. Eine dritte Kategorie schließlich mordete einfach, weil sie durfte.

Die Losung des 30. Juni heißt: ‹Schlagt sie tot, es ist erlaubt!› Der große Minderwertige hat eine Pistole in der Hand und den Jagdschein in der Tasche. Mehr braucht es nicht für ein Blutbad. Angstzitternde Reichsminister aber unterschreiben am 3. Juli ein Gesetz, diese Morde seien ‹als Staatsnotwehr Rechtens›. Getreu ihrem Führer, der gesagt hatte: ‹In dieser Stunde war ich verantwortlich für das Schicksal der deutschen Nation und damit des deutschen Volkes oberster Gerichtsherr!›»

Heiden fragte: «Welche Verantwortung trägst du, Adolf Hitler? Etwa die Verantwortung, von der du die Deinen los- und ledig gesprochen hast? Für was und vor wem trägst du sie? Für nichts und vor niemandem. Deine Verantwortung ist ein Phantom.

Denn – und das allein entscheidet über Verantwortung und Verantwortungslosigkeit – wer vermag dich überhaupt zur Verantwortung zu ziehen? Wer darf von dir Rechenschaft für das unschuldige Blut fordern? Der sterbende Hindenburg vielleicht, dessen Amt du demnächst usurpieren wirst und dessen gefälschtes Testament wahrscheinlich schon in der Schublade bereit liegt?

Denn deshalb hat diese Clique dich ja zu ihrem Führer erkoren. Sie werden die Ämter an sich reißen, die Gelder des Staats und das Hab und Gut ihrer Opfer in die Tasche stecken, ihre Feinde zu Tode prügeln, von Zeit zu Zeit ein Blutbad anrichten – und sie erwarten, daß du ihnen die Verantwortung dafür abnehmen und zum Schutt der Gesetze werfen wirst. Du darfst ihnen sogar die strengsten Befehle dazu geben, aber laß es dir nicht einfallen, ihnen etwas anderes zu befehlen. Du bist ihr Führer zum Erlauben, nicht zum Verbieten. Wenn ein Teil der Clique zu reißend und gefährlich wird, magst du den willfährigeren Teil gegen ihn jagen, deine Anhänger durch deine Anhänger totschießen lassen und dir so von Katastrophe zu Katastrophe Luft schaffen. Fühlst du dich wohl bei deinem Regime, das von Aderlaß zu Aderlaß lebt?

Erschieße von den Deinen, soviel du willst; die Nachrückenden werden immer dieselben sein. Sie werden tun, was ihnen beliebt, solange einer die Verantwortung dafür trägt, den niemand zur Verantwortung ziehen kann.»

Viele dieser Einzelheiten der Blutnacht standen bereits in der Broschüre «Hitler rast», für die in der *Deutschen Freiheit* heftig geworben wurde. In einer Anzeige hieß es: «Die interessanteste Schrift des Tages: ‹Hitler rast› von Klaus Bredow. Fragen Sie in den Kiosken und Buchhandlungen nach, oder bestellen Sie direkt beim Verlag der Volksstimme G.m.b.H., Saarbrücken, Postschließfach 776».

In Berlin interessierte man sich indessen immer mehr für Heiden. Jetzt trug man auch Einzelheiten aus seiner journalistischen Vergangenheit zusammen. Er sei von Juni 1925 bis Mai 1927 verantwortlicher Schriftleiter der periodischen Druckschrift *Republikanische Hochschulzeitung* in München gewesen. Am 1. Dezember 1930 sei er, von Frankfurt am Main kommend, wo er für die *Frankfurter Zeitung* «schriftstellerisch tätig» gewesen war, nach Berlin-Lankwitz, Waldmannstraße 21, gezogen. Dort habe er bis zum 1. September 1933 gewohnt und sei dann mit unbekanntem Ziel verzogen: «Anläßlich der Gründung der saarländischen Zeitung Westland verlegte er Anfang ds. J. seinen Wohnsitz in das Saargebiet. Er wohnt seitdem in Saarbrücken, Karcherstr. 14.» Seit er sich im Saargebiet aufhalte, betätige er sich als Redakteur der «bekannten deutschfeindlichen Zeitung Westland: In seiner Eigenschaft als Redakteur arbeitet er außerordentlich stark gegen die Rückgliederung des Saargebietes. Er schreibt meistens unter dem Decknamen ‹Argus› Hetz- und Greuelnachrichten; auch hat er inzwischen verschiedene staatsfeindliche Broschüren im Saargebiet herausgegeben.» In strafrechtlicher Hinsicht sei Heiden bisher nicht in Erscheinung getreten: «Strafregisterauszug ist beigefügt. Ein Fotoabzug von einem Paßbild Heidens aus dem Jahre 1929 lag ebenfalls bei.»

Auch aus einem anderen Gestapo-Bericht über das «Nachrichtenbüro der Marxisten-Separatisten» geht hervor, wie sich Hitlers politische Polizei für Heiden interessierte. Darin heißt es: «Im Europa Verlag Zürich gab Heiden seine Hetzschrift ‹Die Geburt des Dritten Reiches› heraus, in der er schärfsten Kampf dem Faschismus ansagt und Deutschland die Wahl zwischen einem neuen Krieg und völliger Verarmung läßt.»

Die letzten Tage der Saar-Freiheit

AM 26. AUGUST 1934, knapp fünf Monate vor der Saar-Abstimmung, rief die Status-quo-Bewegung, die der «Heim-ins-Reich»-Fraktion scharf entgegentrat, zu einer großen Kundgebung in Sulzbach auf. Man hatte den Ort, der als Zentrum der sozialistischen Arbeiterbewegung galt, wegen seiner günstigen Verkehrslage ausgesucht.

Es war das erste Mal, dass die Kommunistische Partei und die Sozialdemokraten im Saarland zusammen eine Einheitsfront bildeten – für den Erhalt eines neutralen Status unter Aufsicht des Völkerbundes. Die SPD hatte sich bis dahin für eine Verschiebung der Saar-Abstimmung ausgesprochen, während die Kommunisten für die Errichtung einer sozialistischen Räterepublik im Saargebiet und in Deutschland geworben hatten. Der Völkerbund setzte Anfang Juni den Wahltermin auf den 13. Januar 1935 fest.

«Wir rufen das ganze Saarvolk zur großen Heerschau der gesamten antifaschistischen Front auf», hieß es in dem Appell der Einheitsfront. Die *Deutsche Freiheit*, die *Westland*, die sozialdemokratische *Volksstimme* und die kommunistischen Blätter warben gemeinsam für den Aktionstag in Sulzbach. Am 24. August 1934 schrieb die *Volksstimme*: «In Sulzbach marschieren die Freiheit, der Geist der Gleichheit, des Fortschritts. Dort wird angetreten im Kampf gegen Knechtschaft, gegen Mord, gegen Krieg und Hunger. Dort demonstrieren die freien Saarländer gegen die Barbarei des ‹Dritten Reiches›. Nie kommt die Saar zu Hitler!»

Die Resonanz war gewaltig: «Hunderttausend Antifaschisten marschieren», titelte die *Arbeiterzeitung* in einer Sonderausgabe zum Sulzbacher Aufmarsch. Aus dem gesamten Saargebiet reisten Kundgebungsteilnehmer an, Marschgruppen strömten mit Fahnen und Transparenten zum Veranstaltungsort.

Der Sulzbacher SPD-Vorsitzende Richard Kirn eröffnete die Kundgebung mit den Worten: «Unser Deutschland, das Land der Dichter und Denker, ist zum Land der Henker und Richter schlechthin geworden.» Dann verlas er ein Telegramm an den KPD-Vorsitzenden Ernst Thälmann, der im Gefängnis Berlin-Moabit saß, und eines an den SPD-Politiker Carlo Mierendorff, der im Konzentrationslager Lichtenburg eingesperrt war.

Konrad Heiden war an maßgeblicher Stelle an der Organisation der Sulzbacher Großveranstaltung beteiligt. Er, der immer eine kritische Distanz zu den Kommunisten gehalten hatte und kein Anhänger der Volksfront zwischen SPD und KPD war, schloss beim Kampf um die Unabhängigkeit der Saar einen Kompromiss. Darauf berief er sich, als zwei Jahre später in der Pariser Exil-Szene ein heftiger Streit zwischen Befürwortern und Gegnern der Volksfront entbrannte. Just zur gleichen Zeit trat Hitler in Koblenz auf, wohin die «Deutsche Front» nach eigenen Angaben weit über 100 000 Menschen aus dem Saargebiet zur «Saar-Treuekundgebung» transportiert hatte. Hitler stellte die Rückkehr der Saar als Friedensbrücke zwischen Deutschland und Frankreich dar: «Die Saarfrage ist die einzige territoriale Frage, die uns heute noch von Frankreich trennt. (...) Wir werden glücklich sein, daß, wenn am 14. Januar in ganz Deutschland die Glocken läuten, sie nicht nur die Rückkehr unseres verlorenen Gebietes und unserer verlorenen Deutschen, sondern auch die Einkehr des Friedens einläuten würden.»

* * *

In der Zeitschrift *Das Neue Tagebuch*, die seit 1933 in Paris und Amsterdam gedruckt wurde, schilderte der Schriftsteller Arthur Koestler die Stimmung in einem Eisenbahnabteil von Saarbrücken nach Paris wenige Tage vor der Abstimmung. Dort saßen ein «Saarbrücker Konfektionär» mit Hitlerbärtchen, ein «strohblonder Jüngling» aus Westfalen und der Autor zusammen. Der Konfektionär entfaltete die nationalistische *Deutsche Front*, der Autor die sozialistische *Arbeiterzeitung* und der Blonde den französischen *Le Petit Parisien*. Erst als der junge Mann das Abteil verlassen hatte, zog der Unternehmer die *Deutsche Freiheit* aus seiner inneren Jackentasche und begann zu lesen. «Meinen Sie, das war ein Nazi?», fragte Koestler. «Weiß ich's?», antwortete der Mann. «Vielleicht war er von der Gestapo. Vielleicht war er nur von der S. A. Man weiß nie. Vielleicht hat er bloß einen Schwager in Merzig, dessen Tochter bei mir kauft und weiß, wer ich bin. Man muß vorsichtig sein bei uns an der Saar.» Wenn jemand an dem Abteil vorbeikam, «steckte er die ‹Deutsche Freiheit› weg. Er tat es ganz automatisch, mit der selbstverständlichsten Miene der Welt», schrieb Koestler.

Auf der Eisenbahnfahrt erfuhr Koestler, dass der Mann seit zwanzig Jahren sein Geschäft in der Bahnhofstraße in Saarbrücken hatte. Der Konfektionär schätzte, dass von den Geschäftsleuten in der Bahnhofstraße keiner für die Angliederung ans Reich stimmen werde.

«Und die Angestellten?», wollte Koestler wissen.

«Ein Drittel für Hitler, ein Drittel für Status quo, der Rest noch unentschlossen.» Der Ausgang der Wahl sei noch ungewiss. Es hinge «von der Geschicklichkeit der Statusquoer» ab.

«30–40 Prozent sind ihnen heute schon sicher», sagte der Mann.

«Und der Rest?», fragte Koestler.

«Glauben Sie mir, die meisten wissen heute noch nicht, wofür sie stimmen werden.»

Der Text, der am Tag vor der Abstimmung am 12. Januar 1935 erschien, hatte eine ernüchternde Pointe: «Kurz vor Paris», so schrieb Koestler, «erwähnte er nebenbei, daß er Mitglied der ‹Deutschen Front› sei und Blockwart seines Häuserblocks in der Bahnhofstraße.»

Der Geschäftsmann, der die *Deutsche Freiheit* las, hatte sich also offenbar längst auf die Nazis festgelegt.

Am 13. Januar 1935, dem Tag der Wahl, titelte die sozialdemokratische Saar-*Volksstimme*: «Unser Sieg». Auf der ersten Seite ragte eine riesige rote Faust aus rauchenden Fabriken hoch. «Volksgenossen! Der Tag der Entscheidung ist gekommen. Die Wahlurne erwartet Euren Stimmzettel. Damit sollt Ihr die Frage beantworten: Deutschland oder Hitler, Freiheit oder Knechtschaft? Kein Deutscher entscheidet sich für Hitler.»

Die amerikanische Journalistin Anne O'Hare McCormick berichtete damals für die *New York Times* und traf in der Nacht der Volksabstimmung Konrad Heiden. «Ich erinnere mich, daß er mit einer Gruppe der letzten Grabenkämpfer im Büro der ‹Freiheit› saß. Sie alle hatten in den letzten Tagen der Kampagne auf Strohmatten auf dem Fußboden des Gebäudes geschlafen, wenn sie überhaupt ein Auge zutun konnten. Heiden, ein großartiger Typ junger deutscher Intellektueller im Exil, hatte schwere Augenlider und ein noch schwereres Herz.»

Am Morgen des 15. Januar wurde im Rundfunk das Ergebnis der Saar-Abstimmung bekannt gegeben:

«Für Beibehaltung der gegenwärtigen Rechtsordnung,
Status quo: 46 513
Für Anschluß an Frankreich: 2124
Für Anschluß an Deutschland: 477 119.»

Während die Nazi-Anhänger überall in der Innenstadt Hakenkreuzfahnen aufhängten und durch die Straßen marschierten,
erschien die letzte Ausgabe der Saar-*Volksstimme* mit einer Zeile,
die sich selbst Mut machen musste: «Wir kämpfen weiter!»

Max Braun, der Vorsitzende der sozialdemokratischen Landes-
partei, richtete noch am selben Tage in Forbach im Haus Rue Nationale 49 eine Beratungsstelle für Saar-Flüchtlinge ein. Bis Ende
März suchten Tausende von Flüchtlingen den Weg über die Grenze, um der Rache ihrer nationalsozialistisch gesinnten Nachbarn
und jener neuen Herren zu entgehen, die seit dem 28. Februar 1935
ab 12 Uhr mittags im Saargebiet die Macht ausübten.

In der Beratungsstelle wurden sogenannte Nansen-Ausweise
vergeben, Dokumente des internationalen Nansen-Amtes des
Völkerbundes für Staatenlose, benannt nach dessen erstem Leiter,
dem Polarforscher Frithjof Nansen. Es war ein international gülti-
ger Pass, den etwa 1200 Flüchtlinge aus dem Saargebiet bekamen.

Unter ihnen war auch die Kommunistin Lore Wolf, die das Ro-
te-Hilfe-Büro in Saarbrücken betrieb, das unmittelbar nach der
Saar-Abstimmung geräumt wurde. Die Rote Hilfe, 1921 gegründet, war eine politisch-humanitäre Hilfsorganisation im ganzen
Reich, die der KPD nahestand. «Da kam ein Genosse von uns und
hat gesagt: Schnell, schnell, an die Grenze!» Als sie Saar-Gmünd
erreichten, lagen auf der Landstraße Koffer und Gepäck. Etwa
sechzig Männer, Frauen und Kinder hatten sich am Straßenrand
niedergelegt. Sämtliche Lager auf der französischen Seite der
Grenze waren überfüllt, die Franzosen wussten nicht mehr, wo sie
die Leute unterbringen sollten. «Und morgen kommt Hitler an die
Saar! Können Sie sich vorstellen, wie verzweifelt die Leute waren.»

Einige Frauen versuchten, sich die Pulsadern zu öffnen. Viele
ließen ihr Gepäck im Stich, überquerten die Grenze nach Saar-
Gmünd, wurden von der Polizei wieder zurückgeschickt. So ging
das hin und her. Gemeinsam mit ein paar Genossen habe sie diese

Menschen in Empfang genommen und in Saarbrücken untergebracht.

«Wir haben die Wunden verbunden und ihnen zu essen gegeben. Am Abend, also im Dunkeln, sind wir auf Marsch gegangen.
Immer ein saarländischer Kumpel, der sich auskannte, hat sechs
bis acht Menschen mitgenommen. Die sind dann durch den Zaun
in der Friedhofsmauer, da war so ein großes Loch. Da sind die
durch. Und so haben wir bis fast Mitternacht die Leute durch-
geschleust.»

Mit dem letzten Schub seien sie dann selbst durch das Loch
gekrochen. In Forbach habe es ein kleines Restaurant gegeben,
dessen Wirt «uns sehr wohlgesonnen war und Solidarität gezeigt
hat». Dort übernachteten sie und fuhren am nächsten Tag mit
dem Zug nach Paris weiter.

So oder ähnlich erging es auch Konrad Heiden. Über Forbach
gelangte er schließlich nach Frankreich. Das war seine vorläufige
Rettung – und schon die dritte Station seiner Flucht aus Deutschland, das sich Hitler ergeben hatte. Es sollte nicht die letzte sein.

* * *

Währenddessen war in den USA eine englische Fassung aus seinen
beiden Büchern «Geschichte des Nationalsozialismus» und «Geburt des Dritten Reiches» erschienen. Am 20. Januar 1935 verfasste der amerikanische Literaturwissenschaftler George N. Shuster
eine ganzseitige Rezension des Buches in der *New York Times Book
Review* unter der Überschrift «Eine umfassende und erhellende
Geschichte der Nazi-Bewegung». Sein Urteil: «Wer den Hitlerismus studiert, hat sich schon seit langem mit den Schriften Konrad
Heidens befasst, so wie eine Kompassnadel, die sich zum Pol aus-
richtet.»

Dem deutschen Generalkonsulat in New York war die Veröffentlichung der englischen Buchausgabe nicht verborgen geblieben.

Am 31. Januar 1935 hieß es in einem Brief an das Auswärtige Amt in Berlin, das Buch des «bekannten Schriftstellers» Konrad Heiden sei wenige Tage zuvor herausgekommen. Ein Exemplar sowie Ausschnitte der Rezensionen wurden dem Bericht beigefügt. Besondere Kosten würden dadurch nicht entstehen. Der Brief kam laut Eingangsstempel am 13. Februar 1935 im Auswärtigen Amt in Berlin an. Ein Beamter notierte dazu, Konrad Heiden sei für die dritte Liste zur Ausbürgerung vorgeschlagen, aber als Bewohner des Saargebietes bisher zurückgestellt worden.

Am 21. Mai 1935 trat Hitler in einer kleinen Stadt im Saargebiet unweit der Grenzgarnison Forbach auf. Es war ein lauer Frühlingsabend, und in der kleinen deutschsprachigen Stadt im französischen Lothringen standen die Fenster offen. Überall ertönte aus den Lautsprechern die Stimme des Führers. In den Wirtschaften hörten die Menschen schweigend zu.

Hitlers Rede löste sogar bei einigen oppositionellen Franzosen Erleichterung aus. So zitierte Konrad Heiden am 27. Mai 1935 in einem Artikel im *Pariser Tageblatt*, das von deutschen Exilanten herausgegeben wurde, den Brief eines Freundes, der in der französischen Literaturwelt als Demokrat, Antifaschist und Pazifist sehr angesehen war: «Wenn Hitler es unterläßt, Furcht zu erregen, dann wird er auf die Völker eine gewisse Anziehungskraft ausüben.»

Ein anderer Franzose, dem er diese Briefstelle vorlas, erwiderte: «Die Erklärungen Hitlers sind vollkommen logisch. Da er seinen Staat auf der Grundlage der Rasse aufbauen will, wäre er wahnsinnig, wenn er die von ihm angebetete germanische Rasse vermittels kriegerischer Eroberungen durch fremdes Blut verschlechtern würde. Ich bin überzeugt, daß er nicht so wahnsinnig sein wird.»

Auch das sei ein Mann der Linken gewesen. Heiden empfand das als eine sehr gefährliche Position: «Selbst in den von Hitler bedrohten Völkern gibt es bereits Menschen, die glauben, daß Hitler ihnen etwas zu sagen habe.» Diese Tatsache sei wichtiger als die deutsche Aufrüstung. Sie sei es deshalb, weil sie den Nationalsozialismus wieder einen Schritt dem großen Ziel näher bringen würde – der Unterwerfung Europas.

Heiden wusste aus eigener Anschauung, dass dies eine Unterwerfung mit denselben Mitteln sein würde, mit denen der Nationalsozialismus Deutschland erobert hatte: «Also nicht durch offene Gewalt, sondern durch Zersetzung, Zerteilung, Zerstreuung des Gegners.»

«Eine Hetzschrift übelster Sorte»

AM 18. SEPTEMBER 1935 notierte der Leiter des «Sonderreferats Deutschland» Vicco von Bülow-Schwante zu Heiden: «Der Genannte gehört zu den Personen, die nach der nationalsozialistischen Erhebung in das Saargebiet geflüchtet sind. Ihre Ausbürgerung ist aus den im Schreiben des Auswärtigen Amtes vom 5. Juni 1934 – Nummer 38–76 4/6 angeführten Gründen zunächst ausgesetzt worden. Ich halte es für erforderlich, dem Ausbürgerungsverfahren gegen Heiden nunmehr Fortgang zu geben, da in der weiteren Herausgabe seiner deutschfeindlichen Bücher ein besonders schwerwiegender Verstoß gegen die Treuepflicht gegenüber Volk und Reich zu erblicken ist.»

Von Bülow-Schwante schickte dieses Schreiben gemeinsam mit der englischen Ausgabe der «Geschichte des Nationalsozialismus» – diese unter Rückerbittung – an das Reichs- und Preußische Ministerium des Innern. «Außerdem würde ich für eine Mitteilung darüber dankbar sein, ob der jetzige Aufenthaltsort Heidens bekannt geworden ist.»

Am 2. Oktober 1935 sandte der Reichs- und Preußische Minister des Innern eine Ausbürgerungsliste von 36 Personen an das Preußische Geheime Staatspolizeiamt «zur gefälligen Kenntnisnahme». Unter ihnen befand sich auch «der Schriftsteller Konrad Heiden».

Der Ministeriumsbeamte Hering schrieb: «Ich schließe mich

der Ansicht des Auswärtigen Amtes an und ersuche ergebenst um Mitteilung, ob dort der jetzige Aufenthalt des Konrad Heiden bekannt ist.» Im Übrigen wären «Feststellungen darüber erwünscht», ob Heiden noch die deutsche Staatsangehörigkeit besitze.

Anfang Oktober 1935, so hatten Pariser Agenten der Gestapo herausgefunden, sollte von Konrad Heiden im Europa Verlag Zürich ein neues Buch erscheinen. Das *Pariser Tageblatt* habe berichtet, dass von diesem «ausgezeichneten Historiker des Nationalsozialismus» auch die «Beziehungen Hitlers zu den Frauen erörtert und objektiv klargestellt» würden.

Prompt wurde Heinrich Müller, stellvertretender Chef und Inspektor der Preußischen Geheimen Staatspolizei, aktiv und schickte eine Kopie des Artikels aus dem *Pariser Tageblatt* an das Preußische Innenministerium. In dieser Ausgabe der Exil-Zeitung, so schrieb er in seinem Begleitbrief, «wird von Konrad Heiden auch ein Auszug ‹Die Frauen um Hitler› wiedergegeben, in dem sich H. in seiner schmutzigen Vorstellungswelt mit dem Führer beschäftigt».

Inzwischen sei das Buch unter dem Titel «Adolf Hitler. Das Zeitalter der Verantwortungslosigkeit. Eine Biografie» erschienen. Gegen das Buch, «das als Hetzschrift übelster Sorte zu werten ist», sei bereits am 31. Oktober 1935 unter dem Aktenzeichen II 2 G 219/35 ein Antrag auf Erlass eines Dauerverbotes für das Reichsgebiet vorgelegt worden.

Heiden sei durch die Garantieerklärungen des Römischen Abkommens zwischen dem Deutschen Reich und Frankreich nicht geschützt, da er weder Saar-abstimmungsberechtigt noch seit dem Januar 1935 drei Jahre im Saarlande wohnhaft gewesen sei. Zurzeit solle sich Heiden in Frankreich aufhalten. «Sein genauer Aufenthaltsort konnte jedoch nicht ermittelt werden.» Soweit bei der Gestapo bekannt, habe Heiden noch die deutsche Staatsangehörigkeit.

«Da Heiden durch seine publizistische Tätigkeit den deutschen Belangen einen ungeheuren Schaden zugefügt hat und in seiner Tätigkeit ein ständiger Verstoß gegen seine Pflicht zur Treue gegenüber Reich und Volk zu erblicken ist, bitte ich, meinem Antrage auf Aberkennung der Reichsangehörigkeit des Heiden zu entsprechen und mit Rücksicht auf die Gefährlichkeit dieses Staatsfeindes ihn noch in die nächste Ausbürgerungsliste aufzunehmen.» Er bitte, über den Ausgang des Verfahrens unterrichtet zu werden. Eine Abschrift des Schreibens ging zur Kenntnisnahme an das Auswärtige Amt und das Propagandaministerium.

* * *

Am 18. November übersandte das Auswärtige Amt den Brief per Kurier an die deutsche Botschaft in Paris, die deutsche Gesandtschaft in Bern und das deutsche Generalkonsulat in Zürich. Eine Fotokopie des Artikels «Die Frauen um Hitler» sei zur Kenntnisnahme – unter Rückerbittung – ebenfalls beigefügt. So sorgte Gestapo-Müller für die Verbreitung delikater Details über das Intimleben seines Führers Adolf Hitler.

In Konrad Heidens Buch hieß es dazu: «Ein Kapitel wie dieses gehört in jede Biographie; kein Mensch kann ohne sein Verhältnis zum anderen Geschlecht verstanden werden.» Das üppige Wuchern der Homosexualität im engsten Kreise um Adolf Hitler habe diesen bei vielen Menschen in einen naheliegenden Verdacht gebracht. Heiden allerdings, der Hitler über viele Jahre in München beobachtet hatte, meinte, die Behauptung von einer Homosexualität Hitlers sei durch «die handgreiflichsten Tatsachen» widerlegt. So hätten ihm zu seiner Anfangszeit Parteifeinde «übermäßigen Damenverkehr» vorgeworfen und sein Parteigenosse Gottfried Feder ihm sogar ausdrücklich das Recht der Erholung «im Kreise schöner Frauen» zugestanden. Zwar habe Gefängnisdirektor

Leybold in Landsberg in einem seiner Berichte geschrieben, Hitler habe «keinen Zug zur Weiblichkeit», seine Recherchen hätten aber zu einem gänzlich anderen Ergebnis geführt: «Es gibt einen dokumentarischen Vorgang, der ein überraschendes Licht auf Adolf Hitlers Beziehungen zu Frauen wirft. Dieser Vorgang setzt es außer Zweifel, daß Hitler geliebten Frauen in einer besonderen Art hörig ist.» Der Reichsschatzmeister der Partei, Franz Schwarz, habe geholfen, Adolf Hitler aus Erpresserhänden zu befreien. «Die Hörigkeit ist der geheime Kontrast zu seiner überbetonten, affektierten Brutalität in Politik und Geschäften, gegenüber Freunden und Mitarbeitern. Ein Kontrast, der den Sexualwissenschaftlern wohlbekannt ist.»

Heiden listete eine ganze Reihe von Frauen auf, mit denen Hitler gesellschaftlichen Kontakt hatte. Eine der dabei genannten Frauen habe, nach ihren Beziehungen zu Hitler befragt, zu verstehen gegeben, dass sie eine Enttäuschung erlebt habe, die ihr den Mann nicht gerade respektabel mache. Heiden schrieb: «Die oft ausgesprochene Vermutung, daß Hitlers Triebleben nicht normal sei, ist richtig. Nur wurde meist in die falsche Richtung geraten; er ist nicht homo- oder bisexuell, sondern hörig.»

Offenbar wollte Heiden damit diskret ausdrücken, dass er den politischen Sadisten Hitler im Privaten für einen Masochisten hielt.

Gestapo-Müller verschaffte diesen intimen Details über das Sexualleben seines Führers dadurch Verbreitung, dass er den Artikel bei wichtigen Dienststellen im Reiche herumschickte.

Das Preußische Innenministerium bestätigte der Gestapo derweil, dass man Konrad Heiden auf die nächste Ausbürgerungsliste setzen würde.

* * *

Für Heiden war es nicht einfacher geworden, an Informationen heranzukommen. Während seiner Zeit in München, als er Hitlers Aufstieg beobachtete, gab es immerhin noch eine freie Presse. Jetzt, im Exil, wurde die Recherche besonders schwierig. Sein langjähriger Freund Norbert Mühlen beschrieb das später in einem Interview für das Münchner Institut für Zeitgeschichte: «Zugang zu Archiven oder auch nur Periodika-Sammlungen der behandelten Periode war oft unmöglich, zumindest sehr schwierig.» Dass sich unter diesen Umständen auch Irrtümer in Heidens Arbeiten einschlichen, sei fast selbstverständlich. Wenn Heiden auf Fehler aufmerksam gemacht worden sei, hätte er diese aber korrigiert.

Wie verbissen er sich bemühte, an Originalquellen heranzukommen, zeigte sich in der Auseinandersetzung mit Reinhold Hanisch, einem Radierer, der in den Jahren 1909 und 1910 mit Hitler zusammen in Wien gelebt hatte. Dieser hatte eine Broschüre von 30 bis 40 Seiten über seine Zeit mit Hitler verfasst und sie an einen Kunsthändler verkauft, für den er Gemälde restauriert hatte. Heiden erklärte sich bereit, den Text so zu bearbeiten, dass er veröffentlicht werden konnte. Das geschah jedoch nicht, und Hanisch beschuldigte Heiden, aus dieser Broschüre abgeschrieben zu haben. Heiden wies das entschieden zurück. Er habe seine Informationen bereits vor Jahren erhalten und auch veröffentlicht. In Hanischs kleinem Text stünde kaum etwas, was vorher noch nicht bekannt gewesen sei. Er schrieb: «Mein Wunsch, die Broschüre aus sachlichen Gründen veröffentlicht zu sehen und einem Menschen in bedrängter Lage zu helfen, wird selbst durch das jetzige Vorgehen des Herrn Hanisch nicht berührt.»

Hanisch versuchte in dieser Zeit, auch Aquarelle von Hitler, die er 1909 und 1910 in dessen Auftrag verkauft hatte, wieder aufzutreiben und noch einmal, deutlich teurer, zu verhökern. Im Dezember wurde er in Berlin, angeblich auf Betreiben der Reichskanzlei, festgenommen, weil er Hitler-Bilder gefälscht habe. Zudem hatte er immer wieder über seine Zeit mit dem armen Kunstmaler Hitler in Wien schwadroniert, was dem «Führer» und seinem Umfeld offenbar nicht passte. Zwei Monate blieb er ohne Prozess in Haft und starb im Februar 1937 nach einer dreitägigen Krankheit im Gefängnishospital.

Es dauerte nicht lange, bis die ersten 18 000 Exemplare des neuen Buches verkauft waren. Das blieb auch in Berlin nicht unbekannt. Am 25. November 1935 schrieb das Reichs- und Preußische Innenministerium an das Auswärtige Amt: «Über den Aufenthalt Heidens hat sich lediglich feststellen lassen, daß er sich in Frankreich aufhalten soll. Da kein Anlaß zu der Annahme besteht, daß Heiden eine fremde Staatsangehörigkeit angenommen hat, beabsichtige ich, ihn in die nächste Ausbürgerungsliste aufzunehmen.»

Ein Beamter der deutschen Botschaft in Paris meldete am 6. Dezember 1935: «Ich halte es für durchaus gerechtfertigt, daß dem ehemaligen Redakteur Konrad Heiden die deutsche Reichsangehörigkeit aberkannt wird.»

Am 27. Dezember schrieb das Auswärtige Amt dann an das Preußische Innenministerium: «Das Auswärtige Amt stimmt der Ausbürgerung des Konrad Heiden zu.» Durchschläge gingen an die deutsche Botschaft in Paris, die deutsche Gesandtschaft in Bern und an die deutschen Generalkonsulate in New York und in Zürich. Die Bürokratie funktionierte, selbst wenn der Rechtsstaat längst außer Kraft gesetzt worden war.

Auch Hitlers früherem Gefolgsmann Otto Strasser, dem langjährigen Informanten Konrad Heidens, blieben die neuen Machthaber auf den Fersen. So schrieb der deutsche Generalkonsul in Zürich am 29. November 1935 an die Gesandtschaft in Bern: «Wie ich aus einer mir bekannten und durchaus zuverlässigen Quelle aus Prag höre, ist Otto Strasser von einer Vortragsreise in die Schweiz entmutigt nach Prag zurückgekehrt.» Er sei ziemlich niedergeschlagen, da er den Eindruck habe, dass er mit seiner «Schwarzen Front» nicht mehr weiterkäme. Der deutsche Botschafter in Bern schickte die Meldung weiter ins Reich. Sein Name war Ernst von Weizsäcker, später Staatssekretär in Hitlers Außenministerium. Sein Sohn Richard von Weizsäcker wurde 1984 Bundespräsident der Bundesrepublik Deutschland.

In einem Bericht an das Auswärtige Amt in Berlin wies Weizsäcker auch darauf hin, dass die Schweiz Juden nur dann als politische Flüchtlinge betrachte, wenn sie aus politischen Gründen fliehen mussten: «Der Judenboykott wird nicht als politischer Grund angesehen.»

Zur Beruhigung ergänzte der Diplomat, dass «die teuren Lebensverhältnisse in der Schweiz ständig mit dazu beitragen, daß die Emigranten selbst sich sehr schnell danach sehnen, dieser Preisinsel Europas sobald als möglich wieder den Rücken zu kehren».

Es gab allerdings auch Fälle, in denen Emigranten unfreiwillig ins Reich zurückgebracht wurden. So hatte die *Basler Nationalzeitung* am 31. August 1934 über die Entführung eines – eher unbekannten – deutschen Sozialisten berichtet: «Diese Verschleppung eines Emigranten wirft ein grelles Licht auf die Tätigkeit der deutschen Spitzel in unserem Lande, vor der hier schon oft gewarnt wurde. Wie lange noch wird dieses schändliche Treiben geduldet? Wir wissen genau, daß unsere Großstädte von Spitzeln der deutschen Geheimpolizei wimmeln.»

* * *

Am 2. März 1936 notierte Propagandaminister Joseph Goebbels in seinem Tagebuch: «Flugzeug nach Berlin. Wir kreisen schon über Berlin, da bricht plötzlich Nebel herein. Keine Landemöglichkeit. Scheußlich! Wieder zurück nach Leipzig. Im Mietauto nach Leip zig HB. Dort Zug aufhalten lassen. Im halbdunklen Abteil nach Berlin. Meckereien eines alten ‹Pgn› angehört. Herr, vergib ihm, er weiß nicht, was er tut. Um Mitternacht Berlin. Bis 2 h nachts noch mit Hanke gearbeitet. Buch der Emigration über den Führer gelesen. Von Heiden. Welch ein Unrat, welch ein Schmutz! Sehr spät ins Bett.»

Zwei Tage später, am 4. März 1936, schrieb der Staatssekretär im Reichsministerium für Volksaufklärung und Propaganda, Walther Funk, an den Staatssekretär Bernhard Wilhelm von Bülow im Auswärtigen Amt: «Lieber Herr von Bülow, beiliegend übersende ich Ihnen das Buch ‹Hitler, das Leben eines Diktators› von Konrad Heiden, das im Europa Verlag in Zürich erschienen ist. Herr Dr. Goebbels bittet Sie, dieses Druckerzeugnis, das geradezu unerhörte Beleidigungen des Führers und die übelsten Verdächtigungen deutscher Reichsminister enthält, zum Gegenstand einer Demarche bei der Schweizer Regierung zu machen, da Herr Dr. Goebbels es für unerträglich hält, daß derartige gemeine und höchst gefährliche Äußerungen über das deutsche Staatsoberhaupt im Auslande geduldet werden. Zumal dieses Buch sehr geschickt unter dem Deckmantel einer geheuchelten Objektivität aufgemacht worden ist. Der Verfasser stellt die gröbsten Lügen so dar, als wenn sie auf authentischen Berichten beruhen, die ihm zugegangen sind.»

Die schweizerische Regierung müsse einsehen, dass solche Publikationen ganz systematisch die Atmosphäre gegen Deutschland vergiften würden und schließlich den Boden für politische Gewaltakte und Morde vorbereiteten.

«Was würde die Schweizerische Regierung dazu sagen, wenn wir über den Bundespräsidenten hier in Deutschland ein Buch schreiben lassen und in allen Läden zum Verkauf stellen, in welchem behauptet wird, daß der Schweizerische Bundespräsident ein perverser Hysteriker, Spitzel und Henker seiner Kameraden usw., kurz und gut eine ganz üble Kreatur ist, was anhand von angeblichen Tatsachen, die man sich einfach aus den Fingern saugt, in einem dicken Buch bewiesen wird.» Er schloss mit dem Satz: «Vielleicht haben Sie die Freundlichkeit, mir mitzuteilen, was Sie in bezug auf dieses Buch veranlaßt haben.

Mit besten Grüßen und Heil Hitler

Ihr Walther Funk».

Offenbar schwang hier eine unterschwellige Drohung an den Staatssekretär von Bülow mit. Dieser war im Frühsommer 1934 im Rahmen der als «Röhm-Putsch» getarnten Säuberungswelle zur Ermordung vorgesehen gewesen. Er überlebte jedoch, da Hermann Göring ihn von der Todesliste strich, an der sich die Mordkommandos der SS und der Gestapo orientierten.

Von Bülow antwortete umgehend. Das Buch von Konrad Heiden sei im Auswärtigen Amt schon bekannt. Bereits am 1. November des Vorjahres habe die deutsche Gesandtschaft in Bern deshalb «Vorstellung bei der Schweizerischen Regierung» erhoben. Darüber sei das Propagandaministerium sofort unterrichtet worden. Auch bei der niederländischen Regierung habe die Gesandtschaft in Den Haag gegen das Buch «Vorstellungen erhoben». Das Auswärtige Amt habe die Gesandtschaft in Bern angewiesen, noch einmal auf die Angelegenheit zurückzukommen.

Die politische Organisierung der Deutschen in der Schweiz würde «doppelt nötig, infolge der Verpestung der dortigen Atmosphäre durch derartige Veröffentlichungen». In Bezug auf Konrad Heiden könne er noch hinzufügen, dass bereits beschlossen sei, ihn auszubürgern.

* * *

Derweil machte sich Konrad Heiden die Arbeit, aus dem französischen Exil heraus weitere Informationen über Hitlers neues Deutschland zu sammeln. Schon im Mai 1936 hatte er für eine Neuauflage seines Werks «Geburt des Dritten Reiches» (Zürich 1934) genug Material beisammen. Im Vorwort zum 18. bis 20. Tausend der Auflage schrieb er, dass ihm nach Erscheinen des Buches eine Menge Mitteilungen zum Bilde Adolf Hitler zugegangen seien. «Die Notwendigkeit fortwährenden Nachdrucks legte den Gedanken nahe, eine der Auflagen zur Einfügung des sich ansammelnden zusätzlichen Materials zu benützen.» Völlige Klarheit bleibe das unerreichbare Ziel jeder Geschichtsschreibung: «Künftige Forscher werden vieles sehen, was uns heute noch entzogen ist; manches werden sie aus ihrer Ferne kaum glauben, was die Gegenwart breit erlebt, aber selten lang bewahrt.»

Heiden wusste, wie schnell sich die politische Lage veränderte – leider nicht zum Besseren. Er schrieb am 10. Mai 1936: «In Tagen des Bangens um Europa werden diese Zeilen geschrieben. Die Zeit hat ein furchtbares Tempo angenommen, und die Schrecken von gestern weichen schon der rasch wachsenden Angst vor dem Morgen. Aber gerade deshalb hat dieses Buch seinen guten Sinn. Es sucht zu schildern, wie eine Welt unterging, weil sie der eigenen Kraft nicht mehr vertraute, an die volle Ruchlosigkeit des Gegners nicht glaubte, mit der Treulosigkeit Verträge und mit der Vernichtung Frieden schloß.»

Auch die Partei wurde jetzt aktiv. Am 5. Oktober 1936 wandte sich der NSDAP-Archivar Schulte-Strathaus an seinen Parteigenossen Gerhard Klopfer in Berlin und bat ihn darum, bei der Gestapo Näheres einzusehen über den Schriftsteller Konrad Heiden, Verfasser des Buches «Adolf Hitler. Das Zeitalter der Verantwortungslosigkeit»: «Heiden soll als Emigrant im Ausland leben.»

Am 10. Dezember 1936 teilte der Neffe des inzwischen verstorbenen Staatssekretärs von Bülow, Vicco von Bülow-Schwante, Leiter des Sonderreferats Deutschland im Auswärtigen Amt, den deutschen diplomatischen und konsularischen Vertretungen den

Erlass vom 28. Juli zur Kenntnis mit. Es war eine Liste von Reichs-
angehörigen, denen man die deutsche Staatsangehörigkeit entzogen hatte, «weil sie durch ein Verhalten, das gegen die Pflicht
zur Treue gegen Reich und Volk verstößt, die deutschen Belange
geschädigt haben».

Nummer 11 auf der Liste war Heiden, Konrad, geboren am
7. August 1901 in München. Ebenfalls darauf waren Thomas Mann
und der Autor und Jurist Rudolf Olden. «Das Vermögen der vor-
stehend bezeichneten Personen wird beschlagnahmt.» Der Verlust
der deutschen Staatsangehörigkeit wurde auch auf Familienangehörige erstreckt, darunter Thomas Manns Familienangehörige.
Von Bülow-Schwante wies die deutschen Diplomaten im Ausland
an: «Bei sich bietender Gelegenheit sind den Betroffenen die in
ihren Händen befindlichen deutschen Pässe abzunehmen.» Am
Ende fügte er hinzu: «Die Gewährung deutschen Schutzes kommt
selbstverständlich nicht mehr in Frage.» Was das bedeutete, konnte sich jeder ausrechnen.

Streit der Emigranten

AUCH IN DER EMIGRATION ging der Kampf gegen Hitler weiter – doch nun gleichsam an zwei Fronten. Verzweifelt stemmte sich Heiden gegen die Zersplitterung der deutschen Opposition im Exil. Das war nicht einfach, denn ein großer Teil der Emigrantenszene war kommunistisch eingestellt oder stand den Kommunisten sehr nahe. Heiden jedoch wollte nicht die eine Diktatur gegen die andere eintauschen: Hitler gegen Stalin.

Der gemeinsamen Anstrengung von Kommunisten und Sozialdemokraten, eine linke «Volksfront» zu gründen, stand Heiden nicht grundsätzlich ablehnend gegenüber. Im Saarland hatte die Zusammenarbeit funktioniert. Erfolgreich war sie allerdings nicht gewesen, wie das Abstimmungsergebnis zeigte.

Paris wurde zum Fluchtort nicht nur für Oppositionelle aus Deutschland, sondern auch für russische Emigranten, die vor Stalin und dessen Säuberungen ins Ausland geflohen waren. Einer von ihnen war Wladimir Poljakow, im Zarenreich ein erfolgreicher Zeitungsverleger. Er gründete 1933 das *Pariser Tageblatt*, das die wichtigste Tageszeitung des deutschen Exils wurde. Poljakow holte den legendären Ex-Chefredakteur der *Vossischen Zeitung* aus Berlin, Georg Bernhard, in die Redaktion und brachte das Blatt zunächst mit einer Auflage von 6000 Exemplaren heraus. Schon nach wenigen Wochen stieg die Auflage auf 15 000. Im Stil war das

Pariser Tageblatt weniger vorsichtig als die deutschsprachige Presse in der Schweiz oder in Österreich.

Es war jene Zeitung, in der Heiden im Juni 1935 die deutsche Emigration dazu aufrief, aus der «Zersplitterung» herauszukommen. Später, mit dem Beginn der Moskauer Schauprozesse im Jahr 1936, brach ein tiefer Riss innerhalb der deutschen Exilszene in Paris auf. Viele kommunistische Intellektuelle wollten den stalinistischen Terror und jene Schauprozesse nicht wahrhaben, deren Opfern, fast ausnahmslos Kommunisten, Arthur Koestler mit seinem Roman «Sonnenfinsternis» später ein Denkmal gesetzt hat.

Im Verlag der *Pariser Tageszeitung* gab es zudem Spannungen zwischen dem russischen Verleger Poljakow und dem deutschen Chefredakteur Bernhard. Poljakow hatte sich für den Verlag verschuldet und zahlte die Gehälter manchmal mit einigen Tagen Verspätung aus. «Für einen Russen eine Bagatelle – für einen Deutschen ein Skandal», bemerkte Poljakows Sohn Léon später in seinen Memoiren. Zudem habe eine «historische Antipathie der ‹Deutschen› gegenüber ihren ‹orientalischen› Glaubensgenossen» im Verhältnis zwischen Redaktion und Verleger eine Rolle gespielt. Wohl wahr: Es gibt auch linken Antisemitismus.

Der Zeitung fehlte es an Kapital, und Georg Bernhard wollte unbedingt Miteigentümer werden. Doch Poljakow lehnte das ab und sah sich stattdessen nach anderen Geldgebern um. Er war mit Bernhards Stil nicht immer einverstanden, und es war unklar, ob er den Vertrag seines Chefredakteurs verlängern würde.

Im Jahr 1936 fand innerhalb der Redaktion des *Pariser Tageblatts* eine boshafte Intrige statt, die zum Symbol für den politischen Bruch in der Emigrantenszene wurde. Konrad Heiden bezog dabei eindeutig Position.

Am 11. Juni 1936, so erinnerte sich der Sohn des Verlegers Poljakow später – es war der Tag seiner Hochzeit –, hatte der Concierge die Post unter der Wohnungstür hindurchgeschoben. Léon

Poljakow blätterte zerstreut das *Pariser Tageblatt* auf und las die
groß aufgemachte Ankündigung auf der ersten Seite: «Unser Verleger, der russische Jude Wladimir Poljakow, hat diese Zeitung an
Dr. Goebbels verkauft! Darum müssen wir Ihnen leider mitteilen,
daß sie von nun an ein verstecktes pro-Hitlersches Organ ist. Wir
empfehlen unseren Lesern fortan, die Pariser Tageszeitung zu kaufen, die einzige Zeitung des freien Deutschlands.»

Georg Bernhard hatte einige Redakteure um sich geschart und
eine Konkurrenzzeitung, die *Pariser Tageszeitung*, gegründet.
Bernhards öffentliche Behauptung, sein Verleger kooperiere mit
den Nazis, hatte Folgen. Als Poljakov in sein Büro kam, waren die
Möbel zertrümmert, die Telefonleitungen herausgerissen und die
Abonnentenkartei verschwunden.

Wie sich später in einem Gerichtsprozess und in einem Unter-
suchungsausschuss herausstellte, hatten die Vorwürfe gegen Poljakow keine Berechtigung. Konrad Heiden stellte sich auf die Seite
des Verlegers, dessen Ruf nun schwer beschädigt war. Die «traurige
Affäre des Pariser Tageblatts» sei ein «moralischer Prüfungsfall für
die ganze Emigration geworden», schrieb Heiden am 20. März 1937
im *Neuen Tagebuch*. Denn auch nachdem die Unschuld Poljakows
öffentlich nachgewiesen worden war, weigerte Georg Bernhard
sich, die Vorwürfe gegen den Verleger zurückzunehmen. «Das
Prinzip», so Heiden, «um das es geht, ist etwas Großes; es ist das
Rechtsgefühl, kostbarster Besitz der deutschen Opposition, den
ihr niemand nehmen kann als sie selbst.»

Die deutsche Opposition kämpfe um das Recht. «Ihre ganze
moralische Legitimation ginge ihr verloren, wenn sie in eigener
Angelegenheit andern das Recht verweigerte, wie es in diesem
Fall durch eine kleine, aber laute Gruppe geschehen ist. Als politische Bewegung hat sie Gerechtigkeit zu üben gegen jedermann;
sei es die künftige vernichtende Gerechtigkeit gegen die Verderber
Deutschlands, sei es die unbeteiligte Gerechtigkeit gegen Außen-

stehende, sei es die kameradschaftliche Gerechtigkeit gegen solche, die sie sich zu Bundesgenossen nimmt.»

Heiden war nicht sicher, ob alle Emigranten dieser Haltung zustimmen würden. Er nannte die Affäre einen «Prüfungsfall» für die Emigration, die schon seit längerem nicht nur auseinanderdriftete, sondern sich nun auch untereinander mit härteren Methoden bekämpfte. «Im Suchen nach einer neuen Form für eine allgemein gefühlte politische Tendenz hat sich bei einigen die Meinung gebildet, es sei besonders schlau, nationalsozialistische Methoden nachzuahmen», stellte er fest und mahnte: «Eine Bewegung des Rechts vernichtet sich mit Methoden des Unrechts. Es kann für uns nicht den Grundsatz geben: ‹Recht ist, was der Emigration nützt› – wobei im stillen obendrein die Emigration mit mir und dir und guten Freunden gleichgesetzt wird.»

Deshalb forderte er die deutschen Emigranten dazu auf, öffentlich zu erklären, dass sie von Bernhard getäuscht worden seien. Gemeinsam mit einer Gruppe nichtkommunistischer Schriftsteller, darunter Alfred Döblin, Leopold Schwarzschild und Joseph Roth, gründete Heiden den «Bund Freie Presse und Literatur», eine Art «Exil im Exil».

Leopold Schwarzschild, 1891 in Frankfurt am Main geboren, hatte sich in den zwanziger Jahren als Publizist und Herausgeber der in Berlin erscheinenden Wochenschrift *Das Tagebuch* einen Namen gemacht. Nach der Ernennung Hitlers zum Reichskanzler verließ er Deutschland und gründete in Paris *Das Neue Tagebuch*. Er war ein eher konservativer Wirtschaftsfachmann. Als einer der Ersten hatte er die Moskauer Schauprozesse verurteilt und war deshalb von Kommunisten als Kollaborateur der Nazis denunziert worden. Sie richteten einen dem *Völkischen Beobachter* entnommenen Leserbrief an das von Schwarzschild herausgegebene *Neue Tagebuch*, wo er auch Anfang 1937 gedruckt wurde, und benutzten diesen Brief dann dafür, das Blatt als «Nazi-Organ» darzustellen.

Das KP-Mitglied Bruno Frei, ein Freund von Egon Erwin Kisch und Anton Kuh, bemühte sich, die angebliche Verwicklung des *Tagebuches* aufzudecken, und enthüllte in der *Prager Volkszeitung* wie in der *Pariser Tageszeitung* die Quelle und den Absender des Briefes. Den hatte das *Neue Tagebuch* aber gar nicht angegeben. So wurde das Betrugsmanöver offensichtlich – und die Spaltung zwischen Kommunisten und Nichtkommunisten immer tiefer.

Zentraler Punkt im Gründungsstatut des «Bundes Freie Presse und Literatur» war «die Freiheit des Geistes und der Meinungsäußerung». Es war eine Absage an alle totalitären Denkrichtungen. Heiden versuchte, möglichst viele politisch Gleichgesinnte für das Bündnis zu gewinnen – nicht immer mit Erfolg. Klaus Mann etwa zögerte und schrieb Heiden eine ausführliche Antwort zu dessen Aufruf im *Neuen Tagebuch*.

«Das ist eine arge, schlimme, schädliche Geschichte – aber welche Konsequenzen kann ich aus ihr ziehen», schrieb Klaus Mann an Heiden. «Ich würde es keineswegs als meine moralische Sendung und Verpflichtung empfinden, aus meiner Betrübtheit und Überraschung einen flammenden Artikel gegen den Professor Bernhard zu machen – wir haben doch andere Feinde.»

Ein Unschuldsengel sei auch Poljakow nicht, über seine Praktiken ließe sich manches bemerken. «Warum dieses empfindsame Mitgefühl gegenüber dem russischen Unternehmer, bei so viel verdammender Härte gegen den deutschen Emigranten?»

«Die ‹Pariser Tageszeitung›», antwortete Heiden in der ihm eigenen Direktheit, «ist einfach polizeiwidrig schlecht und für die ganze Emigration kompromittierend. Vielleicht ersparen Sie es sich, die Leitartikel zu lesen, sonst müssten Sie doch staunen, was für ein Allerletztes an Flachheit, einfacher Unkenntnis und direkter Unwahrheit da möglich ist.»

Mann erwiderte, er gäbe Heiden in vielem recht, aber: «Dadurch daß Sie den Bernhard und sein Blatt so hundertprozentig schlechtmachen – bekommt Ihr Aufsatz jenen Charakter, der die Nazis veranlassen wird, zu schreien: ‹Seht! Sie fallen übereinander her!›» Zudem bedeute ein Beitritt zu dem antikommunistischen Bund «Freie Presse und Literatur» zugleich eine Absage an die Volksfront. Das war die klassische Logik nach dem Motto: Die Wahrheit könnte ja meinem Feind nützen! Also verschwieg man sie lieber.

Klaus Mann trat folglich nach kurzer Zeit wieder aus. Sein Onkel Heinrich Mann, der Verfasser der berühmten Romane «Der Untertan» und «Professor Unrat», der als «Der Blaue Engel» mit Marlene Dietrich in der Hauptrolle verfilmt worden war, hatte als Verfechter der Volksfront Druck auf seinen Neffen ausgeübt. Heinrich Mann schrieb an ihn: «Auch Hitler bekämpft die Volksfronten und nennt es Antikommunismus.»

Heiden vermutete, die Ursachen des Zerwürfnisses zwischen verschiedenen Fraktionen des journalistischen Exil-Milieus seien auch in der schwierigen Situation begründet. «Die Verwirrung des Rechtsgefühls bei einer kleinen, sich vermutlich sehr aktivistisch dünkenden Journalistengruppe der Emigration», so schrieb er im *Neuen Tagebuch*, «beruht zum guten Teil sicherlich nicht auf persönlichen Charakterfehlern, sondern auf dem Zustand der Isolierung, der allmählich zwischen diesen schreibenden Menschen und der großen Masse, dem eigentlichen Publikum der Emigration, entstanden ist.» Wer die Verhältnisse in der Emigration kenne, der wisse auch um dieses langsame Auseinanderdriften in Methode, Tonart und Lebensform.

Nach Klaus Manns Austritt aus dem «Bund Freie Presse und Literatur» beschimpfte Leopold Schwarzschild ihn als einen Stalin-Knecht. Dass Klaus Mann nach dem Hitler-Stalin-Pakt laut eigenem Bekunden eine rapide Entfremdung von den Kommunisten erlebte, fand kaum noch öffentlichen Niederschlag. Als er eine Rechtfertigung platzieren wolle, gelang ihm das nicht mehr.

Irgendwann muss es im Exil auch einen Bruch zwischen Leo-

pold Schwarzschild und Konrad Heiden gegeben haben. Als Jahre
später, 1944 in New York, Heidens Buch «Der Fuehrer – Hitlers
Rise to Power» erschien, verfasste Schwarzschild einen Verriss für
The Nation.

Nicht nur Konrad Heiden staunte immer wieder, wie viele Sym-
pathisanten Hitler sogar unter seinen Feinden hatte, darunter
Franzosen und Amerikaner. Bei den Olympischen Spielen 1936
in Berlin war die französische Mannschaft mit zum Hitler-Gruß
erhobenem Arm ins Stadion einmarschiert. Und selbst gebildete
Amerikaner, die Hitlers Deutschland bereisten, waren nicht nur
von den Autobahnen begeistert. Der junge John F. Kennedy, der
mit gerade zwanzig Jahren sein erstes College-Jahr an der Harvard-
Universität hinter sich hatte, bereiste im Sommer 1937 drei Monate lang mit einem Ford Cabriolet Europa. Am 3. August notierte
Kennedy in seinem Tagebuch: «Komme zu dem Schluß, daß der
Faschismus das Richtige für Deutschland und Italien ist. Was sind
die Übel des Faschismus im Vergleich zum Kommunismus? Die
Deutschen sind wirklich zu gut – deshalb rottet man sich gegen sie
zusammen, um sich zu schützen.»

   Zwar erkannte er, dass der Aufstieg Hitlers zum großen Teil auf
Propaganda beruhte, war auch kritisch, was Hitlers Expansionsbe-
strebungen anbetraf, erlag aber trotz aller Zweifel der Faszination
des Erfolges. Und so wie Kennedy dachten damals viele.

Nacht in Deutschland

AUS IHREM EXIL heraus mussten die nach innen und außen streitbaren Flüchtlinge beobachten, wie Hitler am 12. März 1938 die Wehrmacht in Österreich einmarschieren ließ, um sein Heimatland in «Großdeutschland» aufgehen zu lassen. Sie mussten erleben, wie sich Europa mit Hitler arrangierte. Der britische Premierminister Chamberlain versuchte, mit seiner Appeasement-Politik einen neuen Krieg in Europa zu verhindern, und war maßgeblich am Abschluss des Münchner Abkommens im September 1938 beteiligt. Das wichtigste Ergebnis: Hitler durfte das Sudetenland annektieren, das seit 1918 zur Tschechoslowakei gehörte. Doch damit war sein Machthunger längst nicht gestillt.

Konrad Heiden lebte im Pariser Stadtteil Neuilly-sur-Seine, als sich am 7. November 1938 der jüdische Flüchtling Herschel Grynszpan in einem Waffengeschäft einen Revolver kaufte und auf den Weg in die Deutsche Botschaft machte. Dort schoss er fünfmal auf den Botschaftssekretär Ernst vom Rath. Dieses Attentat kam einem Mann wie gerufen: Joseph Goebbels. Es lieferte ihm frei Haus einen weiteren Anlass, noch brutaler gegen die Juden im Reich vorzugehen.

Wenige Stunden nach dem Bekanntwerden des Todes von vom Rath am Abend des 9. November gingen NSDAP und SA in abgestimmten Aktionen überall in Deutschland mit Stangen, Messern,

Revolvern, Äxten, Vorschlaghämmern und Brechstangen gegen
jüdische Bürger und ihre Besitztümer vor. Über tausend Synagogen wurden in Brand gesetzt, jüdische Geschäfte geplündert
und zerstört. Mehrere hundert Juden kamen ums Leben, zehn-
tausende wurden in den Wochen danach in Konzentrationslager
abtransportiert. Nicht zuletzt: Eine neue Flüchtlingswelle wurde
ausgelöst. Die offenen antijüdischen Pogrome vor den Augen der
deutschen Bevölkerung gingen als «Reichskristallnacht» in die
Geschichte ein.

Auch nach diesem schrecklichen Ereignis machte sich Konrad
Heiden umgehend wieder an seine Aufklärungsarbeit. Er sprach
mit Zeugen und wertete im «Central Information Office» in Amsterdam zahlreiche Zeugenaussagen aus. 1939 gab er einen Sammel-
band mit Augenzeugenberichten unter dem Titel «Der Pogrom»
heraus. Das Buch erschien im Verlag für soziale Literatur in Zürich
und Paris mit einem Vorwort von Heinrich Mann. Doch Heiden
arbeitete zugleich an einer eigenen Darstellung der Reichskristall-
woche unter dem Titel: «Nächtlicher Eid». Das Buch erschien auf
Französisch («Les Vêpres Hitleriennes. Nuits Sanglantes en Alle-
magne») und auf Englisch bei einem New Yorker Verleger («The
New Inquisition»), auf Dänisch («Tyskland I Fara»), nicht aber auf
Deutsch.

Es war die erste zeitgenössische Darstellung der Novemberpo-
grome, und es war die eindrucksvollste. Im New Yorker *Aufbau*
wurde das Buch als «atemberaubende Reportage» bezeichnet.
Doch so nüchtern und sachlich Heiden die Ereignisse auch zu
beschreiben versuchte – sein Text wurde zu einem literarischen
Manifest über den Zustand des Deutschen Reiches unter Hitler
und seinen Schergen. Und wieder zeigte sich jene Leidenschaft,
die sein ganzes Leben bestimmte: der unbändige Drang, zu beobachten und zu berichten. Er war ein glühender Journalist, ein

wahrer Genosse seiner Zeit, der es nicht aushielt, zu schweigen. Die Sprache war sein erstes und letztes Ausdrucksmittel – und die einzige Macht, über die er verfügte. Und so begann sein Bericht:

«Es ist Nacht in Deutschland. Die Nacht vom 9. auf den 10. November 1938. Die letzten Autobusse rauschen in die Vororte ab, die letzten Lichtreklamen verenden, die letzten Fußgänger streben nach Hause. Ein paar einsame Züge rollen durchs Land. Die Dörfer sind leer und still. Siebenundsiebzig Millionen Menschen schlafen. Aber die Getreuen schlafen nicht. Einer wacht über sie alle, diese Nacht und alle Nächte. Heute wachen sie mit ihm. Hier und da glänzt in dieser deutschen Nacht ein Feuerschein. Geht nicht zu nah hin, Ihr siebenundsiebzig Millionen, schlaft lieber, dies ist nichts für Euch. Da steht im Nachtdunkel eine schwarze Schar, von Fackeln beleuchtet, ein schwarzer Block mit Hunderten von Köpfen, kalkweiß im künstlichen Licht. Von einer Stange hängt steif ein Tuch, die rot-weiße Standarte mit dem Hakenkreuz; drohend greifen die schwarzen Arme in die Nacht. Das Dunkel langt nach dem Dunkel. Aus einem Lautsprecher ruft überlebensgroß eine Stimme zu den Fackeln herüber ... die Stimme ... Fünfzigtausend stehen so im nächtlichen Deutschland. Es sind die jungen Männer, die heute nacht in die SS, in das auserlesene schwarze Korps der nationalsozialistischen Bewegung, in deren heilige, allmächtige, schweigende Schar aufgenommen werden.»

Die letzten moralischen Hemmungen waren gefallen. Der Mord an Unschuldigen auf offener Straße wurde Teil des neuen großdeutschen Alltags. Währenddessen wurde am systematischen Ausbau der deutschen Konzentrationslager fieberhaft weitergearbeitet.

Eines der berüchtigsten Lager entstand im Laufe des Jahres 1938 in Buchenwald bei Weimar, der Stadt Goethes. Konrad Heiden erhielt diesen Augenzeugenbericht:

«Ich bin an dem Donnerstag abend, an dem die Synagogen brannten und die Geschäfte und Wohnungen zertrümmert wurden, von der Gestapo verhaftet worden mit der Begründung: ‹In Verbindung mit den Ereignissen dieses Tages müssen wir Sie in Schutzhaft nehmen.› Ich wurde in das Untersuchungsgefängnis überführt und blieb dort einen Tag. Behandlung dort durchaus korrekt. Vielleicht kann man sogar sagen freundlich. Gegen Abend Entlassung, so daß zunächst in uns der Gedanke aufkam, wir würden nach Hause entlassen.

Wir wurden aber eines Besseren belehrt dadurch, daß auf einmal eine Reihe von Autobussen vorfuhr, in die wir verladen wurden. Abtransport nach X., dort Empfang durch große Massen Schupos (Schutzpolizei), die uns laut anschrien, uns im übrigen aber ungeschoren ließen. Verladen in einen Personenzug, Befehl: ‹Während der Fahrt darf kein Fenster geöffnet werden; bei einem Fluchtversuch wird ohne Warnung geschossen.› Fahrt nach Weimar.

Beim Ausladen dort die ersten Handgreiflichkeiten. Wir mußten in der Unterführung antreten, Gesicht gegen die Wand, wurden eng zusammengepreßt, gestoßen und geschlagen. Nachdem der Transport abgezählt war, wurden wir mit Schreien und Fluchen angetrieben, in größtmöglicher Eile die Treppe hinaufzurennen. Auf der Treppe setzte es die ersten Fußtritte. Hier zeigte sich, daß die Jungen und Gewandten verhältnismäßig gut durchkamen, während die Älteren und körperlich Behinderten die Püffe abbekamen. Dann werden wir in Autobusse verladen, wieder unter lautem Schreien und vielen Beschimpfungen. Beispiel: Ein S.S.-Mann fragt: ‹Was seid ihr?› Natürlich keine Antwort, weil die Frage nicht verstanden wird. Ohrfeige. ‹Wir sind alle Betrüger, mußt du sagen! Wie mußt du sagen?› Ohrfeige. Endlich erfolgt die gewünschte Antwort. Ohrfeige. ‹Willst du wohl lauter sprechen, du Judenschwein!› Usw.

Im Autobus auf einmal Befehl: ‹Brillen absetzen, Köpfe herunter!› Sofort Faustschläge in alle Nacken, die erreichbar waren, bis alle die Köpfe tief gebeugt hielten. In dieser Stellung mußten wir während der ganzen Fahrt verharren. Wagte einer, den Kopf zu heben, gab es sofort einen Faustschlag in den Nacken.

Ankunft in Buchenwald; Befehl zum Aussteigen, Kommando: Hüte ab. Nun mußten wir zwischen zwei Reihen von S. S.-Männern hindurchlaufen, von denen ein Teil mit Fäusten schlug und mit Füßen trat, ein anderer Teil mit Schlagringen und Peitschen auf uns einhieb. Ein feister Wachtmeister hatte eine kurzstielige Peitsche in der Hand, die der Nagaika der Russen glich und zweifellos auch mit Draht durchflochten oder mit Bleistückchen besetzt war. Er hieb damit auf die Köpfe, und meist spritzte nach jedem Hieb das Blut.

Wieder war es hier so, daß die gewandten Jüngeren mit ein paar Püffen davonkamen, während die Älteren die zum Teil schwer Leidtragenden waren und blutend und hinkend aus der Gasse hervorkamen.

Antreten auf dem Platz vor der Kommandantur, dort erhielt jeder seine Nummer und wurde einer Baracke zugewiesen. Im Laufschritt mußten wir zur Baracke und wurden dort sofort auf die Pritschen (primitive Lager) kommandiert. Hier tröstete uns ein älterer Gefangener:

‹Nun könnt ihr euch beruhigen, hier seid ihr geborgen.› Ich habe von meinem Platz aus zweiundzwanzig Leute mit blutenden Köpfen gezählt. Meist waren es blutende Striemen, bei einzelnen war aber die Haut gespalten, und die Kopfschwarte lag bloss.

Einer von den älteren Gefangenen tauchte ein Handtuch in Wasser und legte es zur Kühlung auf die Köpfe der Verwundeten. Da er aber weder viele Handtücher noch viel Wasser hatte, mußte er nach zehn Minuten den primitiven Verband wieder abnehmen, um ihn einem anderen aufzulegen. Grundsätzlich gab es in Buchenwald eine Wundbehandlung für Juden nicht. Sie hatten keinen Anspruch auf Verbandmaterial, auf Medikamente oder überhaupt auf ärztliche Hilfe …

Es wurde uns gesagt: ‹Erkennungsmarken sind ein Ehrenzeichen des Soldaten. Ihr kriegt das nicht. Aber wir raten euch, steckt euch einen Zettel in die Tasche mit der Adresse eurer Braut darauf, damit wir wenigstens wissen, wohin wir die Asche zu schicken haben.›»

Am Morgen des 10. November 1938 waren fast alle jüdischen Gotteshäuser in Deutschland Brandstätten und Trümmerhaufen. «Rauchgeschwärzte oder umgestürzte Mauern, geborstene Kuppeln, verbranntes Gestühl», wie Konrad Heiden festhielt. «Binnen drei Stunden fielen in Deutschland die Synagogen. Es war ein Meisterwerk der Planmäßigkeit und der Disziplin; als ob ein einziger großer Feuerbrand mit einem Strich über das Land hingewischt hätte. Dies macht der SS so schnell niemand nach.»

Offiziell hieß es, niemand habe die Aktionen von oben angeordnet, organisiert oder vorbereitet. Propagandaminister Goebbels schrieb am 12. November im *Völkischen Beobachter* in einem Artikel: «Man erklärt, die spontanen Reaktionen des deutschen Volkes seien durch organisierte Mannschaften durchgeführt worden; wie wenig Ahnung doch diese Zeilenschinder von Deutschland haben! Wie erst hätten die Reaktionen ausgesehen, wären sie organisiert gewesen! Die Reaktion auf den feigen Meuchelmord von Paris wurde weder organisiert noch vorbereitet, sondern sie brach spontan aus der Nation heraus.»

Doch Heiden war klar, dass dahinter ein Plan stand. Er schrieb: «Viele deutsche Juden haben es nicht glauben wollen; haben sich nach jeder neuen Grausamkeit eingeredet, daß eine noch größere Grausamkeit nun doch nicht möglich sei.»

Sie hatten, so meinte Heiden, die Schriften Hitlers und seiner Handlanger nicht sorgfältig genug studiert. Für ihn machten Hitlers «Mein Kampf» und die Veröffentlichungen der SS die wirklichen Absichten der Machthaber klar:

«Seit langem sind im ‹Schwarzen Korps› regelmäßig die Dinge angekündigt oder wenigstens angedeutet worden, die bald darauf Tatsache wurden.» Woche für Woche werde eine halbe Million von Exemplaren dieser SS-Zeitschrift im Land verbreitet: «Wenn in Deutschland noch irgendwer das Verlangen hat, wenigstens andeutungsweise zu erfahren, was in den oberen Regionen gedacht oder vorbereitet wird, dann hält und liest er dieses Blatt.»

«Das ‹Schwarze Korps›», so schrieb Heiden, «brachte in der 47. Folge seines vierten Jahrganges vom 24. November 1938 einen Artikel, der folgende Stelle enthielt:

‹Weil es notwendig ist, weil wir das Weltgeschrei nicht mehr hören und weil uns schließlich auch keine Macht der Welt daran hindern kann, werden wir also die Judenfrage nunmehr ihrer totalen Lösung zuführen.›»

Was das bedeuten würde, wurde unmissverständlich ausgedrückt. Man stünde «vor der harten Notwendigkeit, die jüdische Unterwelt genau so auszurotten, wie wir in unserem Ordnungsstaat Verbrecher eben auszurotten pflegen: mit Feuer und Schwert. Das Ergebnis wäre das tatsächliche und endgültige Ende des Judentums in Deutschland, seine restlose Vernichtung.»

Heiden wurde noch deutlicher: «Es wird empfohlen, den letzten Absatz nochmals zu lesen. Man erinnere sich gewisser Taten, die in der Nacht vom 9. auf den 10. November 1938 geschahen. Man setze voraus, daß es keine Verworfenheit gibt, die grundsätzlich unmöglich wäre. Sechshunderttausend Menschen durch Raub in den Hunger, durch den Hunger in die Verzweiflung, durch Verzweiflung zu unberechenbaren Ausbrüchen und durch diese Ausbrüche unter das wartende Schlachtmesser zu treiben – das ist der kalt ausgedachte Plan. Ein Massenmord wird gewünscht; ein Massaker, wie es die Geschichte trotz Mithridates und Tamerlan vermutlich noch nie sah. Unter welchen technischen Formen diese Massenhinrichtungen sich vollziehen werden, können wir nur vermuten.»

Aber seine Vermutung stützte sich auf eine weitere Quelle, die er vermutlich aufmerksamer gelesen hatte als die meisten der Millionen, die das Buch freiwillig oder weniger freiwillig gekauft hatten. Er zitierte eine Seite aus «Mein Kampf»: «Hätte man zu Kriegsbeginn und während des Krieges einmal zwölf oder fünfzehn Tausend dieser hebräischen Volksverderber so unter Giftgas gehalten, wie hunderttausende unserer besten deutschen Arbeiter aus allen Schichten und Berufen es im Felde erdulden mußten, dann wäre das Millionenopfer der Front nicht vergeblich gewesen. Im Gegenteil: Zwölftausend Schurken zur rechten Zeit beseitigt, hätte vielleicht einer Million ordentlicher, für die Zukunft wertvoller Deutscher das Leben gerettet.»

Heiden verstand, was Hitler und seine Gefolgsleute damit sagen wollten. Inzwischen sei der Vernichtungswille in den leitenden Schichten des Regimes zweifellos gewachsen, schrieb Heiden. Zum guten Teil deshalb, weil sie ihre bisherigen Taten, entgegen der eigenen Erwartung, ohne wesentlichen Widerstand oder gar Strafe begehen konnten. Niemand könne sich nach den Erfahrungen der letzten Jahre heute noch erlauben, einen Satz aus «Mein Kampf» nicht sehr ernst zu nehmen: «Von hohen Führern des Regimes wird heute gern die Wendung ‹auf den Knopf drücken› gebraucht, wobei sich die Zuhörer nie recht klar sind, ob sie das Gesagte ganz ernst nehmen sollen; erläuternd wird – immer noch unter der Maske der eventuellen Scherzhaftigkeit – gesagt: Alle Juden wird man in einem großen Raum versammeln und dann durch Knopfdruck das Gas auslösen.»

Das schrieb Konrad Heiden um die Jahreswende 1938/39 – vor dem Beginn des Zweiten Weltkriegs im September 1939, bevor die Vernichtungslager in Auschwitz, Majdanek und Treblinka gebaut und mit der fabrikmäßigen Vergasung von Millionen Juden begonnen wurde. Heiden hatte seine Quellen nicht nur studiert, sondern auch verstanden. Er wusste, was auf Europa zukam.

Flucht vor Hitlers Krieg

AM 1. SEPTEMBER 1939 begann der Zweite Weltkrieg mit dem Einmarsch deutscher Truppen in den Westteil Polens. Schon acht Tage vorher, am 22. August, hatte Hitler vor den Oberbefehlshabern der Wehrmacht erklärt: «Die Auslösung des Konfliktes wird durch eine geeignete Propaganda erfolgen. Die Glaubwürdigkeit ist dabei gleichgültig, im Sieg liegt das Recht.»

Durchgeführt wurde die Aktion von SS-Sturmbannführer Alfred Naujocks, der sich seit Mitte August im Hotel «Haus Oberschlesien» im deutschen Ort Gleiwitz aufgehalten hatte. Am Nachmittag des 31. August erhielt er um 16 Uhr einen Anruf aus Berlin mit der Parole «Großmutter gestorben». Daraufhin besetzte er mit einem halben Dutzend bewaffneter SS-Männer in Zivil, die sich als polnische Freischärler tarnten, den Sender Gleiwitz und ließ in polnischer Sprache verkünden: «Achtung! Achtung! Hier ist Gleiwitz. Der Sender befindet sich in polnischer Hand ... die Stunde der Freiheit ist gekommen.»

Es war die Stunde des Krieges. Am Morgen des 1. September verkündete Hitler im Reichstag: «Seit 5 Uhr 45 wird jetzt zurückgeschossen ...»

Es war eingetreten, was Konrad Heiden seit Jahren erwartet hatte: der große Krieg.

Er konnte sich allerdings nicht vorstellen, dass am Ende eines Weltkrieges mit 60 Millionen Toten Stalins Sowjetunion bis zur

Elbe vorrücken und den Osten Europas inklusive der halben Reichshauptstadt Berlin bis in das Jahr 1989 besetzt halten würde.

* * *

Über 50 000 Deutsche waren zwischen 1933 und 1939 nach Frankreich geflohen. Jetzt galten die männlichen Flüchtlinge als potenzielle Staatsfeinde, als mögliche «fünfte Kolonne» Hitlers. Sie wurden in Internierungslager gesperrt, darunter viele Juden und Gegner des Nazi-Regimes, die vor Hitler nach Paris geflohen waren. Auch Konrad Heiden wurde im August 1939 in eines der Lager gebracht. Im Oktober ließen die Behörden ihn auf Intervention des französischen Gewerkschaftsbundes allerdings wieder frei.

Als die Wehrmacht am 13. Mai 1940 über die südostbelgischen Ardennen die Grenze nach Frankreich überrannte, verfügte die französische Regierung die Internierung aller «feindlichen Ausländer», Männer wie Frauen zwischen 17 und 55 Jahren. Im Juni kam auch Heiden wieder in ein Lager. Durch den schnellen Vormarsch der deutschen Truppen gerieten viele dieser Camps in Frontnähe und wurden von den französischen Behörden oft erst wenige Stunden vor der Besetzung wieder aufgelöst. Die Internierten sollten nach Südfrankreich transportiert und dort erneut in Lager eingewiesen werden.

Konrad Heiden war ins Stade de Colombes am nördlichen Rand von Paris eingeliefert worden. Es war ein provisorisches Sammellager, von wo aus die Immigranten und Reichsdeutschen später auf verschiedene Internierungslager verteilt werden sollten. In dem großen Stadion, in dem die Olympischen Spiele 1924 ausgetragen worden waren, saßen Hitler-Anhänger und Hitler-Gegner bunt gemischt. Die Emigranten nannten das Lager «Patéologie», weil es dort nur ein Nahrungsmittel gab: Paté, Leberwurstpastete und Brot. Offiziere des französischen «Deuxième Bureau» des Geheimdienstes befragten die Gefangenen. Eine Demütigung für alle.

«Dann hinkte die Jammerkolonne der zu Internierenden in das große Oval des Stadions», erinnerte sich später einer der dort Inhaftierten. «Das Stadion hatte in der Mitte eine ellipsenförmige Rasenfläche. Ringsum waren die üblichen Bänke für Zuschauer, hoch amphitheatralisch aufsteigend. Nur ein Teil dieser Bankreihen war überdacht. Ein anderer Teil war ungehindert dem Regen ausgesetzt. Die einzigen Einrichtungen, um das Stadion für den Aufenthalt von Menschen einzurichten, waren einige Haufen Stroh oder Heu, die man zwischen den Bänken ausbreiten konnte, um sich eine Lagerstätte zu schaffen, und einige offene Blechkübel für die Verrichtung der Notdurft. Sie waren so hoch, daß ihre Benutzung geradezu Akrobatenkünste erforderte. Das war alles.» Nach wenigen Tagen immerhin wurden die Gefangenen ins Lager Meslay-du-Meine gut 200 Kilometer südwestlich von Paris verlegt.

Die deutsche Antifaschistin Lisa Fittko fand sich in Gurs wieder. Sie war in Wien aufgewachsen und 1922 mit ihrer Familie nach Berlin gezogen. Nach Hitlers Machtergreifung 1933 wurde sie wegen Herstellung und Verbreitung antinazistischer Flugblätter denunziert und floh nach Prag. Als Hitler das Sudentenland besetzen ließ, konnte sie über Basel und das niederländische Apeldoorn nach Paris entkommen. Jetzt saß sie in Südfrankreich fest, inhaftiert gemeinsam mit jenen, vor denen sie geflohen war. Auch Hilde Walter, Journalistin bei der *Weltbühne*, die 1933 nach Paris geflohen war, wurde in das Lager eingeliefert: «Bei der Ankunft in Gurs merkten wir, daß sehr viele Nationalsozialistinnen mit uns interniert waren; beim Anblick der trostlosen Lehmbodenwüste und der scheußlichen Baracken meinten sie mit hämischen Seitenblicken auf uns: Schlimm genug, aber höchstens nur für drei bis vier Wochen! Spätestens am 15. Juni ist der Führer in Paris, und dann kommen ganz rasch unsere Leute hierher, um uns rauszuholen.»

Hitler schaffte es sogar einen Tag früher. Am 14. Juni 1940 besetzten die Deutschen die französische Hauptstadt.

Die Lagerdisziplin schien sich unterdessen aufzulösen. Die
Wachen, die französischen Offiziere, selbst die höheren Polizeibeamten wirkten verwirrt und außer Fassung. «Man hatte jede
Orientierung verloren, weil es keine Richtlinien mehr gab; die Ordnung brach zusammen, weil es an Anordnungen fehlte.»

Angesichts des Vormarsches der deutschen Truppen wurde
auch das Lager Meslay-du-Meine geräumt. Die rund 2000 Häftlinge sollten nach Südfrankreich evakuiert werden, wo noch keine
deutschen Truppen waren. Zu Fuß machten sich die gefangenen
Deutschen, darunter Konrad Heiden und Norbert Mühlen, auf
den Weg. Nach einer Woche Marsch in Richtung Angers tauchten plötzlich niedrig fliegende italienische Flugzeuge auf und beschossen die Marschkolonne mit Maschinengewehren. Aus Angst
vor den fliegenden Verbündeten der Nazis liefen die französischen
Wachsoldaten davon. Mühlen und Heiden schlugen sich in die Bü-
sche und machten sich zu Fuß auf den Weg in die 30 Kilometer
entfernte Stadt Montauban.

Nach wenigen Tagen wurden sie plötzlich von französischen
Soldaten verhaftet. Deutsche Exilanten, auch wenn sie vor den
Nazis geflohen waren, galten in Frankreich seit Kriegsbeginn als
feindliche Ausländer und konnten auf den Landstraßen jederzeit von französischer Polizei festgehalten und auf unbestimmte
Zeit eingesperrt werden. «Unterwegs hatten sie bald erlebt», so
erinnerte sich später Hilde Walter, «daß manche Dorfbewohner
und Kleinstädter glaubten, diese Leute mit dem deutschen Akzent wären Agenten oder Spione, die man schleunigst der Polizei
übergeben müsse, anstatt sie etwa noch mit Lebensmitteln oder
Fluchtquartier zu unterstützen.»

Am 22. Juli 1940 wurde im Wald von Compiègne die Kapitulations-
urkunde unterzeichnet. Hitler hatte eigens den Eisenbahnwaggon,
in dem 1918 der Waffenstillstand besiegelt worden war, aus dem
Museum holen lassen. Ein französisches Denkmal, das an den Sieg
im Ersten Weltkrieg erinnerte, wurde mit der deutschen Reichs-
kriegsflagge verhängt. Der Waffenstillstandsvertrag sah die Besetzung von 60 Prozent der Fläche Frankreichs vor. Nach Artikel 19
mussten sämtliche deutschen Staatsbürger, die sich auf französischem Territorium befanden, ausgeliefert werden. Auf einer Liste
mit 80 Namen von Emigranten, die an die Gestapo übergeben werden sollten, stand auch der Name Konrad Heiden.

Heiden und Mühlen hatten weder Geld noch Pässe. Nach ihrer
Festnahme sollten sie als mutmaßliche deutsche Spione sofort
standrechtlich erschossen werden. «Aber da haben uns die Nazis
gerettet», erinnerte sich später Norbert Mühlen. «Da kam eine
Nachricht, daß die Nazis im Anmarsch seien, woraufhin unsere
Erschießer davonliefen.» 1944 erzählte Konrad Heiden einem
Reporter der *New York Post*: «Es war schon merkwürdig zu sehen,
wie die französischen Wachleute in Deckung rannten, um Schutz
vor den Bombern und dem Maschinengewehrfeuer zu finden. Sie
hatten offenbar mehr Angst als wir Exilanten. Als deutsche Nazi-
Gegner hatten wir weniger Angst davor, durch Bomben getötet zu
werden, als davor, in die Hände der heranmarschierenden deutschen Truppen zu geraten.»

Norbert Mühlen und Konrad Heiden schlugen sich weiter nach
Montauban durch. Sie brauchten zehn Tage, bis sie die Ortschaft
südlich der Demarkationslinie im unbesetzten Teil Frankreichs
erreichten.

In Montauban kamen Mühlen und Heiden im «Hotel des Pri-
meurs» unter. Dort trafen sie auf Schritt und Tritt Bekannte. Lisa
Fittko, aus dem Lager in Gurs entkommen, hatte hier ihren Mann
Hans wiedergefunden. Zufällig begegneten die beiden auf der

Straße Konrad Heiden. Hans sagte zu seiner Frau: «Der sollte auch machen, daß er fortkommt. So ein Wahnsinn, hier offen herumzuspazieren!»

Sie kannten seine Bücher und wussten, dass Heiden besonders gefährdet war, weil er die Nazis mit seinen Veröffentlichungen bis zur Weißglut gereizt hatte.

Heiden, Mühlen und die Fittkos wollten nach Marseille. «Das Idyll in Montauban», schreibt Lisa Fittko, «konnte nicht ewig dauern.» In Marseille aber gab es Hilfskomitees und Organisationen zur Unterstützung der Emigranten. Doch um dorthin zu gelangen, war eine Reiseerlaubnis notwendig. Lisa und Hans Fittko gingen zur Militärbehörde, in einen großen Wartesaal voller französischer Soldaten, manche davon in Begleitung ihrer Frauen.

Jeder brauchte irgendeine Bescheinigung. An einem Tisch saß eine Gruppe Offiziere. Hans Fittko zeigte ihnen ein Papier, aus dem hervorging, dass er sich nach Kriegsbeginn für den Eintritt in die französische Armee beworben hatte. Viele Emigranten hatten sich als Freiwillige gemeldet, um gegen Hitlers Wehrmacht zu kämpfen. Meistens wurden sie zurückgewiesen. Sie sollten stattdessen, so wurde ihnen gesagt, in die Fremdenlegion gehen, um beim Bau einer Eisenbahnstrecke durch die Sahara zu helfen. Das war für die allermeisten keine wirkliche Alternative.

Immerhin erhielt Hans Fittko wegen der Bewerbung für die französische Armee eine schriftliche Erlaubnis, sich nach Marseille zu begeben, allerdings zu Fuß.

Ein Soldat, der neben ihm stand, sah Lisa und Hans Fittko über die Schulter. «Das heißt», sagte er, «daß sie dich zu Fuß von Montauban nach Marseille schicken wollen.» Mehrere Soldaten drängten sich zu ihnen und warfen ebenfalls einen Blick auf den Schein. «Zu Fuß, das ist nun wirklich ungewöhnlich», sagte einer. Der Offizier versuchte zu erklären, dass Soldaten die Eisenbahn nur benutzen dürften, wenn sie nach Hause in ihren Heimatort führen. «Sein Blut hat er für Frankreich vergossen», rief ein junger Soldat, «und jetzt muß er zu Fuß nach Marseille.»

Hans stieß seine Frau an und schob sie aus der Tür. Zum Glück hatten die Franzosen nicht gemerkt, dass die beiden Deutsche waren. Hans wischte sich den Schweiß von der Stirn und sagte: «Das hat noch gefehlt, wenn ich den Mund aufgemacht hätte mit meinem Akzent Boche.»

Zurück im Quartier ließen sie etwas Rotwein auf den Passierschein tröpfeln, sodass die Stelle, auf der die Anordnung stand, zu Fuß zu gehen, nicht mehr lesbar war.

Die Gefahr für die flüchtigen Exildeutschen rückte auch in Montauban immer näher. Der einzige Ausweg schien eine Organisation in Marseille zu sein, das Emergency Rescue Committee (ERC), das am 25. Juni 1940 von einer Gruppe Akademiker und Intellektueller im Commodore Hotel in New York gegründet worden war. Seine selbstgestellte Aufgabe war es, deutsche Schriftsteller, Künstler, Professoren, Gewerkschafter und politische Aktivisten vor der Verfolgung durch die Gestapo zu retten. Es mussten persönlich «identifizierbare Feinde» des Nazi-Regimes sein. Eleanor Roosevelt, die Frau des US-Präsidenten, setzte sich für das Projekt ein und drückte im Weißen Haus durch, Notfallvisa für Verfolgte aus Deutschland auszustellen.

Das ERC wählte Varian Fry, einen jungen Literaturstudenten aus Harvard, als europäischen Gesandten aus. Fry sprach nicht nur fließend Französisch, er hatte auch deutsche Kunst und Literatur studiert. «Unter den in Frankreich festsitzenden Flüchtlingen waren viele Schriftsteller und Künstler, deren Werke mir gefallen hatten», schrieb er später. «Nun, als sie in Gefahr waren, fühlte ich eine Verpflichtung, ihnen zu helfen. So, wie sie mir, ohne es zu wissen, in meinem Leben oft geholfen hatten.»

Zu den Ersten, die das Emergency Rescue Committee in seine

Varian Fry, der mit dem Emergency Rescue Committee
Tausenden Hitler-Gegnern zur Flucht aus Europa verhalf

Kartei aufnahm, gehörte «HEIDEN, Konrad». Am 1. Juli 1940 wurde seine Karteikarte ausgefüllt, mit dem Hinweis, wer Konrad Heiden genannt hatte: Thomas Mann. Der befand sich bereits seit Februar 1938 in New York und stellte eine Liste von Schriftstellern und Intellektuellen für das ERC zusammen. Als Beruf Konrad Heidens verzeichnete die Karte: «Writer – Anti-Hitler». Letzte bekannte Adresse: «Montauban, Hotel Des Primeurs, Tarn et Garonne». Auf der Rückseite stand unter «Remarks»: «Mr. Heiden has written several important books against Hitler, also a famous biography of Hitler. He was a Social Democrat.» Heiden habe einen amerikanischen Verleger. Handschriftlich ist hinzugefügt:

«Single, mother jewish, father non-jewish (dead). Book translations in five languages: ‹Adolf Hitler. History of National Socialism. One Man against the World.›»

* * *

In diesem Sommer 1940 hatte Hitlers Wehrmacht große Teile Europas im Würgegriff: Frankreich erobert, dazu Belgien, die Niederlande, Luxemburg und Polen. Das Saargebiet war schon vier Jahre vor dem Einmarsch der Wehrmacht in Polen per Volksabstimmung unter Hitlers Joch geraten, und 1938 hatte Hitler sein Heimatland Österreich ins Großdeutsche Reich geholt. Er schloss mit Stalin einen Pakt – ein verbrecherisches Komplott zweier Diktaturen, wie Konrad Heiden im Gegensatz zu vielen Sozialisten und Kommunisten früh erkannte.

Jetzt aber musste er sich in die letzte noch halbwegs freie Bastion in Europa retten. Im nicht besetzten Teil, dem Süden Frankreichs, waren sie vor dem Zugriff der Gestapo zwar auch nicht mehr sicher, aber das allgemeine Chaos gab ihnen wenigstens eine Chance zu entkommen.

In Montauban hatten auch Norbert Mühlen und Konrad Heiden von der amerikanischen Rettungsaktion in Marseille gehört. Mühlen wollte sich sofort auf den Weg machen, doch Heiden war die Flucht dorthin zu gefährlich. «Dann trennten wir uns», erklärte Mühlen später, «weil ich glaubte, möglichst schnell wegzumüssen, während Heiden die Idee hatte, es sei gefährlicher, nach Marseille zu gehen und unterwegs verhaftet zu werden, als in Montauban zu bleiben.»

Tatsächlich rückte die Gefahr immer näher.

Am 16. Juli 1940 schrieb Heidens Zürcher Verleger Emil Oprecht ihm einen Brief auf Französisch und adressierte ihn an einen Kurt Baer in Montauban. Das war der Geburtsname von Norbert Mühlen. Oprecht legte seinem Brief 2000 Francs in bar bei. Nach einer Weile kam der Umschlag mit der Aufschrift «unzustellbar» zurück. Das Siegel war gebrochen, das Geld fehlte.

Am 27. Juli 1940 rückte eine Delegation, bestehend aus dem Diplomaten Dr. Ernst Kundt, seinem Mitarbeiter, zwei Vertretern des Oberkommandos der Wehrmacht, zwei Ärzten des Roten Kreuzes – einer davon SS-Sturmbannführer Dr. Berning –, einem Vertreter der Auslandsorganisation der NSDAP, einem Dolmetscher und drei Gestapo-Männern an, um festzustellen, ob «französischerseits der Artikel 19 des Waffenstillstandsabkommens erfüllt worden sei».

Die Delegation reiste in einer Autokolonne, die von den Franzosen zur Verfügung gestellt worden war. In den Tagen und Wochen darauf suchte die deutsche Gruppe verschiedene Internierungslager auf, so am 28. Juli das Camp Vallon-en-Sully, 400 Kilometer von Montauban entfernt. Sie rückte weiter nach Süden vor, kontrollierte weitere Lager, bis sie schließlich 250 Kilometer vor Marseille war. Nach der Kontrolle des Camp Le Cheylard am 30. Juli 1940 notierte ein Vertreter des Auswärtigen Amtes: «Gesamtzahl der Internierten: 129 Reichsdeutsche, darunter 9 Arier.» Dann ging es weiter nach Südfrankreich, um in westlicher Richtung bis an die Pyrenäen vorzustoßen. Damit kam man den Flüchtlingen immer näher.

Umso dringender brauchte Heiden Geld, denn allein die Schiffs-passage von Lissabon nach New York sollte 300 Dollar kosten. Er fragte einen Freund: «Kannst du mir das Geld leihen? Bitte schreibe an David Schneider, postlagernd in Marseille. Es wäre schön, wenn du Zeit hättest, Mister Koppell von der Alliance Book Co-operation in New York anzurufen und ihm die Adresse von David Schneider, postlagernd Marseille, zu übermitteln.» Heiden hatte offenbar aus seinen Veröffentlichungen noch Geld zu erwarten. Schneider war ein alter Bekannter aus Studentenzeiten, der in Berlin seine Stellung bei Karstadt verlor, weil er jüdischer Herkunft war. Er musste vor den Nazis aus Deutschland fliehen, ging nach Paris und unterstützte dort viele deutsche Exilanten.

Mit seinen Büchern über Hitler hatte Heiden einige Einnahmen erzielt, die in den Exiljahren jedoch deutlich geschrumpft waren. Auch hatte er damals keinen Zugang zu den Honoraren für die ausländischen Übersetzungen seiner Bücher.

Dennoch legte er keinerlei Wert auf Berichterstattung über sein Schicksal als Flüchtling. So schrieb er an einen Freund in Newark: «Bitte behandle alles mit einer gewissen Diskretion. Es ist nicht notwendig, daß Artikel über mich in die Zeitung kommen. Im Augenblick ist es das Wichtigste, an Reisegeld zu kommen. Alles andere ist in Ordnung, soweit es menschenmöglich ist. Ich habe hier ziemlich gelitten, aber mein Mut ist immer noch intakt.»

Am 5. August 1940 brach Varian Fry, der Abgesandte des Emergency Rescue Committee, zu seiner Mission nach Europa auf. Er hatte eine Liste von rund 200 besonders gefährdeten Flüchtlingen dabei – und 3000 Dollar, um sie vor dem Verlassen der Grenzen Europas mit dem Nötigsten zu versorgen.

Am 9. August 1940 erreichte die deutsche Delegation das Gefängnis von Carcassonne und war damit nur noch 145 Kilometer von Montauban entfernt. Die Beamten des Auswärtigen Amtes notierten: «2 Reichsdeutsche.»

Offenbar suchte die Gestapo gezielt nach Konrad Heiden und einigen anderen Schriftstellern, die auf der Schwarzen Liste standen. Am 12. August telegraphierte die deutsche Botschaft in Mexiko nach Berlin: «Zeitungsberichten zufolge prüft hiesiges Innenministerium Erteilung eines Einreisevisums Mexiko durch Mex. Konsulat Marseille an Franz Werfel, Leonhard Frank, Konrad Heiden.»

Die Zeit wurde knapp. Hilde Walter erklärte später, die amerikanischen Helfer hätten zu Beginn ihrer Rettungsaktion keine Möglichkeit gehabt, den Hilfesuchenden «innerhalb der Galgenfrist» ein Asyl in den Vereinigten Staaten zu verschaffen. Nach den amerikanischen Einwanderungsbestimmungen waren die gesetzlich vorgegebenen Jahresquoten für Neueinwanderer aus Ländern, aus denen die meisten Flüchtlinge stammten, schon längst ausgeschöpft. Auch die Bewilligung von Besuchervisen zum vorübergehenden Aufenthalt in den USA war an Voraussetzungen gebunden, die kein Flüchtling aus Hitlers Machtbereich erfüllen konnte. So versuchte man mit Hilfe guter Verbindungen zu benachbarten Ländern wie Mexiko, der Dominikanischen Republik oder Kuba, Einreisegenehmigungen zu beschaffen.

Für die Flüchtlinge im besetzten wie im unbesetzten Teil Frankreichs wurde die Lage immer gefährlicher. Am 18. und 19. August 1940 besuchte die deutsche Delegation auf ihrer Suche nach Regimegegnern Krankenhäuser in Toulouse, gerade noch 50 Kilometer von Montauban entfernt. Fünf Tage später waren sie auch dort und besuchten das Lager Tarn-et-Garonne, wo sie 73 Zielpersonen vorfanden, «davon 55 Arier, 38 Juden». 13 Personen erklärten sich bereit, nach Deutschland zurückzukehren. Man ließ sie antreten, und ein Major des Generalstabs begrüßte sie mit «Heil Hitler». Dann erklärte er ihnen: «Sie haben den Wunsch geäußert, nach Großdeutschland zurückzukehren. Wir sind gekommen, Sie zurückzuführen und Sie in die Heimat zu verbringen.»

Professor Dr. Saleck, Generalführer des Deutschen Roten Kreuzes (DRK), schrieb an das Präsidium des DRK in Berlin: «Die Angetretenen antworteten mit langen, anhaltenden Heil-Rufen und waren sichtlich voll Freude. Ich bin dann die Reihen abgegangen, um mir einen Eindruck von der Persönlichkeit der einzelnen zu machen. Dabei fiel mir auf, daß auch einige Juden und sehr stark ostisch aussehende Personen sich darunter befanden.» Er habe den Angetretenen gesagt, sie könnten sich bei dringenden Anliegen persönlich an ihn wenden, er habe allerdings nur den Auftrag zur Heimführung der Reichsdeutschen. Da er nun festgestellt habe, dass sich unter den Internierten auch «Juden, Polen, Tschechen usw.» befanden, sei er am nächsten Tag noch einmal im Lager erschienen, um anhand von Papieren eine Ausscheidung der «zur Rückführung nach Deutschland nicht in Frage kommenden Personen vorzunehmen. Fünf Juden und eine Anzahl Nicht-Reichsdeutscher, insbesondere Staatenlose, wurden zurückgelassen.»

Nach den Richtlinien der Kommission durften «keine Juden und Mischlinge» zurückgebracht werden. Doch manche der in den Lagern zurückgelassenen Juden wandten sich brieflich an den Delegationsleiter von Kundt, um doch noch nach Deutschland «heimgeführt» zu werden.

So schrieb am 6. August 1940 eine Erna Freund an den Leiter der Kommission: «Sehr geehrter Herr Legationsrat! Nachstehend komme ich Ihrer liebenswürdigen Aufforderung, meinen Fall kurz zu schildern, gern nach. Ich bin Reichsdeutsche, Jüdin, geboren zu Erfurt.» Im August 1939 sei sie mit einem Besuchsvisum nach Paris gefahren und wegen einer angeblichen «Irregularität ihrer Papiere» festgenommen worden. Ihre Papiere seien in Ordnung gewesen, aber in Wirklichkeit habe man es nur auf sie als Deutsche abgesehen.

«Sehr verehrter Herr Legationsrat, ich habe als Deutsche, als die ich mich voll und ganz fühle, gelitten, ich bin auch nie ausgewandert. Ich bitte Sie, mich unter deutschen Schutz deshalb stellen zu dürfen.» Über ihr weiteres Schicksal ist nichts bekannt.

Viele Franzosen reagierten erregt und ablehnend auf die Ankunft der deutschen Delegation. Der Mann vom Roten Kreuz teilte seinen Vorgesetzten mit:

«Die Behandlung der deutschen Kommission durch die französischen Offiziere war einwandfrei, dagegen zeigte sich die Zivilbevölkerung, je weiter man nach Süden kam, desto unfreundlicher gegen die Deutschen.» Überall hätten vor allem Frauen Ausdrücke wie «boches, merde, chiens» – «deutsche Schweine, Scheiße, Hunde» – gerufen. Überall, wo die Deutschen auftauchten, ertönte der Ausruf «Les Allemands, les Allemands!», begleitet von Gebärden des Schreckens.

In Montpellier und Toulouse musste das französische Militär für ausreichenden Schutz der deutschen Delegation durch Kriminal- und Gendarmeriebeamte sorgen und die Hotelzimmer der Deutschen rund um die Uhr bewachen.

Auch unter den Exilanten wusste man um die Zwiespältigkeit der französischen Bevölkerung gegenüber den deutschen Besatzern. Lisa Fittko schrieb später: «Wenn man mich heute fragt, wie Frankreich damals die jüdischen und politischen Emigranten behandelt hat, wie die Franzosen sich uns gegenüber benommen haben, weiß ich keine Antwort. Frankreich – welches Frankreich? Die Franzosen – wer ist das? Ich weiß, daß wir in den Augen der französischen Behörden lästige Fremde waren, die man sich vom Leibe halten mußte; daß sie uns für schädlich hielten, weil wir Frankreichs Beziehungen mit Nazi-Deutschland gefährden konnten.»

Doch es gab auch andere Reaktionen. Hilde Walter hatte die Kampagne für die Freilassung Carl von Ossietzkys aus dem Konzentrationslager angeführt, war dann selbst verfolgt worden und musste nach Frankreich fliehen. Nach dem Krieg berichtete sie, dass viele der aus den Internierungslagern Entflohenen in kleinen Städten untergekommen waren: «Bei freundlichen Leuten, die ihnen nicht viel mehr bieten konnten als pro Person die Hälfte eines schmalen Bettes oder ein Drittel von der breiten Sorte oder einen schlechtgestopften Strohsack. Oft gingen die Gastgeber zweimal am Tag aufs Postamt und standen geduldig am Schalter für postlagernde Sendungen Schlange, weil ja Nachrichten über das versprochene dominikanische, mexikanische oder kubanische Visum da sein konnten, oder vielleicht ja doch endlich die erbetene Geldsendung aus den USA.»

Dabei stand Frankreich seit Juni 1940 unter Embargo, und neutrale Staaten wie die Schweiz oder – damals noch – die USA hatten verboten, Geld in besetzte Gebiete des Krieg führenden Deutschen Reiches zu überweisen. Manche Flüchtlinge wurden jedoch auf Umwegen unterstützt. Persönliche Freunde schickten aus den USA legal Geld an eine hilfsbereite Archivarin des Völkerbundes, die einen Diplomatenpass und ein Auto besaß. Hilde Walter erfuhr, dass diese Frau jede Woche unkontrolliert mit einem Bündel französischer Francs aus Genfer Beständen und einer Namensliste aus den USA über die Grenze nach Frankreich fuhr und vom Postamt in Annemasse aus Geld überwies.

«Keiner war so gefährdet wie Heiden»

MITTE AUGUST 1940 kam Varian Fry in Marseille an, um seine Arbeit für das Emergency Rescue Committee aufzunehmen. Im Hotel Splendide traf er sich mit Frank Bohn vom amerikanischen Gewerkschaftsverband. In dessen kleinem Zimmer im dritten Stock hielten sich ein paar deutsche Flüchtlinge auf, die Bohn ihm vorstellte. Der amerikanische Gewerkschafter hatte schon seit einiger Zeit Kameraden aus Deutschland geholfen, in die USA auszureisen. «Unser Vorteil», so erklärte er Fry, «ist das allgemeine Durcheinander. Die Franzosen stellen keinem Flüchtling auch nur ein einziges Ausreisepapier aus. Es ist schon schwer genug, einen Sauf Conduit, einen Passierschein, für den Weg nach Marseille zu bekommen, um dort das amerikanische Visum abzuholen. Aber die Polizei scheint den Flüchtlingen keine große Aufmerksamkeit zu schenken, und die Gestapo ist ihnen offenbar noch nicht auf die Schliche gekommen.»

So seien viele bis nach Marseille durchgekommen. Wenn sie dann das Überseevisum in Händen hielten, gab es endlich auch das portugiesische und das spanische Transitvisum. Erst dann konnten die Flüchtlinge die Grenze zu Fuß überqueren.

«Werden sie denn nicht verhaftet?», erkundigte sich Fry.

«Bis jetzt noch nicht», antwortete einer der anwesenden Flüchtlinge, «die Polizei scheint mit uns zu sympathisieren. Unseres Wissens gibt es sogar einige Grenzbeamte, die Mitleid mit

Flüchtlingen ohne Ausreisevisum haben und sie im Zug über die Grenze fahren lassen – vorausgesetzt, kein anderer Beamter ist in der Nähe und bekommt mit, was passiert.»

«Warum benutzen sie nicht einfach falsche Pässe», fragte Fry, «sind die so schwer zu bekommen?»

Das, so der amerikanische Gewerkschaftsmann, sei nicht das Problem. Die größte Gefahr sei, dass die Flüchtlinge erkannt und enttarnt würden. Immerhin handelte es sich häufig um prominente Widerstandskämpfer. So sei Rudolf Breitscheid, ehemaliger Fraktionsvorsitzender der SPD im Reichstag, überzeugt davon, in Spanien keine fünf Kilometer weit zu kommen, ohne erkannt zu werden.

«Wie wollen wir nun also vorgehen?», fragte Fry. Bohn antwortete: «Ich schlage vor, daß Sie die Schriftsteller und Künstler und die ganzen jungen Mitglieder der verschiedenen linken Gruppen, an denen Sie interessiert sind, übernehmen, und wir uns weiter um die Gewerkschafter und die älteren Sozialisten kümmern.»

«Das ist gut», stimmte Fry zu. «Das heißt also, daß Werfel, Feuchtwanger und Heiden meine Schützlinge sind. Haben Sie eigentlich eine Ahnung, was aus Feuchtwanger und Heiden geworden ist?»

Einer der Anwesenden sagte: «Konrad Heiden ist, glaube ich, in Montauban. Aber was aus Feuchtwanger geworden ist, weiß ich nicht.»

Varian Fry nahm sich ebenfalls im Hotel Splendide ein Zimmer, das eine wichtige Anlaufadresse für Hilfesuchende war. Die Entscheidung, wem geholfen werden sollte und wem nicht, war für ihn die größte Belastung. Seine Listen waren offenbar willkürlich und in großer Hast zusammengestellt worden. Sie beruhten auf Erinnerungen von Leuten, die Tausende von Meilen entfernt waren und kaum Vorstellungen davon hatten, was in Frankreich wirklich vorging.

«Einige Namen standen zu Unrecht darauf», schrieb Varian Fry später in seinen Memoiren («Auslieferung auf Verlangen»). «Andere, die darauf gehörten, fehlten.»

Fry wusste, dass er nicht jedem helfen konnte, der in Frankreich auf Ausreise in die USA hoffte. Er hatte noch nicht einmal eine Möglichkeit herauszufinden, wer sich wirklich in Gefahr befand und wer nicht. Oft musste er raten. Im Zweifelsfall entschied er zugunsten des Flüchtlings: «Andernfalls liefen wir Gefahr, jemandem die Hilfe zu verweigern, der wirklich gefährdet war, um dann später zu erfahren, daß man ihn nach Dachau oder Buchenwald geschafft hat, weil wir ihn fallengelassen hatten.»

Fry und seine Helfer unterstützten jedoch grundsätzlich nur Flüchtlinge, die irgendjemanden kannten, dem sie vertrauen konnten: «Mit Polizeispitzeln wollten wir kein Risiko eingehen.»

Fry erfuhr schnell, welch grausames Schicksal viele Flüchtlinge hatten, wie verzweifelt sie waren. Der tschechische Romancier Ernst Weiss vergiftete sich in Paris, als die Deutschen die Stadt besetzten. Der Dramatiker Walter Hasenclever hatte mit einer Überdosis Veronal im Internierungslager Les Milles unweit von Marseille seinem Leben ein Ende gesetzt. Der Kunstkritiker Carl Einstein erhängte sich unmittelbar an der spanischen Grenze, als er sie nicht passieren durfte. Auch Willi Münzenberg, der kommunistische deutsche Abgeordnete und Anti-Hitler-Aktivist, der bis 1933 als Verleger unter anderem die *Arbeiter Illustrierte Zeitung (AIZ)* herausgab, hatte sich ein paar Wochen nach der französischen Niederlage in der Nähe von Grenoble an einem Baum erhängt. Sein Körper wurde erst gefunden, als er schon verwest war.

«Einen nach dem anderen strich ich von meinen Listen», schrieb Fry. «Was den vielen anderen widerfahren war, wußte niemand, und ich fragte mich oft, wie viele ich wohl noch in den folgenden Wochen von meinen Listen würde streichen müssen.»

Die große Mehrzahl auf seiner Liste aber lebte und saß in Frankreich fest. Sie konnte nur mit seiner Hilfe das Land verlassen.

«Von ihnen allen war vermutlich keiner so gefährdet wie Heiden», schrieb Varian Fry in seinen Memoiren. «Was er über Adolf Hitler und die Anfänge der Nationalsozialistischen Partei geschrieben hatte, würde der Führer weder vergeben noch vergessen.»

Fry wusste, dass Heiden nach Beginn des Krieges in einem französischen Lager interniert, ein paar Wochen später freigelassen und im Mai abermals gefangen genommen worden war. Er hatte auch erfahren, dass der Leiter des Lagers unmittelbar vor der Kapitulation Frankreichs beschlossen hatte, die Internierten nach Südfrankreich zu evakuieren. «Zu Fuß und unter Bewachung hatten sie sich auf den Weg gemacht, aber als deutsche Flugzeuge über ihnen auftauchten und sie mit Maschinengewehren beschossen, waren alle geflohen, die Bewacher als erste.» Es waren zwar keine deutschen, sondern italienische Flugzeuge gewesen, aber Fry hatte die Geschichte von verschiedenen Seiten immer wieder gehört. Er wusste auch, dass Heiden sich nach Montauban durchschlagen und von da aus nach Marseille gelangen wollte.

Ende August 1940 kam Heiden schließlich in Marseille an und konnte bei David Schneider wohnen. Heiden hatte große Angst, weil sein Name auf den schwarzen Listen der Nazis stand. Von seinem letzten Geld kaufte er sich einen Pass auf den Namen «Isidor Goldberg», polnischer Staatsangehöriger. Ausgerechnet mit diesem jüdisch-polnischen Namen fühlte er sich etwas sicherer.

Böse Ironie der Geschichte: Statt von den Nazis wurde er nun von Vertretern der Exil-Polen eingefangen, die ihn mit einem Schiff nach Nordafrika zur Ausbildung in einer polnischen Legion schaffen wollten. «Da hat er dann im letzten Moment von der Brücke

oder vom Schiff sich befreien können», berichtete nach dem Krieg
sein Freund Norbert Mühlen. «Leute, die ihn von damals kannten,
haben ihn dann später in New York gelegentlich gegrüßt mit ‹Grüß
Gott, Herr Goldberg›, was ihn gar nicht besonders gefreut hat.»

* * *

Nach seinem kurzen Ausflug zur polnischen Armee konnte Heiden sich dann auf dem Marseiller Konsulat ein amerikanisches
Visum und ein «Affidavit in Lieu of Passport» auf seinen richtigen
Namen ausstellen lassen. Fry hatte ihm zudem ein spanisches und
ein portugiesisches Transitvisum auf den Namen Konrad Heiden
beschafft. Diese Dokumente würde er brauchen, um in die USA zu
gelangen, musste sie aber auf dem Weg nach Lissabon versteckt
halten. Erst wenn er das Passagierterminal in Lissabon erreichte,
sollte er seine wahre Identität preisgeben. So weit der Plan. Doch
Fry, der ihm die Papiere besorgt hatte, beschlich das Gefühl, dass er
Heiden nicht unter seinem richtigen Namen durch Spanien reisen
lassen durfte. Also besorgte er ihm einen tschechischen Pass auf
den Namen David Silbermann. Das amerikanische Affidavit, eine
Art Pass-Ersatz, sollte Heiden besser nicht mit auf die gefährliche
Reise über die französisch-spanische Grenze und nach Portugal
mitnehmen.

Deshalb schickte Fry am 11. Oktober 1940 Heidens Unterlagen
per Post an den amerikanischen Konsul in Lissabon und teilte ihm
mit, der Journalist werde Papiere auf den Namen «David Silbermann» bei ihm vorlegen. Nach langem Zögern, so erinnerte sich
Fry, verwendete Heiden dann diesen Pass, bis er in Lissabon ankam. Doch bis dahin war es noch ein weiter, beschwerlicher Weg.

Eine erfolgreiche Überquerung des Grenzgebirges war nur mit
der Hilfe erfahrener Bergführer möglich, die den Flüchtlingen halfen, Unterkunft zu finden, die zerklüfteten Berge zu überwinden
und den Grenzkontrollen auszuweichen.

Heiden würde fünf Stunden mit dem Zug von Marseille nach Cerbère ans westliche Mittelmeer reisen müssen, ohne eine französische Reiseerlaubnis dabeizuhaben. Das hätte bei einer Passkontrolle zu seiner Verhaftung führen können. In Cerbère sollte er den Bahnhof verlassen, auf dem nahe gelegenen Friedhof über eine Mauer klettern und dann den dortigen Hang hinaufsteigen. Hatte er es über die Pyrenäen geschafft, sollte er sich an der spanischen Grenze in Portbou die Einreise abstempeln lassen. Dann würde er über Barcelona und Madrid nach Portugal einreisen können. Fry sagte ihm, er solle in Lissabon einen seiner Kontaktmänner, Dr. Charles Joy von der Unitarischen Kirche, treffen, der ihn irgendwo unterbringen und für einen Platz an Bord eines Schiffes nach Amerika sorgen würde.

Zum Abschied gab Fry ihm eine Papiertüte mit sechs Stangen Zigaretten – Lucky Strikes und Gauloises – für die spanischen Grenzer, die nach Frys Kenntnis immer sehr dankbar dafür waren. Dann schüttelte er Heiden die Hand und sagte: «Gute Reise, wir sehen uns in New York.»

Dabei machte er ein Gesicht, als würde er seinen eigenen Worten glauben. Heiden war klar, dass er dieses Abenteuer auf sich nehmen musste. In Frankreich konnte er nicht bleiben. So hatte er wenigstens eine Chance, die Nazizeit zu überleben. Tatsächlich war Fry offenbar nervöser als Heiden. So sah es jedenfalls dessen Biograph Andy Marino: «Wenn die Sache schiefging, wäre er verantwortlich für den Tod seines Schützlings.»

Der Weg war steil und gefährlich. Es ging über schroffe Berghänge mit steinigen und rutschigen Wegen. Windböen auf dem Gipfel konnten einen ausgewachsenen Menschen ins Trudeln bringen, und wer es von der französischen Ortschaft Cerbère bis auf die spanische Seite der Pyrenäen geschafft hatte und ins Dorf Portbou hinabstieg, fand kaum noch Deckung zwischen Büschen und Bäumen. Dennoch war eine ganze Reihe deutscher Schrift-

302 «Keiner war so gefährdet wie Heiden»

steller und Intellektueller über diesen beschwerlichen Pfad nach Spanien und über Lissabon in die USA entkommen. Die Exilanten nannten den Weg die «F-Route», nach der österreichischen Widerstandskämpferin Lisa Fittko, die hier im Spätsommer 1940 zahlreiche Hitler-Gegner auf einem stundenlangen Marsch in die Freiheit geführt hatte. Auch Lion Feuchtwanger, Alma Mahler-Werfel, Franz Werfel, Heinrich Mann, Walter Mehring – und Konrad Heiden – entkamen über diesen Weg.

Nachdem Heiden abgereist war, hörte Fry nichts mehr von ihm. Weder gab es Meldungen von seiner Verhaftung noch Informationen aus irgendeinem Internierungslager in der Nähe der Grenze. So konnte Fry hoffen, dass Heiden die Grenze erfolgreich überquert hatte, wie so viele vor und nach ihm.

Tatsächlich hatte der amerikanische Beauftragte des Emergency Rescue Committee ein effektives Netzwerk illegaler Aktivitäten aufgebaut. Dazu gehörten neben der heimlichen Grenzüberquerung zu Fuß durch die Pyrenäen verbotene Geldtransaktionen und der Ankauf von falschen Dokumenten. Ein österreichischer Karikaturist namens Bill Freier fälschte im Auftrag von Fry offizielle Stempel und Unterschriften. Dabei arbeitete er mit dem tschechischen Patrioten und Konsul in Marseille Vladimir Vochoc zusammen. Einmal in der Woche trafen sie sich beim Frühstück im Hotel Terminus, wobei ihm der Tscheche jeweils neue Pässe für Flüchtlinge jeglicher Nationalität überreichte und abgelaufene Ausweise übernahm, um sie zu erneuern.

Konrad Heiden gelang es, mit den Papieren auf den Namen David Silbermann die Grenze nach Spanien zu passieren, und er schaffte es auch nach Lissabon. Doch noch hatte er kein gültiges Einreisevisum für die USA. Wochenlang musste er warten.

* * *

Am 12. September 1940 um 5 Uhr früh fuhr Lisa Fittko mit Heinrich, Nelly und Golo Mann von Marseille ab. Franz Werfel hatte
am Tage zuvor alle seine Manuskripte in einer Aschenschale verbrannt. Über Perpignan ging es mit der Bahn nach Cerbère, wo sie
in einem leer stehenden Hotel einquartiert wurden. Varian Fry
und sein Mitarbeiter hatten sie mit amerikanischen Papieren ausgestattet, die aber nicht für eine legale Überquerung der Grenze
ausreichten. Daraufhin beschlossen sie, ohne Papiere zu Fuß über
die Berge zu gehen. Sie mussten sehr früh aufstehen, denn schon
um sechs Uhr morgens brannte die Sonne unbarmherzig vom
Himmel. Golo Mann, der sonst als verlässlich galt, war unauffind-
bar. Erst nach zwei Stunden, so schrieb später Lisa Fittko in ihren
Erinnerungen, sei er sehr erfrischt von einem Bad im Meer gekommen: «Nun endlich konnten wir an die Besteigung der Pyrenäen
denken.»

Im Dorf sei Nelly Mann plötzlich eingefallen, dass Freitag, der
13. sei. Deshalb wollte sie umkehren. Lisa Fittko und Franz Werfel
gingen voraus, «um der Diskussion und ihrem wahnwitzigen Geschrei ein Ende zu machen».

Knapp zwei Wochen später, am 25. September 1940, klopfte es
plötzlich an der Tür ihres kleinen Dachstübchens in Port Vendres.
Lisa Fittko öffnete verschlafen die Tür. Sie rieb sich die Augen,
denn vor ihnen stand einer ihrer Freunde aus Berlin: «Der alte
Benjamins, wie er bei mir hieß, ich weiß nicht recht, warum, war
48.»

«Gnädige Frau», sagte Walter Benjamin, der Philosoph und
Kulturkritiker, «entschuldigen Sie bitte die Störung, hoffentlich
komme ich nicht ungelegen.»

Lisa Fittko dachte: «Die Welt gerät aus den Fugen, aber Benjamins Höflichkeit ist unerschütterlich.»

«Ihr Herr Gemahl», fuhr Benjamin fort, «hat mir erklärt, wie ich

Sie finden kann. Er sagte, Sie würden mich über die Grenze nach Spanien bringen.»

Lisa Fittko erinnerte sich daran, dass dies nicht Benjamins erster Versuch war, aus der Falle Frankreich herauszukommen. «In der apokalyptischen Stimmung von Marseille des Jahres 1940», so schrieb sie in ihren Memoiren, «gab es Tag für Tag Geschichten von absurden Fluchtversuchen; es gab Pläne mit Phantasiebooten und Fabelkapitänen, Visa für Länder, die auf keiner Karte zu finden waren, und Pässe aus Staaten, die es gar nicht mehr gab. Man war es gewohnt, durch Flüsterpropaganda zu erfahren, welcher todsichere Plan an diesem Tag wieder wie ein Kartenhaus in sich zusammengefallen war.»

Lisa Fittko, Walter Benjamin und dessen Begleitpersonen begannen ihren Aufstieg durch grüne Hügel, die zum Meer hin sacht ausliefen. Der Pfad verlief parallel zur Straße, die am Gebirgskamm entlangführte. Lisa Fittkos Weg unterhalb der Straße war durch einen Gebirgshang vor den Blicken der französischen Grenzpatrouillen geschützt. An einigen Stellen kamen sich beide Wege sehr nah. Dort, so hatte Lisa Fittko ihren Schützlingen gesagt, müssten sie sich sehr still verhalten.

«Benjamin wanderte langsam und gleichmäßig. In regelmäßigen Abständen – ich glaube, es waren zehn Minuten – machte er halt und ruhte sich für etwa eine Minute aus. Dann ging er in demselben gleichmäßigen Schritt weiter.»

Lisa Fittko dachte: «Was für ein merkwürdiger Mensch. Kristallklares Denken, eine unbeugsame innere Kraft, und dabei ein hoffnungsloser Tolpatsch.»

José, der Sohn einer Frau Gurland, die Benjamin mitgebracht hatte, war ungefähr 16 Jahre alt. Er und Lisa Fittko trugen abwechselnd Benjamins schwere Ledertasche. «Mir kam es so vor, als würde sie immer schwerer werden», erinnerte sich Lisa Fittko. Später sei sie häufig gefragt worden, was Benjamin über das Manuskript in der Tasche gesagt habe. Hat er sich über den Inhalt ausgelassen? Hat er darin ein neues philosophisches System entwickelt? Doch nach philosophischen Diskussionen war Lisa Fittko auf der anstrengenden Tour durch die Berge nicht zumute. «Du lieber Himmel, ich hatte alle Hände voll zu tun, meine kleine Gruppe bergauf zu führen. Die Philosophie mußte warten, bis wir über den Berg waren. Es kam darauf an, einige Menschen vor den Nazis zu retten, und da war ich nun mit diesem komischen Kauz, dem alten Benjamin, der sich unter keinen Umständen von seinem Ballast, von dieser schwarzen Ledertasche trennen würde. So mußten wir das Monstrum wohl oder übel über das Gebirge schleppen.»

Walter Benjamin konnte nicht mehr. In gesetzten Worten erklärte er, dass dies seine Kräfte übersteige. José und Lisa nahmen ihn zwischen sich, er legte die Arme um ihre Schultern, und so schleppten sie ihn samt seiner Tasche den Berg hinauf. «Sein Atem ging schwer, doch er klagte nicht: Kein Seufzer, aber immer wieder schielte er nach der Aktentasche.»

Der Weg stieg nur noch leicht an, doch Benjamin wirkte zunehmend entkräftet. Er ging langsamer und machte längere Pausen, aber immer in seiner genauen Zeiteinteilung. Lisa Fittko ging voran und erreichte vor den anderen den Gipfel.

«Das Bild erschien so unverhofft vor mir, daß ich einen Augenblick an eine Fata Morgana glaubte», erinnerte sie sich später. «Weit unten, von wo wir gekommen waren, sah man wieder das tiefblaue Mittelmeer. Auf der anderen Seite, vor uns, fielen schroffe Klippen ab auf eine Glasplatte aus durchsichtigem Türkis.»

Es wirkte wie ein zweites Meer und war doch die spanische Küste. Hinter ihnen im Norden konnte man Kataloniens Roussillon mit der Zinnober-Küste sehen, einer herbstlichen Erde mit unzähligen gelbroten Tönen. Lisa Fittko schnappte nach Luft: «Solche Schönheit hatte ich noch nie gesehen.»

Sie wusste nun, dass sie Spanien erreicht hatten und dass der

Weg von hier aus bis in den Ort geradeaus weiterführte. Die anderen hatten die notwendigen Papiere und Visa für die Einreise nach Spanien. Sie selbst durfte nicht riskieren, auf spanischem Territorium festgenommen zu werden. «Ich muß jetzt umkehren», sagte Lisa Fittko. Einen Augenblick schaute sie noch Benjamin und seinen Begleitern nach, wie sie die holprige Straße hinuntergingen.

In den nächsten Monaten führte sie immer wieder Flüchtlinge über die Berge in die Freiheit. Sie dachte, der alte Benjamin und sein Manuskript seien längst in Sicherheit, auf der anderen Seite der Berge. Doch ein paar Tage später kam die Nachricht, Walter Benjamin sei tot. Er hatte sich in Portbou in der Nacht nach seiner Ankunft, am 26. September 1940, das Leben genommen. Das Manuskript, das er mit seinen letzten Kräften über die Berge geschleppt hatte, tauchte nie wieder auf.

Verlorene Heimat Europa

WÄHREND DIESER ZEIT wartete Konrad Heiden immer noch in Lissabon. Er traf dort viele Deutsche, die so wie er auf ihre Reiseunterlagen für den Weg in die überseeische Freiheit warteten. «Lissabon war in diesen Wochen eine Stadt voller Flüchtlinge, ähnlich wie Marseille», schrieb Elsbeth Weichmann, Frau des späteren Ersten Bürgermeisters von Hamburg, über diese Zeit. «Sie waren aber entspannter als die Menschen in Marseille, weil der Kampf um die Papiere ausgekämpft war und man nur noch auf ein Schiff warten mußte. Wir waren in einem neutralen Land angekommen, der Feind saß uns nicht mehr auf den Fersen.»

Die Exilanten konnten sich in der behaglichen Septembersonne wärmen und «fröhliche, bewegte, bunte Straßen» entlanggehen. Das Warten war für sie eine willkommene Atempause. «Man konnte schlafen, spazierengehen, in Cafés am Boulevard sitzen, Bekannte begrüßen, vergangene Abenteuer und Zukunftsaussichten miteinander besprechen», so Elsbeth Weichmann.

Die Flüchtlinge verfolgten über Zeitungen und Rundfunk das weitere Vorrücken Hitlers. Es war ihnen bewusst, dass sie noch lange nicht endgültig in Sicherheit waren. Sie erfuhren, dass Hitler den Sturm auf England vorbereitete und der Dreimächtepakt zwischen Deutschland, Italien und Japan geschlossen wurde, um eine neue Ordnung in Europa und Ostasien unter dem Diktat der Achsenmächte zu schmieden.

Schiffe, die Passagiere mit nach Amerika nahmen, wurden immer seltener, und so stieg die Angst, doch nicht mehr aus Europa fortzukommen.

Die Weichmanns wohnten in einem kleinen Hotel zusammen mit vielen anderen deutschen Nazi-Gegnern. Der Parteivorstand der SPD hatte sich dort eingemietet und zog andere Flüchtlinge nach. Viele Tage und Abende verbrachten die Weichmanns mit Erich Ollenhauer, dem späteren langjährigen SPD-Fraktionschef im Deutschen Bundestag, seiner Familie und anderen Parteifreunden, «darunter auch Konrad Heiden». In ihren Memoiren schrieb Elsbeth Weichmann, er sei der «Verfasser des mutigen Hitler-Buches von 1932, das ihn für die Nazis zum Feind Nr. 1 gemacht hatte». Sie besprachen die täglichen Nachrichten, dachten gemeinsam über die Chancen und Ziele ihrer Auswanderung nach.

«Man rannte durch die Straßen, ohne etwas zu sehen, man mied Menschen und die ewig gleiche Frage: Hast du schon einen Schiffsplatz? Wann? Wohin?»

Endlich konnten Herbert und Elisabeth Weichmann einen Platz auf einem portugiesischen Küstendampfer für die große Fahrt über den Ozean bekommen. Es gab einen Männerschlafsaal und einen Frauenschlafsaal: «Wir waren froh, überhaupt fortzukommen, in Bewegung zu geraten, ganz gleich, unter welchen Umständen.»

Das kleine Schiff schaukelte wie eine Nussschale im Ozean. In den stinkenden, schlecht belüfteten Schlafsälen erbrachen sich stöhnend die Passagiere. Als das Wasser wieder ruhiger war, saßen sie am Heck des Schiffes und betrachteten die Wasserfurche, die der Küstendampfer in den Ozean schnitt.

«Die Mehrzahl der Passagiere», so schrieb Elisabeth Weichmann, «stand am Bug des Schiffes und steuerte einer neuen Heimat und einer neuen Zukunft entgegen. Wir blickten zurück auf unsere verlorene Heimat Europa und auf unsere zerstörte Zukunft, die sich immer weiter von uns entfernte.»

Aus einer handschriftlichen Notiz des Emergency Rescue Committee in New York vom 18. September 1940 geht hervor, dass Konrad Heiden zu dieser Zeit immer noch in Lissabon steckte und es noch Wochen dauerte, bis sein Visum aus Marseille ankam. Zwei Tage später telegraphierte Hilde Walter an Norbert Mühlen, der inzwischen in New York angekommen war: «Bitte sende neues Visum an Conny über den Konsul in Lissabon.»

Auch Heiden selbst schickte am 25. September 1940 ein Telegramm an Norbert Mühlen in New York: «Marseiller Papiere nicht angekommen. Bitte versuch es weiter. Stop. Sende 100 Dollar direkt postlagernd an David Silbermann.»

Am 30. September wies das ERC per Kabel hundert Dollar für Konrad Heiden an und schickte am 11. Oktober 1940 endlich dem amerikanischen Konsulat in Lissabon das rettende Telegramm:

«Dear Sir, I am enclosing herewith the necessary documents concerning

KONRAD HEIDEN

who will present the papers of David Silbermann.

Sincerely yours, Emergency Rescue Committee».

Endlich konnte Heiden Lissabon verlassen.

Den deutschen Dienststellen waren die Aktivitäten des Emergency Rescue Committee keineswegs verborgen geblieben. Am 22. Oktober 1940, während Konrad Heiden noch mitten auf dem Atlantik war, schrieb die deutsche Botschaft in Washington an das Auswärtige Amt in Berlin: «Pressemitteilungen zufolge sind folgende Persönlichkeiten aus Europa hier eingetroffen: Lion Feuchtwanger, Heinrich Mann, Gottfried Mann, Franz Werfel, Walter Victor, Hermann Budzislawski.» Die Botschaft legte Zeitungsausschnitte bei, in denen Dr. Frank Kingdon, Vorsitzender des Emergency Rescue Committee, angegeben hatte, dass es «ihre Aufgabe sei, Flüchtlinge aus Frankreich herauszuschmuggeln, und daß sie nur noch drei bis vier Wochen Zeit dazu hätten, da bis dahin die Gestapo in ganz Frankreich vollständig organisiert sei».

Fast erstaunt teilte die Botschaft mit, dass Feuchtwanger in der *New York Herald Tribune* «tatsächlich Details über seine Flucht» preisgegeben habe. Der Artikel erschien am 6. Oktober 1940, zu einem Zeitpunkt, als Konrad Heiden noch nicht einmal an Bord der «Exochorda» war.

Doch nun, nach all der Hektik und Anspannung seiner Flucht aus dem Internierungslager durch Frankreich nach Marseille, dem Marsch über die Berge nach Spanien, der Angst, mit den falschen Papieren auf den jüdischen Namen David Silbermann verhaftet und in ein Konzentrationslager nach Deutschland geschickt zu werden, hatte er zum ersten Mal seit Monaten etwas Ruhe.

Am 16. Oktober 1940 war er an Bord der S. S. Exochorda gegangen. Auf der Passagierliste stand: «HEIDEN, KONRAD – 39 – Single – Race of People JEW, (durchgestrichen und ersetzt durch:) HEBREW, Place of birth: GERMANY, City of birth: MUNICH, Last permanent Residence: FRANCE, City: PARIS.»

Elf Tage später kam er in Amerika an, einem Land, dessen Sprache er zwar verstehen, in der er aber bisher kaum schreiben konnte. Eine Befreiung war es trotzdem: Zum ersten Mal seit Jahren musste er nicht um sein Leben fürchten.

Als er am 1. November in New York eintraf, meldete die deutschsprachige Zeitung *Aufbau* unter der Rubrik «Neue Gesichter in New York»: «Konrad Heiden, der Autor der drei großen und international angesehenen Bücher ‹Hitler›, ‹Die Geschichte des Nationalsozialismus› und ‹Die neue Inquisition› ist nach seiner Flucht aus Frankreich über die Pyrenäen in New York angekommen.»

Jetzt war Heiden wirklich im Exil. Er konnte das Geschehen nur noch aus großer Entfernung von jenseits des Atlantiks beobachten.

Known as Nazi Public Enemy No. 1

SCHON AM 19. NOVEMBER 1940, knapp drei Wochen nach seiner Ankunft in New York, trat Konrad Heiden vor Studenten der Universi-
täten Radcliff und Harvard bei einer Veranstaltung des Emergency
Rescue Committee in New York auf, wo Flüchtlinge aus Europa
über ihr Schicksal berichteten. Am 30. desselben Monats wurde
Heiden auf einer Veranstaltung im Statler Hotel in Cleveland als
«Anti-Nazi Biographer of Hitler and known as Nazi Public Enemy
No. 1» vorgestellt. Dort konnte er zusammen mit anderen Flüchtlingen 1750 Dollar für das Emergency Rescue Committee sammeln.
In der Tageszeitung *The Cleveland News* wurde Konrad Heiden mit
den Worten zitiert:
«Wenn Hitler einer Übermacht gegenübersteht, läuft er weg.»
Das habe sich schon nach seinem fehlgeschlagenen Putsch 1923
in München gezeigt, als er mit dreitausend Anhängern das Weite
suchte. «Er wird wieder davonlaufen, wenn er von Kräften ange-
griffen wird, die stärker sind als seine. Wenn Hitlers Gegner wirklich wissen, worum sie kämpfen, nämlich um die Freiheit, dann
können sie Hitler schlagen.»
Das deutsche Konsulat in Cleveland war dabei und berichtete
fünf Tage später nach Berlin: «Konrad Heiden, Verfasser einer Reihe von deutschfeindlichen Büchern, sprach am 31. Januar in Cleve-
land/Ohio.» Nach Zeitungsberichten seien dabei 2600 Dollar gesammelt worden. Man hatte Heiden also immer noch fest im Blick.

Gerettet in New York, 1940. Mit Ingrid Warburg

Im Frühjahr 1941 plante der amerikanische Verlag «Houghton Mifflin Company» in Boston die Herausgabe eines Buches mit frühen Reden Hitlers. Ein zunächst angesprochener Autor lehnte ab, weil er nicht genügend Deutsch konnte, und so sprach man Konrad Heiden an. Der war gerade in New York und verfügbar. Der Verlagsmanager Paul Brooks schrieb in einem Brief, Heiden sei mit dem Material vertraut, hatte er doch in Paris Unmengen von Notizen über Hitlers Reden zurückgelassen, die jetzt unglücklicherweise im Besitz der Gestapo seien. Nach einiger Suche in verschiedenen Archiven fand man heraus, dass in der Stanford University in Palo Alto eine große Sammlung früher Reden Hitlers, zumeist abgedruckt im *Völkischen Beobachter*, archiviert worden war. Heiden machte sich auf die Reise nach Kalifornien und nahm Quartier im Gaylord Hotel San Francisco.

Etwa zur selben Zeit, am 10. Mai 1941, flog Hitlers Stellvertreter Rudolf Heß mit einer Messerschmitt Bf 110 in Richtung Schottland, um im Dungaval Castle mit dem 14. Duke of Hamilton, den er für einen Gegner Churchills und den Anführer der britischen Friedensbewegung hielt, über einen Frieden zwischen England und Deutschland zu verhandeln. Heß sprang mit dem Fallschirm ab und geriet in britische Kriegsgefangenschaft.

Die Regierung in Deutschland wertete den Flug öffentlich als Verrat und erklärte Heß für geisteskrank. Noch Jahrzehnte nach dem Kriege stritten Forscher darüber, ob Heß mit Wissen oder gar im Auftrag Hitlers seinen Flug unternommen hatte. Inzwischen geht man davon aus, dass Hitler nichts von Heß' Friedensmission per Fallschirm gewusst hatte.

Konrad Heiden veröffentlichte im Oktober 1941 in der amerikanischen Zeitschrift *Foreign Affairs* dazu einen Kommentar unter der Überschrift «Hitlers bessere Hälfte». Wenn Göring geflohen wäre, so meinte Heiden, hätte man gesagt: «Das Dritte Reich ist auseinandergeflogen.» Heß' Flug bedeute, dass «Hitler selbst in Stücke zerbrochen» sei.

«Mit Rudolf Heß ist Hitlers bessere Hälfte aus Deutschland verschwunden. Die beiden sind intellektuell auf eine Weise zusammengewachsen, wie das nur bei abnormalen Persönlichkeiten der Fall sein kann.» Rudolf Heß sei gewissermaßen der intellektuelle Erschaffer Adolf Hitlers, so, wie ein Klavier Musik kreiere.

Heiden glaubte, dass Heß nach England geflogen sei, um Persönlichkeiten aus der britischen Oberschicht zu mobilisieren und über die Köpfe ihrer Regierung hinweg einen Frieden mit Deutschland zu erzwingen. Heß hatte den ranghöchsten Adeligen aus Schottland als Adressaten seiner messianischen Botschaft auserwählt. Dieser war, wie Heiden schrieb, ein wagemutiger Sportsmann, ein Pilot und – wie es schien – ein Mann, der freundliche Gefühle gegenüber dem Nationalsozialismus hegte. «Unnötig zu sagen, daß der Frieden, den Hess glaubte bringen zu können, nur ein Nazi-Frieden sein könnte, sogar wenn es ein Frieden der vollständigen englisch-deutschen Verständigung gewesen wäre, auch als Ergebnis einer Rebellion gegen Hitler.»

Es wäre ein Frieden zwischen Nazi-Deutschland und einem Großbritannien gewesen, das auf seine eigene Art nationalsozialistisch geworden wäre, meinte Heiden. In einer Hinsicht war er absolut sicher: Heß hatte sich weder einem Gesinnungswandel unterzogen, noch war er ein Überläufer oder gar ein geläuterter Sünder. Hitler hatte ihn möglicherweise enttäuscht, aber sogar eine solche Enttäuschung sei erklärbar. «Sein Flug nach England ist in Übereinstimmung mit den Ideen, die Hitler selbst früher immer wieder geäußert hat. Die Abstimmung der herrschenden Schichten aller Länder im Kampf gegen das Judentum und die Geldherrschaft ist einer der wichtigsten Gedanken in ‹Mein Kampf›.» Heiden kam zu dem Schluss: «Heß ist in gewissem Sinne loyaler zu Hitler als Hitler selbst.»

Und er fügte eine Anekdote aus dem Jahre 1934 hinzu, als Heß sich ein Haus in der Nähe von München gebaut hatte. Hitler kam zur Besichtigung, und Heß träumte laut davon, dass er sich immer ersehnt hatte, als unabhängiger Mann, von den Lasten der politischen Aufgaben befreit, in diesem Hause mit dem großartigen Blick auf die bayerischen Alpen zu sterben. Darauf antwortete Hitler mit fester Stimme wie ein Soldat, der an Heß' Kriegerseele appellierte: «Aber, Heß, wir werden an ganz anderer Stelle sterben.» Der, außer Fassung, antwortete mit unruhigem, traurigem Blick: «Ja, mein Führer.»

Konrad Heiden sollte für sein neues Buch die frühen Reden Hitlers analysieren. Der Verlag hatte bereits eine Ankündigung an die Presse gegeben. Das Buch sollte heißen: «DER FUEHRER – A Self-Portrait – By ADOLF HITLER – Edited by Konrad Heiden».

In der Verlagsankündigung schrieb man: «‹Der Fuehrer› is ‹Mein Kampf› in action.»

Heiden machte sich an die Arbeit, auch wenn die endgültige Form der Publikation noch nicht feststand. Hier und da bat man Heiden, von seinem Manuskript doch jeweils einen Durchschlag per Kohlepapier anzufertigen. Die letzten Seiten hatte er dem Übersetzer geschickt, ohne dass er selbst eine Kopie davon zurückbehielt – eine Fahrlässigkeit in unruhigen Zeiten. Man sei aber von dem Text sehr angetan. Ein Mitarbeiter des Verlags habe fast die gesamte Woche in New York zugebracht, um unter den Literaturkritikern im Umfeld des «Book of the Year Club» Interesse an dem Buch zu wecken.

Aus dem Gaylord Hotel in der Jones Street schrieb Heiden am 7. August 1941 einen Brief an seinen Verleger Paul Brooks: «Sie erwarten, daß unser Buch das bisher beste wird, das über Hitler und den Hitlerismus erscheint. Ich hoffe, daß diese Erwartungen noch wachsen werden, wenn Sie den nächsten Teil des Manuskriptes erhalten haben, das ich Ihnen morgen oder übermorgen zuschicken werde. Damit es *das* Buch über das merkwürdige Phänomen wird, das wir Hitlerismus nennen, muß es nicht nur die Geschichte der bemerkenswertesten Karriere unseres Jahrhunderts und die schrecklichen politischen Verwicklungen unserer Zeit schildern, sondern auch die Geschichte menschlicher Hybris in ihrer höchsten Ausprägung deutlich machen.»

Er brauche allerdings ein paar Wochen mehr Zeit. Sein Terminkalender sei ziemlich voll, er müsse sich um die amerikanische Staatsbürgerschaft kümmern, Artikel für Magazine schreiben, kurz, all die Dinge erledigen, «die ein Immigrant tun muß, wenn der Sturm ihn über Bord gefegt hat und er nun mehr oder weniger nackt an die Küste gespült worden ist».

Heiden schrieb seine Briefe inzwischen auf Englisch, für dessen mangelnde Qualität er sich gelegentlich entschuldigte. Manchen Formulierungen ist anzumerken, dass er seine oft komplizierten Redewendungen und ironischen Bemerkungen auf Deutsch gedacht und dann ins Englische übersetzt hatte. Einen Brief beendete er mit dem Satz: «I prefer to writing my letters in bad English because it's the only way to learn good English.»

Von San Francisco aus schickte Heiden seinem Verleger einige Angaben zu seiner Person und schrieb dazu: «Ich persönlich hätte es vorgezogen, mich unbemerkt hinter unserem Buch zu verstecken, muß aber einsehen, daß Werbung ohne einen persönlichen Auftritt kaum möglich ist.»

Er sei beeindruckt von dem Verlagsprospekt, in dem von ihm als «Recording Angel», einem «Engel», dem nichts entgeht, die Rede war. Diesen Spitznamen werde er wohl nie mehr loswerden. Dann fragte er nach einem zusätzlichen Vorschuss auf die Tantiemen des Buches, der über die 2000 Dollar hinausging, die er schon erhalten hatte. Heiden bekam einen Scheck über weitere 500 Dollar.

Sein Manuskript war inzwischen auf bestem Weg, nicht etwa eine kommentierte Sammlung früher Hitler-Reden zu werden, sondern eher eine neue Fassung seiner Hitler-Biographie von 1935/36, eine komplett neue Fassung. Doch das brauchte seine Zeit.

Am 11. August notierte der Verlag, die Hitler-Reden auf den letzten abgelieferten Manuskriptseiten seien nicht besonders interessant. Das Projekt sollte am besten neu ausgerichtet und das Erscheinen des Buches auf Januar oder Februar 1942 verschoben werden. Dazu müsse das Manuskript im Oktober fertig sein. In einem Brief an Heiden hieß es: «Wir haben festgestellt, daß das Buch, das Sie schreiben, viel wichtiger wird als eine simple Sammlung von Hitler-Reden.» Der Verlag stimme mit Heiden darin überein, dass es ein Fehler wäre, das Material allzu hastig durchzuarbeiten, bloß damit das Buch schneller auf den Markt käme: «Wir wissen es wohl zu schätzen, daß Sie dieses Buch allen anderen Projekten vorgezogen haben, und sind sehr stolz darauf, Sie auf unserer Vorschauliste zu haben.» Die bislang fertigen Manuskriptteile würden jedenfalls allen Ansprüchen gerecht.

Die nächste Zusendung frischer Seiten führte im Verlag dagegen zu einem eher kritischen Kommentar: «Nach diesen neuen Seiten zu urteilen, haben wir eine ziemliche Menge Lektoratsarbeit vor uns.» So sei Heiden in seinem Text urplötzlich von einer Rede Hitlers, in der er die jüdische Rasse attackierte, auf eine «interessante, aber eher akademische» Diskussion über Wagner, Heine, Hegel, Nietzsche und den gesamten philosophischen Hintergrund der Nazis gesprungen: «Das muß ganz sicher zusammengefaßt und entschlackt werden.»

Bei all der akribischen Arbeit des Vielschreibers Heiden soll nicht verschwiegen werden, dass er sich oft aus vorhandenen Quellen bediente, ohne deren genaue Herkunft zu nennen. Genauso oft behaupteten später Autoren, die sich ebenfalls mit der

Entstehungsgeschichte des Nationalsozialismus beschäftigten,
dass Konrad Heiden bei ihnen abgeschrieben habe. Dabei spielte
sicherlich nicht zuletzt ein gewisser Neidfaktor eine Rolle, denn
Heiden verstand es wie wenige Autoren, die unterschiedlichsten
Informationen, Ereignisse und Interpretationen in eine schlüssige
historische Reportage einzubetten – womit er auch noch großen
publizistischen Erfolg hatte.

Der Verlag riet Heiden unterdessen weiter zum Kürzen. Auf den
Manuskriptseiten 166 bis 226 zum Beispiel, wo es um den Einfluss
Richard Wagners auf Hitler ging, habe er sich zu weit von seiner
Hauptperson entfernt. Seine Betrachtungen hierüber hätten kei-
nen großen Neuigkeitswert. Auf der Aktennotiz ist ein rundes Ge-
sicht mit zwei Punkten als Augen und einem missbilligend nach
unter gebogenen Mund skizziert. Auch für einen erfolgreichen
Autor wie Konrad Heiden wehte offenbar in der amerikanischen
Verlagslandschaft ein anderer, schärferer Wind.

Gleichwohl wollte der Verlag das abgeschlossene Manuskript an
den Book-of-the-Month-Club schicken und bat Heiden am 3. November 1941 schriftlich, dabei Gottes Hilfe nicht zu verschmähen:
«Lassen Sie uns ein paar stille Gebete senden!»

Der entschuldigte sich eine knappe Woche später bei seinem
Verleger dafür, dass er auf dessen letzten Brief noch nicht geant-
wortet habe: «Schieben Sie es auf die typische Verrücktheit der
Autoren – ich hoffe, daß amerikanische Schreiber da nicht anders
sind als die anderer Kontinente.» Aber es sei nun einmal keine
leichte Aufgabe, Geschichten aus scheinbar fern liegenden und
nicht zusammenpassenden Fakten zu entwickeln, die bisher kein
Historiker auch nur bemerkt habe. «Der Schreiber dieses Buches
muß in die dunklen, verschlungenen Flußläufe einer weltberühmten Seele eintauchen, die keinesfalls normal ist – insofern kann er
die Vorteile einer leichten geistigen Infektion entschuldigend für
sich in Anspruch nehmen.»

Anfang Dezember 1941 wollte Heiden aus Kalifornien nach New York zurückkehren. Dann sollte er auch den Übersetzer Ralph Manheim treffen, einen, wie der Verlag schrieb, «ungewöhnlich intelligenten Mann und Bewunderer Ihrer Arbeit». Zwei Jahre später, 1943, sollte Manheim Hitlers «Mein Kampf» ins Amerikanische übersetzen – und 1961 Günter Grass' «Blechtrommel».

Das Heiden-Projekt zog sich derweil immer weiter hin.

Hitler – eine endlose Geschichte

AM 8. DEZEMBER 1941 griffen japanische Kampfflugzeuge den amerikanischen Flottenstützpunkt Pearl Harbor auf Hawaii an. Die USA erklärten daraufhin Japan den Krieg. Wenige Tage später, am 11. Dezember, erfolgten die Kriegserklärungen Deutschlands und Italiens an die Vereinigten Staaten. Aus dem europäischen Krieg war jetzt ein Weltkrieg geworden. Das private Leben fand nun auch in Amerika vor dem Hintergrund existenzieller Bedrohungen statt.

Konrad Heiden hatte in San Francisco eine Frau namens Herta kennengelernt, die ihm am 13. Januar 1942 einen Brief schrieb: «Lieber Heiden, bevor die Sintflut kam, haben die Menschen, so höre ich, besonders sündhaft, besonders intensiv und gänzlich unbekümmert, wahrscheinlich also besonders glücklich gelebt.» Ob die Sintflut deshalb als eine Strafe Gottes gekommen sei oder ob Gott den Sündern eine Gnadenfrist schenken wollte, darüber seien sich die Bibelausleger nicht einig. Sie wolle es auch gar nicht gerne wissen. Sicher scheine ihr nur, dass es seither schon viele Sintfluten gegeben habe, «mit herrlichen Zeiten davor, wie etwa die 14 Jahre der Schmach vor der großen deutschen Sintflut». Sie hätte es denn ahnen müssen, dass «Gottgesandte einem nicht nur so einfach zustehen und daß sie durch die Luft davonfliegen, wenn die sieben fetten Jahre abgelaufen sind».

Sie, Herta, gehöre zu denen, die merkten, wenn ihnen etwas passiert, Gutes oder Böses. Offenbar hatte sich Konrad Heiden nach der kurzen Affäre mit Herta in San Francisco nach New York davongemacht. Herta knapp: «Damit ist eigentlich schon alles gesagt, und es müßte ja wohl überhaupt nichts gesagt werden, wenn man es eben nicht so gerne sagte – und so, Genosse, liegen die Dinge.»

Auch in San Francisco stellte man sich nach dem Überfall der Japaner auf Pearl Harbor auf den Krieg ein. Herta schrieb in dem Brief, dass nun die Straßenlichter plötzlich erloschen seien. Oben auf der Treppe neben der Tür, hinter der Heiden gewohnt hatte, stand jetzt ein Sandsack zum Feuerlöschen. Aus einem kleinen Loch rieselte der Sand die Treppe hinunter. Das Esszimmer war mit schwarzen Vorhängen verhängt. Auch in Kalifornien rechnete man mit Luftangriffen der Japaner. Hertas Laden, «The Industrial Shop», sollte am 1. Februar geschlossen werden. «Dann bin ich so frei wie die Vögel», schrieb sie. «Ja, und was dann? Ist das die Chance, die mir das Leben gibt, and shall I take it?»

Wie gerne würde sie Heidens Blick auf die Skyline von New York betrachten, mit ihm an seiner Schreibmaschine sitzen und teilhaben an den letzten Geburtswehen, dem Tunnelende entgegen. «Wie wär's, wenn Du doch etwas mehr darüber schreiben wolltest, und über das Buch, das mir am Herzen liegt, fast wie Dir?» Wegen des «fast» solle er kein beleidigtes Gesicht ziehen. Es bezöge sich nur auf die Intensität ihrer Wünsche für ihn und das Buch. «Warum habe ich jetzt bloß einen Wunsch bei Dir gut und nicht drei bei einem Zauberer?» Einer davon wären dann viele Flaschen Wein und ihn auf der anderen Seite des Tisches. «Hier muß es übrigens noch gesagt werden – aus pädagogischen Gründen und damit Du keine Minderwertigkeitsgefühle hast (Du neigst so dazu) – alles, was Du von Dir selbst glaubst und hältst und weißt, ist gänzlich falsch, weil viel zu wenig.»

Er sei nicht einer von Tausend, nicht einer von Millionen, er sei etwa «one out of a 120 millions». Das solle er nur als Axiom hinnehmen: «Sag's aber niemandem weiter, wer es nicht selbst weiß, verdient's nicht besser.» Zum Schluss wollte sie noch wissen, ob Heiden sich im Februar für das Militär registrieren lassen müsse.

Konrad Heiden, der inzwischen die amerikanische Staatsbürgerschaft erhalten hatte, war jetzt 41 Jahre alt und musste mit einer Einberufung zur US-Armee rechnen, wenn die amerikanischen «Draft-Laws» der Kriegssituation angepasst würden. Der Verlag teilte ihm mit, dass man es für den Fall seiner Einberufung für selbstverständlich erachte, dass er dem Übersetzer das Manuskript übergebe, auch wenn es noch nicht «druckfertig poliert» sei. Heiden konnte den Verlag beruhigen. «Unglücklicherweise» würde er so lange nicht zum Militär eingezogen, wie das bestehende Gesetz gelte. Er sei inzwischen 41 Jahre alt und deshalb nach gegenwärtigem Stand nicht von einer Einberufung bedroht. «Aber vielen Dank, daß Du mich für jünger gehalten hast», schrieb er dem Verleger.

Falls er doch noch durch eine Gesetzesänderung in den Krieg geschickt würde, könne der Verlag jederzeit das Manuskript bearbeiten oder kürzen. «Aber solange ich in der Lage bin, meine Hände in dem Projekt zu haben, würde ich es vorziehen, es gemeinsam mit Euch zu machen. Ich war viele Jahre lang ein Zeitungsmann und ich bin daran gewöhnt, die Texte anderer und auch meine eigenen zu kürzen.»

Mitte Februar 1942 erreichte Heiden ein weiterer Brief von Herta. Sie selbst war noch arbeitslos. Die Geldlosigkeit sei noch nicht drückend oder erschreckend, aber der Genuss, eine «Lady of Leisure» zu sein, werde ihr von der Ungewissheit der Zukunft, durch Gewissensbisse und vor allem von der schrecklichen Erkenntnis der eigenen Mutlosigkeit und Schwäche vergällt. «Damit ist es aber jetzt zu Ende, ich habe etwas gelernt bei Dir: Arbeit, Besessenheit und erhabenes Bauchweh.» In Kalifornien sei ein unbeschreiblich schöner und berauschender Frühling ausgebrochen, es dufte nach Meer und blühenden Mimosen. «Es ist alles zum Betrunkenwerden schön, und trotzdem geb' ich alles gern her für New York und Blizzard und dies und das, worauf es doch eigentlich ankommt und was ersprießlicher ist und beglückender als jeder Frühling samt Sonnenschein, Mimosenduft und Meeresbläue.» Sie warte sehr, dass er nun nicht nur an *Time*, sondern auch an sie lang und viel schreibe. «Damit ich weiß, wie es mit Dir ist und dem Buch und mit Dir und der Welt und mit der Welt allein, damit man doch etwas hat, wonach man sich richten kann.»

Die Fertigstellung des Buches zog sich auch über das Jahr 1942 hin. Anfang August 1942 meldete sich der Lektor wieder und teilte Heiden mit, dass er in den ihm vorliegenden Kapiteln einige Streichungen vorgenommen hätte – vor allem in den Auszügen aus Hitlers Reden: «Seitdem sich unsere Konzeption für das Buch geändert hat, kann hier am ehesten gekürzt werden.» Heiden hatte sich durchgesetzt: «Der Fuehrer» würde nicht, wie ursprünglich geplant, ein «Selbstporträt Hitlers» werden, von Heiden aus dessen Reden zusammengestellt, sondern eine neue, von Heiden verfasste Biographie. Wie weit sich dieses Buch von Heidens bisherigen Werken über das Leben des Diktators unterscheiden sollte, darüber ist in dem Schriftwechsel zwischen Autor und Verlag nie die Rede. Immerhin gab es ja bereits eine englische Übersetzung von Heidens bisherigem Erfolgsbuch «Hitler – das Leben eines Diktators», die 1936 in London bei Constable & Co LTD unter dem Titel «Hitler – A Biography» erschienen war.

Während Heiden sich, wie schon so oft in seinem Leben, mit den Anfängen des Dritten Reiches befasste, war der Krieg in seinem dritten Jahr. Seit Anfang 1942 hatte es zunehmend massive Luftangriffe auf deutsche Städte gegeben. Deutsche Truppen erreichten den Don, es folgte der Angriff der Wehrmacht auf Stalingrad und die Einkesselung der 6. Armee durch sowjetische Truppen. Die Amerikaner begannen mit dem Manhattan Project, mit dem Bau einer Atombombe. Nach dem tödlichen Flugzeugabsturz von Fritz Todt ernannte Hitler seinen Architekten Albert Speer zum Reichsminister für Bewaffnung und Munition. Am 27. März 1942 fuhr der erste Zug mit jüdischen Deportierten aus Frankreich in Richtung der Vernichtungslager ab. Ende März begannen Rommels Truppen mit dem Vormarsch in Nordafrika. Im April standen sie vor der Festung Tobruk. Im Mai wurden Teile der sowjetischen Truppen bei Charkow eingekesselt und bis Monatsende geschlagen. Die Wehrmacht machte 240 000 Gefangene. Am 27. Mai wurde ein Anschlag auf den Leiter des Reichssicherheitshauptamtes und stellvertretenden Reichsprotektor in Böhmen und Mähren, Reinhard Heydrich, verübt, an dessen Folgen er am 4. Juni starb. Am 30. Mai 1942 schickte das britische Bomber Command über 1000 Kampfflieger in der Operation Millennium zum bis dahin größten Luftangriff des Krieges mit dem Ziel Köln. Im Juli begann die «Aktion Reinhard», bei der über zwei Millionen Juden sowie 50 000 Roma aus dem Distrikten Warschau, Lublin, Radom, Krakow und Galizien in die drei Vernichtungslager Belzec, Sobibor und Treblinka geschickt und ermordet wurden. Im September begann schließlich die fünfmonatige Schlacht von Stalingrad. Im Spätherbst gewann der neue britische Befehlshaber in Afrika, Montgomery, die zweite Schlacht von El Alamein – gegen den sieggewohnten und legendären Generalfeldmarschall Erwin Rommel. Es war der Auftakt zum langsamen Rückzug der Achsenmächte Deutschland und Italien.

Anfang November landeten britische und amerikanische Truppen in Nordafrika und leiteten den Zweifrontenkrieg ein.

Am 2. Dezember glückte den Amerikanern die erste kotrollierte atomare Kettenreaktion. In diesem Winter 1942/43 hatte sich Hitlers Kriegsglück gewendet. Die 6. Armee unter General Paulus kapitulierte am 31. Januar 1943. 150 000 deutsche Soldaten waren in den Kämpfen gefallen oder in der Kälte und vor Hunger gestorben. 91 000 Mann gerieten in sowjetische Kriegsgefangenschaft. Spätestens jetzt war der Krieg entschieden, doch Deutschlands Führer wollten das noch lange nicht wahrhaben.

Der Krieg war für Hitler verloren.

Zu diesem Zeitpunkt, im Januar 1943, war Heidens Buch noch immer nicht fertig. Inzwischen hatte sich der Verlag entschieden, Hitlers eigenes Buch «Mein Kampf» von Ralph Manheim übersetzen zu lassen und in den USA zu veröffentlichen. Konrad Heiden sollte dazu ein Vorwort verfassen, das in gekürzter Form in einer Zeitschrift abgedruckt werden sollte, kurz bevor «Der Fuehrer» und die englische Ausgabe von «Mein Kampf» auf den Markt kommen sollten. Die Arbeit an dem Vorwort verzögerte wiederum die Fertigstellung von Heidens eigenem Buch. Da nutzte auch die Ermahnung aus dem Verlagshaus nichts: «Ich hatte gehofft, daß Sie Ihr eigenes Buch fertigbekommen würden, bevor Sie sich Zeit für das Vorwort nehmen müssen.» Man würde sich wünschen, bis zum 1. April die Übersetzung Manheims zu bekommen, das Vorwort könne bis dahin warten.

Es war eine delikate Aufgabe, zu dieser Zeit ein Vorwort für Hitlers «Mein Kampf» zu schreiben, während die US Army sich auf eine Invasion des von Hitler besetzten Europas vorbereitete. Er tat es dennoch: «Auf jeder Seite kündete Hitler, lange, bevor er an die Macht kam, ein Programm von Blut und Terror an, in einer Selbstdarstellung von überwältigender Offenheit, so daß nur wenige unter seinen Lesern den Mut hatten, das zu glauben. Es wurde wieder einmal deutlich, daß es keine effektivere Methode der Ver-

schleierung gab als die größtmögliche Offenheit. ‹Mein Kampf›
war geschrieben in blankem Haß, aber mit diesem Haß wollte
Hitler nicht seine Feinde erschrecken, sondern er wollte damit
Anhänger gewinnen. Wenn immer Hitler über Kunst spricht, über
Erziehung, über Wirtschaft, überall sieht er Blut. ‹Wir werden sie
radikal vernichten›, das ist seine ständige Redensart. Die Leichtig-
keit, mit der er auf die geringste Provokation mit Morddrohungen
reagiert, ist vielleicht erschreckender als die Drohungen selbst.
Daß so ein Mann so weit geht, um seine Ziele zu erreichen, und
darüber hinaus Millionen williger Werkzeuge und Helfer findet,
das ist ein Phänomen, mit dem die Welt sich noch in den nächsten
Jahrhunderten beschäftigen wird.»

Derweil zog sich die Arbeit an Heidens eigenem Buch immer weiter hin. Der Verlag verlangte ungeduldig nach weiteren Kapiteln,
um sie von Ralph Manheim übersetzen zu lassen. Man verabredete
Treffen in New York, die Heiden kurzfristig absagte, weil er ungestört weiterarbeiten wollte. Der Verlag schickte ihm ein frisch
herausgekommenes Buch über die Ermordung von Ernst Röhm
und seiner SA-Kameraden in der «Nacht der langen Messer», die
sich von Heidens Version unterschied.

Der räumte zwar die Unterschiede ein, beharrte aber darauf,
dass seine Geschichte richtig sei, denn sie sei unmittelbar «from
the Horses Mouth» gekommen, also von einem Informanten, der
direkt an den Ereignissen beteiligt gewesen sei. Wer seine Quelle
war, schrieb er nicht.

Der Lektor bemühte sich nach Kräften, offene Fragen und Widersprüche in Heidens Manuskript zu klären. Das war nicht einfach, denn vieles, was Konrad Heiden nunmehr zum zweiten oder
sogar dritten Mal zu Papier brachte, beruhte auf dessen eigenen
Recherchen – und die stützten sich nicht nur auf Dokumente,
sondern zuweilen auch aufs Hörensagen. Manche dieser Vor-

gänge sind bis heute nicht wirklich unzweideutig aufgeklärt, etwa die mögliche Verwicklung der Nazis in den Reichstagsbrand oder der Tod von Hitlers Nichte Geli Raubal am 19. September 1931 in München. Schon im Vorwort zur zweiten Fassung seines Buches «Hitler – das Leben eines Diktators» schrieb Heiden am 10. Mai 1936, ein Dreivierteljahr, nachdem das Buch zum ersten Mal erschienen war, dass er einiges an neuem Material eingefügt habe: «Vom Ganzen her gesehen handelt es sich freilich um Neuigkeiten, doch nicht um Neues. Wirklich geändert werden mußte die Darstellung nur an einem Punkt. Der Tod Angela Raubals, der Nichte Adolf Hitlers, erscheint mir nicht mehr als Selbstmord.»

In der neuen Fassung des Buches selbst hatte er allerdings auch nicht viel Beweismaterial vorzulegen, alles blieb im Bereich der Gerüchte: «Die in der Partei kursierende Version: Hitler habe seine Nichte selbst erschossen, ist sicher falsch; Hitler war gar nicht da. Dagegen scheint eine andere, dem Führer nahestehende und später einen sehr hohen Posten bekleidende Persönlichkeit verwickelt. Motiv und Hergang sind dunkel.»

Für das neue Buch versuchte er, mehr Licht ins Dunkel zu bringen. Das Kapitel über die Beziehung zwischen Hitler und seiner Nichte Geli Raubal nahm nun fast sechs Seiten ein. Am Ende kam er jedoch auch nur zu dem Ergebnis: «Auf jeden Fall starb Geli Raubal unter merkwürdigen Umständen.»

Der Lektor schien mit der Darstellung nicht sehr zufrieden zu sein. Er schrieb am 9. August 1943 an Heiden, mit welchen Passagen er Probleme hatte: «‹Eines Tages hörte die väterliche Beziehung zu seiner Nichte Geli auf, väterlich zu sein; und dann hörte sie auf, nicht väterlich zu sein.› Meinen Sie damit, daß Hitler für eine Zeit ihr Liebhaber war, oder nur, daß er in sie verliebt war? Auf jeden Fall muß diese Passage mit dokumentarischen Beweisen unterlegt werden, wenn das irgend möglich ist.»

Dann nahm er Bezug auf einen Brief, den Hitler laut Heidens

Manuskript an Geli geschrieben habe: «Ihre Beschreibung dieses Briefes ist sehr vage. Wäre es nicht ratsam, geradeaus zu sagen, daß der Brief Hitler als Undinisten entlarvt?» Dieser kaum gebräuchliche Begriff bezeichnet sexuelle Erregung durch Urin, auch bekannt als «Goldregen».

In der neuen, langen Version beschrieb Heiden in der Tat eine wilde Räuberpistole über die Beziehung Hitlers zu seiner Nichte und über deren Tod. Danach habe Hitler dem jungen Mädchen zu Beginn des Jahres 1929 einen unmissverständlichen Brief geschrieben, in dem der Onkel und Liebhaber sich vollkommen offenbarte. Er habe Gefühle geäußert, die nur von einem Mann mit masochistischen und Exkremente-orientierten Neigungen zu erwarten wären. Geli habe den Brief nie erhalten, er sei jedoch in die Hände des Sohnes seiner damaligen Vermieterin geraten, eines gewissen Doktor Rudolph. Der Brief hätte Hitler in der Öffentlichkeit völlig unmöglich und lächerlich gemacht. Angeblich habe Hitler befürchtet, dass der Brief bekannt würde. Deshalb habe er über Mittelsmänner versucht, ihn wieder an sich zu bringen – gegen eine beträchtliche Summe Geld. Ob es so war, weiß bis heute niemand genau.

Das Erscheinen des neuen Buches verzögerte sich immer weiter, diesmal, weil der Übersetzer Ralph Manheim zur Armee eingezogen wurde. «Es tut mir leid, daß ich Euch so viele Schwierigkeiten mache», schrieb Heiden dem Verlag. Dass Ralph Manheim ausgerechnet jetzt zur Army eingezogen werde, sei ein unglücklicher Zufall. «Und das zu einer Zeit, in der die meisten Leute nicht in der Stadt sind, außer solchen unglücklichen Arbeitstieren wie ich.» Nun sollte ein neuer Übersetzer die letzten Kapitel des Buches bearbeiten. Heiden wollte sich mit ihm zusammensetzen, um einige Kürzungen rückgängig zu machen. Zuvor aber wollte er noch nach Connecticut fahren. New York zu verlassen, war jeweils mit einigem bürokratischen Aufwand verbunden: «Weil ich als sogenannter feindlicher Ausländer gelte, muß ich dafür eine Reise-genehmigung des District Attorney einholen.» Er bat den Verlag, ihm zu bestätigen, dass er an einem wichtigen Buch arbeite, dann würde die Genehmigung als «Notfall» behandelt und schneller erteilt werden. Das geschah, und Heiden konnte fahren.

Kurz darauf meldete er sich wieder beim Verlag und bemängelte die Arbeit des neuen Übersetzers: «Ich war selten so entmutigt wie in den vergangenen Tagen, als ich G.s Übersetzung gelesen habe.» Er habe den Eindruck, dass dessen Englisch sehr «clumsy» sei, wie Heiden auf Englisch schrieb, plump oder schwerfällig, ganz anders als das von Ralph Manheim. Der neue Übersetzer erlaube sich auch mehr Freiheiten mit dem deutschen Text, wenn es ein bisschen kompliziert werde. Heiden vermerkte bissig, er müsse anerkennen, dass der Übersetzer seinen Job sehr schnell erledigt habe. Er würde sich aber freuen, wenn er mit seiner Einschätzung der englischen Fassung falschläge: «Vielleicht bin ich auch irgendwie erschöpft und deshalb leicht zu irritieren.»

Durchbruch in den USA

TROTZ ALLER PROBLEME wurde Heidens Werk langsam fertig. Der Verlag änderte den Titel. Es sollte jetzt heißen: «Der Fuehrer – Hitler's Rise to Power». Man hoffte, dass die amerikanischen Leser Interesse am politischen Werdegang von Amerikas Kriegsfeind Hitler haben würden. Die beste Chance dafür sei nach wie vor eine Nominierung als «Book of the Month».

Am 13. Oktober 1943 sollte die Jury tagen, um über das Januar-Buch zu entscheiden. Dafür mussten gebundene Exemplare spätestens am 5. Oktober in New York eingereicht werden. Heiden beeilte sich, die Fahnen ein letztes Mal zu korrigieren, doch die gebundenen Bücher wurden erst am 4. Oktober fertig. Das war zu spät, um sie fristgerecht zu übergeben. Der Club zeigte sich interessiert, konnte jedoch erst einen Monat später darüber entscheiden. Heiden schrieb seinem Verleger, er habe sich niemals vorstellen können, dass «Der Fuehrer» als Buch des Monats vorgeschlagen werden könnte. Auch jetzt müsse er seine Erwartungen bremsen, im Deutschen gäbe es dafür ein Sprichwort: «Hoffen und harren hält manchen zum Narren.»

So musste der Erscheinungstermin noch einmal verschoben werden, auf den Januar 1944.

Und tatsächlich: Der Book-of-the-Month-Club wählte «Der Fuehrer» in die Kategorie A zum Buch des Monats Januar, damit fiel es unter die vorgeschlagenen fünf Titel, die einer Jury und den ersten Lesern vorgeschlagen wurden. Der Lektor schrieb Heiden: «Seien Sie nicht zu optimistisch, das bedeutet nur eine Chance unter fünf.»

Doch der Club zeichnete das Buch aus. Damit war der Erfolg so gut wie sicher. Heiden schrieb seinem Verleger einen Dankesbrief: «Ich hätte ganz sicher nicht damit begonnen, das Buch zu schreiben, wenn Houghton Mifflin mich nicht dazu gezwungen hätte.» Und ohne die Geduld des Verlages hätte ihr «slow-going author» das Buch nie zu Ende gebracht.

Die Kritik nahm das Buch positiv auf. Das *Times Literary Supplement* schrieb: «Ohne Zweifel die tiefste und weitreichendste Studie zu diesem Thema, die bisher erschienen ist.» Die *New York Times*: «Unvergleichbar, die brillanteste und gründlichste Bearbeitung, die bisher über ‹The Master of the Third Reich› geschrieben wurde.» In der *Tribune* schrieb Paul Sering: «Nicht nur eine Fundgrube von Informationen – voll von neuen Einzelheiten und Fakten, sogar für jene, die seine früheren Publikationen kennen; unverzichtbar für jene, die sie nicht kennen; ein neuer Angriff auf den Kern des Problems.» In der *Sunday Times* schrieb Edward Shanks: «Es ist ein langes Buch, vollgestopft mit Inhalt, aber ich habe mich dabei ertappt, es nur aus der Hand zu legen, wenn ich durch äußere Umstände dazu gezwungen war.» Im *Daily Sketch* schrieb Sidney W. Carroll: «Das beste Buch, das bisher über Hitler erschienen ist. Ein monumentales Werk und eine erstklassige analytische Biographie.» Und im *Manchester Evening News* schrieb der Autor des weltberühmten Romans «1984» George Orwell: «Dieses ist ein wertvolles Buch, weil es Hitler weder unterschätzt noch überschätzt. Weder reduziert es den Aufstieg Hitlers auf simple wirtschaftliche Zusammenhänge, noch erweckt er den Anschein, daß die größeren Probleme der Welt gelöst sind, wenn er verschwindet.»

Im *Manchester Guardian* wurde Heidens neues Buch mit seinen früheren Werken verglichen. Der Autor meinte, es sei ohne Frage das bisher beste Buch zum Thema Hitler. Er kritisierte jedoch, dass die typisch deutsche methodische Gründlichkeit für englische Leser etwas ermüdend sei.

Der russischstämmige Historiker Koppel Shub Pinson, der sich auf die Wurzeln des deutschen Nationalismus spezialisiert hatte, bemerkte in einer Rezension: «Das Buch ergeht sich in stark fiktionalisierten und bildreichen Beschreibungen von Situationen und menschlichem Verhalten; diese beabsichtigen zweifellos, Farbe und Leben in die Geschichte zu bringen, sie schaden jedoch nichtsdestoweniger der wissenschaftlichen Genauigkeit. Außerdem ist der erzählerische Fluß zu oft von generellen philosophischen Erwägungen unterbrochen, die nicht immer auf Fakten basieren und manchmal nicht auf den Punkt sind.»

Es war die letzte Hitler-Biographie Konrad Heidens, aber es war die erste, die er ohne Furcht bewerben und gewinnbringend verkaufen konnte. Denn bis in die USA reichte der Arm der Gestapo dann doch nicht, und Heiden erhielt hier öffentlich jene Anerkennung für sein Lebenswerk, die er längst verdient hatte.

* * *

Irgendwann zu dieser Zeit lernte Heiden in New York eine deutsche Emigrantin kennen. Sie war als Margarethe Antonie Auguste Bartels am 25. Januar 1895 in Sandersleben geboren und damit sechs Jahre älter als Heiden. Margarethe hatte eine ältere Schwester Ilse sowie zwei Brüder. Ihr Vater kam aus einer Offiziersfamilie, schlug jedoch eine akademische Karriere ein und wurde Richter in Dessau. Im Kaiserreich war dies ein sozialer Abstieg, denn in die höhere Gesellschaft kam man nur durch Geburt oder durch eine militärische Laufbahn. Margarethe wuchs mit ihren Geschwistern in Ballenstedt auf, wo ihre Eltern auch in Künstlerkreisen verkehrten.

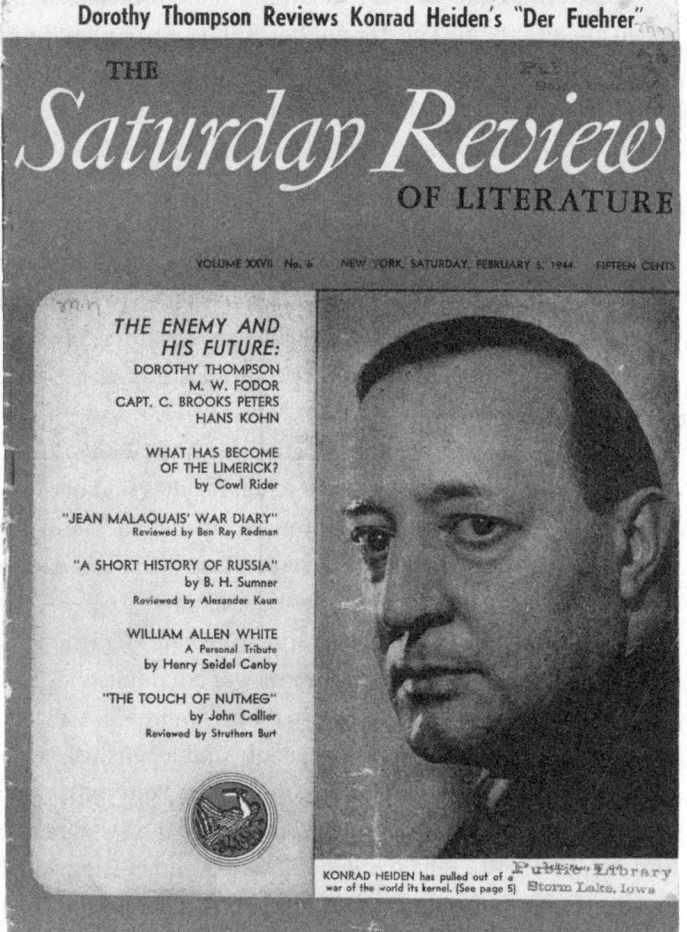

Dorothy Thompson Reviews Konrad Heiden's "Der Fuehrer"

THE

Saturday Review

OF LITERATURE

VOLUME XXVII No. 6   NEW YORK, SATURDAY, FEBRUARY 5, 1944   FIFTEEN CENTS

KONRAD HEIDEN has pulled out of a
war of the world its kernel. (See page 5)

«The Saturday Review of Literature», Februar 1944,
mit Heiden auf der Titelseite

Margarethe hatte in Deutschland in den zwanziger Jahren als Schauspielerin beim Theater auf der Bühne gestanden. In jungen Jahren hatte sie einen Mann mit dem Namen Baruch geheiratet und trug fortan den Doppelnamen Baruch-Bartels. Nach einer Scheidung heiratete sie am 15. Oktober 1932 in Berlin den jüdischen Zahnarzt Arthur Frank van Weert, geboren im polnischen Gnesen am 11. Juli 1886. Unmittelbar nach der Machtergreifung Hitlers beschloss das Ehepaar auszuwandern. Sie ließen sich am 12. Mai 1933 in Zürich Visa für die USA ausstellen und emigrierten zusammen mit Margas Schwester Ilse an Bord der SS Aquitania von Cherbourg aus nach New York. Fünf Jahre später starb Frank van Weert an Krebs.

Ende 1938 beantragte Margarethe die amerikanische Staatsbürgerschaft und gab die des Deutschen Reiches und der Republik von Polen – dem Geburtsland ihres verstorbenen Mannes – auf. Am 1. Mai 1939 erhielt sie die US-Staatsbürgerschaft und lebte nun in der 225 East 79th Straße in New York City.

Wann und wie Heiden und Margarethe van Weert sich begegneten, ist nicht dokumentiert. Aber es war ein ungleiches Paar, wie Zeitzeugen sich erinnern. Marga, in ihrer Familie «Spatz» genannt, war eine 1,62 Meter kleine, sehr beliebte und lebenslustige Person, während Heiden eher von sperriger Art war. Sein messerscharfer Verstand wurde nicht nur bewundert, sondern bisweilen auch gefürchtet. Er konnte sehr schneidend sein, wenn er jemanden nicht mochte. Er war schüchtern und arrogant zugleich. Und er wusste durchaus, dass er ein guter Autor war, eine kritische Instanz, der als «Hitlers erster Feind» auch in den USA prominent geworden war.

Nun verkehrte er in der New Yorker Society, wurde auf Künstler- und Intellektuellen-Partys eingeladen und schaffte es gelegentlich auch in die Klatschspalten der Zeitungen, etwa, als er am 4. Februar 1944 bei der New Yorker Journalistin Dorothy Thompson und ihrem Mann, dem tschechischen Maler Maxim Kopf, zu Gast war.

Thompson war eine einflussreiche Intellektuelle, die von Heiden behauptete, Hitler «wie Javert» verfolgt zu haben. Inspektor Javert, eine Figur aus Victor Hugos Buch «Les Misérables», war ein außerordentlich ruheloser, todesmutiger und gradliniger Ermittler, von jedem in dem Roman gefürchtet. So wie er, meinte Dorothy Thompson, verfolge Heiden Hitler.

Thompson hatte in den zwanziger Jahren als Korrespondentin aus Berlin berichtet und 1932 sogar ein Interview mit Hitler geführt, dessen Aufstieg sie bis zu ihrer Ausweisung im August 1934 beschrieb.

Sie wohnte in einem stilvoll eingerichteten New Yorker Wohnhaus in der East 48th Street. An diesem Abend wurden, wie es später in der Klatschspalte hieß, Eier in Aspik, Hähnchenbraten, Gemüse, Shrimps und Risotto serviert, die ein französischer Küchenchef zubereitet hatte. An der Tafel saßen neben Konrad Heiden auch der berühmte Historiker William «Bill» S. Shirer und dessen Frau Betty.

Mit Erscheinen seines Buches «Der Fuehrer» hatte Heiden endgültig den Durchbruch in den USA geschafft. Die Hitler-Biographie verkaufte sich so gut, dass Heiden für sich und Marga ein Haus in East Orleans auf der beliebten Halbinsel Cape Cod, ein paar Autostunden von New York entfernt, kaufen konnte. Das große, zweigeschossige Haus im typischen Baustil des amerikanischen Ostens mit graublauen Schindeln, einer Holzveranda, einem Fundament aus Feldsteinen und einem großen Vorgarten lag nur wenige Kilometer von der Atlantikküste entfernt in der Brick Hill Road. Hier zog Heiden mit Marga ein.

Er tauchte in dieser Zeit häufig mit seiner Lebensgefährtin auf Partys auf. Marga trug große Hüte und modische Kleider, war lustig und gesprächig. Heiden, klein, untersetzt und wenig charismatisch, war dagegen eher still. Er vermisste Deutschland, und er kämpfte mit der englischen Sprache. Aber Marga wollte nicht zurück. Ihre Schwester Ilse war ebenfalls in die USA emigriert, und ihr Bruder Bernhard, der nach dem Krieg zunächst als Chemiker in Paris arbeitete, zog 1952 zunächst nach New York und dann auch nach Cape Cod. Heiden hatte keine Verwandten mehr in Deutschland. Nur eine Cousine, Gertrude Rueck, lebte noch in Denver. Sie war bereits in den zwanziger Jahren in die USA ausgewandert, dann aber für kurze Zeit zurückgekehrt.

Vermutlich war es Gertrude Rueck, die mit Heiden einst eine Kundgebung des KPD-Vorsitzenden Ernst Thälmann in Hamburg besuchte. Gertrude schloss sich kurz darauf einer KPD-Gruppe an, war angeblich sogar an der Befreiung eines Genossen aus dem Gefängnis beteiligt, und ging dann wieder zurück in die USA, wo sie laut Heiden zu einem respektablen Mitglied der besseren Gesellschaft wurde.

Über die dramatischen Ereignisse des Zweiten Weltkriegs, den Ablauf der Schlachten, Vormarsch und Rückzug der Wehrmacht aus West- und Osteuropa schrieb Heiden wenig. Er wusste offenbar, dass man als Reporter vor Ort sein muss, um einen klaren Blick auf die Ereignisse zu haben. Nur gelegentlich meldete er sich zu Wort, so am 24. Juli 1944 im *Boston Globe*, vier Tage nach dem gescheiterten Hitler-Attentat von Oberst Claus Schenk Graf von Stauffenberg. Heiden interpretierte den Putschversuch der Offiziere vor allem als Folge der schlechten Kriegslage. Der Bruch zwischen Hitler und seinen Generälen, so schrieb er, sei kein Streit über die große Frage von Krieg und Frieden, sondern über Hitlers Qualitäten als militärischer Führer: «Hitler liegt vielleicht richtig, wenn er meint, daß diejenigen, die ihm eine Bombe unter den Tisch gelegt hatten, nur eine kleine Clique seien, wenn auch eine wichtige und repräsentative.» Aber diese kleine Gruppe sei nur die Speerspitze einer

breiten Front, derselben Front, die nun aus dem Osten zurückroll-
te. «Es ist schwer zu erkennen, wie Hitler diese Bewegung stoppen
kann. Die Erschießung einiger hochrangiger Offiziere wird das
Problem für ihn nicht so leicht lösen wie vor genau zehn Jahren
das große Blutbad im Juni 1934.»

Als der Krieg in seine letzte Phase trat und sich die Alliierten
Gedanken über die Aufteilung Deutschlands und den Umgang
mit dem besiegten Reich machten, meldete sich Heiden wieder zu
Wort. Er wusste aus eigener Anschauung, welche Folgen der Versailler Vertrag für das im Ersten Weltkrieg geschlagene Kaiserreich
hatte; wie der Aufstieg Hitlers durch den Druck der Reparations-
zahlungen und die damit verbundene Verarmung und Erniedrigung weiter Teile der Bevölkerung erleichtert worden war. Auch
nach den Verbrechen des Dritten Reiches, so meinte er, müssten
die Deutschen eine neue Chance erhalten.

Im August 1944 entwickelte der amerikanische Finanzminister
Henry Morgenthau einen Plan, Deutschland nach dem absehbaren
Sieg der Alliierten auf einen Agrarstaat zu reduzieren. Als dieses
Vorhaben im September 1944 durch eine Indiskretion bekannt
wurde, benutzten die Nazis Morgenthaus Vorstellungen, um ihn
als «Plan des Weltjudentums zur Versklavung der Deutschen» darzustellen und damit ihre Durchhalteparolen zu untermauern.

Konrad Heiden äußerte sich dazu in der *Los Angeles Times*: «Die
Zerteilung Deutschlands und seine Reduzierung auf einen Agrar-
staat ist die dümmste Idee, die jemals entwickelt wurde. Mehr
noch», fügte er hinzu, «der Plan würde auf tragische Weise den
Widerstand verstärken. Dieser Plan ist genau das, was die Nazis
brauchten.» Es sei erkennbar, dass man so den Durchhaltewillen
der Deutschen stärken würde. Er könne sich kaum vorstellen, wie
Finanzminister Morgenthau auf eine solche Idee kommen konnte.
«Die Umsetzung dieses Planes würde ganz sicher auf erbitterten
Widerstand Frankreichs und einiger anderer Nachbarstaaten

Deutschlands stoßen.» Die gesamte Wirtschaft des nördlichen Europa hänge sehr eng zusammen. «Deutschland und Frankreich waren für eine lange Zeit ein Wirtschaftsraum; nicht einmal ihre Kriege haben jedes Mal die wirtschaftliche Zusammenarbeit beendet.» So brauche Frankreich das deutsche Ruhrgebiet. Zugleich seien die Agrarstaaten auf ein industrielles Deutschland angewiesen, um ihre Lebensmittel verkaufen zu können.

Bittere Nachkriegszeit

DAS KRIEGSENDE ERLEBTE Konrad Heiden in seinem Haus in Cape Cod gemeinsam mit Margarethe van Weert. Sein Buch hatte monatelang auf der Bestsellerliste gestanden und einiges Geld eingebracht. Und während seine Heimat Deutschland hoffnungslos in Trümmern lag, musste er sich zum ersten Mal in seinem Leben keine unmittelbaren Sorgen um seinen Lebensunterhalt machen.

Als der Zweite Weltkrieg am 8. Mai 1945 zu Ende ging, begann der Aufstieg von Konrad Heidens Werk zur viel genutzten historischen Quelle. So schrieb die *New York Times* anlässlich des Selbstmordes von Heinrich Himmler am 23. Mai 1945: «In Konrad Heidens bemerkenswertem Buch ‹Der Fuehrer› gibt es ein unvergeßliches Porträt des Mannes, der sich im Hauptquartier der 2. Britischen Armee durch das Schlucken einer Portion Gift umgebracht hat: ‹Er sieht aus, wie die Karikatur eines sadistischen Schullehrers, und diese Karikatur verhüllt den Mann wie eine Maske. Wenn man ihm die randlose Brille und die Uniform wegnimmt, offenbart sich unter seiner schmalen Stirn ein neugieriger, objektiver Blick. Hinter der öffentlichen Pose verbirgt sich eine gewisse Höflichkeit, sogar Bescheidenheit. Aber diese Objektivität ist von furchterregender Art und kann ungerührt auf den schrecklichsten Horror blicken.›»

Im Februar 1946 schrieb Konrad Heiden sein Testament. Unklar ist, ob er zu diesem Zeitpunkt schon Anzeichen seiner Parkinson-

Erkrankung festgestellt hatte. Er vermachte sein gesamtes Vermögen «absolutely and forever» seiner Freundin «Margaret A. van Weert, New York City». Zugleich bestellte er seinen Freund und Rechtsanwalt Wolfgang S. Schwabacher als Testamentsvollstrecker. Wenn notwendig, solle dieser die Publikation all seiner möglicherweise noch nicht veröffentlichten literarischen Werke nach seinem Tod veranlassen.

Gelegentlich setzte sich Konrad Heiden auch mit anderen Werken auseinander, die sich mit den zwanziger Jahren in Deutschland befassten. So rezensierte er am 7. April 1946 das Buch «Confessions of an European Intellectual» von Franz Schoenberner. Dieser war Redakteur beim *Simplicissimus* gewesen, der berühmten satirischen Wochenzeitschrift. Unter der Überschrift «Die Intellektuellen bei der Götterdämmerung» kritisierte Heiden die Ahnungslosigkeit vieler Künstler zur damaligen Zeit: «Wenn der Autor gewollt hätte, hätte er begriffen, daß er in der Mitte des größten und verrücktesten Dramas der Weltgeschichte gestanden hatte: dem Aufstieg Adolf Hitlers von einem lokalen Clown zu einer Gefahr für die Welt. Er entschied sich, das nicht zur Kenntnis zu nehmen.»

Mit dem Blick auf die Nürnberger Kriegsverbrecherprozesse, die Ende November 1945 begonnen hatten, zeigte sich Heiden fassungslos angesichts der impertinenten Gleichgültigkeit der angeklagten Nazi-Schergen: «Das Fürchterlichste war, man hatte den Eindruck, als ob einige von ihnen zum ersten Mal davon gehört hätten, daß Massenmord ein Verbrechen ist.»

Was die Mehrheit des Volkes betraf, so zog er aus den ihm verfügbaren Informationen der frühen Nachkriegszeit den Schluss, dass die Masse der Deutschen von den Gräueln vor allem in den sogenannten Vernichtungslagern tatsächlich nichts gewusst hatte. «Daß am Ende, als die Dinge unmittelbar bekannt wurden, die Reaktion in den Massen dennoch moralisch enttäuschend war,

Heidens Haus in Cape Cod

dafür sollte die Hysterie jener Todesmonate, als in Deutschland buchstäblich keine Stadt mehr stand, wenigstens als mildernder Umstand gelten.»

Heiden nahm seine früheren Landsleute also durchaus in Schutz. Die Teilnahmslosigkeit, ja stumme Feindseligkeit, mit der sich dieses Volk von Hitler in seinen Krieg führen ließ, sei allerdings unbestreitbar. «Aber dies Volk hat es den Verbrechern leichtgemacht, es zu regieren. Diese Verantwortung muß es tragen.»

* * *

Die Einnahmen aus seinen Büchern gingen unterdessen zurück. Heiden und Marga van Weert lebten wohl auch etwas über ihre Verhältnisse. So musste er sich Geld leihen, etwa von seinem alten Freund Joseph Buttinger alias Gustav Richter, einem der wichtigsten Akteure der illegalen österreichischen Sozialdemokratie von 1934 bis zum Anschluss Österreichs an das Deutsche Reich 1938, der nun auch im New Yorker Exil lebte.

Am 17. November 1949 bedankte Heiden sich in einem Brief für die Einladung zum Thanksgiving: In seinem «einsiedlerischen Lauf» freue er sich in der Tat «schier kindlich auf Reise, Ankunft und Dortsein». Dann bat er um 500 Dollar.

Zu dieser Zeit arbeitete er an einem neuen Buch. Es sollte «Fallacy of Power» heißen, «Irrwege der Macht», eine vergleichende Doppelbiografie von Hitler und Stalin. Doch Heiden kam nicht über die Anfänge hinaus. Das Buch wurde niemals fertig, es liegt nur in Fragmenten vor.

Heiden war bewusst, wie schwer er sich mit diesem Buchprojekt tat. Er schrieb an Buttinger: «Autorenfreuden und -leiden und namentlich, wie meine Ahnen mütterlicherseits sich ausdrücken würden, Autoren-Meschugges sind praktisch ja immer mehr oder minder dieselben, und die brauche ich nicht im Detail zu schildern.» Buttinger hatte gerade ein eigenes Manuskript mit dem Titel «Am Beispiel Österreichs» fertiggestellt. Heiden schrieb ihm: «Du bist, wie ich denke, jetzt in dem wenigstens halb-glücklichen Stadium, wo man weiß, daß man jedenfalls nichts mehr ändern kann. Eine solche Gewißheit ist eine Gnade der Götter, obwohl der Mensch es nicht immer einsieht.»

Buttinger blieb auch nach Ende des Krieges mit seiner Frau in New York, wo er 1992 starb. Anlässlich einer Nachkriegs-Ehrung bezeichnete der spätere österreichische Bundeskanzler Bruno Kreisky, der selbst im Untergrund aktiv gewesen war, Buttinger als Helden, der es, wenn er nach Österreich zurückgekehrt wäre, wahrscheinlich selbst zum Bundeskanzler gebracht hätte. Heiden hatte eine nüchternere Betrachtung seines Freundes Buttinger. In einer Rezension von Buttingers Buch, das in New York unter dem Titel «In the Twilight of Socialism» erschienen war, schrieb er: «Das Buch endet melancholisch, mit einer Rückschau auf zerstörte Illusionen. Der Sozialismus war unfähig, die Nazis zu stoppen. Und doch hatte er etwas gestoppt. Es waren vor allem diese jungen Männer und Frauen, die es geschafft haben, die Massen im sozialdemokratischen Lager zu halten – so daß der Kommunismus im Nachkriegs-Österreich eine zu vernachlässigende Größe blieb.»

Doch so wie Buttinger war vielen Exilanten die alte Heimat fremd geworden. Auch Konrad Heiden zögerte lange, bis er wieder einen Fuß auf deutschen Boden setzte. Schon Ende November 1946 hatte er mit dem Verlag Doubleday einen neuen Buchvertrag abgeschlossen und auch einen Vorschuss darauf bekommen. Doch wieder zog sich das Projekt hin. Heiden kam nicht voran.

Schließlich, fünf Jahre später, am 5. November 1951, schrieb der Verlag an den säumigen Autor, man sei darüber erfreut, dass er einen Vorabdruck des geplanten Buches mit der Zeitschrift *Life* vereinbart habe. Da das Projekt durch so viele Transformationen gegangen sei, müsse man einmal festhalten, wo man stehe: «Der Arbeitstitel des Buches, dessen Konzeption wir festgelegt haben, lautet ‹The Fourth Reich – the Mind and Moral of Modern Germany›, ‹Das Vierte Reich – Bewußtsein und Moral des modernen Deutschland›.» Die bei einer Reise nach Deutschland gesammelten neuen Informationen würden entsprechend seinem Vertrag in dem *Life*-Artikel erscheinen und dann in das Buch einfließen. Das Manuskript solle innerhalb eines Jahres, wenn möglich früher, beim Verlag abgeliefert werden.

Konrad Heiden machte sich auf den Weg nach Deutschland. Am 22. April 1952 schickte er seinem Verleger eine Kopie des Artikels, den er für *Life* verfasst hatte: «Der Text wird Ihnen einen Eindruck davon geben, was ich hier gemacht habe.» Der größte Teil des Buchmanuskripts sei von ihm in Kurzschrift verfasst worden, deshalb fürchte er, dass es noch nicht druckreif sei. Es gehe vor allem um zwei weibliche Figuren: Die eine sei im Herzen immer noch Nazi, obwohl sie es bestreite, die andere nett und brav, jetzt aber stramme Nazi-Gegnerin. «Keine Angst, ich werde daraus keinen Roman machen, aber ich werde dieselben Dinge wie in dem Artikel und viele mehr auf eine sehr persönliche Weise schildern.»

Es täte ihm leid, aber seine Eindrücke aus Deutschland seien nicht gerade positiv: «Die Nazis sind immer noch da – daran gibt es keinen Zweifel. Die richtig schlimmen schauen aus ihren Löchern, die anderen rennen schon wieder überall herum; umgeben von reichlich vielen Leuten, die ernsthaft glauben, daß es niemals Gaskammern gegeben hat.» Natürlich gebe es auch gute, wunderbare Menschen, «aber am schwierigsten zu erklären ist es, daß unter den anziehendsten und wertvollsten Typen die einigermaßen ehrlichen Nazis sind, die vollen Herzens an das glauben, was hier jeder dritte ‹die guten Seiten des Nazismus› nennt».

Er werde Anfang Mai aus Deutschland zurück sein und sich

dann beim Verlag melden. Zwei Tage später schrieb er von Stuttgart aus auch einen Brief an seinen Freund Joseph Buttinger. «Das Eindrücklichste, was ich im Augenblick sagen kann, ist, daß es mich, wie seine sonstigen Bewohner, geistig und seelisch oder nervenmäßig stark mitgenommen hat.» Persönlich sei ihm dabei zumute gewesen, als habe er nie im Leben etwas Schwierigeres geschrieben. Zeitweise sei er «richtig verzweifelt» gewesen. Dann verfiel er ins Englische: «You want to do right by your own country, but you want also to be honest, and if you cannot do or be both, then rather be honest.» Daraus spricht die ganze Zerrissenheit einer Emigrantenseele.

«Der einzige Trost bleibt, daß, was man auch immer schreibt, keinesfalls die Welt davon einstürzen wird.» Im Nachsatz rät Heiden seinem Freund Buttinger davon ab, mit seinem neuen Buch zu Rowohlt zu gehen – wo 1932 sein eigenes erstes Buch «Geschichte des Nationalsozialismus» erschienen war: «R. neigt auf die kommunistische Seite und macht kein Hehl daraus; obwohl kein Parteimitglied, aber doch offenbar sehr liiert. Das hindert ihn nicht am Verlegen solcher Edelnazis wie Ernst von Salomon – das Ganze eine Gesellschaft, in die ich persönlich nicht geraten möchte, und du wohl auch nicht.»

Konrad Heiden hatte sich in all den Jahren von einem Gegner der Nazis auch zu einem Gegner des Kommunismus entwickelt. Er lehnte totalitäre Systeme ab, rechte wie linke. Er sah die Unterschiede, aber auch die Gemeinsamkeiten. Jetzt, wo die Nazis von den Alliierten unter Einschluss der Sowjets vernichtend geschlagen waren, Europa in Trümmern lag und der Kalte Krieg begonnen hatte, orientierte er sich wieder an seinen alten Weltvorstellungen. Die Reise nach Deutschland war auch eine Reise an die neue Front zwischen Ost und West.

In seinem Artikel für *Life* hieß es: «Ich bin nicht darauf gefaßt

gewesen, einen geradezu klagenden Pazifismus in einem Volke zu
finden, das noch vor kurzem vom Militarismus berauscht war. In
allen Menschen habe ich ein trauriges Gefühl für die Leere des sogenannten ‹Sieges› gefunden.» Oft habe er zu hören bekommen:
«Was haben die Alliierten von ihrem Sieg?»

Im Mai 1952, als Heiden Deutschland bereiste, war der «Deutsch-
landvertrag» zwischen der Bundesrepublik und den drei westlichen
Besatzungsmächten geschlossen worden – als Überbrückungs-
vertrag zwischen der Kapitulation nach dem Zweiten Weltkrieg
und einem künftigen Friedensvertrag. Frankreich ratifizierte den
Vertrag nicht. Er wurde später neu ausgehandelt und trat 1955 in
leicht geänderter Fassung gleichzeitig mit dem NATO-Beitritt der
Bundesrepublik in Kraft. Doch schon 1952 war zu erkennen, dass
das Abkommen eine Wiederbewaffnung der Deutschen bedeutete.

Für Heiden war «das einzig Bemerkenswerte» daran, dass es
«den Besiegten Kanonen in die Hände legt». Seine Erfahrungen
mit den Nachkriegsdeutschen ließen bei Heiden Zweifel an diesem
Zukunftsentwurf aufkommen: «Für Männer, die keine Lust haben,
sie abzufeuern, ist das kein erregendes Geschenk.» Die Stimmung
der Volksmassen sei Apathie.

Über die aktuelle politische Situation des geteilten Landes
meinte er: «Das Ideal eines wiedervereinigten Deutschlands kann
von der deutschen Bundesregierung nicht freiwillig aufgegeben
werden, damit es von kommunistischer Propaganda ausgebeutet
werde. Ebensowenig kann sich Westdeutschland einfach hinter
den Zonengrenzen verstecken, die heute verschlossener sind denn
je, denn die Festung Berlin darf weder von Deutschland noch
von einem Westen aufgegeben werden, der sich in Freiheit seine
Selbstachtung bewahren will.»

Und Heiden blickte bereits in die Zukunft: «Könnte nicht die
neue Vision die eines Deutschland sein, das innerhalb eines freien,
vereinigten Europa lebt?»

So klarsichtig und logisch Heidens Betrachtungen über Vergangenheit, Gegenwart und Zukunft seiner alten Heimat Deutschland auch waren – der Besuch hatte ihn tief verstört. Er antwortete nicht auf Briefe alter Freunde wie etwa des SPD-Politikers Carlo Schmid. Am 2. Oktober schickte der ihm deshalb über den Sender Radio Stuttgart, mit dem Heiden über eine regelmäßige Zusammenarbeit im Gespräch war, einen Brief. Ein Redakteur namens Hirschfeld habe ihm berichtet, dass Heiden sich über Schmids angebliche Schreibfaulheit beschwert habe. «Ich muß sagen, dies ist ein starkes Stück: mit dem Aufwand von Porto für Briefe und der Gebühren für die Telegramme, die ich an Dich – zum Teil unter beschimpfenden Anreden – gesendet habe, hätte ich meine halbe Kur in Berchtesgaden bestreiten können.»

Der beleibte Carlo Schmid hatte dort gerade 17 Kilo abgenommen. «Deinen Aufsatz habe ich gelesen mit Schmunzeln und vieler textkritischer Kunst, um herauszufinden, wo die Writers Dich gestützt und wo sie Dich wohl verschandelt haben möchten.»

Diesmal antwortete Heiden auf Schmids Brief: «Wenn ich meine Schweigsamkeit mit irgendwelcher Seelenkrise erkläre, müßte ich wenigstens ungefähr angeben können, welche Krise; ich kann es aber nicht.» Immerhin könne er sagen, dass Deutschland, das wiederzusehen zunächst merkwürdig, ja «unheimlich unerschütternd» für ihn gewesen sei, ihm nachträglich die Sprache verschlagen hätte. Natürlich könne er sich professionell darüber äußern, worüber der «arg verstümmelte» Artikel in *Life* ungenügend Zeugnis gegeben habe. Auf die deutschen Fragen wisse auch er keine Antwort. Rein atmosphärisch sei Deutschland zurzeit noch in einem frühen Stadium des Probens der Kräfte und des Ausforschens der Möglichkeiten. «Ist dieses Deutschland ein Haufen Unglück oder ein Ball ungenutzter Kraft? Liegt das Problem in der Not der Massen, die bei den etwas Bessergestellten sich in einer wahnsinnigen Überproduktivität und Überspannung ausdrückt? Oder liegt es darin, daß auch eine hungrige Nation eine Macht sein kann, wofür ja viele Leute im Ausland Deutschland wieder halten?»

Er wolle durch diesen ratlosen Monolog nur klarmachen, warum er sich unbewusst vor einem Dialog gescheut habe. Doch in Wirklichkeit hatte Heiden wohl ganz andere Sorgen, finanzieller und zunehmend auch gesundheitlicher Art.

Seit 1952 war er bei Dr. Werner Hofstetter, einem Spezialarzt für Nervenheilkunde, in Behandlung. Der schrieb am 17. September 1954 ein Gutachten «To whom it may concern»: «Ich bestätige hiermit, dass Herr Konrad Heiden von East Orleans, Massachusetts, USA, Brick Hill Road, seit 1952 unter meiner speziellen Beobachtung und Behandlung ist.» Heiden leide unter einer Störung im Zentralnervensystem, die einen ständig zunehmenden Verlauf zeige. «Diese Erkrankung zeigt sich in seiner Erschwerung im Gebrauch von Gliedmaßen und erschwert Schreibmaschinenschreiben, Gehen, Sitzen usw. in starkem Maße.»

Da keine Infektion, kein erhöhter Blutdruck und keine Tumoren festzustellen seien, käme er zu der Schlussfolgerung, dass die Ursache der Erkrankung in der ungeheuren Beanspruchung und Belastung des Nervensystems liege, denen Heiden ausgesetzt war, nachdem er Deutschland verlassen musste. Er sei mindestens zu zwei Dritteln in seiner Erwerbsfähigkeit eingeschränkt.

Offenbar hielt Konrad Heiden seine Erkrankung – später stellte sich heraus, dass es Parkinson war – so gut es ging vor seinem engeren Umfeld geheim. Doch seine Arbeitsfähigkeit und damit auch seine Möglichkeiten, Geld zu verdienen, litten zunehmend. Schließlich bekam er auch noch ein Problem mit der Steuer.

Im Frühsommer 1953 stand «ein Kerl in gelber Sommerjoppe mit einer Badge in der hohlen gekrümmten Handfläche und einem blauen, feinbedruckten Warrant for Arrest», auf dem nur Heidens Name groß und leserlich stand, plötzlich auf der Treppe seines Hauses in East Orleans. Ein Haftbefehl.

Ein Brief, den Heiden am 24. Juni 1953 an die Frau seines Freundes Joseph Buttinger schrieb, deutet darauf hin, dass Muriel Morris Gardiner, die Frau aus reicher Familie, ihm wieder einmal aus der Patsche half. «Dear Muriel», schrieb er, «ich möchte Dir noch einmal innigst danken für Deine Freundschaft. Ich werde sie nie wieder mißbrauchen. Für die nächsten Tage werde ich ja nun nicht verhaftet werden.»

Sein Fall werde vor der State Tax Commission in Boston verhandelt. Er müsse das schnellstens in Ordnung bringen. «Sehr viel kann es nicht sein.» Aber eine solche angedrohte Verhaftung sei wohl dazu angetan, einem das Leben zu verleiden. «Ich bin noch immer etwas betroffen, war es natürlich die ganze Zeit.»

Heiden hatte in Deutschland einige Kontakte geknüpft, um in Zukunft aus Amerika berichten zu können. So bei der Zeitschrift *Der Monat* in Berlin, wo er auf ungefähr zehn Schreibmaschinenseiten Betrachtungen über «eine neue amerikanische Außenpolitik» anstellen sollte.

In Deutschland hatte er offenbar auch eine neue Bekanntschaft gemacht oder eine alte aufgefrischt. Sie hieß Mathilde Alt und arbeitete im Sekretariat seines Freundes Carlo Schmid in Bonn. Am 26. September 1953 schrieb sie Konrad Heiden einen drei Seiten langen Brief. Sie hatte Luftpost von ihm bekommen und war darüber «glücklich und selig und überhaupt alles, was man sein kann, wenn man sich freut». Mathilde Alt hatte ihn offenbar bei seinem Deutschland-Besuch getroffen und danach ein halbes Jahr nichts von ihm gehört. Aus ihren Zeilen geht hervor, wie es Konrad Heiden damals gegangen war.

Sie habe immer gewusst, dass er an sie denken würde. «Ich habe aber auch gleichzeitig gewußt, daß es viele Dinge gibt, die Dich bedrücken und Dich nicht schreiben lassen.»

Es sei bitter, dass sie nicht schnell bei ihm sein könne. «Aber Du, Lieber, Du sollst nicht so traurig sein und sollst nicht grübeln – ich bin doch immer bei Dir, und wenn es Dir ganz schlecht geht, dann bin ich erst recht bei Dir. Ich komme ganz leise und lege meine Arme um Deinen Hals und drücke meinen Kopf ganz fest auf Deinen, und ich lasse Dich überhaupt nicht mehr los, bis es Dir wieder drinnen viel besser und vergnügter ist.»

Carlo Schmid habe versucht, sie mit auf seine Reise nach Washington zu nehmen, aber die Deutsche Botschaft dort habe so viele Sekretärinnen, dass es nicht zu verantworten gewesen sei, noch eine aus Deutschland mitzunehmen. Sie werde ihm mitteilen, wann Schmids Flugzeug landen würde. «Vielleicht geht es doch, dass C. S. noch zu Dir für zwei oder drei Tage kommt.»

Die SPD habe einen müden Wahlkampf geführt, und im Kampf gegen Konrad Adenauer hätten die Sozialdemokraten keine Persönlichkeit aufzuweisen. Die SPD habe viele gute Leute, aber keiner wage es, einmal wirklich durchzugreifen. Jetzt denke man über eine Parteischule und eine Zeitung nach. Es müsse aber eine unabhängige, ausgezeichnete Tageszeitung sein. Persönlichkeiten, die eine gute Zeitung machen könnten, gäbe es sicher, «wenn C. S. auch meint, die seien alle emigriert». Vielleicht kämen ja einige wieder. «Oh, Konrad, natürlich bräuchten wir Euch, die Ihr draußen seid, es gäbe tausend Aufgaben. Aber ich wage nicht zu sagen, komm wieder. Du müßtest einen bitteren Kampf führen im wahrsten Sinne des Wortes.»

Am Ende schrieb sie: «Sag, was macht Dein Deutschland-Buch? Du schreibst keine Zeile davon. Wo ich doch so viel davon wissen möchte.» Er solle bei dem Treffen Carlo Schmid davon erzählen. «Ich bin gespannt, wie Du ihn findest, wenn Ihr Euch jetzt treffen werdet.»

Heidens Krankheit macht ihm mehr und mehr zu schaffen, und in seinem mit Schindeln verkleideten Holzhaus in der Ruhe von Cape Cod lebte er schon ziemlich abseits der Weltgeschichte.

Immerhin hatte er im Süddeutschen Rundfunk eine sonntägliche Kolumne mit Berichten aus Amerika, die er aber nur schrieb und nicht selbst sprach, weil es angeblich Probleme beim Versand von Tonbändern gab. Immer wieder dachte er offenbar daran, nach Deutschland zurückzukehren. Carlo Schmid, stellvertretender Parlamentspräsident im Bonner Bundestag, ermunterte ihn immer wieder. «In diesem Land braucht man Leute wie Dich, und glaube mir: Du hättest hier eine Aufgabe», schrieb er ihm im Januar 1955.

Konrad Heiden antwortete umgehend und mit dem ihm eigenen Sarkasmus: «Daß Deutschland mich brauchen soll, ist rührend; daß Du es auch findest, macht die Sache ernsthaft. Wie Du es ausdrückst, klingt es geheimnisvoll konkret.»

Natürlich habe er sich oft gefragt, ob die Rückkehr nach Deutschland nicht eine Pflicht sei. Das könne man aber nur bejahen, wenn man von sich selbst mehr hielte, als durchschnittlich erlaubt sei. Dass Ernst Reuter, inzwischen Regierender Bürgermeister von West-Berlin, zurückgekehrt sei, bezeichnete er als Glück für die ganze Welt. Auch Hamburg könne für die Rückkehr von Max Brauer, inzwischen ebenfalls Bürgermeister, dankbar sein. So habe er bei seinem Besuch vor drei Jahren auch manch anderen gesehen, zu dessen Rückkehr man nur persönlich gratulieren konnte, «denn es war Entkommen aus einer bleichen Emigranten-Existenz, sonst aber nicht viel».

Er wisse wohl, dass er Deutschland etwas Besseres zu geben hätte als Kommentare aus Amerika. «Aber wenn ich dann – ich bin nun mal ein Schreiber –, also wenn ich mir Zeitungen und Zeitschriften in ihrem meist tristen Zustand anschaue, dann empfinde ich: die brauchen keinen neuen Mann, sondern eine neue Generation.»

Er wolle sich gern zur Rückkehr überzeugen lassen, nicht nur aus «begreiflicher Geschmeicheltheit, sondern mit dem lebhaften Wunsch, mich überzeugen zu lassen».

Es ging ihm nicht um einen «warmen Platz, den hätte ich allenfalls hier», sondern um eine Möglichkeit des Wirkens.

Er schloss mit den Worten: «Denn bei allen Vorbehalten nicht nur gegen das Gewesene, sondern auch viel Gegenwärtiges – bei alledem habe ich Deutschland lieb.»

Tatsächlich wurde Carlo Schmid aktiv. Er schrieb 1955 «Persönlich!» an Paul Sethe, einen der fünf Gründungsherausgeber der *Frankfurter Allgemeinen Zeitung*, die 1949 aus der Taufe gehoben worden war. Konrad Heiden sei ihm sicher noch ein Begriff. Er sei mit ihm befreundet und wisse, wie er darunter leide, in Deutschland keine Wirkungsstätte zu finden, die «seinem Können und seinem menschlichen Rang» angemessen sein könnte. Es seien nicht in erster Linie materielle Sorgen, Heiden habe sein Auskommen. «Es ist das Heimweh nach Deutschland, aus dem er sich noch nie hat ganz lösen können und mit dessen Schicksal er das seine identifiziert.»

Heiden war inzwischen 54 Jahre alt. Er hatte seine journalistische Karriere Anfang der zwanziger Jahre als Hilfsredakteur bei der *Frankfurter Zeitung*, dem Vorgängerblatt der FAZ, begonnen und war von Anfang an ein kritischer, ja gegnerischer Beobachter von Hitlers Aufstieg gewesen. Paul Sethe, wie Heiden 1901 geboren, war da von ganz anderer Natur. Pünktlich zum 20. April 1933, anlässlich von Hitlers Geburtstag, verfasste er eine Hymne, in der er den «Führer» als denjenigen bezeichnete, «auf den die Besten unter uns lange gewartet haben». Das war zu einem Zeitpunkt, als Heiden wegen seines ersten Buches bereits von den Nationalsozialisten verfolgt wurde und ins Ausland fliehen musste.

Von 1934 bis zu deren Verbot 1943 arbeitete Sethe als Redakteur für die *Frankfurter Zeitung*. Zugleich war er Angehöriger einer Propagandakompanie der Waffen-SS und der Wehrmacht. Anschließend ging er als Chefredakteur zum *Frankfurter Anzeiger*; ab 1944 schrieb er auch für Goebbels' Nazi-Hetzblatt *Völkischer Beobachter*. Nach dem Krieg setzte er seine journalistische Karriere recht ungebrochen fort. Als Folge eines Zerwürfnisses mit den anderen Herausgebern verließ er 1955 die FAZ und arbeitete anschließend für die *Welt*, die *Zeit* und den *Stern*.

Kein Wunder, dass eine mögliche Mitarbeit von Konrad Heiden bei Sethe auf wenig Begeisterung stieß. Auf einer Schreibmaschine mit altdeutschen Schriftzeichen antwortete er Carlo Schmid. Er kenne Konrad Heiden aus dessen Büchern, aber auch aus Erzählungen seiner Freunde. «Ich bin sicher, daß es für unsere Zeitung ein großer Gewinn wäre, wenn er zu uns käme.» Die kollegiale Struktur der FAZ mache derartige Entscheidungen allerdings langwierig. Heiden möge doch in der Zwischenzeit einige Manuskripte seiner Sendungen für den Süddeutschen Rundfunk einschicken. «Ich weiß, daß dieses für einen Schriftsteller von Rang ein ungewöhnliches Verlangen ist, aber Heiden muß bedenken, daß es nun schon zweiundzwanzig Jahre her ist, daß er Deutschland verlassen mußte und daß die jüngere Generation ihn nicht mehr kennt.»

Am Ende kam er zur Sache: «Sind Sie wirklich sicher, daß Heiden damit ein Gefallen getan wäre, wenn er nach Deutschland zurückkäme?» Er wisse, dass Heiden großes Heimweh habe, aber nach welchem Deutschland? «Das Deutschland, in dem er gelebt und geschrieben hat, war voller Leben, wenn auch voller Schrecken der Erwartung des Kommenden. Heute ist es tot.»

Und er schloss in mitfühlender Sorge: «Wie wird ein empfindlicher Geist wie Heiden die Veränderung aufnehmen?»

Carlo Schmid ließ dem FAZ-Herausgeber einige Manuskripte von Heidens Rundfunkkolumne zuschicken, doch der reagierte erwartungsgemäß. Seine Befürchtungen hätten sich noch verstärkt, «ob wir nicht ein großes Unrecht gegenüber Konrad Heiden begehen, wenn wir ihn in das Deutschland von heute zurückholen».

Es kam zu einem Gespräch zwischen Sethe und Carlo Schmid, der anschließend Heiden eine etwas weichgespülte, schonende Fassung der Ablehnung zukommen ließ. Sethe sei der Auffassung gewesen, man müsse sich sehr überlegen, ob man ihm einen solchen Schritt zumuten solle: «Du würdest wahrscheinlich manches, das Du hier erwartest, nicht mehr vorfinden, und manches vorfinden, das Du nicht verstehen könntest.» Eine *Frankfurter Zeitung* im alten Sinne sei die FAZ nicht, sei sie doch «zu abhängig von gewissen Finanz- und Wirtschaftskreisen, wenngleich diese Abhängigkeit sich nur sehr locker und sehr gelegentlich bemerkbar macht».

Aus einer Anstellung Heidens bei der FAZ wurde nichts. Dafür nahm Schmid ihn vom 8. bis zum 14. September 1955 nach Moskau mit. Als Vizepräsident des Bundestages begleitete Carlo Schmid Bundeskanzler Konrad Adenauer auf seiner historischen Reise mit spektakulärem Ergebnis. Heiden fuhr offenbar im Pressetross mit und schrieb darüber eine Reportage für *Life*.

Am Rande des Staatsbesuches sah er auch das Lenin-Mausoleum. «Da liegen die beiden Männer, die das Leben von Millionen ihren Entschlüssen und Aktionen unterworfen haben: Lenin in schwarzem Anzug, die rechte Hand aus Leichtmetall und zur Faust geballt. In seinem Spitzbart unter dem festverschlossenen Mund funkeln Einbalsamierungs- oder Eiskristalle. Stalin liegt in Uniform mit ordengeschmückter Brust und kaum merklich vor sich hin lächelnd auf einem braunen Lederkissen.»

Adenauers Reise, mitten im Kalten Krieg, blieb nicht erfolglos. Im Gegenzug zur Aufnahme diplomatischer Beziehungen und der Eröffnung einer sowjetischen Botschaft in Bonn ließ die UdSSR die letzten 10 000 deutschen Kriegsgefangenen frei, die ein Jahrzehnt nach der Kapitulation des Deutschen Reiches noch immer in sibirischen Lagern festgehalten wurden. Ihre Ankunft in Deutschland war ein bewegender Moment und eine historische Zäsur.

Eine Krankheit großer Männer

ZEHN TAGE NACH seiner Rückkehr in die USA, im Oktober 1955, stellte Konrad Heiden entsprechend dem Gesetz vom 19. September 1953 einen Antrag auf Entschädigung für Opfer nationalsozialistischer Verfolgung. Durch seine fortschreitende Krankheit war er immer weniger in der Lage, journalistisch zu arbeiten und Geld zu verdienen.

Sein Problem: Da er bereits kurz nach der Machergreifung Deutschland verlassen hatte, musste er fast alle der vorgedruckten Fragen mit Nein beantworten:

Schaden an Körper und Gesundheit: Nein

Schaden an Freiheit: Nein

Schaden an Eigentum und Vermögen: Nein

Sonderabgaben und Reichsfluchtsteuer: Nein.

Immerhin einmal konnte er «Ja» ankreuzen: Schaden im beruflichen und wirtschaftlichen Fortkommen durch Verdrängung aus oder in einer selbständigen Erwerbstätigkeit.

Er fügte dem Antrag vorschriftsgemäß drei Anlagen bei: Geburtsurkunde, Schilderung des Verfolgungsvorganges sowie ein ärztliches Zeugnis.

Entsprechend Ziffer 6,I des beiliegenden Antrags schilderte Heiden den «Verfolgungsvorgang».

Verdrängung aus dem Beruf, Vertreibung aus der Heimat und die Entziehung der Staatsangehörigkeit habe er als Wechselfälle in einem Kampf betrachtet, in dem es auch ihm vergönnt war, den Gegner bisweilen empfindlich zu treffen. Bei alledem habe ihm seine Überzeugung geholfen, dass er als Deutscher und preußischer Staatsbürger lediglich von seinen staatsbürgerlichen Rechten Gebrauch gemacht habe.

Lange habe er gezögert, nun von den Rechten des Entschädigungsgesetzes Gebrauch zu machen. Aber eine «neuerliche Verschlechterung meines Gesundheitszustandes» zwinge ihn nun, «es doch zu tun». Er lege ein ärztliches Zeugnis bei, ausgestellt von einem hervorragenden Neurologen, Mitglied einer der ersten medizinischen Körperschaften Amerikas. «Es klassifiziert die Gesundheitsverschlechterung als Emigrationsfolge, was ich für richtig halte. Dem Pessimismus der Gesamtdiagnose möchte ich gern widersprechen, fürchte aber, daß ich es nicht kann.»

Er sei eingetragenes Mitglied der Sozialdemokratischen Partei von 1921 bis zu ihrer gesetzwidrigen Unterdrückung im Jahre 1933 gewesen. Vor und nach diesem Zeitpunkt habe er sich an verschiedenen Versuchen des aktiven Widerstandes gegen das nationalsozialistische Regime beteiligt. «Der Vollständigkeit wegen», bemerkte er, wolle er betonen, «daß ich stets aktiver Antikommunist war».

Er sei mütterlicherseits jüdischer Abstammung, falle also vermutlich in die Kategorie der sogenannten Halbjuden, die seines Wissens «nach den Gesetzen des Dritten Reiches in Einzelpunkten einer Sonderbehandlung unterlagen». Wie immer aber hätten sich die Nazis nicht an Gesetze gehalten, nicht einmal an die eigenen. «Die Notiz meiner Ausbürgerung in deutschen Zeitungen (November 1936) bezeichnet mich als Juden, der gegen Adolf Hitler hetzte und log.»

Den Beginn seiner langen Flucht aus Nazi-Deutschland beschreibt er in sarkastischem Ton: «Um das erwähnte staatspolitische Interesse an meiner Person nicht bis zur Einlieferung ins

Konzentrationslager ausarten zu lassen, ging ich Ende Mai oder Anfang Juni ins Ausland, zunächst in die Schweiz.»

Er habe anfangs noch gehofft, illegal zurückkehren und an einem erhofften Widerstandskampf gegen das Regime teilnehmen zu können. Er erinnere sich noch daran, wie er mit anderen Freunden zusammen den später nach dem 20. Juli 1944 ermordeten Gewerkschaftsführer Wilhelm Leuschner in Zürich zur Bahn gebracht und mit ihm für die nächsten Tage ein Treffen in Berlin verabredet habe. Gleich nach seiner Rückkehr sei Leuschner damals verhaftet worden; das zeige, wie damals die Dinge lagen. «Ich entschuldige mich heute für die Naivität der Abrede, nicht für den guten Willen, der in ihr steckte.»

*　*　*

Im Frühjahr 1957 hatten die gesundheitlichen Beschwerden Heidens derart zugenommen, dass er nur noch mühsam mit einem Finger die Schreibmaschine bedienen konnte. Am 30. März schrieb er an seinen Freund «Joe» Buttinger und entschuldigte sich schon im ersten Satz des Briefes für die «voraussichtliche technische Verschmiertheit»: «Er wird mit unbeholfener oder vielmehr ungehorsamer Hand geschrieben.» Bei alledem, was er heute schreibe oder zu schreiben unterlasse, begleite ihn seine fortschreitende Krankheit als «leider triftige Entschuldigung». Bei seinem letzten Besuch in New York sei ihm öfter zumute gewesen, als müsste er stehenden Fußes umsinken.

Das Beste, was man von einen solchen Zustand sagen könne, sei, dass man eine Menge über sich selbst erfahre: «Denn Krankheit ist lehrreich.»

Um sich zu beweisen, dass das Unglück nicht auf den Zustand seines Intellekts übergegriffen hatte, begann er zum ersten Mal seit Jahren wieder, Gedichte auf Deutsch zu reimen. Das Publikum seiner Sendung im Süddeutschen Rundfunk war darüber durchaus erfreut, was Heiden zu der Bemerkung veranlasste: «Um Weihnachten herum läßt man sich viel gefallen.» Dabei sei es ihm beim Reimen im Wesentlichen auf ein Ausprobieren seiner Kombinationsfähigkeiten angekommen. Der rein physisch-optische Eindruck des Manuskripts habe freilich seinem körperlichen Zustand entsprochen.

Mit seinen Buchprojekten kam er derweil nicht weiter. Es war sein Nachbar, der amerikanische Star-Diplomat, Politiker und Historiker George F. Kennan, der nun an einem Buch über die Russische Revolution saß, ein Werk, das eigentlich Heiden schreiben und als ausführliches Kapitel in sein Opus magnum «The Fallacy of Power» einfügen wollte.

«Das liegt nun in Gestalt von Manuskript-Bruchstücken in meinen diversen Schubladen herum – ein gigantischer Betriebsunfall, für den ich nur mich selber tadeln kann.»

Aus jeder Zeile spricht seine von Sarkasmus mühsam im Zaum gehaltene Verzweiflung. Am Ende schrieb er an seinen Freund Joe Buttinger: «Seit längerem bedrückt mich ein Zweifel, ob nicht viele Menschen unseres Backgrounds zu einer verlorenen Generation gehören und ob das wirklich so sein muß.» Er schloss mit den Worten: «Aber das mit einem Finger einer Hand runtertippen kostet Zeit, und dieser Brief soll zur Post.»

Ende September 1957 schrieb er nach längerem Schweigen auch seinem alten Freund Carlo Schmid, der ihn immer wieder gedrängt hatte, nach Deutschland zurückzukehren:

«Daß ich so selten schreibe, mußt Du mir bitte verzeihen. Du weißt vielleicht, daß ich von Gottes Zorn mit einer Krankheit geschlagen bin, die leider nicht mit sich spaßen läßt. Es scheint spezifisch eine Krankheit großer Männer zu sein – ich bin halt die Ausnahme.»

Heiden spielte darauf an, dass sein Erzfeind Adolf Hitler am

Konrad Heiden (links), Margarethe van Weert (2. von links)
und Freunde auf der Terrasse des Hauses in Cape Cod

Ende seiner Herrschaft Parkinson-ähnliche Symptome gezeigt hatte. Die letzten Filmaufnahmen, die es von Adolf Hitler gibt, zeigen ihn vor dem Führerbunker, wo er jugendlichen Angehörigen des Volkssturms, seiner letzten Verzweiflungstruppe, die Wangen tätschelt: Die andere Hand, sorgsam hinter dem Rücken versteckt, zitterte unübersehbar.

Quer über den Atlantik fragte Konrad Heiden seinen alten Freund Carlo: «Könntest Du mir vielleicht ein bißchen mehr über deutsche Wunder-Kuren für Parkinson sagen?» Der deutsche Name sei womöglich «Zitter-Neurose». Bei einer Heilung sei die Hilfe guter Menschen ein entscheidender Faktor – «und daß die guten Menschen Mathilde» hießen. Er meinte Schmids Sekretärin Mathilde Alt, mit der ihn offenbar eine Art Liebesbeziehung verband. So gab es mehrere Gründe für einen weiteren Besuch in Deutschland.

Inzwischen wollte der Dietz Verlag das «endgültige Buch» über Hitler herausbringen, und Heiden sollte es schreiben. Der wandte sich wieder an Carlo Schmid mit dem Hinweis, dass er den Stoff zwar «genügend beherrsche» – immerhin habe es für einen Beitrag über Hitler in der «Encyclopedia Britannica» gereicht –, das Honorarangebot sei allerdings ziemlich dürftig. «Ich würde unter normalen Umständen ganz frech als ausbeuterischer Autor weiter verhandeln – was mich bedrückt, ist: Bei meinem Gesundheitszustand kann ich das doch moralisch gar nicht verantworten.»

Schmid schrieb Heiden kurz vor Weihnachten 1957, dass auch er kein Wundermittel und keine Wunderärzte kenne. Aber einige Mediziner hätten ihm gesagt, die Krankheit sei heute durchaus zu stoppen. Im Übrigen habe er mit Hans Zehrer von der *Welt* gesprochen, der sich «sehr glücklich fühlen würde, wenn es gelingen könnte, Dich für die Redaktion der ‹Welt› zu gewinnen». Er kenne auch den Verleger Axel Springer gut, «und ich weiß, daß er auf mich hört». Heiden solle sich nicht gehemmt fühlen, weil er schon so lange aus Deutschland weg sei. «Die Atmosphäre in diesem Land ist heute nicht schlecht, sie erinnert mich manchmal an die gute Zeit der Weimarer Republik – wenngleich natürlich die Juden fehlen, dieses für alles so wichtige, notwendige, kritische und herausfordernde Publikum.»

Kurz: Heiden solle bald kommen, er werde sich sogar in der SPD wohl fühlen.

Packe ihn selbst einmal der Jammer der Welt an der Gurgel, dann gehe er gelegentlich zu den guten Genossen an der Basis. «Und wenn ich diese anständigen Leute sehe, ihre guten Gesichter, ihre treuen Augen, dann weiß ich wieder, daß es richtig war, mich so entschieden zu haben, wie ich es getan habe.»

Am 7. Februar 1958 ging Heidens Antrag auf Entschädigung bei der zuständigen Behörde in Berlin ein. Er hatte Adolf G. B. Bartels, wohnhaft in Hamburg, den Bruder seiner Lebensgefährtin Marga van Weert, als Bevollmächtigten eingesetzt.

Etwa zur gleichen Zeit unterzog sich Heiden einer Gehirnoperation, um die «Zitterneurose» abzustellen. Offenbar war dies nicht ohne Aussicht auf Erfolg. Der Neurochirurg Dr. Irving S. Cooper hatte während der Operation eines an Parkinson erkrankten Patienten versehentlich eine Arterie durchtrennt, die den Thalamus mit Blut versorgte, den Teil des Gehirns, der den motorischen Apparat kontrolliert. Er flickte die Arterie wieder zusammen.

Als der Patient aber aufwachte, stellte Dr. Cooper fest, dass die mit der Krankheit verbundenen Muskelstörungen stark reduziert waren. Daraus entwickelte er eine Behandlung, die darin bestand, Blutgefäße im Gehirn lahmzulegen, um so die Blutzufuhr in die Hirnregionen zu unterbinden, die für die Zuckungen verantwortlich waren.

Eine solche Hirnoperation stand Konrad Heiden nun auch bevor. Doch die Ergebnisse waren sehr zweifelhaft.

Am 12. Februar schrieb Heiden Carlo Schmid, dass seine «einseitig weg-operierte Krankheit» sich jetzt auf der anderen Seite gemeldet habe: «Das war zwar vorauszusehen, kam aber schneller als erwartet.» Nach seiner Schätzung würde die geplante zweite Operation irgendwann im Frühjahr fällig sein. «Das heißt dann abermals: still liegen, während die Welt sich besonders schnell bewegt.» Falls sich aber die Rekonvaleszenz so sehr sputen würde wie beim letzten Mal, hoffe er, im Frühsommer wenigstens «beschränkt gefechtsverwendungsfähig» zu sein.

Carlo Schmid antwortete betont optimistisch: «Wir haben alle unseren Packen zu tragen, aber Du einen besonders schweren. Nun ist es ja so, daß Deine Ärzte offenbar gut sind, und so wird die Operation, daran habe ich keinen Zweifel, Dir bald wieder die vollen Kräfte zurückgeben, und dann wirst Du wieder hierherkommen, und wir werden sehen, ob Du dann nicht bleiben wirst. Denn hier gehörst Du her und nicht dorthin, wo zu sein man Dich gezwungen hat. Vergiß nicht, daß hier Aufgaben auf Dich warten, und vergiß nicht, daß Du Freunde hast!»

Anfang April 1958 meldete sich Heidens alter Freund Joseph Buttinger, diesmal auf Englisch, bei ihm. Heiden werde demnächst eine Mitteilung vom Buchhalter seiner Frau Muriel bekommen, die er bitte unterschreiben möge. Er solle sich keine Sorgen um die Summe machen, die auf dem Papier stehe. «Ich weiß, daß Du diese Menge nie erhalten hast. Aber bis zu einer bestimmten Größenordnung ist keine Schenkungssteuer fällig. Deshalb haben wir frühere Schulden von Dir bis zu dieser Höhe in Schenkungen umgewandelt und erlassen sie Dir dafür.»

Heiden bedankte sich herzlich für den unkonventionellen Schuldenerlass. «Die Summe von 6000 Dollar erdrückt mich – doch nicht, weil sie so hoch, sondern weil sie so niedrig ist. Ein komplettes Zusammenzählen Eurer Hilfe aus den vergangenen Jahren müßte Dich einen weit erdrückenderen Betrag erheben lassen.»

Am 2. Mai 1959 berichtete Heiden in einem Brief an Buttinger wieder einmal von seinen akuten gesundheitlichen Problemen: «Was den Ernst des Lebens anbetrifft, so tritt er erneut an mich heran in Gestalt des erwarteten Krankheits-Rückfalls», kurz: das Hinüberwachsen des Leidens auf die entgegengesetzte, rechte Körperseite. «Es ist – ich darf mir da nichts vormachen – ein krüppelndes Leiden.» Die leichten Dinge würden schwer, die schweren unmöglich; und er wisse nicht, was schlimmer sei. Am 28. Mai werde er den Chirurgen Dr. Cooper, der ihn schon einmal operiert hatte, wieder treffen. «Ob er nun sagt: keine Operation oder zweite Operation – keins von beiden ist erfreulich.»

Anfang Juli 1959 teilte Carlo Schmid Heiden mit, dass Mathilde in der Zwischenzeit geheiratet habe und die Frau eines Verwaltungsgerichtsrats geworden war: «Es geht ihr gut, und ich habe es richtig gefunden, daß sie eine Familie gründet.»

Ziemlich genau zur selben Zeit zog Heiden aus dem Haus in East Orleans aus, in dem er seit mehr als zehn Jahren mit seiner Lebensgefährtin Marga van Weert wohnte. Er hinterließ Marga nur einen undatierten Brief und einen Blumenstrauß.

«Mein Liebes, diese Blumen sollen bei Dir sein, während ich weg bin. Denn ich gehe für einige Zeit weg – muß gehen, um mich ganz für meine Arbeit zu sammeln. Das Herz schnürt sich mir zusammen, wenn ich daran denke, daß ich Dir wehtue. Ich habe Dich sehr lieb. Aber ich muß mehr Zeit für mich allein haben; nicht nur Stunden, sondern auch Tage.»

Er sei leider so gemacht, dass er das, was er tun müsse, nur allein tun könne. «Wenn ich in einer Arbeit lebe, dann kann ich auch nur in ihr leben.» Das wisse sie selbst genau und habe es ja auch immer beklagt. Die Dinge hätten sich jedoch langsam dahin entwickelt, dass eine Lebensform, die für ihn existenziell notwendig gewesen sei, nicht mehr zu ihrem Recht komme: «Mein eigenes Dasein hat sich sozusagen verwischt.»

Die konzentrierte Art des Lebens, der er seine Arbeit und seine Leistungen verdanke, sei auseinandergelaufen – auf eine sehr fröhliche, aber für ihn doch bedrückende und geradezu vorwurfsvolle Art. «Mein eigenes Ich blickte mich an und sagte: Das bist nicht mehr Du.» Sie müssten jetzt gemeinsam «eine neue Mitte» finden, in der jeder zu seinem Recht kommen könne.

Dann sprach er das an, was ihn neben seiner schweren Krankheit ganz besonders bedrückte: die mit der Zeit «etwas fragwürdiger» gewordenen finanziellen Zustände. «Mein Widerstand gegen die Festlegung zu großer Mittel durch Hauskauf rührte zum Teil von daher.» Er sei zuversichtlich, dass sein kommendes Buch dies wieder in Ordnung bringen werde. Es sei wieder wie vor Jahren, als Marga vorwurfsvoll gesagt habe: Das Buch ist die Hauptsache! «Die Blumen sollen Dir sagen, während ich nicht da bin, daß ich auch nicht weg bin. Bist Du mein Liebes?»

Wohin er ging und wann er zurückkehrte, geht aus den vorhandenen Dokumenten nicht hervor.

Heiden arbeitete jedenfalls wieder einmal am Thema seines Lebens. Mit Hilfe neuer, erst nach dem Krieg aufgetauchter Materialien wollten er und sein Verlag das Buch «Der Fuehrer» in «zeitgemäßer Bearbeitung und Fortführung» neu herausbringen. Am 10. September 1959 schrieb er seinem Verleger, auch nach seinen letzten Recherchen dürfe er mit einer gewissen Befriedigung feststellen, dass seine Geschichte Hitlers selbst neuen Erkenntnissen ganz ordentlich standhalte. Es sei nur eine rätselhafte, aber durchaus glaubhafte Geschichte aufgetaucht. Als Hitlers Mutter als Hausgehilfin in Wien arbeitete, soll sie von einem jüdischen Teenager vergewaltigt oder sonst wie erniedrigt worden sein. Das würde zwar vieles erklären; aber solange es dafür keine Beweise gäbe, könne er die Geschichte nicht verwenden.

Ende Oktober 1959 schickte Heiden einen weiteren Brief an Carlo Schmid, aus dem hervorging, dass er «einen vorläufigen Kompromiß mit seiner Erkrankung» geschlossen habe: Sie erlaube ihm, zu arbeiten, und er erlaube ihr eine Menge Ruhe. Er werde dennoch Anfang des kommenden Jahres nach Deutschland kommen, um für seine Neubearbeitung des Buches «Der Fuehrer» Spezialbibliotheken zu besuchen.

Doch aus Heidens Reise nach Deutschland wurde nichts. Seine Krankheit verschlimmerte sich immer mehr. 1949 waren die ersten Krankheitssymptome in Gestalt von Schmerzen im linken Bein aufgetreten. Im November 1951 hatte er begonnen, den linken Fuß nachzuziehen. 1954 kam es zu einem Verlust der Koordination im linken Arm. 1955 setzte Zittern erst im linken Bein und dann auch in der linken Hand ein, später Steifheit im rechten Bein. So stand es 1964 in einem vertrauensärztlichen Gutachten, das für Heidens Entschädigungsverfahren angefertigt wurde. 1958 wurde er im St. Barnabas Hospital einer «Chemoppallimektomie» und 1961 im selben Hospital einer «Chemothalamektomie» unterzogen. Im Gutachten heißt es: «Beide Operationen haben nicht nur keinen Erfolg gehabt, sondern der Zustand verschlechterte sich insofern, als der Patient eine pseudo-bulbäre Paralyse entwickelte und zeitweilig völlig verwirrt und in hohem Grade unruhig und aufgeregt wird.» Bisweilen sei er allerdings auch klar und geordnet.

Nach der ersten Operation hatte Heiden noch ein kurzzeitiges Gefühl der Besserung.

Am 6. April 1960 bedankte er sich wieder einmal bei Muriel und Joe Buttinger, die ihm erneut Geld hatten zukommen lassen: «Eine Sorge weniger!» Im Übrigen sei deren Aufforderung «Keep Smiling» kein einfaches Programm. Seine Krankheit benehme sich ziemlich rücksichtslos. Er verlerne Sprache und Handschrift, da-

gegen nicht Denken und merkwürdigerweise auch nicht Stenographieren. Gehen sei Stolpern und Fallen, und bei manchen
Bewegungen und Verrichtungen sage ihm Margas entsetzter Gesichtsausdruck alles.

In den letzten Jahren habe er immer davon geträumt, in Berlin
zu sein, wenn es dort in irgendeiner Weise ernst würde: «Nicht
gerade, um russische Tanks mit Steinen zu beschmeißen, sondern
weil ‹they also serve who only stand and wait›.»

Aber so etwas müsse man sich wohl verkneifen, wenn man
selbst unter zivilsten und bequemsten Umständen nur beschränkt
reisefähig sei. Er schaue gerade vom Fenster über grün-goldenes
Land aufs Meer und wisse: Für die kurze Distanz bis zum Stand sei
er noch immer beweglich genug. «Aber das Paradies ist ja in Wahrheit ein Ort der Verbannung vom Leben – noch dazu, in diesem
Falle, einer Selbstverbannung.»

Im folgenden Frühjahr, als Konrad Heiden auf einen Termin
für seine zweite Operation wartete, erkrankte plötzlich seine Lebensgefährtin Marga van Weert an einer Leberzirrhose. Ein chro-
nisches Leiden wurde akut. Heiden brachte sie «trüben Mutes»
in ein Krankenhaus. Die dort gestellte Diagnose, so schrieb er am
14. April 1961 seinem Redakteur beim Süddeutschen Rundfunk,
sei «noch trüber». Für 36 Stunden gaben die Ärzte sie auf. «Dann
geschah das einzige, was noch helfen konnte, ein Wunder.» Marga erholte sich wieder und schien kurzzeitig außer Lebensgefahr.
«Wenn es nicht so traurig wäre, wäre es zum Lachen», schrieb
Heiden, «dieses Tohuwabohu der menschlichen Gesundheit.»

Der höllische Zwischenfall verschärfe nun kumulativ all die
Fragen und Plagen seiner eigenen Gesundheit. Er verspreche sich
jedoch viel von dem zweiten Eingriff in sein Gehirn, der Chirurg
selbst auch: «Jedenfalls werde ich dann wieder in der Lage sein,
Reise- und sonstige Pläne durchzuführen.» Er hoffe, dass ihn für
die nächsten vier Wochen keine sorgenvollen Nachtwachen am

Krankenbett eines teuren Menschen von seiner beruflichen Arbeit abhalten würden. Bis zu seiner Operation Mitte Mai könne man mit regelmäßiger Lieferung seiner «Streiflichter» rechnen.

Zehn Tage später wandte er sich an den Rechtsanwalt Albert Graef in New York und informierte ihn darüber, dass Marga van Weert schwer erkrankt im Barnstable Country Hospital in Pacasset, Cape Cod, liege. Sie selbst wisse nichts über ihren Zustand: eine Leberzirrhose und möglicherweise auch Krebs. Sie habe ein Einzelzimmer, gute Ärzte, und die Krankenschwestern kümmerten sich rund um die Uhr um sie. Als er an ihrem Bett gesessen habe, habe sie über Stunden herzzerreißend geweint.

Wenige Tage später starb Margarethe van Weert. Konrad Heiden und Margas Schwester Ilse saßen in ihren letzten Minuten am Krankenbett. Heiden schrieb dem Anwalt, der Margas Testament aufgesetzt hatte: «Ich habe mit ihr alles verloren, den Anker und Orientierungspunkt meines Lebens.»

Obwohl er nun selbst kurz vor einer schweren Operation stand, wollte er die in Margas Testament vorgesehene Rolle als Testamentsvollstrecker nicht abgeben.

Am 5. Mai 1961 schrieb er an seinen Steuerberater Arthur Brogna in Boston. «Es ist meine traurige Aufgabe, Sie darüber zu informieren, daß Marga van Weert, meine über viele Jahre lang geliebte Freundin, nach einer kurzen, aber schmerzvollen Krankheit verstorben ist. Sie hat mir alles bedeutet.»

Zehn Tage später begab er sich bei Dr. Cooper erneut unters Messer. Er hoffte fest auf den Erfolg des erneuten Eingriffs in sein Gehirn. Es wurde eine Katastrophe.

Währenddessen zog sich Heidens Antrag auf Entschädigung als von den Nazis Verfolgter hin. Der Bruder Marga van Weerts hatte als sein Bevollmächtigter mit den Behörden bereits vor seiner zweiten Operation einen langen bürokratischen Kampf ausgetragen. Am 4. Dezember 1962 hatte er höchstpersönlich das Entschädigungsamt in Berlin besucht, um den Vorgang zu beschleunigen. Anschließend schrieb er dem Direktor des Amtes Dr. Matthes einen Brief: «Hier liegt wirklich ein sehr trauriger Fall vor.»

Die zusätzlich von der Behörde angeforderten Unterlagen seien nicht zu beschaffen gewesen. Wegen der fortschreitenden Parkinson-Erkrankung habe Konrad Heiden auf Briefe nicht mehr reagieren können. «H. liegt nun schon seit eineinhalb Jahren in einem New Yorker Krankenhaus hoffnungslos danieder.» Er bedankte sich bei dem Amtsleiter dafür, dass der in Aussicht gestellt hatte, Heiden eine Pauschalentschädigung zuzuerkennen.

Die Behörde antwortete umgehend und bemängelte die dem Antrag zugrundeliegenden Dokumente. Es gäbe zwar die eidesstattliche Versicherung des Antragstellers, es fehle aber ein für die Zuständigkeit des Amtes notwendiger Wohnsitznachweis für die Zeit vor seiner Flucht. Man habe ihn weder im Telefonverzeichnis noch im Berliner Adressbuch des Jahres 1932 gefunden. Außerdem sei der Nachweis der rassischen Verfolgung zu klären. Der Antragsteller könne unter Umständen noch die Geburtsurkunde seiner Mutter besitzen, aus der «die jüdische Abstammung des betreffenden Elternteils» hervorgehe. In diesem Punkt gab man sich großzügig: «Der Nachweis der Mischlingseigenschaft kann auch durch Vorlage einer anderen amtlichen Unterlage erbracht werden.»

Die Behörde hatte auch beim Presseverband Berlin, der Vereinigung Deutscher Schriftstellerverbände und beim Rowohlt Verlag nachgefragt, ob Heidens Angaben über seine journalistische und schriftstellerische Arbeit korrekt seien.

Der Schriftstellerverband antwortete umgehend: «Heiden darf als einer der international bekannten deutschen Schriftsteller angesehen werden.» Er habe 1932 ein damals aufsehenerregendes Buch unter dem Titel «Geschichte des Nationalsozialismus» ver-

öffentlicht, das «ungewöhnliche Detailkenntnisse der nationalsozialistischen Bewegung, ihrer Akteure und Hintermänner bewies».
Es könne als eines der «schärfsten Pamphlete gegen Hitler und
den Nationalsozialismus» angesehen werden: «Seine Wirkung im
Jahre vor der Machtübernahme war geradezu sensationell.»

Der Presseverband konnte dagegen nichts über Heiden finden,
und der Rowohlt Verlag hatte keine Verträge und Unterlagen für
den Verkauf des Buches mehr vorliegen. Verleger Ledig-Rowohlt
ging aber davon aus, dass die Auflage von damals 5000 Exemplaren ausverkauft worden war.

Im Februar 1963 fehlten dem Entschädigungsamt immer noch
Einkommensunterlagen «des Herrn Heiden von 1930 bis 1933»
sowie vom «Beginn der Emigration bis heute». Nach Erledigung
dieser Auflagen werde man mit Rücksicht auf den Gesundheitszustand des Herrn Heiden einen Vergleichsvorschlag für die Abgeltung seines Berufsschadens machen.

Anfang Dezember 1963 hakte Margas Bruder Adolf noch einmal
nach: «Sollte es in diesem Falle nicht möglich sein, Herrn Konrad
Heiden, der doch wirklich ein verdienter Mann ist und der als Verfolgter nachgewiesenermaßen schwer zu leiden gehabt hat, zu
helfen, auch ohne daß alle Formalitäten erfüllt sind?»

Allein, die Behörde beharrte weiter auf der Vorlage aller notwendigen Unterlagen, wie etwa dem «Nachweis der Mischlingseigenschaft» – dies zu einer Zeit, da noch immer Tausende Nazi-Täter
frei herumliefen. Immerhin bat man nun das deutsche Generalkonsulat in Boston, auf dem Wege der Amtshilfe einen Arzt zu be-
auftragen, um Heidens Gesundheitszustand zu begutachten. Das
geschah dann endlich Mitte März 1964.

Am 9. April 1964 besuchte der Facharzt für Innere Medizin Dr. Sieg-
bert Kamnitzer aus New York Heiden im Auftrag des Deutschen
Konsulats, um für dessen Entschädigungsverfahren ein Gutachten

zu erstellen. Heiden lebte damals im Beth Abraham Home in der Allerton Avenue in der Bronx.

Der Hausarzt Dr. Miller führte Kamnitzer in Heidens Krankengeschichte ein. Dann besuchte Kamnitzer selbst den Patienten. Heiden saß unbeweglich in einem Rollstuhl, die Augen fest geschlossen, die Finger verkrampft. «Als ich mit ihm sprach, verblieb er in diesem Zustand der Unbeweglichkeit und Reaktionslosigkeit», notierte der Arzt. Nach mehrfachem Zureden fing Heiden schließlich an, seine Augen zu öffnen. Auf Fragen, die ihm gestellt wurden, versuchte er zu antworten, doch was er hervorbrachte, war so leise und tonlos, dass es nicht zu verstehen war.

Bisweilen, so schrieb der Gutachter, sei Heiden imstande, mit Unterstützung etwas zu gehen. «Meist sitzt er jedoch im Stuhl.»

Das Ergebnis: «Es besteht kein Zweifel darüber, daß der Patient an einer Parkinsonschen Krankheit leidet, die ihm in seinem Beruf als Schriftsteller und Redakteur für dauernd völlig arbeitsunfähig macht.»

Am 21. Mai 1964 teilte das Entschädigungsamt Heidens Beauftragtem Adolf Bartels in Hamburg mit: «Falls sich der Antragsteller für die Kapitalentschädigung entscheidet, wären wir bereit, den Anspruch wegen Schadens im beruflichen Fortkommen mit einer einmaligen Zahlung in Höhe von 12 790,– DM zur Abgeltung zu bringen.» Nach Eintreffen des vertrauensärztlichen Gutachtens könne er sich allerdings auch für eine Rente entscheiden.

Das geschah dann im Juni 1964, und Heiden erhielt rückwirkend zum 1. Januar 1954 eine Rente von monatlich 178,– DM und ab Januar 1961 monatlich 198,– DM, was zu einer entsprechenden Rentennachzahlung von 23 466,– DM führte.

Adolf Bartels bedankte sich «ergebenst» für den Vorschlag, um ihn an Konrad Heiden weiterzuleiten, damit «er selbst die Entscheidung in dieser Sache trifft». Er freue sich, dass die lang ersehnte Regelung nun in greifbare Nähe gerückt sei. «Ich hoffe, daß sie noch rechtzeitig kommt, daß der schwer kranke H. noch in den Genuß der ihm zugedachten Hilfe kommt.»

Immerhin war Konrad Heiden trotz seiner schweren körperlichen Behinderung noch in der Lage, einige Briefe zu schreiben. So tippte er am 19. November 1964 einen Gruß an Muriel Morris Gardiner, die Frau seines Freundes Joseph Buttinger, die ihm so oft geholfen hatte: «Ich wünsche Dir alles Glück und alle Freude der Welt.» Sie besitze wirklich das Geheimnis ewiger Jugend – in dieser großartigen Selbstdisziplin, die sie antreiben würde. «Aber bitte, treibe Dich nicht zu hart.»

Am 28. Juni 1966 wurde Heidens Antrag auf Entschädigung wegen «Schadens an Körper oder Gesundheit» abgewiesen. Der Antragsteller «gehöre als sogenannter Mischling 1. Grades» zu dem aus rassischen Gründen verfolgten Personenkreis. Der Einfluss der «hier vorliegenden nationalsozialistischen Maßnahmen» sei aber, abgesehen von dem mangelnden zeitlichen Zusammenhang bei der Art des Leidens, «das einen schicksalsmäßigen Verlauf zeigt, weder ursächlich noch verschlimmernd wahrscheinlich».

Drei Wochen später, am 18. Juli 1966, starb Konrad Heiden.

Die letzte offizielle Rentenberechnung ergab einen Restbetrag von 56,– DM, der an die «Wohnadresse des Erben transferiert» wurde. Es war Bernhard Bartels, der Erbe seiner Lebensgefährtin Marga van Weert, der er sein Vermögen vermacht hatte.

Konrad Heiden wurde auf dem Friedhof in East Orleans beigesetzt. Auf einem kleinen Felsstein steht:

KONRAD HEIDEN
WRITER
FOE OF NAZIS
1901–1966

Die *New York Times* würdigte ihn in einem ausführlichen Nachruf. Das Echo in der Heimat, für deren Freiheit er sein Leben lang gekämpft hatte, war dagegen kaum vernehmbar. Außer wenigen kurzen Notizen gab es in den deutschen Zeitungen keinen einzigen Nachruf auf Konrad Heiden.

Der Grabstein

Quellen und Literatur

A · BENUTZTE ARCHIVE

Archiv der Akademie der Künste / Berlin

Bundesarchiv / Berlin

Columbia University Rare Book & Manuscript Library / New York, NY, USA

Deutsches Literaturarchiv Marbach / Marbach

Deutsche Nationalbibliothek, Exilarchiv / Frankfurt am Main

Deutsche Nationalbibliothek, Sammlung Exil-Literatur / Leipzig

Friedrich-Ebert-Stiftung, Archiv der sozialen Demokratie / Bonn

ETH Zürich, Thomas Mann Archiv / Zürich, CH

Harvard-Yenching Library / Cambridge, MA, USA

Houghton Library, Harvard College Library/ Cambridge, MA, USA

Institut für Zeitgeschichte / München

Institut für Stadtgeschichte / Frankfurt

International Institute of Social History / Amsterdam, NL

King's College / London, UK

Landesamt für Bürger- und Ordnungsangelegenheiten Berlin (LABO) / Berlin

Literaturarchiv der Monacensia / München

Ludwig-Maximilians-Universität München, Universitätsarchiv /
München

Leo Baeck Institute / New York, NY, USA

National Archives and Records Administration (NARA) / College Park,
MD, USA

Politisches Archiv des Auswärtigen Amtes / Berlin

Staatsarchiv München / München

Swarthmore College Peace Collection / Swarthmore, PA, USA

Zeitungsarchiv der Staatsbibliothek zu Berlin, Stiftung Preußischer
Kulturbesitz / Berlin

Zentralbibliothek Zürich / Zürich, CH

B · SCHRIFTEN VON KONRAD HEIDEN

Geschichte des Nationalsozialismus. Die Karriere einer Idee. Berlin 1932

Geburt des Dritten Reiches. Die Geschichte des Nationalsozialismus bis
1933. Zürich 1934

Hitler rast. Die Bluttragödie des 30. Juni 1934. Saarbrücken 1934 *(erschienen unter dem Pseudonym Klaus Bredow)*

Wer führt? In: Cicero. Drei Bücher von den Pflichten. 1934 *(Tarnschrift,
vermutlich im Saarland gedruckt)*

Sind die Nazis Sozialisten? 100 Dokumente aus 14 Monaten. Saarbrücken
1934 *(erschien anonym)*

Adolf Hitler. Das Zeitalter der Verantwortungslosigkeit. Ein Mann gegen
Europa. Zürich 1936, Neuausgabe 2011

Europäisches Schicksal. Amsterdam 1937

Der Pogrom. Zürich / Paris 1939 *(erschien anonym mit einem Vorwort von
Heinrich Mann)*

Der Fuehrer. Hitler's Rise to Power. Boston 1944

Introduction. In: Kersten, Felix / Briffault, Herma: The Memoirs of Doctor Felix Kersten. New York 1947

Nächtlicher Eid (unveröffentlichtes Typoskript), Zürich 1939, in: Nachlass Emil Oprecht, T 152, Zentralbibliothek Zürich / Zürich, CH

Auf eine Auflistung der sehr zahlreichen Artikel Heidens in Zeitungen und Zeitschriften wird an dieser Stelle verzichtet.

C · WEITERE LITERATUR

Eckart, Dietrich: Der Bolschewismus von Moses bis Lenin. Zwiegespräch zwischen Adolf Hitler und mir. München 1925

Fest, Joachim: Hitler. Eine Karriere. Frankfurt a. M., Berlin, Wien 1977

Fittko, Lisa: Mein Weg über die Pyrenäen. München 1985

Fröhlich, Elke (Hg.): Die Tagebücher von Joseph Goebbels. München 2001

Fry, Varian: Auslieferung auf Verlangen. Die Rettung deutscher Emigranten in Marseille 1940/1941. München 1986

Gillessen, Günther: Auf verlorenem Posten. Die Frankfurter Zeitung im Dritten Reich. Berlin 1986

Haffner, Sebastian: Geschichte eines Deutschen. Die Erinnerungen 1914–1933. Stuttgart, München 2000

Hitler, Adolf. Mein Kampf. München 2016

Lukacs, John: Hitler. Geschichte und Geschichtsschreibung. München 1997

Mann, Klaus: Briefe und Antworten 1922–1949. Hg. von Martin Gregor-Dellin. Reinbek bei Hamburg 1991

Mann, Thomas: Deutsche Hörer! Radiosendungen nach Deutschland aus den Jahren 1940 bis 1945. Frankfurt a. M. 1987

Mühlen, Patrik von zur: «Schlagt Hitler an der Saar!» Abstimmungskampf, Emigration und Widerstand im Saargebiet 1933–1935. Bonn 1981

P., Ursula: In memoriam Hugo Sinzheimer. In: Volker Jakob / Annet van der Voort: Anne Frank war nicht allein. Lebensgeschichten deutscher Juden in den Niederlanden. Bonn 1988

Poliakov, Léon: The «Pariser Tageblatt» affair. Paris 1939

Salomon, Ernst von: Die Geächteten, Berlin 1930

Sperber, Manès: Die vergebliche Warnung. All das Vergangene ... München 1979

Stahlberger, Peter: Der Zürcher Verleger Emil Oprecht und die deutsche politische Emigration 1933–1945. Zürich 1970

Strasser, Otto: Hitler und ich. Konstanz 1948

Valentin, Sonja: «Steine in Hitlers Fenster». Thomas Manns Radiosendungen Deutsche Hörer! 1940–1945. Göttingen 2015

Vietor-Engländer, Deborah: Alfred Kerr. Die Biographie. Reinbek bei Hamburg 2016

Weichmann, Elsbeth: Zuflucht. Jahre des Exils. Hamburg 1983

Zweig, Stefan: Die Welt von gestern. Erinnerungen eines Europäers. Berlin 1981

Namenregister

Bildnachweis

Seite 35, 42 Zentralbibliothek Zürich, Nachl. K. Heiden 5
Seite 69 Ludwig-Maximilians-Universität, Universitätsarchiv
Seite 83 bpk / Heinrich Hoffmann
Seite 101, 121, 193 Zentralbibliothek Zürich, Nachl. K. Heiden 5a
Seite 139 Aus: Adolf Hitler: Mein Kampf. München 1933
Seite 175 Rowohlt Archiv
Seite 221 akg-images / TT News Agency
Seite 236, 312, 333, 372 Sammlung des Autors
Seite 288 Varian Fry Institute, Los Angeles
Seite 341, 359 Familie Bartels, Hamburg